OLDENBOURG
GRUNDRISS DER
GESCHICHTE

OLDENBOURG GRUNDRISS DER GESCHICHTE

HERAUSGEGEBEN
VON
LOTHAR GALL
KARL-JOACHIM HÖLKESKAMP
HERMANN JAKOBS

BAND 37

GESCHICHTE DES ALTEN ISRAEL

VON
MANFRED CLAUSS

R. OLDENBOURG VERLAG
MÜNCHEN 2009

Bibliografische Information der Deutschen Nationalbibliothek

Die Deutsche Nationalbibliothek verzeichnet diese Publikation in der Deutschen Nationalbibliografie; detaillierte bibliografische Daten sind im Internet über <http://dnb.d-nb.de> abrufbar.

© 2009 Oldenbourg Wissenschaftsverlag GmbH, München
Rosenheimer Straße 145, D-81671 München
Internet: oldenbourg.de

Das Werk einschließlich aller Abbildungen ist urheberrechtlich geschützt. Jede Verwertung außerhalb der Grenzen des Urheberrechtsgesetzes ist ohne Zustimmung des Verlages unzulässig und strafbar. Dies gilt insbesondere für Vervielfältigungen, Übersetzungen, Mikroverfilmungen und die Einspeicherung und Bearbeitung in elektronischen Systemen.

Umschlaggestaltung: Dieter Vollendorf, München
Gedruckt auf säurefreiem, alterungsbeständigem Papier (chlorfrei gebleicht).

Satz: primustype Robert Hurler GmbH, Notzingen
Druck: MB Verlagsdruck Ballas, Schrobenhausen
Bindung: Kolibri, Schwabmünchen

ISBN 978-3-486-55927-9 brosch.
ISBN 978-3-486-55926-2 gb.

VORWORT DER HERAUSGEBER

Die Reihe verfolgt mehrere Ziele, unter ihnen auch solche, die von vergleichbaren Unternehmungen in Deutschland bislang nicht angestrebt wurden. Einmal will sie – und dies teilt sie mit anderen Reihen – eine gut lesbare Darstellung des historischen Geschehens liefern, die, von qualifizierten Fachgelehrten geschrieben, gleichzeitig eine Summe des heutigen Forschungsstandes bietet. Die Reihe umfasst die alte, mittlere und neuere Geschichte und behandelt durchgängig nicht nur die deutsche Geschichte, obwohl sie sinngemäß in manchem Band im Vordergrund steht, schließt vielmehr den europäischen und, in den späteren Bänden, den weltpolitischen Vergleich immer ein. In einer Reihe von Zusatzbänden wird die Geschichte einiger außereuropäischer Länder behandelt. Weitere Zusatzbände erweitern die Geschichte Europas und des Nahen Ostens um Byzanz und die Islamische Welt und die ältere Geschichte, die in der Grundreihe nur die griechisch-römische Zeit umfasst, um den Alten Orient und die Europäische Bronzezeit. Unsere Reihe hebt sich von anderen jedoch vor allem dadurch ab, dass sie in gesonderten Abschnitten, die in der Regel ein Drittel des Gesamtumfangs ausmachen, den Forschungsstand ausführlich bespricht. Die Herausgeber gingen davon aus, dass dem nacharbeitenden Historiker, insbesondere dem Studenten und Lehrer, ein Hilfsmittel fehlt, das ihn unmittelbar an die Forschungsprobleme heranführt. Diesem Mangel kann in einem zusammenfassenden Werk, das sich an einen breiten Leserkreis wendet, weder durch erläuternde Anmerkungen noch durch eine kommentierende Bibliographie abgeholfen werden, sondern nur durch eine Darstellung und Erörterung der Forschungslage. Es versteht sich, dass dabei – schon um der wünschenswerten Vertiefung willen – jeweils nur die wichtigsten Probleme vorgestellt werden können, weniger bedeutsame Fragen hintangestellt werden müssen. Schließlich erschien es den Herausgebern sinnvoll und erforderlich, dem Leser ein nicht zu knapp bemessenes Literaturverzeichnis an die Hand zu geben, durch das er, von dem Forschungsteil geleitet, tiefer in die Materie eindringen kann.

Mit ihrem Ziel, sowohl Wissen zu vermitteln als auch zu selbständigen Studien und zu eigenen Arbeiten anzuleiten, wendet sich die Reihe in erster Linie an Studenten und Lehrer der Geschichte. Die Autoren der Bände haben sich darüber hinaus bemüht, ihre Darstellung so zu gestalten, dass auch der Nichtfachmann, etwa der Germanist, Jurist oder Wirtschaftswissenschaftler, sie mit Gewinn benutzen kann.

Die Herausgeber beabsichtigen, die Reihe stets auf dem laufenden Forschungsstand zu halten und so die Brauchbarkeit als Arbeitsinstrument über eine längere Zeit zu sichern. Deshalb sollen die einzelnen Bände von ihrem Autor oder einem anderen Fachgelehrten in gewissen Abständen überarbeitet werden. Der Zeitpunkt der Überarbeitung hängt davon ab, in welchem Ausmaß sich die allgemeine Situation der Forschung gewandelt hat.

Lothar Gall   Karl-Joachim Hölkeskamp   Hermann Jakobs

INHALT

Vorwort V

I. Darstellung 1
   A. Einleitung 1
   B. Frühgeschichte der Hebräer 7
      1. Der Alte Orient im 2. Jahrtausend v. Chr. 7
      2. Ursprünge der Hebräer 11
         a) Nomadenleben 11
         b) Hebräer in Ägypten – „Auszug". 14
      3. Ansiedlung (12. Jahrhundert v. Chr.) 15
      4. „Richterzeit" (1150–1000 v. Chr.) 19
      5. Leben in vorstaatlicher Zeit 24
         a) Familie – Sippe – Stamm 24
         b) Gesellschaftsordnung 29
         c) Religiosität 31
   C. Die Entstehung der Monarchie (1000–930 v. Chr.) 34
      1. David 35
      2. Salomo 41
      3. Ende der Doppelmonarchie 44
   D. Israel (930–721 v. Chr.) 48
      1. Konstituierung Israels unter Jerobeam 48
      2. Dynastie Omri 51
      3. Dynastie Jehu 54
      4. Untergang 57
   E. Juda (930–587 v. Chr.) 60
      1. Im Schatten Israels 60
      2. Vorherrschaft Assurs 62
      3. Das Restaurationsprogramm Josias 67
      4. Untergang 71
   F. Struktur der hebräischen Monarchien 75
      1. König – Hof – Beamte 75
      2. Heerwesen 81
      3. Wirtschaft – Handel – Finanzen 84
      4. Gesellschaft – Sozialgefüge 88
      5. Recht – Justizwesen 93
      6. Religion – Kultus 96
   G. Ausblick 104

II. Grundprobleme und Tendenzen der Forschung 107

  A. Einleitung 107
    1. Methodendiskussion 107
    2. Literarische Quellen 113
    3. Überblicksdarstellungen 117
    4. Chronologie. 118
    5. Landeskunde 119

  B. Frühgeschichte der Hebräer. 120
    1. Der Alte Orient im 2. Jahrtausend 120
    2. Ursprünge der Hebräer. 121
       a) Nomadenleben 121
       b) Hebräer in Ägypten – „Auszug". 123
    3. Ansiedlung. 125
    4. „Richterzeit" 129
    5. Leben in vorstaatlicher Zeit 133
       a) Familie – Sippe – Stamm 133
       b) Gesellschaftsordnung. 135
       c) Religiosität 137

  C. Die Entstehung der Monarchie 139
    1. David 139
    2. Salomo 145
    3. Ende der Doppelmonarchie 149

  D. Israel 151
    1. Konstituierung Israels unter Jerobeam 151
    2. Dynastie Omri 153
    3. Dynastie Jehu 155
    4. Untergang 158

  E. Juda 161
    1. Im Schatten Israels 161
    2. Vorherrschaft Assurs. 163
    3. Das Restaurationsprogramm Josias 168
    4. Untergang 171

  F. Struktur der hebräischen Monarchien 174
    1. König – Hof – Beamte 174
    2. Heerwesen. 177
    3. Wirtschaft – Handel – Finanzen 178
    4. Gesellschaft – Sozialgefüge 180
    5. Recht – Justizwesen 183
    6. Religion – Kultus 185

  G. Ausblick 193

III. Quellen und Literatur 195
   A. Einleitung 195
      1. Darstellungen der „Geschichte Isreals" 195
      2. Einführungen in das Alte Testament 196
      3. Einzelne Bücher des Alten Testaments. 197
      4. Außerbiblische hebräische Texte 198
      5. Texte aus der Umwelt des Alten Testaments. 198
      6. Archäologische Quellen. 199
      7. Biblische Landeskunde 200
      8. Methodendiskussion 200
      9. Chronologie. 201
    10. Lexika. 202
    11. Atlanten. 202
   B. Frühgeschichte der Hebräer. 203
      1. Der Alte Orient im 2. Jahrtausend 203
      2. Ursprünge der Hebräer. 204
        a) Nomadenleben 204
        b) Hebräer in Ägypten – „Auszug". 204
      3. Ansiedlung. 205
      4. „Richterzeit" 207
      5. Leben in vorstaatlicher Zeit 209
        a) Familie – Sippe – Stamm 209
        b) Gesellschaftsordnung. 211
        c) Religiosität 211
   C. Die Entstehung der Monarchie 213
      1. David 213
      2. Salomo 215
      3. Ende der Doppelmonarchie. 216
   D. Israel 217
      1. Konstituierung Israels 217
      2. Dynastie Omri. 217
      3. Dynastie Jehu. 218
      4. Untergang 220
   E. Juda 221
      1. Im Schatten Israels 221
      2. Vorherrschaft Assurs. 222
        a) Allgemeine Probleme. 222
        b) Hiskia 222
        c) Manasse 223

3. Restaurationsprogramm Josias 224
   a) „Reform" 224
   b) Einzelprobleme 225
4. Untergang 225

F. Struktur der hebräischen Monarchien 227
   1. König – Hof – Beamte 227
   2. Heerwesen 228
   3. Wirtschaft – Handel – Finanzen 228
   4. Gesellschaft – Sozialgefüge 229
   5. Recht – Justizwesen 230
   6. Religion – Kultus 230
      a) Jahwe und Aschera 230
      b) Prophetie 231
      c) Einzelfragen 232

G. Ausblick 235

Anhang

Abkürzungen 237
Zeittafel 239
Karten 244
Orts-, Personen- und Sachregister 251

I. Darstellung

A. EINLEITUNG

Die „Geschichte Israels" beginnt als Geschichte der Bevölkerung der späteren Staaten Juda und Israel in der Zeit um 1200 v. Chr., als Wanderungsbewegungen großen Ausmaßes die Entwicklung im Vorderen Orient und somit auch in Palästina prägten. Zu solchen Gruppen gehörten jene Hebräer, die in die heute vorliegenden Traditionen die Erinnerung an eine nomadische Vergangenheit einbrachten. Die Monarchien Juda und Israel entstanden nacheinander zu Beginn des 10. Jahrhunderts; ihr jeweils erster König war David. In Größe und Bedeutung unterschieden sich die beiden Staaten, ebenso hinsichtlich der Dauer ihrer Existenz: Israel wurde 721 von den Assyrern, Juda 587 von den Babyloniern als Staat aufgelöst, die Bewohner teilweise außer Landes gebracht. Aufgrund der spezifischen Vorgehensweise der Eroberer erfuhren die Deportierten unterschiedliche Schicksale. Während die Bewohner des ehemaligen Israel für uns weitgehend verschwanden, wurde die Führungsschicht Judas in zusammenhängenden Gebieten Babylons angesiedelt. Während dieser Zeit, des sogenannten Exils, die von 587 bis 537 dauerte, entstand das Judentum, eine neue Religion, wie sie in dieser Form die vorexilische Zeit nicht kannte.

Die Grundlage dieser Darstellung bildet das Alte Testament; dieses unterscheidet sich von anderen Quellen, die dem Altertumswissenschaftler zur Verfügung stehen. Es handelt sich um eine Sammlung historischer Zeugnisse aus allen Epochen der Geschichte der Hebräer, die allerdings nicht zum Zwecke einer lückenlosen Geschichtsdarstellung gesammelt wurden, sondern um die Geschichte als Erziehung des auserwählten Volkes zum wahren Glauben zu deuten. Die Erzählungen dienten der steten Vergegenwärtigung des Wirkens Gottes. Ziel der alttestamentlichen Schriften war es, theologische Orientierung zu vermitteln. Immer wieder wird die Vergangenheit beschworen, um Phänomene der Gegenwart zu erklären; andererseits werden die jeweiligen Gegenwartsvorstellungen oft in die Vergangenheit transponiert, um ihnen größeres Gewicht zu verleihen. Zeugnisse

In ihre heutige Form gebracht wurden die meisten Schriften des Alten Testaments während der Zeit des Perserreiches, zwischen 550 und 330. Sie setzen sich aus mehreren Gruppen zusammen: Die Torah oder der Pentateuch umfasst die fünf Bücher Mose (Genesis, Exodus, Leviticus, Numeri und Altes Testament

Deuteronomium), die historisch betrachtet die Anfänge der Welt und frühe Erzählungen der Hebräer bieten. Die im engeren Sinne historischen Werke Josua, Richter, 1 und 2 Samuel, 1 und 2 Könige und – weniger wichtig – die beiden Bücher Chronik sowie Esra und Nehemia, haben die Geschichte der Hebräer von der Landnahme bis zur Zerstörung Jerusalems 587 zum Inhalt. Die Prophetischen Bücher sammeln die Visionen, Sprüche und Geschichten der Propheten Jahwes, die man als Äußerungen zu deren Lebzeiten verstand. Die Sprache des Alten Testaments ist Hebräisch, gelegentlich finden sich auch aramäische Passagen.

Da die Schriften des Alten Testaments Werke der Literatur sind, ist die Eigenart der einzelnen Zeugnisse folglich an den Charakter der unterschiedlichen Literaturgattungen gebunden: Sagen, Heldenerzählungen, Lieder und andere Werke. Somit vermittelt das Alte Testament so gut wie nie Material, das der Historiker ohne Weiteres verwenden kann. Er muss sich seine Informationen sorgsam aus dem Überlieferungsstoff herausfiltern, der teilweise auf Erzählungen aus der vorstaatlichen Nomaden- und aus der Königszeit zurückgeht. Diese mitunter mündlich tradierte, dann schriftlich fixierte und mehrmals redaktionell überarbeitete Überlieferung wird seit über 150 Jahren einer historisch-kritischen Analyse unterzogen. Dabei wird von der Mehrheit der Forscher immer noch vertreten, dass das Alte Testament historisch verwertbare Elemente aus der Zeit der Königreiche selbst enthält.

Dennoch bleibt Vieles, oft allzu Vieles ein Tasten im Dunkeln. Licht in dieses Dunkel bringen mitunter Zeugnisse aus den Nachbarstaaten der Hebräer. Für die Frühzeit ergeben sich vor allem Parallelen zur Kultur und Lebensform der wandernden Sippen der frühen Hebräer.

David und Salomo werden außerhalb des Alten Testaments in den bislang zutage getretenen altorientalischen Quellen mit einer Ausnahme (s. II.C.1) nicht genannt. Für die Entwicklung seit dem 9. Jahrhundert ändert sich diese Situation allerdings. Personen und Ereignisse, welche das Alte Testament teils nur am Rande, teils auch ausführlicher erwähnt, werden nun auch durch außerbiblische Dokumente bezeugt. Für sie gilt selbstverständlich, dass sie in gleicher Weise einer historisch-kritischen Analyse unterzogen werden müssen wie die Texte des Alten Testaments.

Außerbiblische Quellen Die außerbiblischen Quellen sind leicht zugänglich in dem von KAISER [III. A.3] herausgegebenen Sammelwerk „Texte aus der Umwelt des Alten Testaments". Sie werden hier unter dem Kürzel „TUAT" mit Angabe der Band- und Seitenzahl zitiert. Weitere Texte sind dem von GALLING [III.A.5] zusammengestellten „Textbuch zur Geschichte Israels" (TGI) entnommen. Reichhaltiges Material bietet ferner der englischsprachige Sammelband „Ancient Near Eastern Texts Relating to the Old Testament" [III.A.5], ANET abgekürzt.

Archäologie Eine Geschichte der hebräischen Monarchien ist also ohne das Alte Testament nicht zu schreiben. Ähnlich wichtig sind die Funde und Forschungen der Archäologie des Alten Orients, die neben die Bibel getreten sind und für nahezu jede Periode der hebräischen Geschichte neue Erkenntnisse gebracht haben. Archäologische Funde lassen sich allerdings nur selten auf konkrete Ereignisse beziehen. Sie können aber, nach einer methodisch gesicherten Analyse, Auskunft über Langzeitprozesse wie die Siedlungsgeschichte eines Raumes oder die Entwicklung der Wirtschaft oder der Kulte geben. Ergebnisse der Ausgrabungen, die im heutigen Israel besonders intensiv vorangetrieben werden, sind zum Beispiel Grundrisse von Wohnhäusern oder Gesamtpläne von Dörfern und Städten. Aus solchen Grundrissen können Schlüsse auf Art und Größe der Familienstruktur gezogen werden. Die Stadtpläne illustrieren das interne Funktionieren der Gesellschaft, die Beziehungen von Stadt und Land, die Rolle der Religion im täglichen Leben.

Der hier behandelte Zeitraum teilt sich grob in die späte Bronzezeit von 1500–1200 und die Eisenzeit ab 1200. Die Bezeichnung Eisenzeit leitet sich davon ab, dass die zunächst nur ganz sporadisch vorkommenden eisernen Gegenstände ab etwa 1200 häufiger auftraten und man seit dem 10. Jahrhundert Eisen so zu bearbeiten verstand, dass aus ihm produzierte Geräte den bronzenen gleichrangig und schließlich überlegen wurden. Mit diesem 10. Jahrhundert beginnt auch die Zeit der hebräischen Monarchien. Das Alte Testament macht für die Regierungsjahre der Könige beider Reiche häufig widersprüchliche Angaben. Zunächst wird ein Synchronismus geboten, der neben den Jahren der Regierungsdauer angeführt ist. Jeder Regierungsantritt in Israel wird gleichzeitig nach dem Jahr des gerade regierenden Königs von Juda datiert und umgekehrt: „Im 26. Jahre Asas, des Königs von Juda, wurde Ela, der Sohn Baësas, König über Israel." (1 Kön 16,8) Leider stimmen diese Angaben nicht immer mit den absoluten Zahlen überein, die für die Regierungsjahre der einzelnen Könige genannt werden. Beide Daten zusammengenommen, die synchronistischen und die absoluten Zahlen, stehen wiederum an manchen Stellen im Widerspruch zu der zuverlässigeren Chronologie, die aus den mesopotamischen Quellen errechnet werden kann.

Chronologie

Für die angedeuteten Ungenauigkeiten lassen sich mehrere Ursachen angeben. Möglicherweise haben die biblischen Redaktoren Mitregentschaften, wie sie gelegentlich vorkamen, nicht immer berücksichtigt. Manche Zeitangaben klingen sehr schablonenhaft, wie diejenigen über den judäischen König Joas, der sieben Jahre im Versteck gelebt haben soll, um dann vierzig Jahre zu regieren (2 Kön 12,1). Weitere Schwierigkeiten mögen aus den Unterschieden zwischen den chronologischen Systemen in Juda und Israel resultieren. Wenn ein König starb, galt sein Todesjahr als letztes Regierungsjahr. Bestieg sein Nachfolger in Israel im selben Jahr den Thron, betrachtete dieser den Rest des angebrochenen Jahres als sein erstes Regierungsjahr (Vordatierung); ein Jahr konnte somit zweimal in Anrechnung gebracht werden. In Juda dagegen berücksichtigte man im gleichen Fall den Rest des Jahres, in dem bereits der neue König regierte, nicht, sondern setzte seine Regierungszeit ab dem ersten vollen Jahr an (Nachdatierung). Eine zweite Differenz bestand darin, dass der Jahresanfang in beiden Monarchien unter-

Chronologische Schwierigkeiten

schiedlich lag: in Israel im März/April, in Juda dagegen im Oktober/November. Wenngleich die Unterschiede bei modernen Darstellungen auffallen, wiegen sie nicht schwer. Alle im Folgenden verwendeten Jahresangaben beziehen sich, wenn nicht anders vermerkt, auf die Zeit vor Christi Geburt.

Klima Im Westen wird Palästina von der weitgehend geradlinigen Mittelmeerküste abgeschlossen (Karte 1). Das Gebiet gehört wie die gesamte Mittelmeerwelt zum subtropischen Klima, für das der Wechsel zwischen einem regenlosen Sommer und einer Regenzeit im Winter charakteristisch ist. Die jährliche durchschnittliche Niederschlagsmenge von 400 bis 250 mm nimmt zum Negeb hin bis 100 mm und weniger ab. Das Siedlungsgebiet der Hebräer wird allerdings durch eine Bergkette so sehr vom Meer getrennt, dass eine Meerfremdheit oder gar Meerfeindlichkeit für die Bibel charakteristisch ist. Der Kontakt der Hebräer sowohl mit dem Mittelmeer als auch dem Roten Meer blieb unbedeutend. Um 100 n. Chr. schrieb der jüdische Historiker Flavius Josephus: „Wir bewohnen kein Land am Meer..., unsere Städte liegen landeinwärts fern vom Meer. Wir widmen uns der Pflege des ertragreichen Bodens, mit dem wir gesegnet sind." („Gegen Apion")

Raum Zu Beginn des 5. nachchristlichen Jahrhunderts schrieb der Kirchenvater Hieronymus, dass man die Heilige Schrift besser verstehe, wenn man Palästina gesehen habe. Generell gilt für jedes Gebiet und jeden Aspekt der Geschichte, dass Ort und Geschehen stets unabdingbar aufeinander einwirken. Der Schauplatz der Geschichte der hebräischen Monarchien und ihrer Vorzeit ist der „fruchtbare Halbmond", jener Großraum an der Nordseite der arabischen Halbinsel, der diese durch zwei unterschiedliche Landschaften begrenzt. Im Nordosten der Halbinsel breitet sich ein Kulturland aus, das seine Fruchtbarkeit der Lage „zwischen den Strömen" Euphrat und Tigris verdankt, Mesopotamien. Im Nordwesten schließt längs der Ostküste des Mittelmeeres ein zerklüftetes Bergland die arabische Halbinsel ab. Der nördliche Teil dieser Landschaft heißt Syrien, der südliche Palästina.

Nach Norden hin ist Palästina offen. Hier drangen immer wieder Völker und Armeen aus dem Zweistromland ein. Im Osten erstreckt sich fast ohne Oasen die weite syrisch-arabische Wüste, die Palästina von Mesopotamien trennt. Von Jerusalem nach Babylon ziehen sich 1 250 km Karawanenstraße, die zurückzulegen selbst für das Dromedar, das in der Mitte des 2. Jahrtausends in der Gegend heimisch wurde, eine beträchtliche Leistung darstellte. Der kaum besiedelte Sinai bildet im Süden die Brücke von der arabischen Halbinsel zum afrikanischen Kontinent.

Der Jordan Große Gegensätze prägen die natürliche Beschaffenheit Palästinas: Unwegsame Kalkgebirge südlich des Libanon und des Hermon werden durchschnitten von tiefen Schluchten und ferner durch das mächtige Tal des Jordangrabens getrennt. Der Jordan ist, wie sein Name, der „Fließende", besagt, der einzige wichtige Fluss des Landes mit einer Länge von 288 km. Er erreicht im Toten Meer, dem „Salzmeer" des Alten Testaments, seinen tiefsten Punkt, zugleich mit nahezu 400 m unter dem Meeresspiegel die tiefste Depression der ganzen Erde. Diese Landschaft um das Tote Meer gestattet zwar weder klimatisch noch landschaftlich eine normale Besiedlung, gewann jedoch zeitweise Bedeutung als Zufluchtsstätte; die Gegend an seinem Südrand diente dem späteren König David als Rückzugsgebiet. Der Jordangraben teilt Palästina in eine westliche und östliche Hälfte. Auffallend sind die extremen Höhenunterschiede des Landes auf kurzen Strecken. Jericho am Nordende des Toten Meeres liegt 250 m unter dem Meeresspiegel, während das nur 25 km westwärts davon entfernte Jerusalem 760 m hoch gelegen ist, was einen Höhenunterschied von über 1 000 m ausmacht.

Auf den ersten Blick ist es eine Landschaft, die sich dem menschlichen Leben zutiefst abgeneigt zeigt. Die wenig fruchtbaren Böden ermöglichen eine nur spärliche Vegetation. Nur in den unwegsamsten Tälern finden sich Gewässer, während sie in den weiten Tälern fehlen. Dazwischen ragen die Höhenzüge auf, damals meist noch in ihrer ursprünglichen Bewaldung mit steil abfallenden Hängen, welche die Kommunikation zwischen den Menschen erschweren. Diese geographische Struktur des Landes förderte eine Aufsplitterung der Bewohner in verschiedene, meist unabhängig voneinander lebende Gruppen. Heterogen wie das Land war auch die Bevölkerung, die es besiedelte. Zudem umgeben Wüsten und unfruchtbare Steppen, die zuweilen bis ans Meer reichen, diese Berge. Bei diesen Wüsten Palästinas handelt es sich fast ausnahmslos nicht um Sandwüsten, sondern um Stein- und Salzwüsten, deren östliche bereits zur Sinaihalbinsel zu rechnen ist.

Der Kulturlandstreifen Palästinas ist in der West-Ost-Richtung nirgends breiter als 120 km. Den nördlichsten und südlichsten Punkt des hebräischen Siedlungsgebietes bezeichnet das Alte Testament mit der Wendung „von Dan bis Beer-Seba" (2 Sam 17,11), was eine Luftlinie von 240 km ausmacht. Die Gesamtfläche des von den Monarchien in der Zeit der höchsten Blüte beherrschten Gebietes überstieg nie 26 000 km^2 mit etwa 500 Dörfern und Städten. Dies ist etwas mehr als die Fläche Hessens.

Neben den zahlreichen Gebirgen weist das Gebiet Palästinas zwei wichtige Ebenen auf. Zu ihnen gehört die Küstenebene, die sich mit einer Breite von weniger als 3 km (südwärts des Karmel) bis fast 40 km (auf der Höhe von Gaza) am Meer entlangzieht. Als gute Verkehrsverbindung war sie häufig Durchgangsgebiet für die großen Eroberungszüge. Gleiches gilt für die fruchtbare Ebene, die das ephraimitisch-samarische Gebirge vom galiläischen Hochland im Norden trennt. Sie trägt ihren Namen nach der an ihrem Ostrand gelegenen Stadt Jesreel. Diese „Große Ebene", auch Ebene von Megiddo genannt, war nicht nur die Kornkammer, sondern sie hatte auch strategische Bedeutung: Sie bildete das klassische Schlachtfeld Palästinas. Letzteres prägte sich derart in das Bewusstsein der Hebräer ein, dass nach der Offenbarung des Johannes am Ende dieses Weltzeitalters dort die letzte Schlacht geschlagen werden soll.

Zwei Ebenen

Abschließend eine Bemerkung zu der Bezeichnung „Israel": Ich verwende sie in der Darstellung ausschließlich für das politische Gebilde, das soge-

Bezeichnung „Israel"

nannte Nordreich. Für die Angehörigen der Stämme gebrauche ich dagegen den Terminus „Hebräer", der im Alten Testament selbst mehrfach vorkommt. Zusammen mit den Kanaanäern stellten die Hebräer die Gesamtbevölkerung der beiden Monarchien Juda und Israel: die Judäer und die Israeliten. Bei der Bezeichnung der Gegner der Hebräer hat sich unter dem Einfluss der Septuaginta der gräzisierte Name „Philister" durchgesetzt, obgleich diese Bevölkerungsgruppe Palaistu genannt werden müsste, nach dem gleichen Wort, das auch der Landschaftsbezeichnung Palaistina/Palästina zugrunde liegt.

Schreibweise   Eine weitere Bemerkung gilt der Schreibweise der Namen, die zu vereinheitlichen der Forschung bisher nicht gelungen ist. Bereits in den 20er Jahren des 19. Jahrhunderts hat ein englischer Ägyptologe 34 verschiedene Variationen der Schreibweise des berühmten ägyptischen Baumeisters Imhotep ausfindig gemacht. Für die Könige von Juda und Israel käme gleichfalls eine beträchtliche Liste zusammen. Ich handhabe die Schreibweise der Namen konservativ und richte mich im Wesentlichen nach den älteren deutschsprachigen Bibelausgaben. Dies gilt für Personen wie König Salomo oder den babylonischen Herrscher Nebukadnezar gleichermaßen.

Die wissenschaftliche Geschichtsforschung sollte sich bei ihrer Arbeit stets bewusst sein, dass sie immer nur „Geschichtskonstrukte" erarbeiten kann, die aufgrund neuer methodischer Fragestellungen oder neu entdeckter Quellenmaterialien einem permanenten Wechsel unterliegen. Angesichts vieler ungelöster und vielfach letztlich wohl unerklärbarer Fragen und diametral deutbarer Befunde resultiert jede „Geschichte Israels" aus der persönlichen Einschätzung des jeweiligen Autors zur Quellenlage. Angesichts einer längst unüberschaubaren Forschungslage wird man behaupten können, dass kaum einer Feststellung dieses Buches nicht bereits irgendwo widersprochen worden ist. Und angesichts WELLHAUSENS zeitloser Feststellung – „Konstruiren muß man bekanntlich die Geschichte immer ... Der Unterschied ist nur, ob man gut oder schlecht konstruirt" [III.A.1: 383] – kann ich nur hoffen, eine annehmbare Konstruktion vorzulegen.

B. FRÜHGESCHICHTE DER HEBRÄER

1. Der Alte Orient im 2. Jahrtausend v. Chr.

Es waren die politischen Beziehungen der führenden orientalischen Großmächte, welche die Geschichte der Hebräer bestimmten. Schauplatz der Ereignisse war die Landbrücke Syrien-Palästina, zwischen den Kulturländern an Euphrat und Tigris und längs des Nil gelegen, ein Gebiet, auf das zahlreiche politische, geistige und religiöse Einflüsse einwirkten (Karte 2).

Kanaanäer bildeten die Bevölkerung Syrien-Palästinas seit dem ausgehenden 3. Jahrtausend. In Karkemisch, Aleppo, Ugarit und anderen westlichen Gebieten gründeten sie Kleinstaaten, die durch Entwicklung einer eigenständigen Kultur, Erfindung der Buchstabenschrift und durch ihre Religion Bedeutung erlangten. Nachhaltig beeinflussten sie später die Hebräer kulturell: Poesie, Psalmodie und zahlreiche Legenden stehen, wie ugaritische Texte beweisen, in kanaanäischer Tradition. Auf dem Boden Kanaans lernten die Hebräer Reben und Wein sowie deren mystische Bedeutung in Opferriten kennen. Ebenfalls sind mehrere hebräische Bezeichnungen für Gott der kanaanäischen Religion entlehnt. Staat, Verwaltung und Heerwesen waren in den Monarchien deutlich von kanaanäischen Vorbildern geprägt und wurden durch kanaanäische Beamte gestaltet. Kanaanäer

Zu Beginn des 2. Jahrtausends herrschte in Ägypten, diesem „Geschenk des Nil", wie es der griechische Geschichtsschreiber Herodot (2,5) für alle Zeiten treffend charakterisiert hat, relative Stabilität, die während des sogenannten Mittleren Reiches (2040–1785) anhielt. Die Geschichte Palästinas war seit diesem Zeitpunkt einmal mehr, einmal weniger eng mit derjenigen Ägyptens verknüpft. Kräfte aus der Levante führten schließlich das Ende des Mittleren Reiches in Ägypten herbei. Da es keinen einheimischen Namen für sie gibt, bezeichnen wir sie mit den Ägyptern als „Beherrscher der Fremdländer". In der gräzisierten Form dieses Ausdrucks sind sie als „Hyksos" bekannt.

Nach deren Herrschaft von 1650 bis 1540 gelang es den Pharaonen der 18. Dynastie (1540–1295) ihr Land zu befreien. Damit begann der Aufstieg Ägyptens zur Großmacht, eine Epoche der Expansionen, in deren Verlauf die Könige auch Palästina und weite Teile Syriens für Jahrhunderte unterwarfen. Amenophis I. (1515–1494) stieß gegen Syrien vor; Thutmosis III. (1479–1425) erlangte 1457 durch einen Sieg bei Megiddo erstmals eine Kontrolle über den syrisch-palästinensischen Raum. Eine Gefährdung der ägyptischen Position in diesem Gebiet erfolgte durch das Reich von Mitanni, dann vor allem durch die Hettiter, als diese zur Zeit Amenophis IV./Echnaton (1353–1336) Nordsyrien eroberten. Von etwa 1350 bis 1290 übten die Hettiter eine Vorherrschaft über Syrien-Palästina aus. Ihre Bedeutung lag in der Mittlerrolle zwischen der Welt des Orients und derjenigen der Ägäis. Ferner halfen die Hettiter zeitweise ein Gleichgewicht der Kräfte herzu- Aufstieg Ägyptens stellen, das allein zwischen Ägypten und Mesopotamien schwerlich zustande gekommen wäre.

Mernephta-Stele In einem Friedensvertrag wurden 1259 die Interessensphären der Ägypter und Hettiter gegeneinander abgegrenzt. Das dadurch hergestellte Gleichgewicht der Kräfte stabilisierte die Verhältnisse ägyptischer Herrschaft in Syrien-Palästina nochmals für fast ein Jahrhundert. Der Pharao Mernephta (1213–1203) führte eine Expedition in das Land Kanaan, wo erneut ein Aufstand ausgebrochen war. Sein Sieg ist auf einer Stele verewigt, auf der die vernichteten Gegner aufgeführt sind: „Die Fürsten sind niedergeworfen und sagen ‚Frieden'; keiner erhebt mehr seinen Kopf ... [der Libyer] ist zugrunde gegangen, Hatti [das Land der Hettiter] ist friedlich, Kanaan [um Gaza herum] ist mit allem Schlechten erobert, Askalon ist fortgeführt und Geser gepackt, Jenoam ist zunichte gemacht, Israel [ein Volk, dessen Wohnbereich unbekannt ist] liegt brach und hat kein Saatkorn [keine Nachkommen mehr, die Widerstand leisten]." (TGI 37–38)

Die Pharaonen haben die vorgefundenen politischen und territorialen Ordnungen im Wesentlichen unangetastet gelassen und sie damit noch weiter stabilisiert, verpflichteten allerdings den Adel zur Treue. Obgleich diese Treue der Dynasten mitunter zweifelhaft wurde, verließen sich die Ägypter weitgehend auf die indirekte Kontrolle des Landes und verzichteten auf den Aufbau einer straffen Verwaltung. Sie richteten lediglich an der Küste Flottenstationen und im Hinterland Militärstützpunkte ein. Besonders in diesen Orten hinterließen sie demonstrative Zeugnisse ihrer Macht: Stelen der Pharaonen und Götterbilder, aber auch kleinere Relikte ihrer materiellen Kultur wie Siegel, Skarabäen und Objekte des täglichen Gebrauchs.

Sozialgefüge kanaanäischer Städte Die befestigten kanaanäischen Städte, zu denen ein mit kleinen Dörfern besiedeltes umliegendes Territorium gehörte, bildeten das Rückgrat der politischen Organisation. Es waren Erbmonarchien, die ein differenziertes Sozialgefüge aufwiesen, über das die Inschriften der Pharaonen, vor allem Amenophis' II. (1427–1401), in denen sie die Beute aus den eroberten Gebieten auflisteten, Auskunft geben. An der Spitze der Sozialpyramide standen die Stadtherren – Könige mit ihren Brüdern, Frauen und Kindern. Diese Dynasten zeichneten dafür verantwortlich, dass die abhängige Bevölkerung Naturalabgaben und Dienstleistungen erbrachte. Ihre Machtbefugnisse, dies macht ihr Boten- und Briefverkehr mit dem ägyptischen Hof deutlich, hingen allein vom Pharao ab, aber dieser setzte auch niemanden in Amt und Würden ein, den nicht seine Abstammung aus dem herrschenden Geschlecht der betreffenden Stadt legitimierte. Zur Mittelschicht zählten Händler und reiche Grundbesitzer. Die Unterschicht bildeten die große Masse der Städter und die nichtsesshafte Bevölkerung. Noch unter diesen im sozialen Ansehen standen die „Apiru", die wegen einer möglichen etymologischen Verbindung von Apiru-Ibrim-Hebräer große Aufmerksamkeit gefunden haben. Die Mitglieder dieser Gruppe, die es im ganzen 2. Jahrtausend im Nahen Osten gab, standen aus den verschiedensten Gründen außerhalb des Sozialgefüges und entbehrten damit des Rechtsschutzes (s. I.B.5.a), den die Gemeinschaft ihren Mitgliedern gewährte. Apiru sind „Habenichtse und Aufbegehrer", wie sie Abimelech um sich geschart haben soll (Ri 9,4), oder „Bedrückte, Verschuldete und Verbitterte" wie die Gruppe um den Söldnerführer David (1 Sam 22,2).

Die inneren Verhältnisse der kanaanäischen Städte illustriert die Episode des Herrschers Abimelech von Sichem (Ri 9). Abimelech rottete die in der Stadt regierende Dynastie mit Hilfe von Söldnern aus, um sich selbst zum Stadtherrn zu erheben. Diese Stellung bestätigte ihm schließlich eine aristokratische Versammlung, wohl das souveräne Organ des kanaanäischen Stadtstaates für die Zeit, in der kein König amtierte. Abimelech bemühte sich, seine Position zu stärken, indem er seine Herrschaft über mehrere Städte ausdehnte: Sichem, Aruma und Thebez. Bei dem Versuch, die zuletzt genannte Stadt unter seine Kontrolle zu bringen, fand er den Tod.

Palästina bildete also von 1550 bis ins 12. Jahrhundert eine ägyptische Provinz, wobei die Pharaonen sich in der Regel mit der Vasallität der dortigen Dynasten begnügten. Diese relativ milde Form der Oberhoheit führte allerdings zu ständigen Unruhen in den abhängigen Gebieten und diese wiederum zu einer verschärften Kontrolle über die Stadtstaaten. Ägyptische Beamte mit ägyptischen oder nubischen Söldnertruppen überwachten die Straßen, kontrollierten die Arbeiten auf den königlichen Landgütern und trieben die Abgaben ein, vor allem Naturalien, Getreide, Öl, Wein, Vieh, Holz und Sklaven. Neben ihnen gab es eine „zweite" Regierung, die lokalen Stadtherren mit ihren Streitwagenkämpfern, was für das Gros der Bevölkerung doppelte Ausbeutung bedeutete. Als die ägyptischen Beamten immer korrupter wurden und ihre Truppen die fehlende Besoldung durch Plünderungen ausglichen, verarmte die Bevölkerung, und so verfiel die kanaanäische Kultur immer mehr. Daher waren die kanaanäischen Stadtstaaten selbst zu geschwächt, um nach dem Zerbröckeln der ägyptischen Herrschaft deren Erbe zu übernehmen. Palästina als ägyptische Provinz

Noch um die Mitte des 13. Jahrhunderts hatten drei Großreiche, die in enger Verbindung miteinander standen, die Geschichte des Alten Orients bestimmt (Karte 2): das Hettiterreich, Assyrien und Ägypten. Doch bereits ein halbes Jahrhundert später, um 1200, waren von diesem Großreichgefüge nur noch Trümmer übrig. Die Ursache dafür lag in Völkerbewegungen, die jetzt den Orient erfasst hatten. Eine erste kam aus dem Norden und beeinflusste vor allem Kleinasien und den syrisch-palästinensischen Raum, es waren die sogenannten Seevölker, von denen uns vor allem die Philister interessieren, die noch vor dem Auftreten der Aramäer in das Gebiet vorstießen; sie wurden Nachfolger der Ägypter. In einer zweiten Wanderungswelle, fast gleichzeitig mit dieser West-Ost-Eroberung der Seevölker, überschwemmten Aramäer, Semiten aus der arabisch-syrischen Wüste, die Kulturländer von der Binnenseite her: Syrien-Palästina und hauptsächlich Mesopotamien, also fast den gesamten fruchtbaren Halbmond. Bereits in der ersten Völkerbewegungen um 1200

Hälfte des 11. Jahrhunderts sollten Aramäer in Babylonien auf friedlichem Wege an die Herrschaft gelangen. Sie gründeten nördlich des Euphrat neue Staaten und lediglich die Assyrer konnten sich in ihren Kernlanden behaupten. Diese Staatengruppierung führte später nacheinander zur Bildung des neuassyrischen (1112–606) und des neubabylonischen Großreiches (625–538). Innerhalb weniger Jahrhunderte beherrschten die Aramäer in Syrien die dortigen Staatengebilde, während sich in Palästina Edomiter, Moabiter, Ammoniter und schließlich auch die Hebräer niederließen.

Seevölker   Mit der Ankunft der Seevölker im 12. Jahrhundert an der Küste Syriens, begann eine neue Periode der Geschichte Palästinas und es waren die Philister, die für die Hebräer Bedeutung erlangten. Über die Ursprünge ihres Volkes besaßen sie ähnliche Traditionen wie die Hebräer. So heißt es bei dem Propheten Amos: „Gewiß habe ich [Jahwe] Israel aus dem Lande Ägypten herausgeführt, aber auch die Philister aus Kaphtor." (Am 9,7) In der Mitte des 8. Jahrhunderts, also mehr als 400 Jahre nach dem Auftreten der Philister in ihren geschichtlichen Territorien, waren in Erzählungen noch Traditionen über Wanderungen in ihrer fernen Vergangenheit lebendig. Sie seien von Kaphtor gekommen, gemeint war wohl Kreta oder die Ägäis im Ganzen.

Die Ansiedlung der Seevölker in der Küstenebene und die Vertreibung der Ägypter dürfen ebenso wenig als Folge eines einmaligen großen Ereignisses betrachtet werden wie diejenige der Hebräer; sämtliche Vorgänge vollzogen sich etappenweise. So fand beispielsweise die ägyptische Herrschaft in Asdod schon vor den berühmten Kämpfen unter Pharao Ramses III. (1184–1153) ein Ende, die nur den Höhepunkt eines langwierigen Ringens darstellten. Ramses III. trat den Seevölkern nach dem Zeugnis seiner Inschriften entgegen, als sie die Grenze seines Machtbereiches im mittleren Syrien erreicht hatten. Letzte Spuren seiner Herrschaft haben sich dort bislang an wenigen Orten gefunden. Zeugnisse seiner Bautätigkeit sind in Beth-Sean zu beobachten. Objekte, die seinen Namen tragen, kamen ferner in Geser und Megiddo zutage. Vielleicht ist er oder einer seiner Nachfolger auf den nach alter ägyptischer Praxis naheliegenden Gedanken gekommen, die Gefahr, die dem Reich von den Grenznachbarn drohte, dadurch zu bannen, dass er diese gegen die Verpflichtung zu militärischen oder anderen Dienstleistungen als Vasallen im Inneren seines Herrschaftsgebietes auf dem flachen Land außerhalb der großen Städte ansiedelte.

Philister   In der zweiten Hälfte des 12. Jahrhunderts rissen die Philister, Erben der ägyptischen Hoheitsansprüche in Palästina, die Macht an sich, besetzten die Städte, errichteten ihre eigenen Fürstentümer und schufen bald eine übergreifende politische Ordnung in Gestalt des „Fünfstädtebundes": Gaza, Askalon, Asdod, Ekron und Gath. Sie kontrollierten zunächst die Küstenebene, dann das Hügelland und schließlich den Gebirgsrücken durch Militärposten auf dem Gebirge Ephraim: Gibea, Geba, Michmas und auf dem Gebirge Juda (Keïla). Überlegen waren die Philister durch ihr Metallverarbeitungsmonopol, ihre militärische Organisation und ihr gut ausgebildetes und schlagkräftiges Heer. Mit ihren schwer bewaffneten Einzelkämpfern, für die der sagenhafte Goliath typisch war, und den Söldnerscharen stellten sie eine starke zusammengefasste militärische Macht dar. Durch ihren politischen Zusammenschluss vermochten die Stadtstaaten die Hegemonie in Palästina im 11. Jahrhundert weithin durchzusetzen.

Damit war die Bühne für die Landnahme der Hebräer und später auch für David bereitet, sobald dieser sich anschicken würde, seinen Machtbereich zu erobern. Ägypten fiel, durch Seevölkerkämpfe und libysche Herrschaftsansprüche geschwächt, in zwei getrennt regierte Reichshälften auseinander. Die Macht der Hettiter war gebrochen, Syrien den Seevölkern und Aramäern anheimgefallen, Assyrer und Babylonier waren gleichfalls zu schwach, um über ihre eigentlichen Kernlande auszugreifen. David verdankte seinen Erfolg als König nicht zuletzt dieser historisch einmaligen Konstellation.

2. Ursprünge der Hebräer

a) Nomadenleben

Für die Hebräer prägte das Nomadentum eine lange Zeit ihrer Geschichte, ehe sie eine staatliche Organisation erhielten. Menschen auf der Wanderung – so haben die Hebräer noch Jahrhunderte später ihre Vorfahren gesehen. Das Nomadentum mit seiner eigentümlichen Kultur bestimmte das Leben der Hebräer bis zum Ende der Monarchien und noch darüber hinaus: Die Sprache und die Bilder des Alten Testament zeugen von dieser Wirkung. Die altorientalischen Nomaden waren Wanderhirten. Sie widmeten sich vor allem der Haltung von Kleinvieh, also Schafen und Ziegen, ihr wichtigstes Reit- und Lasttier war der Esel. Die Weide, welche Wüste und Steppe in der Zeit des Winterregens boten, gab das Hauptfutter für die Kleinviehherden her. Sobald die Trockenzeit im Sommer die spärliche Vegetation der Steppe verdörren ließ, suchten die Hirten andere Weidegründe auf und zogen in die Nähe fester Siedlungen im Kulturland.

Es lag im Wesen dieses Wanderhirtentums, dass der Nomade auf die Symbiose mit dem Kulturland angewiesen blieb und Kontakte zu den ansässigen Bewohnern suchte. Er traf mit den Bauern Abmachungen über die Nutzung von Wasserstellen und Weideplätzen auf den abgeernteten Getreidefeldern. Die Nomaden waren daher meist auf ein friedliches Auskommen mit den Bauern bedacht. Mit jedem Beginn der Regenzeit begann der Turnus von Neuem. Während die Bauern an die Bestellung ihrer Felder gehen konnten, zogen die Kleinviehzüchter mit ihren Herden wieder in die Steppe hinaus. Auf diese Weise fand ein regelmäßiger Weidewechsel statt. Kleinviehzüchter

Da die Nomaden die Möglichkeit hatten, die Sommerfelder der Bauern zu nutzen, wandten sie sich ebenfalls dem Ackerbau zu. Am Anfang, als nur verhältnismäßig kleine Flächen bewirtschaftet wurden, nahmen die Feldar- Entwicklung hin zur Sesshaftigkeit beiten, die in die winterliche Jahreshälfte fielen, noch nicht die gesamte Sippe in Anspruch. Sie ließen sich durch kleine Gruppen erledigen, während das Gros mit den Herden wieder in die Steppe zog. Neben die erwähnte Kleinviehzucht trat mit dem Ausbau der Ackerwirtschaft die Rinderhaltung. Da dem Großvieh die zur Durchführung eines Weidewechsels erforderliche Beweglichkeit fehlte, verstärkte sich die Tendenz zur Sesshaftigkeit. So blieben die Nomaden mehrere Generationen am Rande des Kulturlandes, ohne ihre traditionelle Lebensweise völlig aufzugeben. Allmählich erfolgte aber eine Verlagerung der Wirtschaftsgrundlage in das Kulturland, eine Bindung der ehemaligen Nomaden an die Scholle und damit der Verzicht auf das alte Leben: Die dauerhafte Ansiedlung begann (s. I.B.3).

Außensicht auf die Nomaden Vor allem aus babylonischen Quellen erfahren wir, wie die Bewohner der Städte und Dörfer die einwandernden Nomaden und Halbnomaden sahen. Vom Standpunkt der fest ansässigen Ackerbauern und Händler ist der Nomade der Mann der Steppe, der im Hochland wohnt, ein Barbar, fern aller Kultur, der kein Haus kennt und den Boden nicht bebaut. Er nährt sich zudem von rohem Fleisch, isst und ist unzivilisiert; kurz, ihm fehlen die Umgangsformen der urbanen Welt. Gegen solche Menschen mussten die Städte Mauern errichten, hin und wieder sogar mit Waffengewalt vorgehen.

Nomadische Eigensicht Die Nomaden bewerteten ihre Lebensweise allerdings anders. Die Hebräer haben sich zwar im Laufe der Sesshaftwerdung mit der städtischen Kultur vertraut gemacht, aber nicht wenige bewahrten für lange Zeit eine Abneigung gegen die städtischen Lebensformen. Solche Vorbehalte gegen Stadt und Stadtbau sind in der Erzählung vom Turmbau zu Babel spürbar. Die patriarchalisch organisierte Sippe kannte nur eine Sprache; in der Stadt dagegen herrschte ein Durcheinander an Sprachen und Gebäuden, eine Vielfalt ungewöhnlicher Sitten, welche fremd waren und zunächst abstießen. Andere Erzählungen der Genesis vermitteln einen Eindruck von der Selbsteinschätzung der Nomaden; das sind Zeugnisse, die das Selbstbewusstsein des frei umherstreifenden Menschen dokumentieren. So sagt das Geburtsorakel eines Ismael:

„Er wird ein Mensch sein wie ein wilder Esel –
seine Hand wider alle, aller Hand wider ihn!
All seinen Brüdern lebt er ins Gesicht." (Gen 16,12)

Mentalität Einige Wesenszüge der nomadischen Zeit prägten auch die spätere hebräische Gesellschaft. So sicherte die Institution der Blutrache den Schutz des Lebens, weil sie dem Mörder den Tod durch die Verwandten des Ermordeten androhte. Dabei sprechen die Erzählungen nicht allein von einer Vergeltung, sondern fordern den vielfachen Tod für ein Opfer in der eigenen Sippe. Ein gewisser Lamech brüstet sich vor seinen Frauen, er habe einen Toten 77-mal gerächt. Zu dieser Mentalität gehörte ein geradezu leidenschaftlicher Ehrbegriff. Noch auf seinem Totenbett, so erzählte man, verlangte König David von seinem Nachfolger Salomo, dass dieser für ihn Rache an dem Hebräer Simei nehme, der David vor Jahren einmal beschimpft hatte (s. I.C.2).

Für die Kenntnis der nomadischen Religion bleiben wir auf einen Schatz Religion
von Sagen angewiesen, der lange Zeit mündlich vererbt worden ist, ehe er im
Zeitalter der Staatenbildung und der beginnenden Geschichtsschreibung
schriftlich fixiert wurde. Einige Götter lernen wir aus den alttestamentlichen
Erzählungen kennen: den Gott Abrahams, den Schrecken Isaaks, den Starken
Jakobs. Es sind dies Bezeichnungen, die das göttliche Individuum durch die
ausschließliche Hervorhebung seines Verhältnisses zu einem menschlichen
Individuum, zum später sogenannten Erzvater, bestimmen. Durch diese
Menschen wurde der Gott an dessen Familie, an dessen Sippe und an dessen
Nachkommen gebunden. Beispielhaft für die Funktion dieser Sippengötter ist
die Geschichte eines Streites zwischen zwei Erzvätern. Als sie sich endlich
friedlich einigen, ruft jeder seinen eigenen Sippengott als Garanten ihres
Vertrages an: „Der Gott Abrahams und der Gott Nahors sollen zwischen
uns Richter sein" (Gen 31,53). Solche Sippengötter, von denen uns das Alte
Testament sicher nur eine Auswahl bietet, hatten ursprünglich nichts miteinander zu tun, stellen aber den gleichen Religionstyp dar.

Dessen entscheidendes Merkmal war die ständige Beziehung zu einer
Menschengruppe. Solchen Göttern war von Anfang an ein besonderes Maß
von Anpassungsfähigkeit an die Veränderungen der Lebenslage ihrer Verehrer zu eigen, weil die enge Bindung an die Menschen dominierte. Dieser
Religionstypus entsprach den Lebensverhältnissen nicht sesshafter Gruppen,
denn sie brauchten ihre Götter auf den Wanderungen, weshalb auch der
Übertritt ins Kulturland nicht sein Ende bedeutete. Eine Religion der vorwiegenden Betonung des Verhältnisses zwischen Gott und Mensch, zwischen
Gott und menschlichem Verband, ohne starre Bindung an ein bodenständiges
Heiligtum konnte an alle Veränderungen der Lebensumstände ihrer Verehrer
angepasst werden. Da alle Sippengötter dem gleichen Typus entsprachen,
ausgeprägt in einer Mehrzahl individueller Gottesgestalten, erleichterte dies
ihre spätere Gleichsetzung zunächst als „Gott der Väter", dann als Jahwe. Die
Macht solcher Götter offenbarte sich in allem, was vom Alltäglichen abwich:
im Sturmwind, im Erdbeben, in Mond- und Sonnenfinsternissen. Zu diesen
Besonderheiten traten im Laufe der Jahrhunderte auch historische Ereignisse,
die ebenfalls wegen ihres überraschenden Ausgangs vom Erwarteten und
Herkömmlichen abwichen; dazu gehörte der Auszug aus Ägypten.

Neben dem Glauben an den persönlichen Schutzgott existierten allerlei Magie
magische Vorstellungen und Praktiken. Die Nomaden fürchteten Dämonen,
die in der Steppe und Wüste lebten, schützten sich durch Amulette und
versuchten, durch Magie auf sie einzuwirken, wie es beim Vorläufer des
Passah-Festes geschah. Es war ein altes Fest, das die Hirten jährlich in einer
Frühlingsnacht beim ersten Vollmond feierten, ehe sie die Tiere auf die
Sommerweide trieben. Um Wohlergehen und Fruchtbarkeit der Herden zu
erhalten, schlachtete man zu diesem Anlass ein junges Tier. Das Blut wurde an
Pfähle und Zelte gestrichen und sollte böse Mächte, personifiziert in dem
„Vernichter", vertreiben. Dieses magische Erbe der Nomadenzeit erfuhr nach

der Sesshaftwerdung durch kanaanäische, später auch ägyptische und babylonisch-assyrische Magie eine spürbare Verstärkung.

b) Hebräer in Ägypten – „Auszug"

Der Exodus, der „Auszug" aus Ägypten, bildete jenen Mythos, auf dem die Identität der Hebräer aufbaute. Wachgehalten wurde die Erinnerung an dieses Ereignis nicht nur durch zahllose Erzählungen und Gebete, sondern vor allem durch das zentrale Fest der Hebräer: Passah, in dem sie das Wunder der Errettung priesen und feierten.

Die Einwanderung von nomadisierenden Gruppen in Ägypten ist in zahlreichen ägyptischen Texten vom 15. bis zum 12. Jahrhundert bezeugt. Häufig ist davon die Rede, dass Nomaden im Anschluss an Hungersnöte mit ihren Herden nach Ägypten zogen und dort Aufnahme fanden. Sie mussten die Grenzfestungen passieren und wurden dabei registriert. In einem Bericht aus der Zeit um 1200 heißt es: „Wir sind damit fertig geworden, die Schasu-Stämme von Edom durch die Festung des [Pharao] Mernephtah in Tkw passieren zu lassen bis zu den Teichen von Pithom des Mernephtah in Tkw, um sie und ihr Vieh auf der großen Besitzung des Pharao, der guten Sonne eines jeden Landes, am Leben zu erhalten." (TGI 40).

Fronarbeiter Als Gegenleistung zogen die Ägypter solche Hirten zu Dienstbarkeiten bei Bauvorhaben heran. Diese Forderung rief bei den an Freiheit gewöhnten Nomaden Widerstand hervor und sie ergriffen die Flucht. Diese Flucht aufsässiger Fronarbeiter wurde zum Ereignis, weil sie gelang und die Errettung vor den ägyptischen Verfolgern so unerwartet kam. Denn normalerweise hätte es keine Chance gegen die ägyptischen Streitwagen gegeben, die nicht nur schneller waren als wandernde Nomaden, sondern ihnen durch die Ausrüstung militärisch weit überlegen waren. Dies alles vermochte jeder Hebräer, der die Geschichte hörte, bis in die Anfangsjahre der Königszeit problemlos nachzuvollziehen, da man die eigene Ohnmacht immer und immer wieder erlebte. Gerade dadurch konnte die Errettung der aus Ägypten Geflohenen nicht nur für die unmittelbaren Zeitgenossen, sondern auch für die Generationen nach ihnen als Wunder empfunden und immer wieder nachempfunden werden. Dieses Wunderbare klingt noch im alten Siegeslied der Flüchtlinge an, denen eine Flucht gelang, die alles andere war als ein militärischer Erfolg. Heute werden zwar rationale Erklärungen für dieses Wunder gesucht, die durchaus denkbar sind, aber damals gab es nur eine einzige für einen Vorfall, der allen Erwartungen widersprach: Ihr Schutzgott hatte sie gerettet. „Singet Jahwe, denn hocherhaben ist er, Pferd und Wagenkämpfer warf er ins Meer." (Ex 15,21)

Den Ort des Untergangs der ägyptischen Soldaten kennen wir nicht und besitzen auch sonst kaum konkrete Angaben über den Hergang. Dies überrascht nicht, da für die Überlieferung immer stärker der Nachdruck auf der Befreiungstat Gottes lag. Der Misserfolg der technisch überlegenen Ägypter wurde zu deren Niederlage stilisiert. Der Sieg der Hebräer verlangte neben Gott auch einen menschlichen Sieger. In diesem Zusammenhang ist die Figur des Mose dominierend geworden. Wie bei allen als „groß" empfundenen Menschen bietet seine Darstellung zahlreiche Übertreibungen. Um Mose und um seine Gefährten und Gegner ranken sich Sagen und Legenden. Es wäre zwar falsch, allein aus diesem Grunde Mose die Geschichtlichkeit abzusprechen, aber sie ist für die Frühgeschichte der Hebräer unerheblich.

<small>Mose</small>

Den tiefen Eindruck, den die Flucht hinterlassen hat, bezeugen ferner die unterschiedlichen Überlieferungen, deren Bezug auf die tatsächlichen Gegebenheiten immer geringer und deren theologische Interpretationen immer weitreichender wurden. Der Bericht über die Befreiung und den Auszug aus Ägypten erlangte für die Hebräer entscheidende Bedeutung. Der Exodus bildete bald das grundlegende Ereignis ihrer Geschichte, den Beginn einer neuen Epoche. Aus dem eintönigen und ereignisarmen Leben der Kleinviehnomaden gab es allenfalls Erinnerungen an Alltägliches und Unerfreuliches. Aus diesem Nebel des Einerleis ragte der „Erfolg" über die größte Macht, welche die damalige Welt kannte, als einsamer strahlender Gipfel heraus. Die Erfahrungen jener Gruppe, die mit den Ägyptern in Berührung gekommen war, wurden so durchschlagend, dass sie schließlich sogar Bekenntnischarakter annahmen in der Formel: „Jahwe, der Gott, der uns aus Ägypten herausgeführt hat." (Jos 24,17). Das Volk der Hebräer entstand im Augenblick des Auszugs aus Ägypten, dem Lande der Sklaverei. Das wiederholen die biblischen Geschichten unermüdlich. Richtig ist dies aber nur insofern, als das Erlebnis und die Erzählung einer kleinen Gruppe konstitutiv für die Entstehung einer Identität waren, die half, wenigstens in den Erzählungen *ein* Volk zu schaffen.

3. Ansiedlung (12. Jahrhundert v. Chr.)

Als um die Wende vom 13. zum 12. Jahrhundert in Syrien-Palästina die ägyptische Kontrolle aufgrund der beschriebenen Konstellationen zusammenbrach, herrschte ein politisches und militärisches Vakuum. Es kam zu einem Kampf aller gegen alle, der soziale und politische Umschichtungen zur Folge hatte und das Eindringen neuer Bevölkerungsgruppen in größerem Ausmaß ermöglichte. Die Ansiedlung der Philister und einiger aramäischer Völker – Edomiter, Moabiter, Ammoniter und Hebräer – im West- und Ostjordanland war in dem erfolgten Ausmaß nur in dieser Periode der politischen Schwäche beziehungsweise gar des Zusammenbruchs der bisherigen Großmächte möglich, in einer Zeit, in der Palästina „herrschaftslos" neuen Siedlern und Eroberern offenstand. Dabei vollzog sich die Ansiedlung der Hebräer – weithin als Landnahme bezeichnet – später als die philistäische; denn diese hatten die Ebenen im Westen bereits besetzt, als die Hebräer einwanderten.

Konzeption des Alten Testaments — Durch die Konzeption der alttestamentlichen Erzählungen von der Ansiedlung, die ein Gesamtvolk unter der Leitung von Mose und Josua bereits sehr früh voraussetzen, sind zahlreiche Überlieferungen, die von einem Bruchteil der späteren Hebräer erlebt wurden, auf alle bezogen worden; darunter fielen auch solche, die ursprünglich nichts mit ihnen zu tun hatten. Schließlich stießen die Einwanderer in ein Gebiet vor, das keineswegs eine „tabula rasa" war, sondern längst eine Geschichte, also auch Geschichten hatte, die auf die Schilderungen der Hebräer abfärbten. Der gesamte Erzählstoff wurde somit zum Sammelbecken für die unterschiedlichsten Überlieferungen. Dabei sind gerade die Berichte über die Anführer Mose und Josua, wie alle vergleichbaren in der Antike, aufs Persönlich-Heldenhafte stilisiert und bei den Hebräern noch zusätzlich ins Allgemeine, das ganze Volk Betreffende ausgeweitet.

Das historische Geschehen wird zeitlich gerafft erzählt, die Beschreibung des langwierigen Prozesses der Ansiedlung generalisiert und nationalisiert, schließlich auf einen einzelnen Helden zugespitzt: Josua. Die spätere alttestamentliche Geschichtsschreibung fügt dabei ineinander, was in Wirklichkeit getrennt bleiben muss. Sie schließt die Entwicklung mit der Feststellung ab: „So gab Jahwe den Israeliten das ganze Land, das er geschworen hatte, ihren Vätern zu geben. Und sie nahmen es in Besitz und ließen sich darin nieder. Und Jahwe verschaffte ihnen ringsum Ruhe, ganz so wie er es ihren Vätern geschworen hatte, und niemand hielt stand vor ihnen von all ihren Feinden; alle Feinde gab der Herr in ihre Hand." (Jos 21,43–44) Dieses Konzept einer einmaligen großangelegten Eroberung des gesamten kanaanäischen Landes ist ein idealisiertes Bild aus einer planvoll komponierten und durchstrukturierten späteren Bearbeitung. Dass dabei die vielen Erzählungen, die jede der in Palästina eingewanderten Gruppen aus ihrem Blickwinkel infolge jeweils unterschiedlicher Erinnerungen und Vorstellungen tradierte, sich notwendigerweise ähnelten, mag deren Verschmelzung zu einer einheitlichen Gesamtdarstellung erleichtert haben.

Keine politisch-militärische Einheit — Es gab keine politisch-militärische Einheit der Hebräer vor und während der Ansiedlung. Eine solche spielte weder bei den Vorgängen um den Auszug aus Ägypten eine Rolle, noch wurde Palästina von einer Heermacht unter dem Befehl des Josua erobert. Die Ansiedlung war kein einmaliger, in kurzer Zeit vollzogener Akt, vielmehr haben einzelne Sippen aus verschiedenen Richtungen kommend von ihren künftigen Wohngebieten Besitz ergriffen. Der Vorgang war äußerst komplex und ist nur anhand einzelner Episoden darzustellen. An eine Verlaufsschilderung darf demnach bei der folgenden Darstellung nicht gedacht werden.

Erste Phase der Ansiedlung — Einzelne Sippen oder Sippenverbände von Kleinviehnomaden bildeten das Gros der Einwanderer. Sie lebten mit ihren Herden während der winterlichen Regenperiode im Grenzgebiet zwischen Wüste und Kulturland und waren im Sommer, mit dem Ende der Vegetationsphase, gezwungen, tiefer ins Kulturland einzudringen. Diese Gruppen sind allmählich dazu übergegangen, sich in den Gebirgsregionen niederzulassen und verstärkt Ackerbau zu betreiben. Die Hebräer wichen dabei den Einheimischen aus und machten das teilweise noch unkultivierte Gebirge erst urbar. Davon erzählt exemplarisch eine Episode des Buches Josua (17,14–18). Da beschwert sich ein Stamm, dass ihm sein Gebiet nicht den nötigen Lebensraum gebe. In dieser Situation weiß Josua Rat. Der Stamm habe in seinem Bergland ein größeres Gebiet, als er glaube. Denn das Bergland ist Waldland und man gewinnt ausreichend Ackergebiet, wenn man den Wald rodet. In dieser Phase war kaum Widerstand zu erwarten, denn es handelte sich teilweise um herrenlose Gebiete, die bei der Ausbildung des kanaanäischen Stadtstaatensystems unberücksichtigt geblieben waren. Diese politisch nur schwach organisierten und vermutlich noch dünn besiedelten oder menschenleeren Territorien eigneten sich am besten zur Aufnahme von Neuankömmlingen. Das vor allem in den fruchtbaren Ebenen heimische Stadtstaatensystem war von der Ansiedlung der Hebräer zunächst allenfalls an seinen Rändern betroffen.

Diese erste Phase der Ansiedlung geschah in der Regel friedlich und lief unter wenig spektakulären Umständen ab. Es ist für diese Anfangszeit auch schwer vorstellbar, wie sich die Hebräer angesichts der überlegenen kanaanäischen Kriegstechnik hätten durchsetzen sollen, ehe sie längere Zeit im Lande lebten. Die Ansiedlung in den Bergländern hat wenig konkrete Spuren in der Überlieferung hinterlassen; im Richterbuch werden solche Zeiten mit der lapidaren Feststellung abgetan: Da hatte das Land jahrelang Ruhe.

Erst nach der Sesshaftwerdung in den Bergregionen begannen die Hebräer in einer zweiten Phase in die Täler vorzustoßen, in denen sich kanaanäische Städte befanden. Bei diesem Vorgang – auch als Landesausbau bezeichnet – gelang es ihnen hin und wieder, eine befestigte Stadt einzunehmen und deren Bevölkerung umzubringen beziehungsweise zu vertreiben. Selten berichtet die Bibel auch von Niederlagen, die bei dem Landesausbau unvermeidlich waren, denn Sagen und Heldenüberlieferungen verherrlichen meist die Siege. Landesausbau

Viele Erzählungen über sogenannte Heldentaten kreisten ursprünglich nicht um Personen, sondern waren ausgesprochene aitiologische Sagen (von griechisch *aitia* = Ursache). Sie wurden einzelnen Plätzen zugeordnet und dienten dazu, auffallende Tatbestände der Gegenwart ihrer Erzähler aus angeblichen Ereignissen der Vergangenheit abzuleiten, also ihre Entstehungsgeschichte zu bieten. Darum endet so manche von ihnen mit der für solche Sagen typischen Schlussformel „bis auf den heutigen Tag". Gelegentlich wird sogar noch deutlicher darauf Bezug genommen, dass sie von Fall zu Fall Antwort geben auf die große Kinderfrage aller Zeiten: „Warum?" „Wenn eure Kinder euch in Zukunft fragen werden: Was bedeuten euch diese Steine? Dann sollt ihr ihnen sagen…" (Jos 4,6). Es folgt eine Geschichte wie die von Ai, eine Sage, die einen am Weg von Jericho nach Bethel liegenden Schutthügel und einen Steinhaufen an seiner Seite mit einer früher an jener Stelle angelegten Kanaanäerstadt und ihrem Tor in Verbindung bringt. Die Eroberung und Zerstörung der Stadt soll Josua mit den einwandernden Hebräern Aitiologische Sagen durch eine Kriegslist gelungen sein. Diese Kriegslist wird detailliert beschrieben und kann in anderen Zusammenhängen durchaus einmal Erfolg gehabt haben. Ausgrabungen haben jedoch ergeben, dass der Ort seine erste intensive Besiedlung und Befestigung schon in der frühen Bronzezeit, also noch im 3. Jahrtausend erlebt hat, dann in der mittleren und späteren Bronzezeit aufgegeben war und erst in der frühen Eisenzeit, als die Hebräer sich längst angesiedelt hatten, von Neuem besiedelt wurde. Die alte Stadt konnte also keinesfalls durch die Einwanderer erobert worden sein. Die Erzähler der Sage vergriffen sich um Jahrhunderte, als sie die Zerstörung dieser Stadt für die Hebräer in Anspruch nahmen. Daher versteht man denn auch, warum die Sage den Namen der längst untergegangenen Stadt nicht mehr kennt, sondern sie einfach als das bezeichnet, was sie war, ein Trümmerhaufen (*ai*). Anders als in Trümmern haben sie die Hebräer nie gesehen.

Zu kriegerischen Auseinandersetzungen, die das Alte Testament nahezu ausschließlich schildert, da sie länger im Gedächtnis bleiben, kam es erst während dieser zweiten Phase der Ansiedlung. Die dabei von den Hebräern eroberten Orte lagen fast alle am Rande der sich allmählich herausbildenden Stammesterritorien. Es handelte sich demnach um den Versuch, das kanaanäische Herrschaftssystem, das die Hebräer umgab und beengte, zu durchbrechen. Die Erzählungen dieser zweiten Phase gelangten später in die Geschichte der ersten Ansiedlung. Da diese friedlich verlief und ihr so die dramatischen Ereignisse fehlten, verschob sich das Erinnerungsbild; ferner schrieben Erzählungen solcher Art das Besitzrecht auf Dauer fest.

Negatives Besitzverzeichnis — Wie schwierig, ja unmöglich es in Wirklichkeit für die Stämme war, gegen die mächtigsten Stadtstaaten etwas auszurichten, zeigt das „negative Besitzverzeichnis" des ersten Kapitels des Richterbuches, eine Aufzählung von Kanaanäerstädten, deren Gebiet später von verschiedenen Stämmen beansprucht wurde, aber weiterhin unabhängig blieb. Es listet dieselben Stadtstaaten auf, die wir auch aus ägyptischen Quellen und den Amarna-Texten kennen: Dor, Megiddo, Thaanach, Jibleam und Beth-Sean im Norden (Karte 3). Diese Städte bildeten eine Kette, die quer durch das Land von Dor am Mittelmeer ostwärts am Südrand der Jesreel-Ebene entlangführte und bis nach Beth-Sean am Jordan reichte. Es handelte sich um alte Festungen, die einst in der Hand der Ägypter gewesen waren. Sie lagen überwiegend in den fruchtbaren Ebenen und entlang den wichtigsten Handelsstraßen.

Für die soeben beschriebene Ansiedlung lässt sich mit Vorsicht das 13. bis 11. Jahrhundert angeben, wobei der Schwerpunkt eher im 12. Jahrhundert gelegen haben dürfte; an ihn schloss sich der Landesausbau an. Nicht alle Gruppen haben sogleich Siedlungsplätze gefunden, einige mussten innerhalb Palästinas wandern, weil sie sich nicht behaupten konnten, andere sind dort auch untergegangen. Das zunächst sehr lockere Gefüge der Siedler wuchs in der Folgezeit allmählich enger zusammen, ohne die regionalen Eigenarten je aufzugeben. Ansiedlung und Landesausbau hatten zur Existenz mehrerer Gruppierungen von Hebräern geführt, die weitgehend unabhängig voneinander lebten. Daran haben später auch der Übergang zu Königtümern und die Entstehung von Staatsverbänden wenig ändern können.

4. „Richterzeit" (1150–1000 v. Chr.)

Das Richterbuch bietet innerhalb des Alten Testaments eine Darstellung der Zeit zwischen der Phase der Ansiedlung und der Königszeit. Der Redaktor des Geschichtswerkes verfuhr bei seiner Anlage sehr schematisch, was es uns erschwert, die historischen Vorgänge auszumachen. Ihm lagen unterschiedliche Erzählungen vor, so eine Reihe, die sich allein mit den Gestalten der Retter befasste. Als Einleitung zu diesen Retter-Episoden konstruierte er eine idealisierte Handlung: Othniels Sieg über einen sonst nicht weiter bekannten Herrscher (Ri 3,7–11). Sie dient als typisches Beispiel für den Ablauf solcher Errettungstaten und besteht fast ausschließlich aus Versatzstücken, mit denen der Redaktor sonst die übrigen Erzählungen verklammert: Das Volk tat, was dem Herrn missfiel. Da entbrannte der Zorn des Herrn wider das Volk und er verkaufte es in die Hand der ... Da schrie das Volk zu seinem Gott und dieser schickte ihm einen Retter – einen Heiland, wie Luther übersetzte. Dieser Retter schlug den Feind und befreite das Volk. Da hatte das Land ... jahrelang Ruhe. Die Retter-Episoden laufen somit nach dem Schema „Schuld-Strafe-Reue-Rettung" ab.

In der Königszeit kursierte neben solchen Retter-Geschichten eine Liste von Männern, die als Richter bezeichnet wurden. Da Jephthah in der Richter-Liste stand und von ihm auch eine Errettungstat berichtet wurde, identifizierte der Redaktor die Retter mit den Richtern und fügte die Jephthah-Erzählung dort in die Richter-Liste ein. Dies hat das Retterbild völlig verändert. Neben der Gleichsetzung von Rettern und Richtern wird nun dem Leser die Meinung suggeriert, ein Retter sei dem anderen gefolgt, der die Hebräer vor einer Bedrohung bewahrt und dann ein Leben lang ein Amt bekleidet habe. Wieder wird von einem einheitlichen Vorgehen aller Hebräer berichtet, eine Sicht, die auch bei der biblischen Schilderung der Ansiedlung vorliegt. In diesen Erzählungen werden lokale Helden und lokale Konflikte in einen gesamthebräischen Kontext gestellt. Im bewussten Gegensatz dazu müssen die Retter-Episoden vielmehr isoliert gesehen werden.

Eine Bedrohung besonderer Art ging für einige Hebräer von den Midianitern aus. Sie konnten im 12./11. Jahrhundert dank der inzwischen erfolgten Domestikation des Kamels weiträumige Raubzüge unternehmen, die sie bis in die Jesreel-Ebene führten (Karte 1). Als Kamelreiter waren sie äußerst mobil und bereiteten unter den betroffenen Hebräern Angst und Schrecken. Schutz suchte die Bevölkerung in den für die Kamele unzugänglichen Bergen, um dort so lange in Höhlen zu leben, bis die Gefahr vorüber war. Bei diesen Beutezügen führten die Midianiter Schafe, Rinder, Esel und Lebensmittel fort. Wie sehr man sich an die Regelmäßigkeit der Überfälle gewöhnt hatte,

Gideon

zeigt die Bemerkung, dass Gideon aus Furcht vor den umherstreifenden Midianitern das Getreide nicht auf der Tenne drosch, wo es dem Zugriff von Plünderern offen lag, sondern an einem unzugänglichen Ort. Bei solchen Angriffen waren des Öfteren auch Menschenleben zu beklagen. Ein solcher Vorfall provozierte das Unternehmen Gideons: Er wollte Vergeltung für die Ermordung seiner Brüder üben, die bei der Verteidigung ihres Eigentums gestorben waren. Der Angriff auf die Midianiter geschah spontan; dabei fand Gideon allein die Unterstützung der männlichen Mitglieder seiner Sippe. Die Zahl von 300 Leuten könnte dem geschichtlichen Sachverhalt nahekommen. In den Kriegserzählungen der Richter- und der beginnenden Königszeit ist oft von gemeinsam kämpfenden Familienmitgliedern die Rede. Ein ähnliches Phänomen finden wir in der Ilias. Es handelt sich um eine frühe Organisation des Heerwesens, die zunächst aus der Pflicht der Verwandten zum gegenseitigen Schutz resultierte (s. I.B.5.a).

Nach einem der üblichen Beutezüge hatten die Midianiter Rast gemacht und ihr Lager aufgeschlagen, wo Gideon sie erreichte, als sie ihren Sieg feierten und die Beute genossen. Gideon hatte zuvor seine Leute zusammengeholt und sie mit hohlen Widderhörnern und Krügen, in denen sich Pechfackeln befanden, ausgestattet. Die Truppe umzingelte daraufhin nachts das Lager der Feinde. Auf ein Zeichen hin zerschlugen die Hebräer die Krüge, ließen dadurch die Fackeln aufflammen und bliesen aus Leibeskräften in die Hörner, ohne von der Stelle zu rücken. Solchermaßen aus dem Schlaf und Rausch aufgeschreckt, wurden die Midianiter von Panik ergriffen und flohen. Gideons Kampagne ist also weder als Feldzug zu bezeichnen, noch lieferte er den Midianitern eine Schlacht. Ob die Geschichte schön erzählt ist oder so ablief, sei dahingestellt. Das Ereignis hatte auf jeden Fall lediglich lokale und gänzlich partikulare Bedeutung.

Jephthah   Das Wirkungsgebiet eines anderen Retters war Gilead auf dem östlichen Jordanhochland, von Aramäern, Ammonitern und Moabitern umgeben. Jephthah, der aus der Verbindung eines Gileaditers mit einer Dirne stammte, war von seinen Brüdern durch einen Rechtsakt vor den Ältesten von dem väterlichen Erbe ausgeschlossen worden. Er wandte sich in die Gegend südöstlich des Hermon jenseits des Jarmuk und versuchte dort, ein Auskommen zu finden, indem er wie später David Männer um sich scharte, die nichts mehr zu verlieren hatten. Jephthah und seine Schar konnten möglicherweise einige militärische Erfolge erzielen, denn sein Ruf drang bis in seine ehemalige Heimat, und als es in Gilead wieder einmal zu Schwierigkeiten mit den Ammonitern kam, zogen die Ältesten zu ihm und unterbreiteten Jephthah das Angebot, ihr Anführer im Kampf gegen die Ammoniter zu werden. Jephthah sah offensichtlich darin die Chance, das in der Heimat gegen ihn gefällte Urteil zu revidieren, wies aber auf die ihm zugefügte Schmach hin und lehnte zunächst ab. Offenbar hatte er weitergehende Pläne, denn die Stellung eines Anführers wäre nur vorübergehend gewesen und hätte ihm kaum eine dauernde Rückkehr ermöglicht. So sahen sich die Ältesten genötigt, ihr ursprüngliches Angebot zu erweitern: Jephthah solle nach einem Sieg über die Ammoniter „Haupt" von ganz Gilead sein. Daraufhin willigte er ein.

Jephthahs Auseinandersetzung mit den Ammonitern war keineswegs der große Krieg, wie er in den Erzählungen dargestellt wird, die den historischen Kern umlagern. Jephthah zog werbend durch seine alte Heimat und überschritt dann mit seiner Truppe, deren Kern die unter ihm bereits länger kämpfenden Männer bildeten, die Grenze. Von der ammonitischen Grenzstadt Aroer aus plünderte Jephthah vermutlich das fruchtbare Land südwestlich von Rabbath, ohne den Ammoniterkönig in seiner Hauptstadt selbst anzugreifen. Die Auseinandersetzung blieb auch hier ein lokales Ereignis. Jephthah errang keineswegs einen endgültigen Sieg, denn noch zu Zeiten des Retters Saul und des Königs David bestand die Ammonitergefahr unvermindert fort. Jephthah wurde „Haupt" der Leute von Gilead. Der Begriff ist der gentilizischen Ordnung entnommen und bezeichnet einen Herrscher in Kriegs- und Friedenszeiten. Möglicherweise ging es Jephthah darum, sich und seinen Männern, die wie er besitzlos waren, einen dauernden Lebensunterhalt zu verschaffen. Vielleicht sah er sogar die Chance, seine Herrschaft weiter auszubauen. Bei den Völkern, die östlich der Hebräer siedelten, bestanden nämlich seit einiger Zeit Königtümer, die als Vorbilder dienen konnten.

Dem Retter Barak gelang in der Zeit vor der Monarchie einer der seltenen Erfolge gegen die Philister, als sich deren Herrschaft in der Jesreel-Ebene für die benachbarten Hebräer störend bemerkbar machte. Kriegsschauplatz war der nordwestliche Teil der Ebene nördlich des Karmel, das Gebiet um den Bach Kison. Anlass und Folgen des Kampfes werden nicht genannt und müssen erschlossen werden. Vielleicht klingt in den Erzählungen die Erinnerung an eine Verkehrssperre an: „In den Tagen ... lagen die [Karawanen-] Wege still und die Wanderer mußten krumme Pfade gehen" (Ri 5,6). In der Schlacht standen den philisteischen Stadtfürsten ihre bei den Hebräern so gefürchteten Streitwagen zur Verfügung. Allerdings kam den hebräischen Truppen unter der Leitung Baraks ein Zufall zu Hilfe: Die Wasser des Kison, die vermutlich nach Gewitter und Platzregen über die Ufer getreten waren, schufen ein versumpftes Gelände, in dem die kanaanäischen Kriegswagen stecken blieben. Dass wiederum die technisch unterlegene Seite den Sieg davontrug, prägt deutlich die Erzählung, die davon spricht, vom Himmel her hätten die Sterne für die Hebräer gestritten, auch dies ist analog zu der Exodus-Erzählung. Diese Schlacht ist dasjenige Ereignis aus der Retterzeit, bei dem zum ersten Mal Hebräer unterschiedlicher Gebiete beteiligt waren.

Wichtig ist aber, dass die Erzählung nicht nur die beteiligten Gruppen und die Schlacht schildert, sondern auch – wohl im Zusammenhang mit dem Geschehen selbst – weitergehend darüber reflektiert, dass andere nicht teilnahmen. Hier wird erstmals die Möglichkeit des späteren Israel ins Auge gefasst, eine Vision der am Kampf Beteiligten, denen klar war, auf wie schwachen Füßen ihr einmaliger Erfolg stand. Diktiert von der militärischen Notwendigkeit wurde also erstmals am Ende des 11. Jahrhunderts der

Wunsch artikuliert, möglichst alle verfügbaren Kräfte zusammenzufassen. Wichtiger für die Herausbildung einer „nationalen" Idee als militärische Erfolge waren eben die Niederlagen, die zu gemeinsamem Handeln anregten. Der Süden spielte bei diesen Überlegungen keine Rolle. Da Baraks Sieg für die Hegemonialstellung der Philister in der Jesreel-Ebene eine Bedrohung darstellte, antworteten sie sofort mit einem Gegenschlag. Ihre neuerliche Machtdemonstration fand ihren augenfälligsten Ausdruck in dem Sieg über die Hebräer bei Aphek am Ende des 11. Jahrhunderts.

Saul   Als es wie zur Zeit Jephthahs in Gilead Auseinandersetzungen mit den Ammonitern gab, musste die Stadt Jabes angesichts der Bedrohung ihre Kapitulation anbieten und konnte lediglich eine Frist von wenigen Tagen bis zur endgültigen Übergabe aushandeln. Als der Bauer Saul dies erfuhr, zog er mit einigen Haudegen, die er in kürzester Zeit zusammenbringen konnte, los und befreite die Stadt. Wichtig ist der Rückblick auf die Jephthah-Episode: In Gilead war bereits früher einmal ein Retter in der Stunde der Not zum Oberhaupt erhoben worden, analog zu den Vorbildern aus den östlichen Königreichen. Ansätze zu einer Institutionalisierung und Perpetuierung des Rettertums waren offenbar in Gilead seit längerer Zeit vorhanden. Nun erhoffte man sich von Saul auch die Beseitigung der philisteischen Oberhoheit, die nach der Niederlage bei Aphek immer drückender geworden war. Im Gegensatz zu den kurzfristigen Überfällen – etwa der Midianiter – auf das Gebiet der Hebräer wirkte sich die „Herrschaft der Philister" (Ri 14,4) als ständige Belastung aus: Sie stationierten an strategisch wichtigen Punkten Besatzungen, unternahmen mit ihren Truppen Streifzüge, entwaffneten die Bevölkerung und erhoben regelmäßige Abgaben.

Für die kommenden kriegerischen Auseinandersetzungen schuf sich Saul ein Söldnerheer, worin jeder, der wollte, Verwendung fand. Allzu groß war die Armee allerdings nicht, die ihm zur Verfügung stand, vielleicht konnte er sie gelegentlich durch Zuzug von Bauern aufstocken. Was wir über das Heer Sauls erfahren, vermittelt die von früher bekannten einfachen, ja familiären Verhältnisse: Eine Abteilung führte Saul selbst, eine zweite sein Sohn Jonathan und auch Abner, sein Feldhauptmann, gehörte als Sohn des Bruders väterlicherseits mit zur Großfamilie.

Philister   Sauls Hauptgegner waren die Philister, denen die ihm zur Verfügung stehenden Hebräer in allen Belangen unterlegen blieben. Da sie noch nicht über eiserne Waffen verfügten, litt ihre Kampfkraft erheblich. Ebenso schlecht stand es mit ihrer Ausbildung, da es jedem Hebräer selbst überlassen blieb, die Handhabung der Waffen zu üben. Schließlich waren die Soldaten nur für kurze Zeit im Jahr verfügbar, da die Bauern und Hirten lediglich vorübergehend ihre Felder und Herden verlassen konnten. Umso mehr musste Saul sich auf sein kleines Söldnerheer stützen.

Sauls Führerstellung hing von einem Sieg über die Philister ab. Nach der Vertreibung einiger ihrer militärischen Posten durch seine Leute sammelten die Philister ihre Truppen in Aphek und zogen in die Jesreel-Ebene. Für sie war es der Ort des früheren Sieges, da die Gegend den notwendigen Raum für den Einsatz der Streitwagen bot. Saul wollte die Philisterbedrohung ein für alle Mal ausschalten, deshalb musste er dieses wichtige Gebiet in die Hand bekommen. Vielleicht hing es mit seinem ehrgeizigen Plan zusammen, dass er sich darauf einließ, den Philistern dort entgegenzutreten. Vielleicht lag es auch an seiner militärischen Unerfahrenheit, dass er sich auf diesen Schlachtplatz stellte. Saul war Bauer, wenn auch ein wohlhabender Mann mit großer Familie und einigem Gefolge, dem bislang aber nur Überraschungserfolge nach kleinen überfallartigen Angriffen gelungen waren.

Die zweite Schlacht bei Aphek endete wie die erste mit einem vollständigen Sieg der Philister, die anschließend wieder Besatzungsposten in das Gebiet der Hebräer legten. Als Saul starb, hatte seine „Herrschaft" nur zwei Jahre gedauert. Die Niederlage war vollkommen. Das Heer der Hebräer löste sich in wilder Flucht auf, Saul hatte sich selbst in sein Schwert gestürzt, drei seiner Söhne fielen. Die Philister weihten Sauls Waffen einem Astarte-Tempel, während sie seine Leiche mit denen seiner Söhne als Trophäen an die Stadtmauer von Beth-Sean hängten. All das, was unter David später den Beginn der Monarchie ausmachte, fehlte bei Saul: Er hatte keine Residenz errichtet, sondern lebte auch nach seinen „Heldentaten" immer noch auf seinem Bauernhof und betrieb ihn, wie es viele seinesgleichen taten. Er gebot über keine Beamten, über keine zentrale Behörde, verfügte über kein Krongut, förderte keinen einheitlichen Kult und kontrollierte kein klar umrissenes Territorium. *Schlacht bei Aphek*

Neben solchen Rettern spielten in der „Richterzeit" diejenigen Männer eine Rolle, denen diese Epoche ihren Namen verdankt: die Richter. Sie gaben auch dem Richterbuch den Namen und nach ihnen wurden schließlich die Retter Richter genannt. Deshalb ist für die lediglich aus zwei Listen bekannten Männer der Begriff „kleine Richter" geläufig geworden; über sie liegen keine besonderen Berichte vor. Eine aufschlussreiche Bemerkung über ihre Aufgaben und Tätigkeiten findet sich in der Weissagung des Propheten Nathan an David. In ihr wird geschildert, die Richter hätten verhindert, dass die Hebräer von gewalttätigen Menschen unterdrückt wurden; diese Richter hätten den Hebräern also Ruhe vor ihren Feinden verschafft. Dies vermochten die Richter nur, weil ihnen Machtmittel zur Verfügung standen. So erhält auch die ängstliche Frage an einen Richter Sinn, ob er in friedlicher Absicht komme. Diese Richter sind also keineswegs in einem unmittelbar rechtlichen, juristischen Kontext zu sehen. Retter und Richter waren lokale Führer, „Häuptlinge", die in Erscheinung traten, wenn sie ihre Familie, ihre Nachbarn oder die ganze Gruppe bedroht sahen. Sie handelten aus persönlichem Engagement, wie beispielsweise Gideon, der seine Blutrache verfolgte, oder Jephthah, der seine soziale Stellung verbesserte, was die spätere Geschichtsschreibung als Berufung durch Jahwe umdeutete. *Kleine Richter*

Das Richterbuch vermittelt schlaglichtartig Eindrücke vom Leben der Hebräer und ihrer Auseinandersetzungen mit den Nachbarvölkern. Die

Gruppen erscheinen in allen Erzählungen bereits fest an ihre späteren Territorien gebunden, es geht bei den Kämpfen daher nicht um die Gewinnung neuer Gebiete, sondern nur darum, ihr Verbleiben im Land zu sichern. In Einzelfällen gelingt es ihnen, sich gegen Angriffe von außen zu verteidigen, ja sie selbst schließen sich bisweilen zu größeren Gruppen zusammen, um einer militärischen Bedrohung zu begegnen. Die Kriege, die einzelne führten, waren spontan aus lokalen Interessen entstanden. Ihre Darstellung als heilige Kriege im Alten Testament ist ebenso als ein Produkt der späteren Geschichtsschreibung zu beurteilen, wie es zahlreiche andere Versuche sind, gesamthebräische Interessen geltend zu machen. Die Beteiligung der Götter am Kampf war ein gemeinorientalisches Motiv, ganz unabhängig davon, ob es sich um Verteidigungs- oder Angriffskriege handelte.

Fehlende politische Zentralinstanz

Jeder musste sich allein gegen die feindliche Bedrohung aus der Nachbarschaft verteidigen. Man war noch weit davon entfernt, eine Einheit zu bilden. Im Gegenteil ist oft von Differenzen zwischen einzelnen Gruppen die Rede, sogar von kriegerischen Auseinandersetzungen. Es fehlte eine mit Sanktionsmitteln ausgestattete politische Zentralinstanz. Stattdessen regelten verwandtschaftliche Beziehungen die Kontakte der einzelnen untereinander, an eine aktive Politik im Stile moderner Begrifflichkeit war überhaupt nicht zu denken. Es kam zwar gelegentlich zu gemeinsamen Aktionen größerer Gruppen, deren Zusammenschluss durch äußeren Druck, nicht etwa aufgrund von inneren Entwicklungen erfolgte, ohne dass sich aber ein politisches Gebilde konstituierte. Dennoch war ein gewisser Ansatzpunkt für gemeinsame Feldzüge erkennbar, sobald der äußere Druck stark genug wurde und ein Führer auftrat, dem die verschiedenen Gruppen zu folgen bereit waren. Vorläufig aber gab es noch kein gemeinsames Konzept, das den verschiedenen Aktionen zugrunde lag, sondern es galt, was auch im Alten Testament festgehalten wurde: „Jeder tat, was er wollte." (Ri 17,6; 21,25)

5. Leben in vorstaatlicher Zeit

a) Familie – Sippe – Stamm

Wie in allen antiken Gesellschaften stand auch bei den frühen Hebräern die Familie im Zentrum des gesamten Lebens. Sie stellten sich das Menschengeschlecht als eine weitverzweigte Familie vor. Die Sippen und sogar später die größeren Verbände der Stämme führten ihre Abstammung auf einen Stammvater zurück. Vor dem Hintergrund einer alles überragenden Bedeutung der Verwandtschaft sind zahlreiche Ehrenbezeichnungen zu sehen, die aus dem familiären Bereich entlehnt sind. So wurde die „Richterin" Debora als Mutter angesprochen, die Schüler des Propheten Elia nannten ihn Vater, ohne dass jeweils Blutsverwandtschaft bestand, ein Liebender nannte seine Angebetete Schwester. Verwandtschaftsbezeichnungen wurden schließlich auch in der diplomatischen Korrespondenz gebraucht. Der Herrscher von Tyros schrieb an den König Salomo: „mein Bruder".

Nach anthropologischen Kriterien ist die hebräische Familie als Großfamilie mit folgenden Kriterien zu bezeichnen: endogam, patrilokal, patriarchal, patrilinear und polygyn. Als der Idealtyp einer solchen Familie, an der sich alle wesentlichen Merkmale zeigen lassen, kann diejenige des Erzvaters Jakob genannt werden. Dabei ist es belanglos, ob die im Folgenden aufgeführten Beispiele geschichtliche Ereignisse schildern. Es handelt sich um ein Erzählgut, das Sitten und Gebräuche als vertraut voraussetzt.

<small>Anthropologische Kriterien</small>

Endogam bedeutet, dass Ehen unter Blutsverwandten bevorzugt wurden. Unter den Hebräern waren Ehen zwischen Halbgeschwistern bis in die Zeit der Monarchie hinein ein geübter Brauch. Eine der Frauen König Davids gebar einen Sohn, Absalom, und eine Tochter, Tamar. Amnon, ein anderer Sohn Davids begehrte Tamar und bedrängte sie. Sobald sie Amnons Absichten bemerkte, flehte sie: „Nicht doch, mein Bruder! Entehre mich nicht! So etwas tut man nicht in Israel! Begehe nicht eine solche Gemeinheit! Wo sollte ich mit meiner Schande hin? Und du selbst würdest als ein Frevler in Israel gelten. Sprich doch gleich mit dem König, er wird mich dir nicht verweigern." (2 Sam 13,12–13) Die Schandtat Amnons bestand in der Vergewaltigung. Hätte er David um die Hand seiner Halbschwester gebeten, wäre des Königs Einwilligung zu erwarten gewesen.

<small>Endogamie</small>

Ehen zwischen Onkel und Nichte, Neffe und Tante und überwiegend zwischen Vettern und Cousinen wurden denen zwischen Nichtverwandten vorgezogen. Das Schicksal des Helden Tobias erläutert diese Praxis. Tobias heiratete die Tochter seines Onkels und nach den Worten des Engels, der ihn begleitete, hätte der Onkel Schuld auf sich geladen, wenn er seine Tochter einem anderen gegeben hätte, da er keinen Sohn besaß und damit keinen Erben. Die Vorliebe für eine Heirat zwischen Verwandten hatte also mit dem Bemühen zu tun, das Eigentum innerhalb der eigenen Familie zu halten. Status und Prestige eines Mannes und oft auch das Überleben hingen von der Verwandtschaftsgruppe ab, der er angehörte. Je größer die Anzahl der männlichen Verwandten, auf deren unbedingte Loyalität das Familienoberhaupt zählen konnte, desto größer waren Einfluss, Macht, Sicherheit und Ansehen der Familie. Eine der bewährten Methoden, die Interessengemeinschaft zwischen Familienoberhaupt und seinen männlichen Verwandten zu sichern, bestand eben darin, ihnen seine Töchter zur Frau zu geben. Auch nach der Ansiedlung hielten sich die alten Familienstrukturen ebenso wie die Heiratsgewohnheiten. Gerade die Praxis der endogamen Ehe förderte den Widerstand gegen Verbindungen mit den fremden Ortsansässigen. Solche Ehen mit „Ausländern" wurden durch abschreckende Beispiele in Verruf gebracht. Als der Held Simson eine Philisterin zur Frau nehmen wollte, erhoben seine Eltern dagegen Einspruch mit dem althergebrachten Argument: „Gibt es denn unter den Töchtern deiner Brüder und in unserem ganzen Volk keine Frau?" (Ri 14,3).

Patrilokalität Diese Art der Heirat wurde weiterhin durch eine zweite Eigenart gefördert: Die hebräische Familie war patrilokal. Die Söhne lebten auch dann noch mit ihrem Vater zusammen, wenn sie schon geheiratet und eigene Kinder, ja sogar Enkel hatten. Die Familie bestand damit aus dem männlichen Familienoberhaupt, seiner Frau oder seinen Frauen, seinen Söhnen mit ihren Frauen und Kindern und seinen unverheirateten Töchtern. Im Gegensatz zu unserer heutigen Kernfamilie, die nur aus Vater, Mutter und den minderjährigen Kindern besteht, handelte es sich hier um eine Großfamilie. Sie lebte in der Regel gemeinsam in einem Kreis von Zelten, die dicht beieinander aufgeschlagen waren. Nach der Sesshaftwerdung wohnte sie in benachbarten Häusern. In der Stadt Aroer der Zeit Davids fand sich bei Ausgrabungen die Besiedlung des 11. Jahrhunderts. Die nahezu gleich großen Häuser waren in einem Kreis von etwa 100 m Durchmesser angeordnet. Die Eingänge öffneten sich zum runden Platz in der Mitte der Ansiedlung, so bildete das Dorf eine Art steinernes Zeltlager.

Patriarchat Um den inneren Zusammenhalt zu gewährleisten, der die Einheit der Familie ausmachte und eine zwingend notwendige Voraussetzung für ihr Überleben, auch im Wettstreit mit anderen Familien, darstellte, herrschte das Familienoberhaupt in nahezu absoluter Weise über seinen Hausstand; dies drückt der Begriff „patriarchal" aus. Die Familie war ein Ganzes, ein Körper, bestehend aus Mit-Gliedern, jeder Einzelne war ein Glied, nur alle miteinander konnten sie existieren, konnten leben und überleben. Beraubte man einen Menschen der Zugehörigkeit zu seiner Familie oder wurde er verstoßen, dann bedeutete dies nicht nur soziale Deklassierung, sondern auch den Entzug des wichtigsten Schutzes, dessen er bedurfte, um nicht belästigt, beraubt, erniedrigt oder sogar getötet zu werden. Als Kain seinen Bruder Abel erschlug, wurde er mit einem doppelten Fluch belegt: Der Boden solle ihm seine Kraft nicht geben und er solle flüchtig und unstet werden. Der zweite Teil des Fluches ließ Kain mehrmals verzweifelt aufschreien: „Meine Strafe ist größer, als daß ich sie ertragen könnte … Unstet und flüchtig muß ich auf Erden sein. Jeder, der mich antrifft, kann mich totschlagen." (Gen 4,13–14) Allein die Solidargemeinschaft garantierte das Überleben des Individuums.

Allerdings sah sich das Familienoberhaupt seinerseits mit dem Anspruch konfrontiert, für das Wohlergehen aller zu sorgen. Die Mitglieder der Familie mussten ihm gehorchen, er aber hatte sich an die jahrhundertealten traditionellen Verhaltensmuster anzulehnen. Die Funktion des Patriarchen verlangte Solidarität der Familienmitglieder, da durch deren enges Zusammenleben alle für die Verfehlungen einzelner büßten. Daraus bildete sich ein Grundbegriff des frühen hebräischen Rechtsdenkens, die kollektive Verantwortlichkeit, indem Gott „die Schuld der Väter heimsucht an den Kindern bis in die dritte und vierte Generation" (Ex 20,5). Solche Geschlechterrollen und -beziehungen der Hebräer haben sich im Alten Orient über Jahrhunderte hin ausgeprägt und sind dann in der Monarchie und der Exilszeit unter dem Einfluss des Jahwe-Glaubens fixiert worden. Als später das Alte Testament das heilige Buch der Juden und Christen wurde, haben diese Normen eine nachhaltige Wirkung entfaltet.

Patrilinear besagt, dass die Abstammung der Kinder sich nach der väterlichen Linie und nicht nach der mütterlichen bestimmte; bei Abstammungsfragen und Erbangelegenheiten zählte allein die Verwandtschaft mit dem Vater. Daher wünschte man sich einen Stammhalter, Söhne galten als das eigentliche Zeichen von Segen und Macht. In der patrilinearen Familie gehörten die Kinder zu ihren Vätern. Eine neue Verbindung, eine neue Ehe, vermehrte die Stärke der Familie, welcher der Vater des Bräutigams vorstand. Der Familie der Mutter erwuchs kein vergleichbarer Vorteil. Daraus resultierte die Einrichtung des Brautpreises. Der Vater der Braut, der nicht nur eine Tochter, sondern zugleich auch ihre zukünftige Nachkommenschaft verlor, erhielt eine materielle Entschädigung, die durch lokale Tradition festgesetzt war. Die Verheiratung einer Tochter wurde wie ein Geschäft abgewickelt. Das Mädchen stellte dabei einen wirtschaftlichen Wert dar, dessen Verlust durch den Brautpreis ersetzt wurde. Andererseits erhielt die Familie des Bräutigams für den Betrag, den sie aufbrachte, sofort eine zusätzliche Arbeitskraft. Patrilinearität

Der sechste Grundzug der hebräischen Familie beruht auf ihrer Polygynie, was bezeichnet, dass ein Mann mehr als eine Frau haben konnte. Dies erweist, wie sehr die Institution Ehe auf den Mann zugeschnitten, wie sehr sie eine patriarchalische Einrichtung war. In einer solchen polygynen Gesellschaft war es für ein Mädchen eine Auszeichnung, einen Mann zu bekommen, der sich mehr als eine Frau leisten konnte; außerdem teilten sich mehrere Frauen die Lasten der Hausarbeit, was für jede eine Erleichterung darstellte. Nach der Sesshaftwerdung zwangen die wirtschaftlichen Verhältnisse die Mehrzahl der Bauern zu Monogamie oder allenfalls Bigamie, da ja für jede Frau ein Brautpreis gezahlt werden musste. Unter der breiten Masse der Bevölkerung dürfte daher in der Königszeit die Einehe vorgeherrscht haben, ohne dass das alte Ideal eines Harems in Vergessenheit geriet. Polygynie

Da in der bisher beschriebenen Familie die Anzahl der Nachkommen eines Mannes sich auf sein Ansehen und sein Fortkommen im Leben auswirkte, war die ganze Atmosphäre vom Gebot der Fruchtbarkeit bestimmt. Nur ein Mann mit vielen Söhnen vermochte sich in einer Umgebung sicher zu fühlen, in der Macht Recht bedeutete und Machtausübung letztlich von der Zahl der männlichen Verwandten abhing:

„Siehe, Söhne sind eine Gabe des Herrn, sein Lohn ist die Frucht des Leibes. Wie Pfeile in der Hand des Helden, so sind Söhne gezeugt in der Jugend Kraft. Wohl dem Manne, der seinen Köcher mit ihnen gefüllt hat:
Er wird nicht zuschanden, wenn er mit den Widersachern redet im Tor."
(Ps 127,3–5)

Die Hebräer sahen die Fortpflanzung als Zweck der Sexualität und sie verurteilten daher jedes Sexualverhalten, das diesem Ziel nicht diente. Die Christen übernahmen diese Auffassung und engten sie noch weiter ein. Diese Sexualität

Konzentration auf die Fruchtbarkeit und Vermehrung der Familie führte zu einer strengen Reglementierung des Geschlechtslebens, um den Segen Gottes für die Nachkommenschaft nicht aufs Spiel zu setzen. Kein anderer Bereich des menschlichen Lebens war derart mit positiven und negativen Grundsätzen überladen. Um den Menschen von dem Verbotenen abzuhalten, wurde der Geschlechtsverkehr mit zahlreichen religiös-rechtlichen Sanktionen geregelt. Sexuelle Verfehlungen konnten, so glaubte man, die Fruchtbarkeit eines ganzen Volkes gefährden; insbesondere der Ehebruch wurde als eine solche Gefährdung angesehen. Als der Erzvater Isaak mit seiner schönen Frau Rebekka in eine Philisterstadt kam, soll er sie als seine Schwester ausgegeben haben, da er befürchtete, die Männer würden ihn Rebekkas wegen töten. Eine solche Tat ohne Konsequenzen für die Mörder konnte sich der Erzähler durchaus vorstellen. Als bald darauf aber herauskam, dass Isaak und Rebekka Mann und Frau waren, warf der Philisterkönig dem Hebräer vor: „Was hast du uns da angetan! Wie leicht hätte einer aus dem Volk mit deiner Frau schlafen können, und du hättest dann Schuld über uns gebracht." (Gen 26,10) Im Klartext bedeutete dies: Hätte ein Einwohner Rebekka beigewohnt, ohne Isaak vorher getötet zu haben, hätte er Ehebruch begangen. Nicht aus moralischen Gründen fürchtete dies der Philister, da man ja ohne Skrupel Reisende tötete, um deren Frauen zu besitzen, sondern wegen der Strafe für Ehebruch, die in Form von Unfruchtbarkeit über die ganze Stadt hereingebrochen wäre.

Die Geschichte von Sichem und Dina, auch wenn sie nur symbolhaft die Zerstörung einer Stadt vorführen will, zeigt, wie hart sexuelle Verfehlungen in der Frühzeit der Hebräer geahndet wurden. Sichem, ein Sohn des Fürsten der gleichnamigen Stadt, vergewaltigte Dina, die Tochter Jakobs. Obwohl er sich nach der Tat bereit erklärte, das Mädchen zu heiraten und einen immensen Brautpreis zu zahlen, der den wirtschaftlichen Schaden, den er *auch* angerichtet hatte, wieder ausgeglichen hätte, führte nach Ansicht der Hebräer kein Weg an der Rache vorbei. In der nomadischen Frühzeit konnte ein solches Vergehen nur gesühnt werden, indem das Blut des Frevlers vergossen wurde. Die Rache übertraf jedes normale Maß: Alle männlichen Einwohner der Stadt wurden getötet, ihre Frauen und Kinder geraubt und schließlich bereicherten sich die Söhne Jakobs auf Kosten des Feindes. Eine in ihren Folgen als noch verheerender geschilderte Tat war die Unzucht, welche die Bewohner von Gibea bei Jerusalem mit der Frau des Gastfreundes eines ihrer Mitbewohner trieben. Der Erzählung nach büßte der ganze Stamm Benjamin für dieses Vergehen und ging unter. Obwohl solche Geschichten historisch keine Bedeutung besaßen, wurden sie erzählt, um von derartigem Unrecht abzuschrecken. Erst eine zentrale Regierungsgewalt war später in der Lage, solchen kollektiven Racheakten ein Ende zu setzen und der Auffassung zum Sieg zu verhelfen, dass in einem derartigen Fall eine Heirat die Schmach tilgen konnte.

Sippe Die Zeit vor der Entstehung der hebräischen Monarchien war durch ein Gesellschaftssystem geprägt, das durch die Sippenordnung bestimmt war. Die ungefähren Größenordnungen von Großfamilien und Sippen verdeutlichen das militärische Gliederungsschema der Tausendschaften und Fünfzigschaften, wobei die Fünfzigschaft die wehrfähigen Männer einer Großfamilie umfassen könnte, die Tausendschaft diejenigen einer Sippe. Die Zahl von 300 Männern, die dem Retter Gideon aus seiner Sippe gegen die Midianiter zur Verfügung stand, hat demnach einige Wahrscheinlichkeit für sich (Ri 8,4).

Als größte blutsverwandtschaftliche Einheit galt der Stamm. Die Genealogien der Stämme sind allerdings Fiktion, die dem Zwang blutsverwandtschaftlichen Denkens entsprangen. Zwar fühlten sich mehrere Sippen zu einem Stamm gehörig, aber diese Stämme waren eine weniger stabile Einheit als die Sippen und später entstanden. Dies lag daran, dass der Stamm erst auf dem Boden Palästinas nach der Ansiedlung aus den in einem begrenzten Raum lebenden Sippen zusammenwuchs. Ein solcher Stamm war vornehmlich eine Interessengemeinschaft, zu der man aufgrund militärischer Überlegungen fand, wenn die einzelnen Sippen zur Abwehr der Feinde nicht mehr stark genug waren. Er wurde in solchen Krisenzeiten von einem internen Gremium geleitet, von den Ältesten, vielleicht von allen Sippenältesten. Eine Rechts- oder Kultgemeinde haben die Stämme nie dargestellt. Es gab ferner keine Herrscher eines Stammes – von Herrschern über mehrere Stämme ganz zu schweigen –, welche die Selbstständigkeit der Sippen ernsthaft gefährdende, rechtliche oder exekutive Befugnisse besaßen. Diese Aufsplitterung in einzelne Stämme hatte offensichtliche Nachteile für die spätere Staatenbildung. Die Stämme neigten nämlich dazu, selbstständig zu bleiben und für sich allein zu bestehen, eine Tendenz, welche die geographische Beschaffenheit des Landes – die Zergliederung in zahlreiche Einzelregionen – noch verstärkte. Ferner schnitten die Querriegel der kanaanäischen Stadtstaaten einzelne Gruppen von Stämmen voneinander ab. Dies alles förderte die Bildung partikularer Interessen.

Stamm

b) Gesellschaftsordnung

Nach der Phase der Ansiedlung setzte sich die hebräische Gesellschaft vorwiegend aus Bauern zusammen. Der Ackerbau war für sie die wichtigste Versorgungsgrundlage wie für alle Völker der Antike. Da das Eigentum am Boden die Basis wirtschaftlichen und politischen Handelns bildete, war eine andere Weitergabe als durch Vererbung an die eigenen Söhne erschwert. Grund und Boden waren in der Rechtsordnung der Hebräer dem freien Tausch entzogen, Land konnte nicht beliebig gegen Güter anderer Art eingehandelt werden. Aber wenn auch über dem Prinzip des Tausches dasjenige der Verwandtschaft stand, so war der Verkauf von Land keineswegs generell verboten.

Innerhalb der eigenen Familie konnten Häuser, Äcker oder Weinberge veräußert werden; lediglich die Übertragung an Personen, die ihr nicht angehörten, war erschwert. Wenn ein Hebräer seinen Grundbesitz aufgeben

Landerwerb

musste, dann sollte dieser doch nach Möglichkeit in der Großfamilie bleiben. In einem solchen Fall hatte der nächste Verwandte das Recht und die Pflicht, das Grundstück zu erwerben. Diese Institution des sogenannten „Loskaufs" begünstigte somit eine Übertragung von Grund und Boden an die reicheren Mitglieder der Großfamilie. Auf der einen Seite förderte dies die soziale Differenzierung, auf der anderen Seite aber auch die gegenseitige Verantwortlichkeit, die trotz der sozialen Unterschiede im Bewusstsein verankert blieb. Das Sippenethos war auf gemeinschaftsförderndes oder gemeinschaftsbewahrendes Verhalten angelegt; dies schloss den Schutz der sozial Schwachen mit ein.

Soziale Differenzierung   Ansätze zur sozialen Differenzierung gab es viele. Bei der Verteilung der Böden musste deren unterschiedliche Ertragsfähigkeit ebenso berücksichtigt werden wie die Unterschiede zwischen kleinen und großen Familien. Zu ungleichen Ernteergebnissen führten überdies die üblichen Schwankungen des Wetters und anderer Naturbedingungen des Ackerbaus wie Misswuchs oder Heuschreckeneinfall. Die Größe der Familien schwankte, je nach den Verlusten bei Seuchen oder feindlichen Überfällen; an der Größe aber hing die wirtschaftliche Leistungsfähigkeit, zumal wenn es galt, das Land gegen feindliche Angriffe und Plünderungen zu verteidigen oder weiteren Boden urbar zu machen. Wer über eine größere Zahl von Menschen oder Arbeitstieren verfügte, war in der Lage, mehr als andere zu roden. Das auf diese Weise gewonnene Land gehörte demjenigen, der es urbar machte. Es gab also immer wieder einzelne, die mehr materielle Güter sammeln konnten, mehr Ansprüche auf Dienstleistungen, mehr Frauen und Kinder besaßen als andere.

Mit der Zeit schufen sich wohlhabende Männer immer stärkere persönliche Abhängigkeiten: Wenn ein reicher Mann Gastfreundschaft bieten konnte, wurde sein Haus zum geschätzten Versammlungsort. Außerdem fiel es ihm leicht, etwa für Opferzwecke ein Schaf oder aber in Notzeiten einen Korb voll Getreide zu verleihen. Wem auf diese Weise mehrfach geholfen wurde, dem erwuchs die Verpflichtung, sich durch kleine Dienste gefällig zu erweisen. Wer das Geliehene nicht zurückgeben konnte, musste wirkliche Hilfsdienste leisten: Die Herden seines Wohltäters hüten, seine Felder jäten, die Hütten ausbessern. Mit der Zeit sammelten sich dadurch auf großen Höfen Gefolgsleute oder Diener, alles säumige Schuldner, die ihre wirtschaftliche Unabhängigkeit verloren hatten. Am unteren Ende der allerdings noch schmalen sozialen Skala standen Leute, die ihren Anteil am Ackerland der Dörfer aufzugeben gezwungen oder die aus anderen Gründen nicht mehr in die Sippe eingebunden waren. Sie sanken zu Schuldknechten auf Zeit oder auf Dauer herab oder sie verdingten sich als Tagelöhner in der Landwirtschaft. Andere mussten als Söldner oder Räuber ihr Auskommen suchen.

Teilungszwang   Wenn es nicht zur Bildung einer Zentralinstanz gekommen wäre, hätte eine solche Gesellschaftsordnung relativ stabil bleiben können, denn entscheidend war, dass Besitzungleichheiten nicht auf Dauer bestanden oder sich gar beständig vergrößerten. Insbesondere durch Erbteilung unter allen gleichberechtigten Söhnen ebneten sich Ungleichheiten wieder ein, wurden zumindest Extreme durch die Aufteilung größerer Güter beseitigt. Aus den Verhaltensmaßregeln der nomadischen Zeit war auch der Zwang zum Aufteilen verschiedenster Güter unter den einander solidarisch verpflichteten Mitgliedern der Gemeinschaft in die Epoche der Sesshaftigkeit übernommen worden. Es fehlte in der hebräischen Gesellschaft der „Richterzeit" eine wichtige Bedingung dafür, dass Anhäufung von Reichtum zu politischer Macht führen konnte: die Eigentumsgarantie durch eine Zentralinstanz. Da das Eigentum des Einzelnen nur durch seine Verwandtschaftsgruppe geschützt wurde, war der Eigentümer auf das Wohlergehen dieser Gruppe angewiesen. Nur bei der Sippe blieb der Einzelne vor Angriffen sicher. Wurde jemand von der Sippe ausgestoßen, war er schutz- und rechtlos. Selbst ein Reicher konnte die Abhängigkeiten nur vorsichtig ausnutzen; er sah sich zudem ständigen Freigebigkeitsansprüchen ausgesetzt – dies ein Relikt der nomadischen Gastfreundschaft.

Mit all diesen Mechanismen ging eine Mentalität einher, die man als Gleichheitsbewusstsein charakterisieren kann. Dies führte etwa dazu, dass man gegenüber Personen empfindlich reagierte, die allzu sehr aus dem sozialen Rahmen heraustraten, zu prominent werden wollten. Das Gleichheitsbewusstsein bewirkte Widerstand gegen das Machtstreben einzelner. In der „Richterzeit" kam es zwar vor, dass Führergestalten nach militärischen Erfolgen für ihre Leistungen Gegenleistungen in Form von Abgaben verlangten. Doch war dies stets ein kurzfristiges Phänomen und in keiner Weise systematisiert, wie es später durch die königliche Verwaltung möglich wurde. Der Widerstand gegen solche Praktiken der Abgabenerpressung und gegen das Machtstreben ging einher mit einer geringen Unterordnungsbereitschaft und einer Abneigung gegen Befehle.

Gleichheitsbewusstsein

Die „Richterzeit" war insofern keine vor-staatliche Zeit, als sie nicht zwangsläufig aufgrund innerer Entwicklung auf einen Staat hinführte. In dieser Zeit bildete sich zwar eine Gesellschaftsordnung heraus, aus der durch äußeren Druck rasch die Monarchie als Zentralinstanz entstehen konnte, aber die Existenz der Gesellschaft wäre auch weiterhin ohne eine solche denkbar und möglich gewesen.

c) *Religiosität*

Auf ihrer Wanderung waren die aus Ägypten geflohenen Hebräer in Kontakt mit dem Jahwe-Kult oder mit Jahwe verehrenden Gruppen gekommen. Dessen Verehrung haftete ursprünglich an einem Bergheiligtum; in ihm hatte man seit undenklichen Zeiten Jahwe, einen leidenschaftlichen und kämpferischen Gott, angerufen. Obwohl Jahwe also seinen festen Standort hatte, wurde er von den Hebräern analog zu ihren bisherigen nomadischen Gottesvorstellungen als ein mitgehender, führender und rettender Gott erfahren. Und die zentrale Rettungstat, welche sie aus den Händen des Pharao befreite,

Jahwe-Kult

hatten möglicherweise einige von ihnen noch persönlich erlebt, als sie mit dem Jahwe-Kult in Kontakt traten. Das Erlebnis am Sinai hat für eine Gruppe von Hebräern eine Beziehung zu diesem Gott geschaffen, die aus ihrer späteren Geschichte nicht mehr wegzudenken war.

Die Nomaden vermochten die Verschmelzung ihrer alten Götter mit dem lokal verehrten Jahwe umso leichter zu vollziehen, als diese Gottheiten, wie viele andere in Palästina und Syrien, keine Eigennamen hatten. Sie wurden mit zusammengesetzten Ausdrücken bezeichnet, deren erstes Element regelmäßig das Appellativum „Gott" (El) war, während das zweite Element die Individualität der betreffenden Gottheit charakterisierte – etwa Gott Abrahams oder Gott Jakobs. Die alttestamentliche Darstellung von Jahwes erster Offenbarung an Mose vermittelte dem Leser oder Hörer im Verlauf der Erzählung die Identifizierung Jahwes mit den Göttern der Sippen: „Ich bin der Gott deines Vaters, der Gott Abrahams, der Gott Isaaks, der Gott Jakobs." (Ex 3,6)

Baal-Verehrung   Während der Ansiedlung gerieten die Hebräer unter den Einfluss ihrer kanaanäischen Nachbarn, zumal beide Gruppen im gleichen geographischen und sozialen Gefüge lebten. Auch in diesem Fall erwies sich, dass Ordnungen, die am Boden haften, wie überall in der Geschichte äußerst fest implementiert sind und selbst durch einen Wechsel der Bevölkerung ihre Gültigkeit nicht völlig verlieren. Weil auch die Hebräer verstärkt von der Fruchtbarkeit des Bodens abhängig wurden, stellte sich bei ihnen das Bedürfnis nach Vegetationsriten ein, denn der Ackerbau war in der Antike alles andere als ein profanes Tun, sondern besaß eine tief religiöse Dimension. Hierfür bot die kanaanäische Baal-Verehrung geeignete Modelle an: Baal war Garant der Fruchtbarkeit. Dies galt ähnlich für die Baal entsprechende weibliche Gottheit, Astarte, die als Göttin der Liebe, der Kraft und der Freude in orgienähnlichen Zusammenkünften gefeiert wurde. Es waren starke kanaanäische Komponenten, die in die noch unterschiedlichen Glaubensvorstellungen der einzelnen Gruppen der Hebräer eindrangen.

Im Laufe der Zeit erhielt jede Siedlung eine eigene Kulthöhe mit Altar, Massebe und Aschera als Mindestausstattung. Die Massebe war ein aufgerichteter Stein, als Gedenkstele Zeichen einer göttlichen Gegenwart. Von diesem Punkt aus bis zur Vorstellung, der Stein stelle die Gottheit dar, war nur noch ein kleiner Schritt. Eine Aschera war das Symbol einer weiblichen Gottheit, in Form eines Holzpfahles – häufig bemalt – oder auch ein lebender Baum. In den Sagen werden die Erzväter häufig mit solchen kultischen Steinen oder heiligen Bäumen in Verbindung gebracht. Erst Jahrhunderte später sollten prophetische Kreise in der Zeit der ausgehenden Monarchie in solchen Masseben und Ascheren wieder reine Baal-Symbole sehen und diese daher verurteilen (s. I.F.6).

Opfer   Die wichtigste Möglichkeit, mit der Gottheit zu kommunizieren, war das Opfer. Es stellte einen Tribut dar, wie ihn der Untergebene seinem Herrn darbringt. Indem der Mensch diese Gabe freiwillig erbrachte, hoffte er, den

Gott zufriedenzustellen und ihn von höheren Forderungen abzuhalten. Da Gott der Acker gehört, erhält er alle Erstlingsfrüchte von den Bäumen und den Feldern, die Erstgeborenen der Herden, ja selbst der Menschen.

Wie alle Menschen waren die Hebräer – den Unwägbarkeiten der Witterung ausgeliefert und vom unberechenbaren Tod bedroht – begierig, die Zukunft zu erfahren. Dazu benötigten die Seher, die bei Hebräern wie bei Babyloniern ein hohes Ansehen genossen, die Eingebung Gottes. Um diese zu erlangen, versetzten sie sich durch die unterschiedlichsten Mittel in Ekstase. Der Retter Saul begegnete beim Heiligtum von Gibea solchen Sehern, die zum Klang von Harfe, Tamburin, Flöte und Gitarre bis zum Delirium tanzten. Einige Baal-Propheten fügten sich zudem noch Verwundungen zu. Der Prophet Elia dagegen floh in die Einsamkeit, wo er den Kopf auf die Knie gestützt kauerte, bis ihm eine leise Stimme seine Aufträge erteilte. Der Traum spielte in diesem Zusammenhang eine wichtige Rolle. Er galt als göttlicher Fingerzeig, den zu übersehen unvorsichtig und den nicht zu verstehen manchmal verhängnisvoll sein konnte. Seher

Mit vielem anderen übernahmen die Hebräer auch das Weltbild ihrer Umgebung. Sie glaubten an die altorientalische, besonders in Mesopotamien bekannte Kosmologie, der zufolge sich über der Erdenscheibe glockenförmig das Himmelsfirmament wölbt, während sich unter der Erde das Reich der Toten befindet. Für diese Welt kannten die Kanaanäer einen Schöpfergott. Es war der jebusitische Stadtgott Jerusalems, El-Äljon, der als weiser Vater der Götter und Menschen verehrt wurde. Dieser Gott war kein Fruchtbarkeitsgott wie Baal, konnte somit zunächst leichter mit Jahwe identifiziert werden. Von ihm übertrugen die Hebräer auf Jahwe die Eigenschaft des Schöpfers. Insgesamt präsentiert sich die Religion der „Richterzeit" als ein buntes Bild, wobei nicht auszuschließen ist, dass einige der hier dargestellten Veränderungen in Wirklichkeit erst später erfolgt sind. Kosmologie

C. DIE ENTSTEHUNG DER MONARCHIE (1000–930 v. Chr.)

Die andauernde Schwäche der Großmächte förderte die Entstehung der hebräischen Monarchien. Hinzu trat das Beispiel der Nachbarn: Im Ostjordanland hatten sich Edomiter, Moabiter und Ammoniter bereits zu Königtümern zusammengeschlossen, im Westen herrschten Stadtkönige über die Philisterstädte und auch in den Phönikerstädten Tyros, Sidon und Byblos lag die zentrale Gewalt in den Händen von einzelnen. Diese Beispiele beeinflussten die Hebräer, zumal sie auf der einen Seite die Kraft solcher Monarchien und auf der anderen Seite die eigene Ohnmacht häufig genug spürten. So gab die wachsende Bedrängnis durch die Philister im 11. und beginnenden 10. Jahrhundert den wichtigsten Anstoß zum Zusammenschluss einiger Stämme. Ihr Expansionsdrang verstärkte sich immer mehr und richtete sich vor allem auf das Gebiet des Gebirges Ephraim und über die Jesreel-Ebene hinaus. Auf diesen Druck antworteten schließlich die Hebräer mit politischen Zusammenschlüssen unter der Führung eines Königs.

Eigenständigkeit Judas — Die Geschichte des Aufstiegs Davids zum König Judas verkörpert ein großes Stück der Geschichte dieser Region. Für Juda war vor allem der Städteriegel im Norden, von Geser über Ajalon und Saalbim bis zum jebusitischen Gebiet um Jerusalem, von Bedeutung, der die Kontakte mit den nördlichen Stämmen verhinderte und Juda bereits in geographischer Hinsicht als etwas Eigenständiges von den anderen Landschaften abhob (Karte 3). Die dadurch entstandene Isolierung des Gebietes bildete die Basis für alle folgenden Entwicklungen, denn bei den offenkundigen Unterschieden zwischen den Monarchien Juda und Israel setzten sich Eigentümlichkeiten durch, die in dieser Form bereits in vorstaatlicher Zeit ausgeprägt waren.

In Juda scheinen die Konflikte mit den Kanaanäerstädten seltener gewesen zu sein als im Norden. Die Urbanisierung war schon fortgeschritten, ehe es zur Einrichtung der Monarchie in Juda kam. Als David Beuteanteile aus einem Sieg über die Amalekiter an die Ältesten von Juda sandte, kam eine umfangreiche Liste einzelner Städte zusammen: Bethel, Ramath, Aroer und Horma im Negeb, die Städte der Jerachmeeliter und der Keniter und solche des südlichen judäischen Berglandes wie Jattir, Estemoa und Hebron. Mehrfach ist im Alten Testament von den Städten Judas die Rede, nie von denen anderer Stämme mit Ausnahme von Gilead, wo die Verstädterung ebenfalls schon ausgeprägt war. Eine Schlüsselstellung kommt in dieser Hinsicht der Erzählung von der Thronerhebung Rehabeams nach dem Tod König Salomos um 930 zu (s. I.C.3). Nachdem Rehabeam die Forderungen Israels abgelehnt hatte, ertönte der Ruf der Ältesten: „Zu deinen Zelten Israel!", woraufhin sich Israel von Rehabeam abwandte. Über die Hebräer aber, „die in den Städten Judas wohnten, wurde Rehabeam König" (1 Kön 12,16–17). Hier wird offenkundig auf den Gegensatz: Israel in den Zelten (in Dörfern) – Juda in den Städten abgehoben.

Es waren vor allem wirtschaftliche Gründe, die ein Zusammenwachsen der Städte Judas mit den Stadtstaaten der Kanaanäer vorantrieben: Das Gebiet von Juda erstreckte sich nach Süden und Osten bis in weite, dünn oder gar nicht besiedelte Steppen hinein. Dem entsprach eine spezifische Wirtschaftsstruktur, in der Kleinvieh-, Schaf- und Ziegenhaltung, die in solchen Steppengebieten ökonomisch sinnvoll sind, vorherrschte. Daraus ergaben sich eine Aufteilung des Weidegebietes und Absprachen über die Nutzungsrechte. Jedes der zu Juda gehörenden Gebiete besaß einen Anteil am Negeb. Wir kennen den Negeb der Judäer, der Jerachmeeliter, der Keniter, der Kalebbiter und der Othnieliter; außerdem gab es dort noch Philister. Über den gemeinsamen Besitz müssen Absprachen, wahrscheinlich sogar vertragliche Vereinbarungen getroffen worden sein. Die Kleinviehhaltung förderte den Handel, dessen Abwicklung zu einer Häufung städtischer Zentren führte. Aus diesen Handelsinteressen entstand der Wunsch nach einer größeren wirtschaftlichen Einheit. Neben die ökonomischen Gründe für den Zusammenschluss von Juda zu einer politischen Einheit trat auch für diesen Raum eine auswärtige Bedrohung: die Amalekitergefahr, die erst unter David endgültig beseitigt werden konnte. Juda war, anders als der Norden, bereits vor David eine geeinte Größe, die durch einen in der Hauptstadt Hebron agierenden Männerrat regiert wurde. Dies alles trug dazu bei, dass schon um die Jahrtausendwende die politische Zusammenfassung des Gebietes zu einem Reich mit dem Namen Juda und mit dem Königssitz in Hebron möglich wurde.

Wirtschaftliche Gründe

1. David

David stammte aus Bethlehem im nördlichen Teil Judas. Dies dürfte eine historische Tatsache sein, denn es war kein Ruhmesblatt, in diesem Landstädtchen zur Welt gekommen zu sein, über das sonst nichts bekannt ist. Lediglich einer Prophezeiung Michas verdankte es seiner weltlichen Bedeutungslosigkeit zum Trotz sowohl in der jüdischen wie in der christlichen Legende eine überragende Bedeutung als Geburtsort des jeweilig kommenden Messias (Mi 5,1–3).

David war als Söldner in das Heer Sauls eingetreten und zum Truppenführer aufgerückt. Als er in Ungnade fiel, floh er nach Juda zurück. Es ist nicht möglich, der Erzählung von Sauls Machtverlust und Davids strahlendem Aufstieg historisch verbindliche Aussagen abzugewinnen. In der Folgezeit sammelte David eine kleine schlagkräftige Armee um sich, eine Gruppe von Leuten seiner eigenen Sippe, von besitzlosen Männern, Personen außerhalb der Gesellschaft, die sich der bereits bestehenden oder drohenden Schuldsklaverei entzogen hatten. Vielleicht befanden sich auch nicht erbberechtigte Söhne von Bauern darunter, wie wir sie am Beispiel des Retters Jephthah kennenlernten (s. I.B.4). Es war eine Truppe von 400 bis 600 Mann, die steten Zulauf erhielt.

Söldner Sauls

Von Schlupfwinkeln in ausgebauten Höhlen aus operierte David zunächst im südwestlichen Teil des westjordanischen Gebirges, unterstützte unter anderem die Stadt Kegila gegen die Philister und bewahrte ihre Selbstständigkeit, ferner half er der Bauernschaft von Engedi. Den Lebensunterhalt für sich und seine Leute bestritt er durch Erhebung von Naturalabgaben der von ihm Beschützten. Dieses Vorgehen setzte eine Landwirtschaft voraus, die Überschüsse erwirtschaftete, welche abgeschöpft werden konnten, um eine Schicht, die selbst nicht produzierte, zu ernähren. Hier ist die spätere Versorgung von König, Berufssoldaten und Hofbeamten vorgezeichnet, ist der Übergang von einer organisierten Räuberbande zur später geheiligten Institution des Königtums abzulesen. Bereits in dieser frühen Phase jedoch regte sich Widerstand gegen David und seine Truppen, denn er trieb seine Tribute notfalls mit Gewalt ein. Und dieser Widerstand sollte parallel zur Vergrößerung der Armee wachsen.

Söldner der Philister David wählte schließlich den Weg, seine Truppe in den Dienst eines Philisterfürsten zu stellen, um die Ernährung seiner Soldaten und deren Familienangehörigen auf Dauer zu garantieren. Söldner offerierten ihre Dienste demjenigen, der sie bezahlen konnte, und die reichen philistäischen Stadtherren vermochten mehr zu bieten als die hebräischen Viehzüchter. Die Verschmelzung kanaanäischer Elemente mit denen der Hebräer war in Juda weiter fortgeschritten als im Norden und der Kontakt zu den Philistern damit zweifellos nicht so ungewöhnlich, wie er meist beschrieben wird. Durch den Philisterfürsten Achis von Gath erhielt David den Ort Ziklag als Wohnort zugewiesen mit der Verpflichtung, bei Bedarf Heeresfolge zu leisten. Ansonsten wird er in diesem Randgebiet philistäischer Herrschaft, das eine Art Pufferzone gegenüber den Bewohnern der südlichen Steppen bildete, freie Hand gehabt haben. Durch seine Tätigkeit im Westen und Süden Judas schuf sich David weitere wichtige Kontakte zu den Hebräern und ihren Nachbarn, denen er die oben erwähnten Beuteanteile aus einem Zug gegen die Amalekiter sandte. Beziehungen zu diesem Kreis knüpfte er ferner durch die Heirat mit Abigail.

Als die Philister die Koalition einiger nördlicher Stämme bei Aphek vernichtend geschlagen hatten, musste dies auch in Juda Besorgnis erregen. In dieser Situation bot sich Juda in David ein Führer an, dessen militärische Leistungen allgemeine Anerkennung genossen und der gleichzeitig bei den Philistern in Ansehen stand, sodass Juda mit ihm eine Art Garantie vor einem *König von Juda* Angriff der Philister erhielt. David zog nach Hebron, das aufgrund seiner verkehrsgünstigen Lage im Zentrum eines weit reichenden Straßennetzes lag, und besetzte die Stadt und deren Umgebung, wahrscheinlich mit Zustimmung derjenigen Bevölkerungsteile, die er durch seine bisherige Politik gewonnen hatte. Ferner dürfte er den Süden durch die Besetzung von Ziklag weiterhin kontrolliert haben. Nicht zuletzt wegen dieser Machtstellung wurde er durch einen formellen Akt König von Juda. Damit war in diesem Gebiet die Monarchie errichtet. Die Selbstständigkeit Judas seit den Tagen der

Landnahme steigerte sich zum Machtfaktor in einer nunmehr veränderten politischen Landschaft. David machte Juda zu einem Staat, der mehrere Jahrhunderte Bestand hatte. Als König war David Führer im Krieg, nahm Aufgaben in der Rechtsprechung wahr, bekleidete kultische, priesterliche Funktionen und garantierte das Wohlergehen der Bewohner und die Fruchtbarkeit des Bodens.

Nach der Niederlage Sauls hatte sich im Norden das seit Generationen bestehende Eigenleben der Stämme wieder etabliert. Nach einigen Jahren vereinigten sich einige unter Sauls ehemaligem Feldhauptmann Abner und Sauls Sohn Esbaal, ohne dass sich militärische Erfolge einstellten. Als es zu einem Zerwürfnis zwischen Esbaal und Abner kam, weil letzterer eine von Sauls Konkubinen zu sich genommen hatte, trat Abner in Verhandlungen mit David, dem sich dadurch neue Perspektiven eröffneten. Der Empfang für den Feldherrn war großzügig, David veranstaltete ein Festessen. Abner bot dem judäischen König die Herrschaft über den von Esbaal kontrollierten Bereich an. Davids Antwort erfahren wir nicht und die Formulierung im Alten Testament hat die Orakelhaftigkeit eines modernen Kommuniqués: „Da entließ David den Abner, und er ging in Frieden davon." (2 Sam 3,21) Möglicherweise forderte Abner für sein Angebot einen Preis, der in einer hohen Beamtenstellung an Davids Hof bestanden haben dürfte, die mit derjenigen Joabs, Davids Hauptmann, konkurrierte. Da tötete Joab Abner, um seine eigene Position zu retten, und vollzog damit angeblich die Blutrache an seinem Bruder, den Abner erschlagen hatte. Nur wenig später wurde auch Esbaal durch zwei Leute seiner Garde ermordet. Zwar ging es bei dieser Tat wahrscheinlich um eine Vendetta, aber sie war erst möglich geworden, als der Schutz Esbaals durch Abner entfiel und ihm daher „die Arme schlaff wurden" (2 Sam 4,1). Nach dem Tod Abners und Esbaals wurde für David der Weg frei, sich im Norden zu engagieren, zumal er seine Position in Juda nach einer mehrjährigen Herrschaft hinreichend gefestigt hatte.

David bot sich aufgrund seiner politischen und militärischen Erfolge auch für die Stämme des Nordens als Herrscher an. Er wurde in seiner judäischen Residenz Hebron auch König über einige nördliche Stämme. Dies bedeutete den Anfang der Monarchie in Israel und leitete dort eine neue Entwicklungsphase ein. Äußerer Zwang nötigte die nördlichen Stämme zu der Entscheidung, einen König zu akzeptieren. Dieses Königtum war nicht aus langfristigen Überlegungen entstanden, sondern unter dem Druck geboren, die Existenz der Stämme bewahren und schützen zu müssen.

Ein bedeutungsschwerer Schritt für die jungen Monarchien wurde die Eroberung Jerusalems durch David, der eine Residenz zwischen den beiden von ihm beherrschten Territorien gesucht hatte. Hebron war zwar ein idealer Mittelpunkt für Juda gewesen, lag für die Doppelmonarchie jedoch zu abseits. Dies war bei Jerusalem anders, jener Stadt, die nach Aussage des Historikers Flavius Josephus, eines Schriftstellers des ersten nachchristlichen Jahrhunderts, als Königin das umliegende Land überragt „wie das Haupt die Glieder"

(Bellum Iudaicum 3,54). Die 760 Meter über dem Meeresspiegel gelegene Bergstadt, die zu keinem der hebräischen Stämme gehörte, verdankte ihre Bedeutung der außergewöhnlich guten Wasserversorgung, die in der Königszeit stetig verbessert wurde (s. I. E.2).

<small>Auseinandersetzung mit den Philistern</small>
David hatte Machtmittel gewonnen, wie sie vor ihm noch keinem Hebräer zu Gebote gestanden hatten. Seine dringendste Aufgabe bestand darin, die Vormacht der Philister zu brechen. Die Initiative zu den militärischen Auseinandersetzungen ging zunächst von den Philistern selbst aus, da nach Davids Krönung zum König von Israel deutlich wurde, dass er keineswegs mehr als Gefolgsmann anzusehen war. Die Philister fielen mit ihrem Heer in die Ebene Rephaim unweit von Jerusalem ein und besetzten das Land bis nach Bethlehem. Dann griffen sie Davids neue Hauptstadt an und trieben zugleich einen Keil zwischen seine beiden Reiche. David schlug sie, aber trotz einer Niederlage blieb die Stärke der Philister ungebrochen. Sie rückten ein zweites Mal gegen David vor, diesmal aber durch das Tal Bekaim südlich von Gibeon. Nach einer neuerlichen Niederlage brach ihre Angriffskraft zusammen und David konnte seinerseits die Initiative ergreifen. Nach mehreren erfolgreichen Schlachten und Feldzügen hörten die Philister zunächst auf, eine politische Rolle im östlichen Palästina zu spielen.

Den Zusammenhalt des von David kontrollierten Gebietes garantierten allein seine Persönlichkeit und sein militärischer Erfolg. Der Bestand dieses Gebildes hing somit wesentlich von der Person seines Nachfolgers ab. Wie alle Großen seiner Zeit nutzte David die Möglichkeit der Polygynie, um durch eine große Zahl von Frauen seinen gesellschaftlichen Rang zu betonen. Dies bedeutete zugleich, dass er viele Söhne hatte, was sich für das komplizierte Gefüge und die Unausgeglichenheit der Reichsteile als Problem herausstellte, als die Frage der Nachfolge anstand. Gegen Ende seiner Regierungszeit spielte sich eines der an Königshöfen so häufig vorkommenden Dramen ab; in diesem fiel seinen Söhnen eine tragende Rolle zu.

<small>Aufstand gegen David</small>
Den ersten Aufstand gegen David zettelte dessen dritter Sohn Absalom an. Selbstbewusst auftretend, legte er sich einen Streitwagen kanaanäischen Typs zu und umgab sich mit einer Leibwache. Seine Aktion war zweifellos von dem persönlichen Ehrgeiz eines energischen Prinzen getragen, aber er fand genügend Anhänger, sodass er schließlich den Heerbann der Doppelmonarchie gegen die Söldner des Königs anführen konnte. Das Alte Testament beschreibt, dass Absalom sich für die Judäer und Israeliten einsetzte, um vor allem letztere gegen David aufzubringen. Gründe des Unmuts gab es reichlich. Als David mit Hilfe der Truppe von ehemaligen Berufssoldaten die Errichtung einer Monarchie betrieb, entstand eine neue Schicht, die sich aus Berufskriegern und Hofbeamten zusammensetzte. Damit vergrößerte sich die Gruppe derjenigen erheblich, die vom Überschuss der Bauern leben mussten.

<small>Widerstand gegen das Königtum</small>
War schon Widerstand gegen Davids Abgabeforderungen spürbar geworden, als es sich nur um eine Truppe von etwa 600 Mann gehandelt hatte, so wuchs dieser Widerstand mit den steigenden Anforderungen der Monarchie.

Wie solche Anforderungen aussehen konnten, schildert eine politische Kampfschrift, in der die Folgen für die Gesellschafts- und Wirtschaftsordnung pointiert herausgestellt wurden: „Eure Söhne nimmt er [der König] weg, ... um sie für sich als Offiziere über tausend und über fünfzig [Mann] einzusetzen, und um sein Pflugland zu pflügen und um seine Ernte zu ernten, und um seine Kriegsgeräte und seine Wagengeräte herzustellen. Und eure Töchter nimmt er weg, als Salbenmischerinnen und als Köchinnen und als Bäckerinnen. Und eure besten Äcker, Weinberge und Ölbaumpflanzungen nimmt er weg und gibt sie seinen Beamten ... Und eure besten Sklaven und Sklavinnen und Jünglinge und eure schönsten Rinder und eure Esel nimmt er weg und setzt sie für sein Werk ein. Euer Kleinvieh belegt er mit dem Zehnten, und ihr selbst müßt ihm Sklaven sein." (1 Sam 8,11–17)

Das Pamphlet benennt klare Eingriffe des Königs in die bisherige Ordnung: Die verheirateten Söhne der Hebräer wurden als Offiziere des Heerbannaufgebotes, zu landwirtschaftlichen Tätigkeiten auf den königlichen Domänen und zu handwerklichen Arbeiten im Heerwesen herangezogen. Die unverheirateten Töchter traf das gleiche Los: Sie mussten die wichtigsten Arbeiten bei der Versorgung des Hofes erledigen. Die Grundstücke der Bauern dienten zur Versorgung der Staatsbeamten. Die Unfreien und die unverheirateten Söhne wurden ebenfalls dienstverpflichtet; dabei ist vor allem an den Einsatz bei königlichen Baumaßnahmen zu denken. Dies alles, so das Fazit der Polemik, machte aus freien Männern Sklaven.

Das Pamphlet will zum Widerstand gegen den König aufstacheln und übertreibt deshalb um dieser Wirkung willen. Auf der einen Seite steht der König, auf der anderen Seite stehen die Adressaten der Schrift. Der König wird nehmen, nehmen, nehmen und den Angesprochenen wird nichts anderes übrig bleiben, als zu geben, und zwar jeweils das Beste. Wollen sie dies verhindern, müssen sie sich zur Wehr setzen, was ja der Aufruf bezwecken will. Angesprochen waren diejenigen, die das alles besaßen, was der König ihnen wegnehmen konnte: Felder, Weinberge, Ölbäume, Kleinvieh und Sklaven. Es handelte sich um wohlhabende grundbesitzende Bauern. Da nur ihre Söhne und nicht mehr sie selbst zum Militär- und Arbeitsdienst herangezogen wurden, lassen sich die Adressaten genau ermitteln: Es waren die Ältesten. Sie wollte der Aufruf aktivieren, da sie die meinungsbildende und politisch führende Schicht der bisherigen Gesellschaft bildeten. Diese Führungsschicht, so der Aufruf, war im Begriff, ihren Reichtum einzubüßen. Daraufhin entschied sie sich zum Widerstand, als sich in Absalom ein Führer anbot.

Als dieser den richtigen Augenblick für gekommen hielt, ließ er sich in Hebron – auch die Wahl dieses Ortes war eine Reminiszenz an Altes – zum König ausrufen. Der offenbar völlig überraschte David musste mit seinen Söldnern aus Jerusalem fliehen, konnte aber dann ein größeres Heer sammeln, da Absalom nicht sofort nachsetzte. Um in Jerusalem seine Herrschaft zu etablieren, unterstrich Absalom seinen Anspruch auf die Nachfolge Davids mit einem eindeutigen Akt. Er vollzog die Ehe mit den Frauen, die David bei

Absalom König

seiner Flucht in Jerusalem zurückgelassen hatte. Damit griff er das seit der Nomadenzeit geübte Verfahren der Inbesitznahme eines Erbes auf. Der Vollzug dieser Staatsehen glich einer öffentlichen Veranstaltung: „Da schlug man dem Absalom das (Hochzeits-)Zelt auf dem Dach auf, und Absalom kam zu den Frauen seines Vaters vor den Augen von ganz Israel." (2 Sam 16,22) Die weitere Entwicklung zeigte allerdings, dass Absalom voreilig gehandelt hatte, denn Davids Söldner schlugen den Heerbann, Absalom fand den Tod und der Aufstand brach in sich zusammen.

Die sich anschließenden Ereignisse waren für die Entwicklung der Monarchie und der sozialen Ordnung äußerst wichtig. Nach Absaloms Tod spaltete sich dessen Anhängerschaft: Ein Teil zeigte sich bereit, dem siegreichen David zu huldigen, ein anderer Teil setzte den Kampf fort. David versuchte, Juda an sich zu binden, indem er zunächst auf mögliche Strafaktionen verzichtete. Die Frage stellt sich, ob er auch bei denjenigen Problemen, die zum Aufstand führten, nachgegeben, er dem Süden also Zugeständnisse gemacht hat. Dafür spricht, dass später nur noch Israel revoltierte und dass eine Zeitlang allein Israel für die Versorgung des Hofes aufzukommen hatte. Offenbar waren die Verpflichtungen zu Abgaben und Dienstleistungen, die der oben genannte Katalog aufreihte, für Juda in einer Weise geregelt worden, welche die wohlhabenden Grundbesitzer und weite Kreise der Bevölkerung akzeptieren konnten.

Aufstand in Israel

Damit verringerte sich allerdings die Chance einer Verschmelzung der Reichsteile Juda und Israel, denn nach dieser Regelung der Steuern und Dienstbarkeiten erfolgte prompt der nächste Aufstand in Israel, aber eben nur noch im Nordreich. Der Israelit Scheba rief im Norden zum Abfall auf: „Wir haben keinen Teil an David, keinen Erbteil am Sohne Isais! Ein jeder zu seinem Zelt, Israel!" (1 Sam 20,1) Scheba eröffnete den Aufstand mit dem alten Ruf, mit dem der hebräische Heerbann aufgelöst und ein jeder nach Hause entlassen wurde. Ein seltsamer Aufstand, bei dem die Aufständischen nach Hause gingen: Und doch hielt David Scheba zu Recht für gefährlicher als Absalom, denn Scheba hatte zur Auflösung des israelitischen Heerbanns aufgerufen, dessen allzu häufige Einberufung eine der Ursachen für die Unterstützung der Revolte Absaloms gewesen war. Scheba verlangte den vollständigen Rückzug der Israeliten ins Private, um damit das Königtum zu beenden. Die Zeit, in der die Israeliten ohne König, ohne dessen Machtapparat und ohne Abgaben gelebt hatten, lag gerade eine Generation zurück; sicherlich lebten noch genügend Älteste, die sich an solche Zustände erinnern konnten. Da die äußere Bedrohung durch die Philister entscheidenden Anstoß für die Zustimmung zur Monarchie in Israel gegeben hatte, glaubten die Israeliten nun, diesen Schritt rückgängig machen zu können, da die äußere Gefahr beseitigt war. Und eben diese generelle „Los-vom-König-Bewegung" fürchtete David, denn sie hätte bedeutet, dass sich die Israeliten in ihre Städte und Dörfer zurückzögen, welche dann Ort für Ort hätten erobert werden müssen. Scheba verschanzte sich in der Tat in einer Stadt, doch als die Lage für die von David eingeschlossenen Bewohner kritisch zu werden drohte, töteten sie Scheba und warfen den Kopf des Aufrührers über die Mauer. Israel beugte sich schließlich, wenn auch nur widerwillig, der königlichen Gewalt. Die wirtschaftlichen Belastungen für das Land aber hielten an und so verharrte die Bevölkerung in einem passiven Widerstand, der sich dann in einem offenem Aufruhr gegen Rehabeam, den Nachfolger König Salomos, entlud (s. I.C.3).

Es waren nicht diese Aufstände allein, die Davids späte Regierungszeit verdüsterten; zuletzt erlebte er sogar den Kampf zwischen zwei rivalisierenden Palastgruppen in Jerusalem. Unter Davids Söhnen gab es noch immer zwei ernsthafte Anwärter auf seine Nachfolge: Salomo und Adonija. Beide wurden von unterschiedlichen Teilen des Heeres unterstützt. Während Adonija mit einer Art Putsch vergeblich eine Entscheidung erzwingen wollte, gab das Votum der Söldner zusammen mit der Leibwache den Ausschlag für Salomo, den David nach ägyptischem Vorbild zu seinem Mitregenten und präsumptiven Nachfolger salben ließ. Damit hatte David endlich einen Nachfolger gefunden.

2. Salomo

Geschichtsschreiber tun sich schwer – die alttestamentlichen Erzähler und Redaktoren bilden da keine Ausnahme –, unblutige Zeiten und Friedensperioden ähnlich ausführlich und anschaulich zu schildern wie Kriege. Dies führt dazu, dass Salomos Bild im Alten Testament längst nicht so farbig ist wie dasjenige seines Vorgängers. Hinzu kommt, dass vieles, was von diesem König berichtet wird, im Sagenhaften verschwimmt wie etwa die berühmte Anekdote vom salomonischen Urteil, die schon damals ein verbreitetes Motiv war.

Nach Davids Tod zeigte sich schnell, dass Salomos Regierungsantritt den Thronfolgestreit keineswegs beendet hatte. Zwar unterwarf sich Adonija der Herrschaft seines Bruders, der ihm daraufhin verzieh. Bald wurde er jedoch in eine neue Affäre verwickelt, die nicht einfach zu bewerten ist. Der alternde David hatte gegen Ende seines Lebens das Mädchen Abisag, eine schöne Sunamitin, ins Bett genommen, um sich von ihr „wärmen" zu lassen. Obgleich er „ihr nicht beigewohnt hatte", wie die Überlieferung zu berichten weiß (1 Kön 1,1–4), galt sie als eine seiner Nebenfrauen. Adonija trat an Salomos Mutter heran und bat sie, sich bei ihrem Sohn, dem König, für ihn zu verwenden, damit dieser ihm Abisag zur Frau gebe. Wahrscheinlich war Adonija in das Mädchen wirklich verliebt, Salomo deutete seine Bitte jedoch in eine andere Richtung: Er legte sie als neuerlichen Anlauf seines Bruders im Kampf um den Thron aus und antwortete seiner Mutter: „Und warum erbittest du Abisag, die Sunamitin, für Adonija? Erbitte für ihn doch gleich das Königtum, denn er ist mein älterer Bruder." (1 Kön 2,22) Für Adonija endete das, was vielleicht die große Liebe war, mit dem Tod. Immer noch

Thronfolgestreit

bedeutete Anspruch auf eine der Frauen eines Königs gleichsam eine Anwartschaft auf dessen Erbe und Nachfolge.

Adonijas Tod hatte Folgen. Davids Feldhauptmann Joab suchte auf der Flucht vor der Rache Salomos Schutz in einem Tempel und wurde, als er den Altar umklammerte, von seinem Amtsnachfolger erschlagen. Besser erging es einem dritten aus dieser Gruppe: Der Priester Ebjathar, einer der ältesten Gefolgsleute Davids, wurde lediglich seines Amtes enthoben und auf seinen Grundbesitz in der Nähe Jerusalems verbannt. Ebjathar war politisch nicht so wichtig, vielleicht rettete ihn auch die Scheu vor dem Numinosen des Priesteramtes. Joab und Ebjathar nutzte es wenig, dass sie ihr Leben lang David treu gedient hatten. Da dessen Regierungszeit lang gedauert hatte und sein Nachfolger entsprechend lange auf die Machtübernahme warten musste, wollte er daher auch bei der Besetzung von Posten rasch Eigenständigkeit dokumentieren. Mit der Ermordung des Benjaminiten Simei, eines alten Gegners des Königshauses, beseitigte Salomo den letzten Widerstand gegen seine Regierung. Von nun an war in der Tat, wie es makaber heißt, „das Königtum fest in Salomos Hand" (1 Kön 2,46).

Verglichen mit den Aktivitäten Davids, beschränkte sich Salomo darauf, das angetretene Erbe zu bewahren. Für die spätere Entwicklung vor allem Israels, des Nordreiches, sollte es sich als folgenschwer erweisen, dass der König das Entstehen eines neuen starken Staates im Norden des Großreiches nicht verhindern wollte oder konnte. Es gelang einem Offizier des Königs von Zoba, Resan, sich selbstständig zu machen und mit einer Soldateska – ähnlich wie Jephthah und David – die Herrschaft über Damaskus an sich zu reißen. Binnen kurzer Zeit begründete Resan ein neues aramäisches Königtum mit dem Sitz in Damaskus und brachte ein größeres, territorial geschlossenes Gebiet, das gesamte nördliche Ostjordanland, unter seine Kontrolle.

<small>Vorstöße der Ägypter</small>
Vorboten einer kommenden Katastrophe (s. I.C.3) waren gelegentliche Vorstöße der Ägypter in das Gebiet Palästinas, Vorstöße, die allerdings noch keinen großen Schaden anrichteten. Salomo bannte diese Gefahr durch eine Methode, die ihm außenpolitische Stabilität zu garantieren schien: Er antwortete dem Pharao nicht mit Krieg, sondern eröffnete Verhandlungen. Sie endeten damit, dass er eine Tochter des ägyptischen Königs als Frau und eine vom Pharao eroberte Stadt gleichsam als Mitgift erhielt. Dies war allerdings weniger ein Zeichen dafür, wie mächtig Salomo geworden, sondern zu welcher Schwäche Ägypten herabgesunken war. Von Gegenleistungen Salomos erfahren wir nichts, sie dürften aber im Schutz ägyptischer Handelskarawanen durch den hebräischen König auf dessen Territorium bestanden haben.

Juda und Israel waren nach wie vor lediglich durch den König in Personalunion miteinander verbunden, beide Staaten blieben eigenständige Größen. Juda erlebte eine lange Friedenszeit, die den Stolz auf die Jerusalemer Regierung förderte. Von Israel dagegen wurden Leistungen verlangt, die ausschließlich mit dem Herrschaftswillen der Zentralregierung zusammenhingen. Dennoch hielt Israel Ruhe, obgleich nur noch wenig mehr als ein Vasall, weil sein Heerbann nach dem erfolglosen Aufstand Schebas zu geschwächt war. Salomo baute die von David ins Leben gerufene Verwaltung aus, welche die Versorgung des königlichen Hofes sicherte. Der erhöhte Finanzbedarf aufgrund der Vergrößerung des Heeres und der Bautätigkeit erforderte eine Vermehrung des Beamtenapparates. Diese Kosten waren bereits unter Salomo nicht mehr allein aus den Tributen, aus den Erträgen des Handels, der weitgehend königliches Monopol blieb, und aus Zöllen zu bestreiten, sondern auch die eigenen Untertanen mussten zu Leistungen herangezogen werden. Vor allem die zahlreichen Baumaßnahmen erforderten Geld, nicht allein für Materialien, sondern auch für die große Zahl der Arbeiter. Wiederum griff Salomo auf seine Untertanen aus Israel zurück und verpflichtete dort Hebräer und Kanaanäer zu Dienstleistungen. *Ausbau des Beamtentums*

Wenngleich Salomo keine Kriege führte, so sicherte er sein Territorium dadurch, dass er strategisch wichtige Orte befestigte und zu militärischen Stützpunkten ausbaute. Zur Kontrolle und Sicherung des Negeb zum Beispiel richtete der König drei Verteidigungs- und Verwaltungszentren ein: Kadesch, Beer-Seba und Arad. Diese versorgten zahlreiche Forts und Vorposten, die wie ein Netz den ganzen gebirgigen Negeb überspannten. Die in solchen Stützpunkten stationierten Soldaten konnten im Falle eines Angriffs von außen schnell zur Abwehr zusammengezogen werden, aber ebensogut gegen Aufständische im Innern vorgehen. Salomo stellte erstmals eine Streitwagentruppe auf; bislang hatten in Israel und in Juda die geographische Beschaffenheit der zerklüfteten Gebiete und eine fehlende militärische Aristokratie dies verhindert. Letztere fand Salomo in den kanaanäischen Städten, die zu seinem Reich gehörten. Die starke Hervorhebung des Kanaanäertums, das für die Schlagkraft der neuen Waffengattung unentbehrlich war, dauerte im späteren Nordreich auch in den folgenden Jahrhunderten an. Salomo scheint die Streitwagen allerdings mehr aus Repräsentationsgründen als wegen ihres militärischen Nutzens geschätzt zu haben. Sie waren Zeichen des königlichen Glanzes. Als Statussymbol benutzte schon Absalom den Streitwagen. *Kanaanäertum*

Es war vor allem Jerusalem, dessen Erscheinungsbild der Herrscher durch Bauten prägte. Er erweiterte die Stadt, indem er den Tempel ausbaute, einen neuen Palast, hohe Ringmauern, die Festung Millo und zahlreiche andere Gebäude wie das Libanonwaldhaus, den Pavillon der ägyptischen Königin, die Säulen- und die Thronhalle errichten ließ. Ausführlichere Nachrichten liegen über die Palastanlage vor, zu der auch der Tempel gehörte. Daher konzentrierte sich das Interesse der späteren Überlieferung auf ihn und kürzte dafür die Beschreibung der übrigen Bauten. Der gesamte Komplex ist im Laufe von 13 Jahren als neuer Stadtteil nördlich der Davidsstadt errichtet worden. Die Architekten und die ausführenden Baumeister waren Phöniker, die Salomo durch die Vermittlung Hirams von Tyros erhielt. Am besten bekannt ist die Tempelanlage, die das Alte Testament detailliert be- *Tempel* schreibt, obgleich sie, verglichen mit anderen großen Heiligtümern des Alten Orients, bescheidene Ausmaße besaß. Der gesamte Gebäudekomplex bestand aus Vorhalle, Halle und Allerheiligstem. Letzteres, ein quadratischer Raum, war dunkel und erhielt lediglich von einer Tür her etwas Licht, während die Halle in ihrem oberen Teil mit Fenstern versehen war. Für die bisherigen Verhältnisse Judas und Israels übertraf dieser Tempel allerdings alles Dagewesene durch seine Ausstattung und den Kult.

Salomo hatte sich seine Rolle im politischen Schachspiel der Mächte des Alten Orients durch diplomatisches Geschick noch erhalten können, doch die Bauern Israels waren nicht länger bereit, für diesen ihnen eigentlich stets fremd gebliebenen König dauernd Opfer zu bringen. Die unter David mehrfach ausgebrochenen Krisen lebten durch die Entwicklung unter Salomo neu auf und verstärkten sich vor allem durch die verhassten Dienstleistungen. Die künstliche Einigung von Juda und Israel zerbrach deshalb nach Salomo und fand ein ebenso abruptes wie unwiderrufliches Ende. Die Entwicklung des salomonischen Reiches im Gesamtgefüge des Vorderen Orients hatte somit ihren Teil an dem „Rückfall" in zwei Monarchien. Man hat den König Salomo in unserer Zeit gelegentlich „Salomo den Großen" genannt, obwohl er keinen anderen Staat überfallen, keine Beute gemacht, keine Menschenmassen getötet hat. Und in der Tat, für die Hebräer gewann dieser König um so mehr an Größe, je weiter die beiden Monarchien Juda und Israel verfielen. Das steigerte sich noch, als die Hebräer auch das Land verloren und nur noch träumen konnten von vergangenen Zeiten, als sie einmal ein gemeinsames Reich bevölkerten.

3. Ende der Doppelmonarchie

Die politische Unausgeglichenheit der Reichsteile war schon länger zu beobachten gewesen. Daher hatte sich David nach dem Aufstand seines Sohnes Absalom entschieden für eine Stärkung des Thrones eingesetzt und sich vor allem auf die Strukturen Judas gestützt, dem er gegenüber dem Norden eine bevorzugte Stellung zuerkannte. Das davidisch-salomonische Staatsgebilde erwies sich als brüchiges Konglomerat. Salomos Politik verschärfte den sozialen Gegensatz zwischen Land und Stadt, vor allem zwischen dem Reichsgebiet Israel und Jerusalem, wo sich allmählich eine Hofhaltung etablierte: Auf diese städtischen Kreise in Jerusalem reagierten die Bauern und Hirten, die sie nicht zuletzt auch aushalten mussten, schließlich mit blankem Hass.

Gegensätze zwischen Nord und Süd

Sie sehnten sich nach den Verhältnissen der „guten alten Zeit" zurück, in der jede Sippe für sich allein sorgte, gelegentlich Waren, die sie nicht herstellen konnte durch Tausch erwarb. Es war dies auch eine Zeit gewesen, in der man Ackerfrüchte und Vieh noch nicht an den Hof in der Hauptstadt hatte abliefern müssen. Vor allem die wirtschaftlichen Schwierigkeiten der Israeliten deckten nach dem Tode Salomos die Gegensätze zwischen Nord und Süd wieder auf. Schließlich brach die latent vorhandene Ablehnung der Monarchie aus, die von außen, aus Juda, nach Israel gekommen war. Der Eklat wurde zudem durch das politisch unkluge Verhalten des Salomoerben Rehabeam verursacht.

Als ältester Sohn Salomos trat Rehabeam die Thronfolge seines Vaters an. Während es im Stadtstaat Jerusalem und in Juda keine Probleme gab, war es in Israel dagegen alles andere als selbstverständlich, dass der König von Juda auch dort die Oberhoheit erhalten sollte. Es ist auffällig, dass Rehabeam von sich aus nach Sichem in den Norden reiste, wo ihm Vertreter der nördlichen Stämme ihre wirtschaftlichen und sozialen Forderungen vortrugen. Das Treffen bewies aber immerhin, dass Israel zunächst durchaus an einer weiteren Zusammenarbeit Interesse hatte. Man war sogar bereit, die Monarchie zu akzeptieren, wollte allerdings mehr Einfluss auf deren Rahmenbedingungen nehmen. Hierfür schienen Verhandlungen mit dem Thronprätendenten ein geeignetes Mittel zu sein. Die Ältesten der Israeliten stellten eindeutige Forderungen: „Dein Vater", so lässt sie der Erzähler gegenüber dem judäischen König auftreten, „hat uns ein hartes Joch auferlegt; erleichtere nun du uns den harten Dienst deines Vaters und das schwere Joch, das er uns auferlegt hat, so wollen wir dir untertan sein." (1 Kön 12,4) Die Versammlung der Israeliten strebte eine Reform an. Dabei war die Verhandlungsgrundlage klar: Der salomonische Verwaltungsbetrieb mit seinen Steuern und Dienstleistungen sollte, wenn nicht abgeschafft, so doch wesentlich eingeschränkt werden.

Rehabeams Antwort auf die Vorstellungen der Israeliten war deutlich: „Wenn euch mein Vater ein schweres Joch auferlegt hat, so will ich es euch noch schwerer machen; wenn euch mein Vater mit Peitschen gezüchtigt hat, so will ich euch mit Skorpionen züchtigen." (1 Kön 12,14) Er besaß allerdings nicht die Machtmittel, um seine Vorstellungen durchzusetzen. Die Israeliten wussten das und fielen von ihm ab. Erst als die Gespräche gescheitert waren, setzten sich die weiter gehenden Forderungen durch: Es ertönte die alte Kampfparole aus der Zeit Schebas, mit der dieser zum Aufstand gegen David aufgerufen hatte: „Was haben wir für einen Teil an David? Wir haben kein Erbe an dem Sohne Isais! Auf, Israel, zu deinen Zelten!" (1 Kön 12,16) Als die Ältesten nach Hause gingen, entzogen sie dem judäischen König die Basis für eine Herrschaftsübernahme. In dieser Lage machte Rehabeam zwar noch einen Versuch, zur Tagesordnung überzugehen: Er entsandte seinen Minister für die Dienstbarkeiten, allerdings nicht um eine weitere Vermittlung zu unternehmen, sondern um die durch den Thronwechsel unterbrochenen Arbeiten wieder in Gang zu setzen. Der Versuch scheiterte und kostete den Minister das Leben; die erzürnten Bauern steinigten ihn.

Die Doppelmonarchie der Reiche Juda und Israel hatte nur zwei Könige an ihrer Spitze gesehen. Vielleicht nicht einmal ein halbes Jahrhundert hatte das künstliche Gebilde Bestand gehabt. Es konnte die Rivalitäten innerhalb der Stämme, die Tendenzen der Zersplitterung und des Separatismus zwar für einige Zeit überwinden, vermochte auch Teile dauerhaft zu einen, war aber unter anderem an eben diesen zentrifugalen Tendenzen rasch wieder gescheitert. Man sollte den Blick daher weniger auf die kurze Zeit des gemeinsamen Reiches als auf die längere Zeit der getrennten Existenz der Monarchien in Juda und Israel lenken. Was nach der Entscheidung von Sichem übrig blieb, waren zwei Kleinstaaten, denen künftig nahezu jeder politische Einfluss verwehrt blieb. Beide kehrten in die Grenzen gewachsener Ordnungen zurück und dies waren eben bescheidene Verhältnisse. Zudem traten die alten Rivalitäten zwischen den nördlichen und südlichen Stämmen rasch wieder hervor.

In der ersten Zeit der wieder getrennten Königreiche begann zwischen Juda und Israel ein Kriegszustand, der ein halbes Jahrhundert andauern sollte. Es ging vor allem um die Herrschaft über den benjaminitischen Raum, das Grenzgebiet beider Staaten. Diese Rivalität wurde auch literarisch ausgetragen. In Jerusalem bewertete man den Vorgang der Trennung als Abfall des Nordreiches von den Davididen und da man bald das Reich Davids als Erfüllung der Verheißung Jahwes ansah (s. I.G), erschien die Eigenstaatlichkeit Israels zugleich als Abfall vom Gott der Väter. Es dauerte lange, bis man in Jerusalem die Hoffnung auf eine reumütige Rückkehr Israels aufgab. Umgekehrt machten die Israeliten die davidische Dynastie für alles Übel verantwortlich, dessen Wurzel sie in Jerusalem suchten.

Pharao Schoschenk Nach ersten militärischen Zusammenstößen zog ein außenpolitisches Ereignis die Aufmerksamkeit der beiden Staaten auf sich, das sie daran erinnerte, dass sie in einen größeren Mächtekomplex eingebunden waren. Im fünften Jahr der Regierung Rehabeams (926) zog der Pharao Schoschenk nach Palästina. Der libysche Adlige Schoschenk hatte gegen Ende des Lebens Salomos die 21. Dynastie in Ägypten gestürzt. Er begründete nicht nur eine neue Dynastie, sondern versuchte darüber hinaus, die längst verloren gegangene ägyptische Autorität in Kanaan wiederherzustellen. Während die alttestamentliche Überlieferung in ihrer weitgehend auf Jerusalem zentrierten Sichtweise lediglich aus den Tempelannalen über die Tribute berichtet, mit denen König Rehabeam seine Residenz freikaufte, zeigt eine Siegesstele Schoschenks am Amun-Tempel von Karnak, dass er bei seinem Feldzug judäische und israelitische Städte geplündert hat. Aus dem israelitischen Staatsgebiet nennt die Städteliste neben anderen Megiddo in der Jesreel-Ebene; dort fand sich auch das Fragment einer Siegesstele des Pharao. Wegen dieser Eroberungen verlegte der israelitische König Jerobeam seine Residenz zeitweilig von Sichem in das sicherer gelegene Pnuel im Ostjordanland. Auf eine dauernde Besetzung Palästinas hatte es Schoschenk offenbar nicht angelegt, es ging ihm lediglich um Beute. Er wäre wohl auch kaum in der Lage gewesen, ständig Truppen in Kanaan zu unterhalten.

Nach dieser Episode nahmen die Kämpfe zwischen Juda und Israel härtere Formen an. Lange Zeit geriet Juda gegenüber Israel ins Hintertreffen, da große Teile der salomonischen Truppen und Festungen auf dem Gebiet Israels lagen. Die Lage verschärfte sich für das Südreich noch, als der israelitische

König Baesa (910–887) sich an den Herrscher Benhadad von Damaskus wandte und ein Bündnis gegen Juda schloss. Daraufhin konnte Baesa einen Teil des strittigen benjaminitischen Gebietes zurückerobern und begann, den Ort Rama zu besetzen und als Festung auszubauen, „damit niemand bei Asa, dem König von Juda, aus- und eingehen könne" (1 Kön 15,17). Damit bedrohte er unmittelbar das etwa zehn Kilometer südlich gelegene Jerusalem und strebte eine Blockade der judäischen Hauptstadt von Norden an. Diese ernste Gefahr verstand der inzwischen regierende Asa von Juda (914–874) zu bannen, indem er ebenfalls Benhadad von Damaskus zu Hilfe rief. Dieser brach sein bisheriges Bündnis mit Israel, weil Asa den Frontwechsel des Aramäers teuer bezahlte. Neben den Schätzen zog Benhadad die Hoffnung auf die andere Seite, dass er sich in einem Bündnis gegen Baesa leicht auf Kosten des ihm benachbarten Israel bereichern konnte. Benhadad fiel in das Gebiet des oberen Jordangrabens und in das östliche Galiläa ein, verwüstete das Gebiet um den See Genezareth in der Landschaft Naphthali und besetzte Teile des Landes. Daraufhin gab Baesa den Ausbau von Rama im Süden auf und eilte an die Nordgrenze.

Mit dem Material, das Baesa bei seinem übereilten Abzug zurückgelassen hatte, baute Asa die Städte Geba und Mizpa, 11 beziehungsweise 15 Kilometer nördlich von Jerusalem zu Festungen aus. Damit verschob er die Grenzen Judas nach Norden, um vor der Hauptstadt eine breitere Pufferzone zu schaffen. Der Kampf um das benjaminitische Gebiet war zugunsten Judas ausgegangen. Die damit gezogene Grenze nördlich von Mizpa scheint während der weiteren Königszeit Bestand gehabt zu haben. „Von Geba bis Beer-Seba" (2 Kön 23,8) bedeutete in Zukunft: von der Nordgrenze bis zur Südgrenze des Reiches Juda.

Kampf um das benjaminitische Gebiet

Der Krieg hatte sich inzwischen fast zwei Generationen lang ohne Ergebnis hingeschleppt, bis er völlig einschlief. Juda und Israel sanken zu Kleinstaaten herab, deren wichtigste Aufgabe darin bestand, ihren bereits beträchtlich geschrumpften und weiter schrumpfenden Besitzstand zu wahren und sich gegen Übergriffe der Nachbarstaaten zu wehren; dabei stand Juda lange Zeit im Schatten Israels. Solange die Gegner keine Großmächte waren, überlebten beide als eigenständige Staaten. Im Folgenden werde ich die weitere Entwicklung der Monarchien als partikulare Größen auf ihrem jeweils eigenen Boden verfolgen.

D. ISRAEL (930–721 v. Chr.)

Drei Zeitabschnitte   Die Zeit der getrennten Reiche Juda und Israel von etwa 930 bis 587 zerfällt in drei größere Abschnitte. Bis etwa 750 blieben Syrien und Palästina nach wie vor sich selbst überlassen, da die Großmächte des Alten Orients kaum in das Gebiet hineinwirkten; lediglich die wachsende Macht der Aramäer wirkte sich zunehmend auf das Kräftesystem des Raumes aus. Auf dieser Grundlage lässt sich folgende Untergliederung des Zeitraums vornehmen: in die Periode der Konstituierung Israels unter den ersten Königen nach Salomo und in eine Zeit, in der die Herrscher der Dynastie Omri eine Vormachtstellung Israels gegenüber Juda aufbauten. Die zunehmende Überlegenheit des Aramäerstaates brachte Israel dann um die volle Ausnutzung dieser Machtposition. Einige Zeit später verschaffte der Druck Assyriens auf Damaskus Israel Luft. Dadurch war im Nordreich in der ersten Hälfte des 8. Jahrhunderts die Grundlage für eine neue Blüte gelegt. Das Erstarken der Assyrer leitet den zweiten Abschnitt von 750 bis 640 ein, in dem sich der Einfluss aus Assur zunehmend bemerkbar machte. Dieser traf zunächst Israel, sodass die dortige Monarchie der Hebräer beendet und das Nordreich in eine assyrische Provinz umgewandelt wurde. Der dritte Zeitabschnitt, die Ablösung Assurs durch die Babylonier, war dann nur noch für die Geschichte Judas von Bedeutung.

Israel war durch die Einverleibung kanaanäischer Landesteile zwar größer und reicher als Juda, aber aufgrund seiner geographischen Lage auch stärker Einflüssen von außerhalb ausgesetzt, die zur Labilität dieser Monarchie beitrugen. Das Land lag günstig, weil es Anschluss an das Mittelmeer und an die Küstenebenen nördlich und südlich des Karmel-Gebirges hatte. Seine Lage am Kreuzungspunkt großer Verbindungsstraßen von Norden nach Süden und von Osten nach Westen zwang jedoch dazu, das Gebiet beständig nach allen Seiten hin zu verteidigen.

1. Konstituierung Israels unter Jerobeam

Nach der Trennung von Juda fand sich in Israel rasch ein politischer Führer, den die Ältesten zum König erhoben. Bereits die Verhandlungen mit dem Herrscher des Südreiches hatten deutlich gemacht, dass im Norden die grundsätzliche Bereitschaft vorhanden war, sich mit der Monarchie abzufinden, wenn man deren Rahmenbedingungen mitgestalten konnte. Zu dieser Einstellung gesellten sich erneut äußere Zwänge, die es bereits David ermöglicht hatten, den Norden zu einen. Zunächst war nicht auszuschließen, dass Rehabeam den Versuch wagen würde, Israel zurückzugewinnen. Die militärische Schwäche Judas verhinderte zwar einen solchen Schritt, aber diese prinzipielle Gefahr rief ebenso nach einer zentralen Organisation wie der Schoschenk-Einfall.

Als Repräsentant des Widerstandes gegen die judäische Monarchie bot sich Jerobeam
Jerobeam für die nun beginnende Eigenständigkeit Israels als die geeignete
Persönlichkeit an. Die Fähigkeiten dieses Mannes waren bereits König Salomo aufgefallen, der ihn zu einem der obersten Verwalter über die Dienstbarkeiten eingesetzt hatte. So lernte dieser früh das zentrale Problem der
hebräischen Bauern kennen und plante wahrscheinlich bereits zu Lebzeiten
Salomos den Abfall Israels. Da Salomo versuchte, ihn zu töten, war die Kunde
über diese Vorbereitungen offenbar auch an den Hof gedrungen. Jerobeam
floh nach Ägypten und kehrte erst nach dem Tode Salomos in seine Heimat
zurück. Dort machte er sogleich Stimmung gegen Jerusalem und unterstützte
bereits in diese Richtung gehende anti-judäische Tendenzen.

Jerobeams historische Aufgabe bestand darin, erst einmal einen eigenständigen Staat zu schaffen, da Israel bislang lediglich als Annex des davidisch-
salomonischen Reiches existiert hatte. Freilich gab es verwaltungstechnische
Grundlagen aus der Zeit der Doppelmonarchie, auf denen Jerobeam aufbauen
konnte; dennoch blieben zahlreiche weitere Probleme. So musste er sich vor
allem einer Aufgabe widmen, die auch seine Nachfolger wiederholt beschäftigen sollte: die heterogenen Bevölkerungsteile Israels zufriedenzustellen.
Außerdem war es notwendig, dem erstmals eigenständigen Königreich Israel
ein politisches und – was in der Antike von großer Wichtigkeit war – ein
religiöses Zentrum zu schaffen. Jerobeam musste seinen Untertanen einen
Mittelpunkt anbieten, der es mit der Anziehungskraft Jerusalems aufnehmen
konnte, das nun zur Hauptstadt des „Erbfeindes" geworden war. Diese
Abkehr von Jerusalem brachte mehr noch als eine Kalenderreform, verwaltungstechnische und militärische Maßnahmen das Ende der Gemeinschaft mit
Juda zum Ausdruck.

Jerobeam richtete zwei neue zentrale Heiligtümer in Bethel und Dan ein, an Zwei zentrale
der Süd- und Nordgrenze seines Reiches gelegen, als Ersatz für den Tempel in Heiligtümer
Jerusalem. Er nahm mit dieser Entscheidung Rücksicht auf die alte Zweiteilung Israels durch den Riegel der kanaanäischen Städte der Jesreel-Ebene.
Die Heiligtümer sollten als Wallfahrtsorte Jerusalem ablösen. Bethel lag an
der Straße nach Jerusalem, sodass die Pilger zunächst den vertrauten Weg
einschlagen konnten. Beide Kultorte lagen in vornehmlich hebräisch besiedelten Gebieten, also fanden dort auch primär Kultobjekte für die hebräische
Bevölkerung Aufstellung: die berühmten goldenen Stierbilder. Sie betonten
einen besonderen Aspekt der Exodus-Tradition: Die Erinnerung an die Befreiung aus einem Zwangssystem hatte durch die Befreiung von der judäischen Monarchie neue Aktualität erhalten.

Wie die Könige David und Salomo in Jerusalem versuchte Jerobeam in
Israel die alten, noch lebendigen Religionsformen der hebräischen Stämme
auf eine einheitliche Linie zu bringen, um damit letztlich auch eine neue
Nationalreligion zu schaffen und seine eigene Machtstellung zu sichern. Weil
er Hebräer und Kanaanäer zu einem Staatsvolk zusammenfassen musste,
öffnete er die Staatsreligion Israels für Elemente, die den Jahwe verehrenden

Hebräern fremd waren, wenngleich der Jahwe-Kult generell aufnahmebereit für neue Elemente blieb. Die stets latente Kritik am Königtum in Israel erhielt dadurch allerdings beständig Nahrung. In den Stämmen wurde die alte Religion reiner als im Staatskult weitertradiert, sodass später die prophetische Opposition hier mit ihrer Kritik ansetzen konnte.

Residenz   Sein Herrschaftsgebiet verwaltete Jerobeam zunächst von Sichem aus, wich dann vor dem Plünderungszug Schoschenks nach Pnuel über den Jordan zurück. Später residierte er in Thirza, einem innerhalb Israels relativ zentral gelegenen Ort. Diese Stadt, die weiteren Königen als Residenz dienen sollte und um die Wende vom 10. zum 9. Jahrhundert eine kurze Blüte erlebte, bot außerdem gegenüber Sichem durch ihre zurückgezogene Lage im Gebirge mehr Sicherheit.

Bürgerkrieg   Der König hatte seiner Regierung den Stempel der Einfachheit aufgedrückt – eine durchaus notwendige politische Maßnahme, die als Abkehr von der salomonischen Zeit verstanden wurde. Israel erlebte bald seinen ersten Bürgerkrieg, als der Issacharit Baesa den Ephraimiten Nadab, den Sohn Jerobeams, erschlug, während der König die philistäische Stadt Gibbethon belagerte. Baesa vernichtete anschließend das ganze Haus Jerobeams, „wie man den Kot wegfegt" (1 Kön 14,10), und bestieg selbst den Thron (910–887). Aus seiner relativ langen Regierungszeit ist außer dem Konflikt mit Juda (s. I.C.3) nichts bekannt.

Der Versuch der Familie, nach Baesas Tod eine Dynastie zu gründen, schlug fehl. Ein Jahr, nachdem er den Thron bestiegen hatte, wurde Baesas Sohn Ela von Simri, einem Obersten der Streitwagen, im Hause des Palastvorstehers von Thirza erschlagen. Simri ließ Verwandte und Freunde des toten Königs umbringen, um seine Stellung zu festigen. Seine „Herrschaft" währte jedoch nur eine Woche. Es gelang ihm zwar, die Macht im Palast in Thirza an sich zu reißen, nicht aber das Heer hinter sich zu bringen, das sich im Augenblick des Putsches auf einem Feldzug befand. Auf die Nachricht vom Tode Elas erhob sich der Feldhauptmann Omri mit Zustimmung des Heerbanns zum neuen Herrscher. Omri zog gegen Thirza, wo Simri während der Kämpfe in den Flammen des Palastes den Tod fand. Der Thron war mit der Ermordung Elas vakant geworden und neben Simri und Omri gab es einen weiteren Aspiranten: Thibni. Vier Jahre vergingen, dann starb Thibni; Genaues berichtet das Alte Testament nicht. Jetzt erst konnte Omri sich endgültig durchsetzen, er wurde König auch über das von Thibni kontrollierte Gebiet, wenngleich er die Jahre seiner Herrschaft ab 886 zählte. Mit Omri und seinen Nachfolgern erhielt Israel die erste wirkliche Dynastie und eine Hauptstadt. Eine neue Epoche brach an.

2. Dynastie Omri

Um die Person des Gründers einer neuen Dynastie, die bis 841 in Israel regierte, liegt ein Geheimnis. Weder von Omri noch von Simri sind Herkunft und Vatersnamen bekannt. Beide waren militärische Kommandanten, als sie zur Macht griffen, und es war nicht ungewöhnlich, dass derartige Stellen von Nichthebräern besetzt wurden. Wäre Omri Ausländer oder Kanaanäer gewesen, so hätte dies den Widerstand gegen ihn durch den Hebräer Thibni erklärt. Dies ließe ferner verstehen, mit welcher Konsequenz Omri wiederum an die Lösung zentraler innerisraelitischer Probleme heranging. Ansässig waren die Omriden in Israel bereits länger, die Familie besaß Land in Jesreel.

Wesentliches Ziel der Politik Omris und seiner Nachfolger war die Konsolidierung des Staates und dabei war die Abwehr der aramäischen Bedrohung vorrangig. Unterstützung suchten und fanden die Omriden in den phönikischen Küstenstädten. Ausdruck der politischen Zusammenarbeit waren Heiraten und Übernahme fremder Kulte. Über die Ehe seines Sohnes Ahab mit einer Tochter des Stadtkönigs Ittobaal von Sidon, Isebel, knüpfte Omri Kontakte zu dieser reichen und mächtigen Handelsstadt. Mit Juda wurde Frieden geschlossen, wobei die militärische Überlegenheit Israels über seinen südlichen Nachbarn die Beziehungen bestimmte; Juda leistete Heeresfolge bei israelitischen Unternehmungen. Auch dieses Bündnis wurde durch die Verschwägerung der beiden Königshäuser bekräftigt. Joram ehelichte, noch als Kronprinz von Juda, Athalja, eine Tochter Ahabs von Israel.

Konsolidierung des Staates

Außenpolitisch gelangen den Omriden einige beachtliche Erfolge. Zu nennen sind hier vor allem Unternehmungen gegen Moab. Aus dem Text der Stele des Königs Mesa von Moab aus der Zeit um 830 erfahren wir, dass Omri Moab lange Zeit unterdrückt hatte. Der israelitische König griff auf das Gebiet südlich des Jabbok und nördlich des Arnon über, das zwischen Israeliten und Moabitern von alters her Streitobjekt wegen seiner enormen Fruchtbarkeit war. Moab leistete den Omriden Tributzahlungen in Form von Naturalien, vor allem Wolle: „Omri war König über Israel und hatte Moab lange Zeit gedemütigt, denn [Moabs Gott] Kamosch war erzürnt über sein Land. Und sein Sohn folgte ihm, und auch er sprach: ‚Ich werde Moab demütigen.' Noch in meinen Tagen sprach er so, aber ich sah meine Lust an ihm und seinem Hause." (TGI 52) Nach dem Tode Ahabs 853 stellte der moabitische König Mesa die Tributzahlungen wieder ein. Joram, Ahabs Nachfolger, brachte nochmals eine Koalition gegen Moab zustande: Josaphat von Juda und das von Juda kontrollierte Edom unterstützten ihn. So war der Widerstand Moabs gegen Israel erst nach dem Tod Jorams 841 endgültig erfolgreich, als es Mesa gelang, seinerseits territoriale Erfolge gegenüber Israel zu erzielen. Der König von Moab eroberte die fruchtbare Hochebene nördlich des Arnon, das Land von Madeba, zurück. Hier „regierte" jetzt wieder der moabitische Hauptgott Kamosch anstelle von Jahwe, wie es die Inschrift

Mesa-Stele

im Stil der Zeit formuliert: „Omri hatte sich des ganzen Landes von Madeba bemächtigt, und wohnte darin während seiner Regierungszeit und des Abschnittes der Regierungszeit seiner Söhne – vierzig Jahre, aber während meiner Regierungszeit wohnte Kamosch darin." (TGI 52)

Mit den Aramäern schlossen Omri und sein Nachfolger Abkommen, in denen sich beide Staaten gegenseitige Handelsrechte in den jeweiligen Hauptstädten gewährten. Eine solche Verständigung zwischen den beiden mächtigsten Staaten des syrisch-palästinensischen Raumes wurde nicht zuletzt durch die Gefahr herbeigeführt, die beide Königreiche in Gestalt der Assyrer bedrohte. Deren erstes Übergreifen auf diesen Raum fällt in diese Zeit. Bereits Assurnassirpal II. (884–859) war nach Nordsyrien vorgestoßen, hatte seine Waffen im Mittelmeer „gereinigt" und 870 von einigen phönikischen Städten Tribut empfangen (TUAT 1,4,358–360).

Vordringen der Assyrer

Sein Sohn Salmanassar III. (859–824) drang schon in das südliche Syrien vor. Die dortigen Monarchien, die einzeln diesem Gegner nichts entgegensetzen konnten, schlossen sich zu einer militärischen Koalition zusammen, der neben Hadadeser von Aram auch Ahab von Israel angehörte. Ihr trat Salmanassar 853 in Nordsyrien, bei Karkar, entgegen und schlug sie. Der Sieg fiel aber nicht so deutlich aus, dass sich den Assyrern augenblicklich Perspektiven eröffneten. Es ging ihnen in diesem ersten Stadium des Vordringens nach Westen noch nicht darum, neue Provinzen zu schaffen, sondern Tribute einzutreiben. Die Bedrohung durch Assur schwächte sich nach Karkar zunächst ab; dies gewährte Israel einige Jahre des Atemholens, ehe es zu einer Stabilisierung der assyrischen Macht im syrischen Raum kam.

Samaria

Tatkräftig wie in außenpolitischer Hinsicht ging Omri auch bei der inneren Konsolidierung seiner Monarchie vor. Nach der Zerstörung des Palastes in der bisherigen Residenzstadt Thirza war eine seiner wichtigsten innenpolitischen Initiativen die Errichtung einer neuen Hauptstadt für Israel, die sie auch bis zum Ende der Monarchie blieb: Samaria. Die Stadt bestand aus zwei Teilen: Festung, Königsburg und Wirtschaftsgebäude bildeten die Oberstadt, die Bevölkerung bewohnte die Unterstadt und das Land ringsum. Die Häuser waren außerordentlich stabil, da ihre Fundamente nach phönikischer Bauweise in den Fels gehauen oder auf einem Steingrund errichtet worden waren. Durch den Kauf des Geländes gehörten der Berg und die dann auf ihm gebaute Residenz zum persönlichen Besitz des Königs und seiner Familie. Eine weitere wichtige innenpolitische Maßnahme, die das Alte Testament ausführlich schildert, betraf kultische Belange. Das Nordreich war seit seinem Bestehen ein Staat, in dem hebräische und kanaanäische Bevölkerungsteile nahezu gleich stark vertreten waren. Seit Langem hatte sich die Aufgabe gestellt, ein einheitliches Staatsvolk zu schaffen, was Omri nun in Angriff nahm. Generelles Ziel war es, ein Nebeneinander beider Bevölkerungsteile und Kulte zu stabilisieren, um vielleicht sogar einmal ein Miteinander der beiden wichtigsten Kulte für Baal und Jahwe zu erreichen. Das Königshaus war sicherlich bereit, die Götter aller Untertanen zu respektieren.

Die Pflege des Baal-Kultes in Samaria beschränkte sich nicht allein auf den Baal-Kult
Hofstaat der Isebel, sondern schloss auch den kanaanäischen Teil der Bevölkerung ein. Die lokalen Sondertraditionen der verschiedenen kanaanäischen Baal-Gottheiten konnten sich nun auf die überregionale Gestalt des in der Hauptstadt verehrten Gottes konzentrieren. Baal blickte in Israel auf eine jahrhundertelange Verehrung im Lande zurück, eine Politik, die seinen Kult förderte, stieß also zweifellos auf Sympathien im Nordreich. Und eine solche Einstellung gegenüber dem Baal-Kult besagte zunächst keineswegs, dass die Omriden selbst vom Jahwe-Kult abfielen. Die Namen der Söhne des zweiten Omriden, Ahab, enthielten Teile des Gottesnamens Jahwe: Ahasja und Joram. In Samaria stand als politisches und kulturelles Zentrum des Jahwe-Kultes ein goldenes Stierbild. Möglicherweise entsprang die Akzeptanz fremder Kulte nicht nur der auf Verständigung angelegten Politik der Herrscher, sondern war selbst in Kreisen der Jahwe-Verehrer möglich, ehe sich später der in den alttestamentlichen Zeugnissen niedergeschlagene Absolutheitsanspruch des Jahwe-Kultes durchsetzte. Das Alte Testament deutet diese Haltung selbst an, wenn davon die Rede ist, dass die Mehrheit der Bevölkerung in der Entscheidung „Baal oder Jahwe" „auf beiden Seiten hinkte" (1 Kön 18,21).

Als Ahab 871 die Nachfolge Omris antrat, nahm der Konflikt zwischen Konflikt zwischen
den jeweiligen Kultanhängern an Schärfe zu. Die Einrichtung einer eigenen den Baal- und
Kultstätte für den Gott seiner Gattin Isebel galt in der Welt des Alten Orients Jahwe-Anhängern
als eine Selbstverständlichkeit, aber Isebel wollte mehr. Sie scheint als Gemahlin des amtierenden Königs eine Dominanz des Baal-Kultes angestrebt zu haben und habe die Verehrer Jahwes ausrotten wollen, heißt es. Ein Ausdruck der neuen Lage am Hofe war es, dass Obadja, einer der höchsten Staatsbeamten, Jahwe-Propheten in Höhlen verbergen und dort versorgen ließ. Mit welcher Brutalität der Konflikt ausgetragen wurde, zeigt die sicherlich in diesen Kontext einzuordnende Tat des Jahwe-Propheten Elia, der am Fuß des Berges Karmel eigenhändig Baal-Priester abgeschlachtet haben soll. Das Zusammenleben der hebräischen und kanaanäischen Bevölkerungsteile gestaltete sich immer schwieriger.

Omri wurde in Samaria bestattet, in „seiner" Stadt. Seine Herrschaft hatte Dynastiegründer
für Israel einen Anfang bedeutet, weil mit ihm der erste Vertreter einer länger Omri
regierenden Dynastie antrat, die ihre Legitimation nicht allein aus der Gegnerschaft zu Salomo beziehungsweise zu Juda ableitete. Unter Omri erlebte das Nordreich erstmals eine kurze Blütezeit. Der materielle Wohlstand – zumindest des Hofes und der Aristokratie – spricht aus der Baupolitik Omris und seines Nachfolgers Ahab. Zu seiner Zeit war Israel eines der mächtigsten Königreiche in Syrien-Palästina. Die Bedeutung des Dynastiegründers wird dadurch unterstrichen, dass Omri im Ausland geradezu als Schöpfer eines neuen Staates angesehen wurde. Dies war zugleich ein Beweis für den starken Eindruck, den das militärische Auftreten der Omriden in der Welt des Alten Orients hinterlassen hatte. In assyrischen Königsinschriften wird Israel wiederholt das „Haus von Omri" oder das „Land von Omri" genannt, selbst

nachdem die Dynastie Omri ausgerottet, selbst nachdem Israel untergegangen war.

Ahab, Omris Sohn und Nachfolger, starb nach 21-jähriger Regierungszeit eines natürlichen Todes. Auf ihn folgten seine beiden Söhne. Der erste, Ahasja, regierte nur wenige Monate, dann fiel er vom Obergeschoss seines Palastes. Nach ihm trat Joram (852–841) die Herrschaft an, dem der außenpolitische Wind wieder heftig ins Gesicht blies; Moab verweigerte die Tributzahlungen. Bedrohlicher für das Nordreich wurden allerdings die nun verstärkt einsetzenden Streifzüge der Assyrer. Diese brachten zwar noch keine entscheidenden Erfolge für Assur und auch gegenüber Aram konnte der territoriale Bestand Israels gehalten werden. Die häufigen Kriege, die ohne sichtbaren Erfolg und Beute endeten, heizten allerdings die Stimmung in der Bevölkerung an, bis es schließlich zur Explosion kam. Dazu trug auch der wachsende Widerstand der Jahwe-Kreise gegen die königliche Kultpolitik bei.

3. Dynastie Jehu

Im Jahre 841 belagerten die israelitischen Truppen das mittlerweile in den Besitz der Aramäer übergegangene Ramoth in Gilead. Als ihr König Joram im Kampf verwundet wurde, zog er sich zur Genesung nach Jesreel auf das Landgut der Omriden zurück. Seine Abwesenheit nutzte Jehu, nun zum Kommandanten der vor Ramoth liegenden Truppen aufgerückt, und ließ sich als Herrscher Israels proklamieren. Über seine Usurpation sind wir relativ gut unterrichtet. Der neue König bestieg unmittelbar nach seiner Erhebung einen Streitwagen und jagte in aller Eile nach Jesreel, wo sich Joram von seinen Verletzungen erholte. Es gelang Jehu, dessen Landgut zu erreichen, bevor die Nachricht über seine Usurpation dort eingetroffen war. Deshalb zog Joram Jehu ahnungslos entgegen, von seinem Schwager Ahasja, dem judäischen König, begleitet, der an der Belagerung Ramoths beteiligt gewesen war. Jehu tötete den israelitischen König durch einen Pfeilschuss, wenig später erlitt Ahasja auf der Flucht das gleiche Schicksal. Sogar eine Abordnung des Hofes aus Jerusalem, die Jehu auf seinem Weg in die Hauptstadt zufällig traf, ließ er unverzüglich niedermetzeln. Ein Blutrausch ohnegleichen hatte die neue Führungsschicht ergriffen.

Usurpation Jehus Aufgrund der starken Widerstände gegen das alte Königshaus wurde Jehu ohne Schwierigkeiten als Herrscher anerkannt. Seine Usurpation war eine Folge der generellen Labilität der Monarchie in Israel und vor allem Ausdruck eines Unmuts gegen die Kultpolitik der Dynastie Omri, gegen die Kanaanäer und ihre Rolle im Staat, gegen die Gleichberechtigung von Baal und Jahwe. Jehu gab sich als Verfechter und Vorkämpfer der reinen Jahwe-Verehrung aus, daher endete die Dynastie Omris im Namen dieses Gottes in einem Blutbad. Als Exponent von Kreisen, die sich gegen jede Duldung der

Baal-Kulte aussprachen, zerstörte Jehu im „Eifer für Jahwe" die Baal-Kultstätte Samarias und ließ wahllos Priester und Gläubige töten. Dennoch vermochte er nicht, den gesamten Baal-Kult zu vernichten, denn noch ein Jahrhundert später wetterte der Prophet Hosea gegen den Baal-Dienst. Jehu bemühte sich ferner, auch die Heiligtümer anderer Götter zu zerstören.

Der vollständige Bruch Jehus mit der Omridenpolitik wirkte sich auf die Beziehungen zu den Nachbarstaaten aus: Israel geriet in eine völlige Isolation. Der nun rapide zunehmende Druck der Aramäer traf daher eine im Inneren aufgewühlte Monarchie, die sich in organisatorischer Hinsicht in einem Wandel befand, da man radikal alle Spuren der Omriden tilgen wollte. Vor allem verschwand unter Jehu die Stärke Israels im syrisch-palästinensischen Raum vollständig und für alle Zeiten, zumal Assur erneut Ansprüche auf Syrien anmeldete. Salmanassar III. erschien 841 im Westen und forderte Tributzahlungen, die Jehu leistete.

Etwa gleichzeitig mit dem Putsch Jehus hatte in Damaskus „Hasael, der Sohn eines Niemand" (TUAT 1,4,365), wie es in einem assyrischen Text heißt, den dortigen Herrscher Hadadeser beseitigt; 841 wird Hasael erstmals erwähnt. Sein aramäisches Reich war Hauptangriffsziel der Syrienfeldzüge des Assyrerkönigs Salmanassar 841 und 838, die Hasael zwar in Schwierigkeiten brachten, ohne aber seinen Staat ernsthaft zu gefährden. Da die Assyrer für einige Zeit auf weitere Einfälle in Syrien verzichteten, gab dies Hasael die Möglichkeit, die durch Assur erlittenen finanziellen Verluste auf Kosten seiner westlichen Nachbarn, vor allem Israels, wieder auszugleichen. Israel büßte dadurch ein Drittel seines Territoriums ein. Lange Zeit hindurch blieb es Brandschatzung und Plünderung ausgesetzt. Bald drangen Streifscharen immer häufiger auch in die bislang nicht in Mitleidenschaft gezogenen Gebiete Israels ein, raubten und führten die Einwohner als Sklaven fort. Schließlich griffen die Aramäer mit einer größeren Streitmacht an und bedrohten sogar Samaria. Die Belagerung verursachte eine solche Lebensmittelknappheit, dass in der Hauptstadt Fantasiepreise selbst für Eselsköpfe verlangt wurden.

Es gelang Hasael durch ein Bündnis mit den Philistern, Israel in die Zange zu nehmen. Die Philister beteiligten sich daraufhin an den Angriffen auf das Nordreich, plünderten das Land und betrieben gleichfalls mit gefangenen Israeliten Sklavenhandel: „Die Aramäer von Osten und die Philister von Westen, die Großen mit vollem Maul." (Jes 9,12) Die Schwäche des Nordreiches rief weitere Nutznießer auf den Plan, die sich ihren Anteil an der Beute sichern wollten: Die Ammoniter fielen in Gilead ein, wo sie unter der Bevölkerung wüteten. Es handelte sich hierbei wohl um das nördlich des Jabbok gelegene Territorium, das sie von alters her beanspruchten und um das sie jetzt „ihr Gebiet erweitern wollten" (Am 1,13).

Aus all diesen Schwierigkeiten konnte sich Israel längst nicht mehr selbst retten, sondern war auf die „Hilfe" der Assyrer angewiesen. 800 zog deren Herrscher Adadnirari III. (809–782) gegen Aram, belagerte Damaskus und

Erstarken von Damaskus

Vordringen der Assyrer

zwang dessen König zur Unterwerfung und Tributzahlung. Damit war die Macht des Aramäerstaates endgültig gebrochen, Israel befreite sich aus der „Gewalt der Syrer" und es „wohnte in seinen Zelten wie zuvor" (2 Kön 13,5). Eine Zeit des allmählichen Wiedererstarkens begann. Dies ermöglichte es dem König Joas (799–784), wenigstens im Westjordanland wieder die vollständige Kontrolle auszuüben. Schließlich konnte er sogar an die Wiederaufnahme außenpolitischer Aktivitäten denken und zum Krieg rüsten. Der Gegner hieß Juda, gegen das der klarste Erfolg in den seit dem ausgehenden 10. Jahrhundert immer wieder aufflackernden Auseinandersetzungen errungen werden konnte (s. I. E. 1).

Jerobeam II. Die Erholung Israels hielt an und fand ihren deutlichsten Ausdruck in den Erfolgen König Jerobeams II. (784–753). Ihm gelang es, „das Gebiet von Israel wiederherzustellen von Lebo-Hamath bis zum Steppenmeer" (2 Kön 14,25). Gemeint ist die Konsolidierung der israelitischen Ostgrenze von Norden nach Süden, als Jerobeam das Ostjordanland zurückeroberte. Diese Erfolge errang er allerdings vor dem Hintergrund einer assyrischen Bedrohung. Vorläufig aber erlebte Israel, wie zur gleichen Zeit Juda, bis in die Mitte des 8. Jahrhunderts eine innen- wie außenpolitisch ruhige Zeit. Die günstige außenpolitische Situation leitete einen Aufschwung im Innern Israels ein. Dank der Gebietserweiterungen erholte sich der Handel, von dem vor allem der Hof und die Hauptstadt Samaria profitierten. Er kam also nur einer kleinen Schicht zugute und verschärfte dadurch die sozialen Gegensätze innerhalb der Bevölkerung. In Samaria breitete sich der Luxus in Form von großen und reich ausgestatteten Häusern sowie aufwendigem Lebensstil aus und einige Israeliten träumten sogar wieder davon, „der Erstling der Völker" zu sein (Am 6,1).

Bald stellte sich heraus, dass diese Erfolge der militärischen Schwäche der Aramäer und einem vorläufigen Desinteresse der Assyrer zu verdanken waren. Die Assyrer hatten bisher vor allem westlich ihres Kernlandes die angrenzenden Gebiete unterworfen und den bezwungenen Herrschern hohe Tribute auferlegt, mit denen sie die Armee und den Import wichtiger Rohstoffe finanzierten. Irgendwann drückte die Last der Tribute jedoch so schwer, dass es zu einem Aufstand gegen Assur kam. Das Ergebnis war in der Regel, dass das entsprechende Gebiet seine Selbstständigkeit verlor und als Provinz dem assyrischen Reich eingegliedert wurde. Ein Barrieredenken verfolgend, legte Assur ringförmige Sicherheitszonen um das Kernland an und schob die Westgrenze immer weiter vor. Es war also zu erwarten, dass die Assyrer nach der Eroberung von Damaskus nicht Halt machen würden, und der Aramäerstaat nur eine Station auf dem Weg der Expansion darstellte, die sich bald gegen Israel wenden sollte. Um es mit den Worten der Propheten Amos und Hosea zu sagen: Das Ende war gekommen.

4. Untergang

Seit der zweiten Hälfte des 8. Jahrhunderts griffen machtvolle Assyrerkönige vom Zweistromland nach Syrien/Palästina aus. Im Jahre 745 bestieg Tiglatpilesar III. (745–727) den Thron. Mit ihm begann die Phase der großen Eroberungen, in deren Verlauf die assyrischen Könige die Gebiete des Vorderen Orients erstmals unter ihrer Herrschaft vereinigen konnten und ein bis dahin in der altorientalischen Geschichte beispielloses Großreich aufbauten.

<small>Tiglatpilesar III.</small>

Es war in erster Linie ihre Armee, der die Assyrer ihre außenpolitischen Erfolge verdankten. Sie war vom 9. bis zum 7. Jahrhundert die gefürchtetste aller Länder des Nahen Ostens. Die Ausbildung dieses stehenden Heeres, in dem Söldner als Berufskrieger dienten, sowie eine Reihe von Errungenschaften der Militärtechnik sicherten ihm einen Vorsprung vor allen übrigen Truppen. Die schwer bewaffnete Reiterei erwies sich bei der Verfolgung und Vernichtung der Gegner als überlegen. Ihre Belagerungsmaschinen ermöglichten es den Assyrern verhältnismäßig rasch, befestigte Städte zu erobern. Diese Armee bildete zudem den systematischen Terror bis zur Perfektion aus. Demnach gehörte es zum Standardrepertoire der psychologischen Kriegsführung, die Besiegten zu foltern oder zu pfählen, ihnen Beine, Arme, Nasen und Ohren abzuschneiden und die so Verstümmelten zur Schau zu stellen. Der Erfolg solcher Maßnahmen blieb nicht aus: Allein die Erwähnung der Assyrer verbreitete panischen Schrecken. In einigen Versen des Propheten Jesaja klingt dieser Nimbus an: „Er [Jahwe] richtet ein Signal auf für ein Volk aus der Ferne und pfeift es herbei vom Ende der Erde. Und siehe, eilend, schnell kommt es herbei. Kein Müder, kein Strauchelnder ist darunter. Es wird nicht rasten und wird nicht ruhen. Keinem lockert sich sein Hüftgürtel, noch reißt ihm der Riemen seiner Sandalen. Seine Pfeile sind geschärft und all seine Bogen gespannt. Seiner Rosse Hufe sind Kieseln gleich und seine Wagenräder dem Sturmwind. Sein Gebrüll ist einem Löwen gleich, und es brüllt wie der Junglöwe. Es knurrt, packt seine Beute und schleppt sie weg; und niemand entreißt sie ihm!" (Jes 5,26–29)

<small>Assyrische Armee</small>

In Israel folgten in den zehn Jahren nach dem Tod Jerobeams II. 753 fünf Könige aufeinander. Sacharja, der Sohn Jerobeams, wurde schon nach einer sechsmonatigen Regierungszeit von Sallum erschlagen. Einen Monat später fiel dieser einem Anschlag Menachems zum Opfer, der auch dessen Nachfolge antrat. In die Konflikte über eine pro- oder anti-assyrische Politik wirkten offenbar erneut Stammesrivalitäten hinein: „Manasse wider Ephraim und Ephraim wider Manasse" (Jes 9,21). Solche Rivalitäten bewirkten mitunter unerklärbare Grausamkeiten. Der wohl aus Manasse stammende Menachem verheerte die im Grenzgebiet Ephraims liegende Stadt Thappuah, wobei er die Bäuche schwangerer Frauen aufschlitzen ließ. Menachem konnte seine Stellung innenpolitisch nur durch große Härte, außenpolitisch durch Unterwerfung gegenüber Assur halten. Den erforderlichen Tribut brachte Menachem durch eine Sondersteuer auf und hoffte, seinen unsicheren Thron mit

<small>Stammesrivalitäten in Israel</small>

Hilfe Assurs stützen zu können. Bereits einige Male hatten sich assyrische Könige bereit gezeigt, ihnen willfährige Herrscher an der Macht zu halten. Doch deren Zugeständnisse kosteten im Wortsinn ihren Preis. Die schweren Belastungen für das Land, die allein der Sicherung der königlichen Position dienten, verschärften den Widerstand gegen Menachem und seine Familie, einen Widerstand, der kurz nach dem Tod des Königs offen ausbrach.

Den Nachfolger Menachems, seinen Sohn Pekachja, räumte nach wenigen Monaten der Streitwagenführer Pekach (737–730) aus dem Weg. Möglicherweise sammelten sich angesichts der Politik Menachems im Land Kräfte für eine Abkehr von Assur, die von außerhalb Unterstützung bekamen. Pekach versuchte jedenfalls mit Ägypten zu konspirieren und organisierte bald eine anti-assyrische Koalition. Die Chancen dazu sah er 733. Im Jahr zuvor war Tiglatpilesar erneut in das Land der Philister gezogen und hatte den „Bach Ägyptens" erreicht, die äußerste Südwestgrenze Asiens. Er wollte die Verbindungswege nach Ägypten in seine Hand bringen. Zu diesem Zweck musste er durch das Gebiet Israels ziehen und verstärkte dadurch die dortigen Aversionen. 733 erhoben sich Rezin von Damaskus und Pekach von Israel gegen Assur. Beide wussten, dass nur eine große Staatenkoalition Aussicht auf Erfolg versprach, daher suchten sie nach weiteren Bundesgenossen. Doch bereits der König von Juda weigerte sich aus Furcht vor der assyrischen Übermacht, diesem Bündnis beizutreten. Um sich den Rücken freizuhalten, beschlossen die beiden Verbündeten, in Jerusalem einen anti-assyrischen König einzusetzen. In dieser scheinbar auswegslosen Situation sandte der dortige Herrscher Ahas (734–715) an Tiglatpilesar ein Huldigungsgeschenk, trat damit in ein Vasalitätsverhältnis zu Assur und rüstete zur Verteidigung seiner Hauptstadt.

Assyrische Provinzen in Israel Da sich der assyrische König bereits in Syrien befand, entsetzte er Jerusalem von seiner Bedrohung, während er Israel auf einen geringen Reststaat reduzierte. Aus den etwas späteren assyrischen Annalen entnehmen wir die weitere Entwicklung: Nachdem Tiglatpilesar auf seinen früheren Zügen alle Städte Israels zum Besitz Assurs geschlagen und Samaria allein übrig gelassen hatte, „stürzten sie Pekach, ihren König" (TUAT 1,4,374). Tiglatpilesar wandelte noch während der Regierungszeit Pekachs 733 den größten Teil des israelitischen Staatsgebietes in drei assyrische Provinzen um (Karte 6): Megiddo, das Gebiet von Galiläa mit der Jesreel-Ebene, Dor, die Küstenebene südlich des Karmel, und Gilead, das Ostjordanland. Damit verlor Israel mehr als zwei Drittel seines Territoriums. Die ansässige israelitische Oberschicht ließ der Assyrerkönig deportieren, einzelne Orte wie die ehemalige salomonische Festungsstadt Hazor, die offenbar Widerstand geleistet hatte, zerstören. Israel existierte weiter als ein auf die Hauptstadt mit ihrer unmittelbaren Umgebung beschränkter Stadtstaat. Der eben zitierte assyrische Annalentext führt weiter aus: „Bit Omri [Israel], die Gesamtheit seiner Leute [und seine

Hosea Habe] führte ich nach Assyrien ... Den Hosea setzte ich [als König] über sie ein. Zehn Talente Gold und 100 Talente Silber empfing ich von ihnen als ihre jährliche [Abgabe]." (TUAT 1,4,374) Hosea (730–721) ist nur noch bedingt ein König zu nennen, er amtierte als tributpflichtiger Statthalter über ein stark dezimiertes Israel. Der alttestamentliche Text ergänzt die assyrische Version durch die keineswegs überraschende Information, dass Hosea seinen Vorgänger Pekach beseitigte. Zu erwähnen ist noch, dass während dieser Ereignisse das Reich von Damaskus 732 endgültig verschwand. Es ging, in vier Provinzen aufgeteilt, im assyrischen auf. Somit geriet die gesamte syrisch-palästinensische Landbrücke unter assyrische Kontrolle, sei es durch Provinzen, wie weite Teile des ehemaligen Israel, sei es durch tributabhängige Vasallen, wie Restisrael und Juda.

Solange Tiglatpilesar lebte, hielt sich Hosea an seinen Vasalleneid, blieb für Israel die Lage unverändert. Als der Assyrerkönig 727 starb, provozierte der Thronwechsel die beinahe schon übliche anti-assyrische Koalition. Man stellte die Tributzahlungen ein. Hosea bildete da keine Ausnahme. Hinter diesen häufigen Aufständen gegen Assur, die stets mit der Einstellung von Tributzahlungen begannen, ist als Ursache wohl die finanzielle Belastung durch die Abgaben zu vermuten. Dies erklärt die Verzweiflungstat Hoseas, der dabei auf Unterstützung aus Ägypten baute. Doch die Hilfe blieb aus und stattdessen rückte König Salmanassar V. an, um den Aufstand niederzuschlagen. Hosea versuchte zu retten, was zu retten war, und zog Salmanassar entgegen, geriet aber in Gefangenschaft. Nun büßte auch der israelitische Reststaat seine Selbstständigkeit ein. Die eingeschlossene Hauptstadt Samaria konnte sich zunächst noch einige Monate verteidigen. Salmanassar nahm aber noch 722, also kurz vor seinem Tod, die Kapitulation der Stadt entgegen. Die assyrische Strafaktion führte bereits sein Nachfolger Sargon II. durch.

Damit endete die Geschichte der Monarchie in Israel. Es trat eine deutliche Zäsur ein, denn die staatliche Existenz war vollständig aufgehoben. Die von Assur Deportierten wurden, anders als später die Judäer (s. I. E.4), in verschiedene Länder verschlagen. Das Alte Testament bestätigt, dass die Deportierten teils in das Gebiet des Chabur, eines linken Nebenflusses des Euphrat, teils nach Medien gelangten. Dies sind die letzten Nachrichten über die einst in Samaria ansässigen Israeliten, die nie wieder in ihre alte Heimat zurückkehrten, sondern in der jeweiligen einheimischen Bevölkerung aufgingen. Damit entschwand Israel aus dem Blickfeld der Geschichte.

Aufstand Hoseas

E. JUDA (930–587 v. Chr.)

Die Periodisierung, die bei der Einführung der historischen Entwicklung Israels vorgenommen wurde, trifft für die beiden ersten dort genannten Zeitabschnitte, 930–750 und 750–640, auch auf die Geschichte Judas zu. Dieses Juda hatte immer eine eigenständige Entwicklung gehabt, weil es unter anderem aufgrund der geographischen Lage isoliert blieb. Dieses rund zwei Jahrhunderte dauernde Eigenleben vor der Monarchie hat stets nachgewirkt. Hinzu kam, dass Juda verkehrspolitisch abseits lag, was dem Staat sicherlich zu einer längeren Existenz verhalf. Anders als Israel konnte Juda nach dem Ende der Doppelmonarchie auf eine im Land selbst entstandene monarchische Entwicklung von zwei Generationen zurückblicken. Der Staat hielt daher, solange er Bestand hatte, an der Erbfolge der Dynastie Davids fest. Juda besaß auch von Anfang an eine Hauptstadt, in der sich der kultische Mittelpunkt des Landes befand. Jerusalem war und blieb trotz aller Kontroversen das unumstrittene Zentrum und als solches ein wesentlicher Stabilisationsfaktor der Monarchie.

1. Im Schatten Israels

Rehabeam In Jerusalem übernahm Rehabeam ohne Schwierigkeiten den Thron Salomos und dessen Verwaltungsapparat, trat aber die Herrschaft über ein Reich an, das nur noch ein Schatten ehemaliger Größe war. In innenpolitischer Hinsicht war vor allem die Durchführung zweier Maßnahmen wichtig. Zunächst musste die Versorgung des Hofes auf eine neue finanzielle Grundlage gestellt werden. Die Tribute Israels fielen weg und auch für die Dienstleistungen galt es Ersatz zu schaffen. Rehabeam bildete die neuen Verwaltungsbezirke, vor allem im westlichen Hügelland, hauptsächlich aus den Territorien alter Stadtstaaten (Karte 5). Die zweite innenpolitische Maßnahme diente der Sicherung der zum Teil neuen Grenzen des Staates. Sie wurde vor allem nach dem Palästinafeldzug Pharao Schoschenks eingeleitet. Abgesehen von einigen Zerstörungen sowie den finanziellen Einbußen, blieb dieser Feldzug zwar eine Episode, aber er veranlasste Rehabeam seit 925 dennoch zu einer regen Bautätigkeit. Der König versuchte seinen Staat durch eine Kette von Festungen zu schützen und igelte das judäische Kerngebiet ein.

Lange Zeit verlief die innere Geschichte Judas ohne besondere Höhepunkte. Auf Rehabeam folgten sein Sohn Abia und nach einer kurzen Regierungszeit (916–914) dessen Sohn Asa (914–874). Über dessen 40-jährige Regierungszeit hüllt sich das Alte Testament – wie so häufig – fast in völliges Schweigen, da weitere Angaben in dem nicht erhaltenen „Buch der Chroniken der Könige von Juda" und „Buch der Könige von Juda und Israel" verzeichnet waren. So erfahren wir lediglich, dass der König gegen Ende seines Lebens an einer Fußkrankheit litt.

Über Josaphat (874–850) weiß das erste Buch der Könige, dass er „Friede hielt mit dem König von Israel" (1 Kön 22,45). Dieser Friede war Ausdruck einer durch die Politik der Omriden bedingten Vormachtstellung Israels gegenüber Juda. „Ich wie du, mein Volk wie dein Volk, meine Pferde wie deine Pferde", ließ Josaphat König Ahab von Israel mitteilen (1 Kön 22,4). Thronfolger Josaphats war 850 sein Sohn Joram, der unmittelbar nach seinem Herrschaftsantritt, ganz dem Beispiel Salomos folgend, alle seine Brüder mit ihren Angehörigen tötete, um etwaige Rivalen aus dem Wege zu räumen. Juda musste Truppen für den Kampf Israels gegen den Assyrer Salmanassar stellen, dabei waren die Feldzüge für die judäischen Soldaten ebenso unergiebig wie für die israelitischen. Philistäische Städte bemühten sich, die Herrschaft Judas abzuschütteln. Dies alles rief den Unmut der Bevölkerung Judas hervor, der sich durch die folgenden Ereignisse noch steigerte. [Juda als Vasall Israels]

Als Joram nach kurzer Regierungszeit 843 starb, trat an seine Stelle sein Sohn Ahasja, der im übernächsten Jahr bei Jesreel in Israel dem von Jehu angerichteten Blutbad zum Opfer fiel (s. I.D.3). Daraufhin übernahm in Jerusalem seine Gemahlin Athalja die Regierung. Als erste Maßnahme versuchte sie alle Davididen hinrichten zu lassen. Lediglich Joas, ein Säugling, soll durch die Frau des Oberpriesters, eine Schwester des in Israel ermordeten judäischen Königs, gerettet und versteckt worden sein, ein Vorgang, wie er zu allen Zeiten die Phantasie der Erzähler angeregt hat. Als dieser Joas sieben Jahre alt geworden war, handelte der Oberpriester Jojada. Athalja wurde hingerichtet und Joas zum König gesalbt. Die Priester des Tempels und die Repräsentanten des Volkes sicherten sich jeweils durch eigene Verträge ihre Rechte, was dadurch erleichtert wurde, dass ihnen ein minderjähriger König als Partner gegenüberstand. Das eine zwischen König und Volk geschlossene Abkommen regelte innenpolitische Fragen, ein weiteres zwischen Jahwe und dem Volk, jeweils stellvertretend repräsentiert durch Priester und den König, enthielt Bestimmungen über die Nationalreligion (s. I.F.6). [Regentschaft der Athalja]

Als der Druck der Aramäer auf Israel unter dessen König Joahas (815–799) beinahe zum Untergang der israelitischen Monarchie führte, fühlte sich Hasael von Damaskus stark genug, auch Juda anzugreifen. Gleichzeitig schloss er ein Bündnis mit den Philistern und versuchte so, Israel in die Zange zu nehmen. Er eroberte Gath, eine judäische Festung aus den Tagen König Rehabeams, und bedrohte schließlich die Hauptstadt Jerusalem selbst. Lediglich das probate Mittel, sich mit Hilfe der stets neu angehäuften Tempelschätze freizukaufen, bewahrte Joas von Juda (837–797) davor, wie der israelitische König zum aramäischen Statthalter herabgesetzt zu werden. [Erstarken der Aramäer]

797 fand Joas einen gewaltsamen Tod. Die Hintergründe des Geschehens bleiben jedoch im Dunkeln. Damit war jedenfalls kein genereller Angriff auf die Dynastie der Davididen verbunden, denn ein Sohn Joas', Amazja, fand ohne Schwierigkeiten als Nachfolger Anerkennung. Nach anfänglichen klei-

neren militärischen Erfolgen begann Amazja einen Krieg gegen das Nordreich, als er glaubte, eine Schwächeperiode Israels zur Befreiung Judas aus dessen Bevormundung nutzen zu können. Anlass dazu bestand in einer Nebensächlichkeit. Amazja hatte für den Krieg gegen Edom Söldner aus Israel angeworben, die er aber nicht bezahlte, weil sie nicht zum Einsatz kamen. Die enttäuschte Soldateska machte ihrem Ärger Luft, indem sie sich in judäischen Städten durch Plünderungen holte, was ihr der König versagt hatte. Amazja erklärte daraufhin den Krieg. Doch inzwischen hatte sich Israels König Joas vom Druck der Aramäer auf sein Land befreien und Rüstungen in Angriff nehmen können. Er schlug das judäische Heer bei Beth-Semes vernichtend und nahm Amazja gefangen.

Eroberung Jerusalems Woran vorher Pharao Schoschenk und Hasael von Damaskus und später der Assyrerkönig Sanherib nicht interessiert waren, dazu führte nun die alte Feindschaft zwischen den beiden hebräischen Monarchien: zur Einnahme der judäischen Hauptstadt Jerusalem durch israelitische Truppen. Die Eroberer schleiften einen Teil der Mauern und plünderten die Stadt und den Tempel. Erst als Amazja sich bereit erklärte, Geiseln zu stellen, kam er frei. Dieser Tiefpunkt in der bisherigen Geschichte Judas bedeutete für Israel den deutlichsten Erfolg, den es über seinen südlichen Nachbarn je errungen hat.

In der Folge dieses Ereignisses brach 769 gegen Amazja in Jerusalem ein Aufstand los, der den König zwang, aus der Stadt zu fliehen und sich nach Lachis zurückzuziehen. Dort wurde er unter ähnlich mysteriösen Umständen wie zuvor sein Vater ermordet. Wenngleich wir im Ärger über die Unfähigkeit des Königs die Motive für den Anschlag vermuten können, nennt das Alte Testament die Gründe nicht. Derartige Ereignisse passten nicht in das Konzept der gottgewollten davidischen Dynastie, also verschwiegen die biblischen Erzähler die unliebsamen Einzelheiten.

Ussia folgte seinem Vater auf den Thron und regierte unter seinem Thronnamen Asarja bis 741. Da die Könige Israels ihre Anstrengungen auf die Sicherung des eigenen Landes konzentrieren mussten und die Kraft des Aramäerreiches durch die einsetzende assyrische Expansion für immer gebrochen worden war, nahm Juda nun einen sichtbaren Aufschwung, der unter Asarja begann und sich unter seinem Sohn Jotham fortsetzte. Er war seit 756 zum Mitregenten aufgerückt, als seinen Vater eine schwere Krankheit, der Aussatz, befiel; ab 741 übernahm er seine Nachfolge. Diese jahrzehntelange Friedensperiode, die Juda zu neuem Wohlstand verholfen hatte, sollte aber unter seiner Regierung ein Ende finden. Das Land musste erhebliche Rückschläge hinnehmen.

2. Vorherrschaft Assurs

Für die weitere Entwicklung Judas war der Plan der Herrscher Pekach von Israel und Rezin von Damaskus, sich zu einem gemeinsamen Vorgehen gegen

Assur zu verständigen, von entscheidender Bedeutung. Zu diesem Zweck hielten sie Ausschau nach Verbündeten (s. I.D.4). Nachdem sich die Philister und Edomiter angeschlossen hatten, hofften sie auch auf die Unterstützung Judas, das sich allerdings verweigerte. Damit hätten die Verbündeten eine neutrale oder ihnen gar feindlich gesonnene Macht im Rücken gehabt. Sie versuchten daher, Juda mit Gewalt auf ihre Seite zu ziehen. Israeliten und Aramäer drangen von Norden in Juda ein und belagerten Jerusalem. Im Westen fielen die Philister, die auf ihre alten Gebiete weiterhin Anspruch erhoben, in den Negeb ein und eroberten Beth-Semes sowie einige Grenzstädte.

Ahas, der mittlerweile regierte (734–715), wandte sich in dieser verzweifelten Lage an die Assyrer. Er sah sich nicht nur der gemeinsamen Front Pekachs und Rezins gegenüber, welche auch nicht die „zwei rauchenden Stummeln Brennholz" waren, als die der Prophet Jesaja sie beschrieb (7,4). „Ich bin dein Diener und dein Sohn" (2 Kön 16,7), schrieb Ahas an Tiglatpilesar. Der assyrische König, ohnehin auf dem Weg nach Süden, griff 733 Israel und ein Jahr später Damaskus an. Damit war die Gefahr für Juda beseitigt. Der judäische König musste den Assyrern für diese Hilfe Tribute entrichten und trat in ein Vasallenverhältnis ein. 732 erschien er persönlich in Damaskus vor Tiglatpilesar. Nach dem Vorbild eines dort stehenden Altars ließ er im Tempel von Jerusalem durch den Oberpriester einen ähnlichen errichten. Ahas genügte dadurch seiner Untertanenpflicht. Er hatte die assyrische Oberhoheit in einem Vertrag anerkannt und damit auch den Reichsgott Assur als den assyrischen Garanten des Vertrags. *Vasall der Assyrer*

Als die Hauptstadt Samaria 721 erobert wurde und Israel zu existieren aufhörte, strömten zahlreiche Einwohner nach Süden. Der Untergang Israels bedeutete für Jerusalem einen enormen Aufschwung. Der alte Siedlungskern wurde mit einer gewaltigen Mauer befestigt; außerhalb entstanden neue Viertel und wurden gleichfalls mit einem noch stärkeren Festungsgürtel umgeben. Die Stadtfläche wuchs in kurzer Zeit von vielleicht sechs Hektar um das zehnfache, ebenso groß dürfte das Wachstum der Bevölkerung gewesen sein. Ringsum die Stadt entstanden zahlreiche Bauernhöfe, um sie mit landwirtschaftlichen Produkten zu versorgen. Nun wurde Jerusalem zum einzigen geistigen Zentrum der Hebräer. Auf dieser Grundlage gewann die Stadt nach dem Untergang auch der judäischen Monarchie eine nahezu mystische Bedeutung und die späteren Propheten wurden nicht müde, Jerusalem immer mehr zu verklären. In Juda fanden nun israelitische Traditionen, welche die Flüchtlinge aus dem Norden mitbrachten, Verbreitung. Aus dem Alten Testament gehört hierzu vor allem das deuteronomistische Geschichtswerk. *Ende Israels*

Mit dem Fall von Damaskus (732) und Samaria (721) verschwanden diejenigen Kleinstaaten, die bisher einen Puffer zwischen Assyrien und Juda gebildet hatten. Nur wenige Kilometer nördlich von Jerusalem schalteten bereits assyrische Statthalter und Beamte. Folgerichtig führte König Hiskia (715–697) zunächst die Politik seines Vorgängers Ahas weiter und entrichtete

Assyrien Tribut. Er war es wohl, in dem der Prophet Jesaja den „Friedensfürsten" auf dem Thron Davids sah. Juda befand sich infolge seiner Gebirgslage abseits der wichtigen Kriegsschauplätze. Unter der Berücksichtigung der Worte Jesajas „im Stillehalten und Vertrauen liegt eure Kraft" (Jes 30,15) hätte es als Staat möglicherweise überleben können, aber Juda hielt nicht still.

Widerstand gegen Assur Gegen die politische, wirtschaftliche und kulturelle Bevormundung durch die Assyrer richtete sich zunehmend der Widerstand einflussreicher Gruppierungen im Land. Doch mochten auch manche Propheten noch so sehr gegen den angeblichen Abfall vom Jahwe-Glauben wettern, entscheidend war und blieb die politische Situation. Zweifellos häuften sich in diesen Jahrzehnten die messianischen Weissagungen, wuchs in prophetischen Kreisen das Verlangen nach einem mächtigen und starken König, nach einem David würdigen Nachfolger, sogar nach einer Neuauflage des davidischen Reiches. Am Ausgang des 8. Jahrhunderts blieben solche Fälle Wunschvorstellungen, denn die Machtmittel, sie zu realisieren, standen nicht zur Verfügung. Das Interesse der alttestamentlichen Geschichtsschreibung an Prophetie und Jahwe-Kult überdeckt häufig die wirklich betriebene Politik des Königs und des Hofes, die wohl auch weitgehend von der Bevölkerung getragen wurde. Die Entwicklung Judas musste sich unweigerlich an dem mächtigen Assyrerreich ausrichten. So erhielt der zweifellos vorhandene Wunsch nach Freiheit in Juda erst durch die scheinbare Schwäche Assurs neuen Auftrieb. Dessen Herrscher Sargon II. (722–705) war in den letzten eineinhalb Jahrzehnten seiner Regierungszeit damit beschäftigt, seine Herrschaft nach innen und außen zu stabilisieren. Dies ließ bei den Vasallen die Hoffnung keimen, Assur werde einem Abfall nichts entgegensetzen können.

Aufstand des Hiskia Schließlich kam es unter Hiskia auch in Juda zu ersten anti-assyrischen Aktionen. Seit 713 war die Philisterstadt Asdod Herd des Widerstandes, wo Thronwirren in diesem Jahr zur Einstellung der Tributzahlungen an den Großkönig führten. Sargon II. schildert in einem Tatenbericht, dass der Aufstand weite Kreise zog und bald auf Juda, Edom und Moab übergriff. Wie so häufig in diesen Jahrzehnten richtete sich bei derartigen Aufständen gegen Assur die Hoffnung auf eine Allianz mit Ägypten. Hier hatte 712 mit dem Pharao Schabaka die 25. Dynastie, die eine neue äthiopische war, das Heft in die Hand genommen und betrieb eine energische Außenpolitik.

Ägyptische Gesandte in Juda Der Pharao ließ zunächst in den syrisch-palästinensischen Staaten sondieren, seine äthiopischen Gesandten sprachen auch in Jerusalem vor. Jesaja beschreibt die fremdartigen Gestalten aus dem „hochgewachsenen und blanken Volke" (Jes 18,2). In Juda warnte indessen eine skeptische Mehrheit vor jeder Beteiligung am Aufstand und vor vorschnellem Vertrauen auf ägyptische Hilfe. Ihre Sichtweise tritt uns in den Prophezeiungen Jesajas entgegen. Der Prophet verstärkte seine Mahnungen durch spektakuläre Handlungen, indem er zum Beispiel in der damaligen „Sträflingstracht" der Kriegsgefangenen, nämlich nackt, durch die Straßen Jerusalems ging. Die Front der Skeptiker setzte sich noch einmal durch und so stand Juda bei dem Aufstand der philistäischen Stadtkönige 713 abseits. Ganz ohne Sympathien für das Unternehmen war Hiskia allerdings schon damals nicht, denn er belieferte Asdod mit Vorräten. Der Ausgang der Revolte gab den Skeptikern recht, die Hilfe der Ägypter erwies sich als völlig unzureichend. Als Sargon 711 den Aufstand in Asdod niederschlagen ließ und dessen König an den Nil floh, lieferte ihn der Pharao sogar an die Assyrer aus.

Erst als Sargon 705 starb und Abfallbewegungen die Situation in nahezu allen Reichsteilen kennzeichneten, hielten die Vasallen in Syrien/Palästina wieder einmal die Stunde der Befreiung für gekommen und stellten die Tributzahlungen ein. Ihnen schloss sich Hiskia an. In Juda hatten sich die Mehrheitsverhältnisse geändert. Zwar gab es immer noch Kreise, die vor dem Unternehmen warnten, und Jesaja blieb seiner Überzeugung treu, aber dies sicherte ihm lediglich späteren Nachruhm, weil er mit seinen düsteren Prognosen recht behalten sollte. Durch die Beseitigung des Kultes des assyrischen Reichsgottes Assur und die Einbehaltung der Tribute kündigte Hiskia das Vasallitätsverhältnis auf. Der deuteronomistische Redaktor pries diese Tat als Kultreform, doch standen die kultischen Maßnahmen nicht im Vordergrund, denn es ging vor allem um die Verringerung der drückenden finanziellen Belastungen.

Zunächst ließ Hiskia in vielen Städten seines Landes die Verteidigungsanlagen verbessern und in zahlreichen Garnisonen Lebensmittel lagern. Auch in Jerusalem verstärkte er die Stadtmauer und versah sie mit neuen Türmen. Ferner legte man Wasserreservoires an. Wohl in diesem Zusammenhang wurde der berühmte Siloa-Tunnel gegraben, der das Wasser der Gihon-Quelle im Kidrontal in das Innere der Stadt leitete. Von den Verteidigungsanstrengungen Hiskias geben ferner die ausgegrabenen Überreste von Lachis, der zweitwichtigsten Stadt des Reiches, ein beredtes Zeugnis. Im 9. Jahrhundert war Lachis zur Garnisonsstadt ausgebaut worden, die verhältnismäßig lange Zeit diesen Zweck erfüllte. Nach einem einheitlichen architektonischen Konzept war sie in monumentaler Größe erbaut. Ihren höchsten Punkt krönte eine mächtige Palastfestung, die Ställe und Magazine flankierten. Die Stadt war umgeben von einer Mauer, zu der ein massiver Torkomplex gehörte, der größte, der bisher auf dem Gebiet der ehemaligen hebräischen Monarchien gefunden wurde.

Ausbau der Verteidigungsanlagen

Sanherib (705–681), der Nachfolger Sargons, musste erst Aufstände im Zweistromland und im Osten seines Reiches niederwerfen, bevor er sich 701 zu seinem bekannten Feldzug nach Palästina aufmachen konnte. Zunächst fiel Tyros. Dieser Sieg machte einen so großen Eindruck, dass die Herrscher von Byblos, Asdod, Moab, Edom und Ammon in Scharen zu Sanherib eilten und Tribute ablieferten. Anschließend zog Sanherib nach Süden, schlug bei Eltheke das ägyptische Expeditionsheer, das den südpalästinensischen Aufständischen zu Hilfe kommen sollte, und eroberte Askalon und Ekron. Dann wandte er sich gegen Lachis. Die berühmten Reliefs aus Ninive zeigen die Stadt und das Geschehen in einer Art Bildreportage. Die

Angriff der Assyrer

Reliefs lassen das assyrische Heer erkennen, das mit Bogenschützen und Steinschleuderern gegen die Stadtmauer vorrückt. Im Brennpunkt des Geschehens standen das Stadttor und die große assyrische Belagerungsrampe. Sie war, nach den heutigen Resten zu urteilen, an ihrem Fußpunkt etwa 55 bis 60 Meter und an der Mauer noch mindestens 10 Meter breit. Auf ihr wurden die mobilen Rammböcke herangeschoben, was die Verteidiger mit Wurfgeschossen zu verhindern versuchten. Das ganze Umfeld der Rampe war bei den Ausgrabungen mit Pfeilspitzen und Schleudersteinen übersät. Doch aller Widerstand blieb vergeblich. Von den Opfern des Kampfes zeugt ein Massengrab aus dieser Zeit, das die Gebeine von mindestens 1500 Leuten enthält, die von Tierknochen und anderen Abfällen bedeckt sind.

Schicksal Jerusalems Die Hauptstadt Jerusalem war nun isoliert „wie ein Schattendach im Weinberg, wie eine Hütte im Gurkenfeld" (Jes 1,8). Hiskia bot daraufhin noch rechtzeitig die Unterwerfung an. Sanherib gewährte sie unter Auferlegung eines gewaltigen, gegenüber früher erhöhten Tributes und der Beschränkung von Hiskias Herrschaftsbereich auf den Stadtstaat von Jerusalem. Sanherib belohnte die Städte Ekron und Gaza für die ihm gegenüber gezeigte Loyalität, indem er ihre Territorien auf Kosten des judäischen Staatsgebietes vergrößerte. Als Jerusalem nicht erobert und schon gar nicht zerstört worden war, also nicht das Schicksal so vieler Städte jener Zeit teilen musste, sahen dies Zeitgenossen und sich später Äußernde als Wunder an. Den Abzug der Assyrer, wie soft mit Tributen erkauft, führte man auf das Eingreifen Gottes zurück, dessen Hilfe für die Hebräer die Alten in ihren Erzählungen unermüdlich priesen: In Jerusalem befand sich Jahwes Heiligtum, die Stadt stand unter seinem Schutz. Was um 700 noch niemand ahnen konnte, trat ein: Jerusalem vermochte sich noch ein weiteres Jahrhundert zu behaupten.

Manasse Die assyrische Herrschaft stand seit 701, als Hiskia den Vasalleneid geleistet hatte, festgefügt. Für lange Zeit schien jeder Aufstandsversuch zwecklos. Jahr für Jahr führte Juda seinen Tribut nach Ninive ab und der Altar für den Gott der Übermacht, den Gott Assurs, stand im Tempel von Jerusalem. Während der langen Regierungszeit von Hiskias Nachfolger Manasse (697–642) lag die Oberhoheit in Juda und der Hauptstadt bei den Assyrern. Manasse musste neben den Tributzahlungen für die Feldzüge der Assyrer Truppen stellen. Asarhaddon (681–669) nennt ihn unter den 22 Königen, von denen er Baumaterial anforderte, und unter Assurbanipal (669–626) beteiligte sich der judäische König an einem Feldzug gegen Ägypten.

Für den judäischen König blieb es ein Gebot der Selbsterhaltung, dass er jede anti-assyrische Regung am Jerusalemer Hof und somit jeden Widerstand gegen seine Politik sofort unerbittlich unterdrückte. Daher warfen die Königsbücher Manasse vor, Jerusalem sei wie eine „übervolle Schale bis an den Rand mit Blut gefüllt" gewesen (2 Kön 21,16). Der Lohn für Manasses Treue zu Assur blieb nicht aus, er erhielt die im Jahre 701 abgetrennten Landschaften Judas zurück und konnte die Stadtmauer Jerusalems weiter ausbauen. In seine Regierungszeit fiel auch der größte Triumph des assyrischen

Weltreiches: die Einnahme des ägyptischen „hunderttorigen" Theben durch Assurbanipal 664, ein Ereignis, das die damalige Welt aufhorchen ließ. Manasse machte die unter seinem Vater getroffenen kultischen Maßnahmen rückgängig und ließ deren Urheber hinrichten. Der Legende nach soll auch Jesaja den Mut seiner Prophezeiungen mit dem Leben bezahlt haben. Rasch breiteten sich in Juda die alten Götterkulte wieder aus. Wenn der Prophet Micha davon spricht, diese Zeit sei von der „Art Omris und Ahabs" gewesen (Mi 6,16), heißt das, dass sich auch das Kanaanäertum in Juda wieder seinen gleichberechtigten Platz sicherte.

All diese Maßnahmen bestärkten den bestehenden religiösen Synkretismus (s. I.F.6). Hinzu kam, dass dies während der Herrschaft eines Königs geschah, der mit fünfundfünfzig Jahren die längste Regierungszeit aller judäischen Herrscher erlebte. Dies alles schildert der deuteronomistische Geschichtsschreiber mit deutlichem Abscheu: Manasse sei der schlechteste König gewesen, der je auf Davids Thron gesessen habe. In der Regierungszeit dieses Herrschers wurden sicherlich auch einige neue assyrische Elemente in die breite Palette kultischer Möglichkeiten eingeführt, vieles aber war seit Langem vorhanden, offen oder stillschweigend geduldet. Dass es gegen die gesamte Politik Manasses stets Widerstand gab, zeigte sich rasch nach seinem Tod, denn sein Nachfolger Amon fiel bereits nach kurzer Zeit einem Attentat zum Opfer: „Da zettelten die Diener Amons eine Verschwörung gegen ihn an und töteten den König in seinem Palast. Doch die Bevölkerung erschlug alle, die sich gegen den König Amon verschworen hatten, und machte seinen Sohn Josia zum König an seiner Statt." (2 Kön 21,23–24)

Religiöser Synkretismus

3. Das Restaurationsprogramm Josias

Assur erreichte seine größte Machtausdehnung während der Regierungszeit Sanheribs, der sogar einen Teil Ägyptens hatte erobern können. Bereits ein halbes Jahrhundert später erfolgte jedoch der rasche Zusammenbruch der assyrischen Herrschaft. Assurbanipal (669–626) gelang es zwar mehrfach, Aufstände, die vor allem in Babylonien ausbrachen, niederzuhalten, aber 626 löste sich Babylon aus dem Reich und machte sich schließlich unter einer einheimischen Dynastie selbstständig. Der Chaldäer Nabopolassar begründete dieses neue babylonische Königtum. Meder und skytische Bevölkerungsgruppen vervollständigten den Kreis der Gegner, denen Assur letztlich erlag. 612 fiel die assyrische Königsstadt Ninive den Angreifern in die Hände. Als 610 der Restbestand des einstigen Großreiches, die Stadt Harran im westlichen Mesopotamien, unterging, hörte das assyrische Reich auf zu existieren. Die ägyptischen Herrscher hatten in dieser Phase versucht, ein Restassur am Leben zu erhalten, das ihnen als Prellbock gegen die aus dem Osten andrängenden Mächte der Meder und Babylonier dienen sollte. Der Pharao Necho II. (610–595) eilte daher dem letzten assyrischen König zu Hilfe, kam

Ende Assurs

jedoch zu spät. Allerdings griff Ägypten damit für kurze Zeit wieder in das Schicksal des syrisch-palästinensischen Raumes ein (s. I. E.4).

In den Randzonen des einstigen Machtbereiches rief der Untergang Assurs die unvermeidlichen Abfallerscheinungen hervor. Dies traf auch in Juda zu. Der König, der diese Loslösung in den Jahren der Agonie des assyrischen Reiches konsequent verfolgte, war Josia. Als Achtjähriger bestieg er 640 den Thron, nachdem sein Vater Amon nach kurzer Regierungszeit einer Palastrevolte zum Opfer gefallen war. Wann Josia die Abkoppelung von Assur vollzog, ist nicht überliefert, sicherlich werden wir aber als Zeitpunkt das Erreichen seiner Volljährigkeit zugrunde legen können. Damit bietet sich als Datum der Regierungswechsel in Ninive nach dem Tode Assurbanipals 626 an. Als Ninive 612 sogar erobert wurde, bestand in Juda für die breite Bevölkerung kein Zweifel mehr daran, dass die Verwirklichung eines messianischen Reiches unmittelbar bevorstand. Vor diesem Hintergrund wird die Politik des jungen Josia begreiflich.

Aufkündigung der Vasallität

Wie stets in solchen Fällen begann die Aufkündigung des Vasallitätsverhältnisses mit der Vertreibung der assyrischen Beamten, mit der Einstellung der Tributzahlungen und mit der Entfernung des assyrischen Staatskultes aus dem Jerusalemer Heiligtum. Schritt für Schritt erkämpfte Josia die politische Selbstständigkeit für sein Land zurück. Juda war zu unbedeutend und Assur zu geschwächt, daher blieben diese Unternehmungen zunächst folgenlos. Josia sah diese Maßnahmen nur als einen Anfang. Seine Ambitionen gingen weit über das Ziel der angestrebten bloßen Autonomie Judas hinaus. Seine politischen und militärischen Aktionen deuten darauf hin, dass er seinen Staat im Innern neu organisieren wollte und sich David, wie seine Zeit ihn sah, als

Eroberungen Josias

Vorbild genommen hatte. Die außenpolitische Lage begünstigte – zumindest für knapp 15 Jahre – seine Projekte und da Josia seine beschränkten Machtmittel vorsichtig einsetzte, errang er Beachtliches. Sein erstes Ziel richtete sich auf die Eroberung der assyrischen Provinz Samaria (Karte 6). Erster sichtbarer Erfolg wurde die Zerstörung des Heiligtums in Bethel, das in Jerusalem als Symbol des israelitischen Königtums galt. Systematisch dehnte Josia nun sein Reich aus. Außer dem südlichen Teil der assyrischen Provinz Samaria eroberte er im Westen das Gebiet der einstigen Philisterstadt Ekron. Josia erreichte im Zuge seiner militärischen Erfolge das Mittelmeer, wenngleich ihm die größeren Städte wie Askalon verschlossen blieben. Im Osten gliederte er Teile der assyrischen Provinz Gilead seinem Territorium ein. Anschließend erweiterte Josia seinen Aktionsradius: In allen Städten von Samaria, das heißt in der gesamten ehemaligen assyrischen Provinz, soll er die Höhenheiligtümer beseitigt haben. Schließlich stand er an der Grenze der Provinz von Megiddo, auf die er zuletzt übergriff. Der judäische König versuchte, seine Eroberungen durch das Anlegen von Festungen an den weit vorgeschobenen Grenzen Judas zu sichern. In einigen dieser Festungen gefundene Keramik aus griechischer Produktion legt den Schluss nahe, dass Josia wie andere Herrscher seiner Zeit dort nicht nur einheimische Soldaten, sondern auch griechische Söldner aus

Kleinasien stationiert hatte. Es waren machtpolitische Überlegungen, keineswegs kultpolitische, die bei den Aktionen Josias im Vordergrund standen, denn seine Reform hatte nicht primär die Bekämpfung des Synkretismus und die Durchsetzung der ausschließlichen Verehrung Jahwes im Sinne der nachexilischen Bundestheologie (s. I.G) zum Ziel. Allerdings zerfiel der politische Besitzstand, den Josia sich gesichert hatte, rasch buchstäblich in nichts, während die kultischen Aspekte alle Zeitläufe überdauerten.

Josias Konzept ging von der Idee eines einheitlichen Reiches unter einer einheitlichen Führung aus, von einem Reich, das dem Schutz eines Nationalgottes unterstellt war, den es in einem einheitlichen Kult feierte. Dieses Programm brachte Flavius Josephus in seiner Streitschrift „Gegen Apion" um 100 n. Chr. auf die klassische Formel: „Ein Tempel, der allen gemeinsam ist, für den einen Gott, der allen gemeinsam ist." (2,193) Im Alten Testament ist daher den innenpolitischen Maßnahmen, den religiösen Ordnungen Josias weit mehr Aufmerksamkeit gewidmet als seinen militärischen Erfolgen.

Angeblich kam in seinem 18. Regierungsjahr bei Restaurierungsarbeiten im Tempel ein Gesetzbuch zutage. Man suchte in dieser Zeit nach alten Vorbildern und so fand man, was man suchte, indem man Bekanntes neu entdeckte. Dieses Gesetzbuch war kein für diesen Zweck angefertigtes Werk, sondern umfasste alte Traditionen, die unter vereinheitlichenden Gesichtspunkten neu zusammengestellt worden waren. Aktuell dürfte allerdings die am Anfang des Buches auftauchende Forderung nach nur einer Kultstätte gewesen sein. Es ging vor allem darum, die hebräische Gottesverehrung gegen das kanaanäische Kultwesen abzugrenzen, eine Aufgabe, der sich immer schon jahwistische Kreise in Israel gewidmet hatten. Mit diesem Gesetzbuch begann die endgültige Durchsetzung des Jahwe-Glaubens, indem die alten hebräischen Traditionen Israels in Jerusalem und durch Jerusalem sanktioniert wurden und somit ihre Wirkung auch in der Zukunft behielten.

Auffindung des Gesetzbuches

Folgende Reformmaßnahmen scheinen gesichert: Aus dem Jerusalemer Tempel werden alle Geräte für die Kulte des Baal, der Aschera und der „himmlischen Heerscharen" weggeschafft und zerstört. Die Priester der genannten Kulte werden vertrieben, das Aschera-Kultbild entfernt und ebenfalls wie die Torheiligtümer zerstört. Das Topet, die Stätte für Kinderopfer, wird kultisch verunreinigt, gleiches geschieht mit den Höhenheiligtümern. Zerstört werden die Pferdedarstellungen, der Sonnenwagen und die Dach-Altäre des Jerusalemer Tempels, die Masseben und der Altar von Bethel, dessen Aschera darüber hinaus verbrannt wird. Gerade die zuletzt genannte Maßnahme war nicht mehr kultische Reform allein, sondern diente der Stabilisierung des Reiches, die durch eine totale Ausrichtung auf Jerusalem erreicht werden sollte. Die Maßnahmen sind als Ausdruck des neuen nationalen Selbstbewusstseins zu verstehen, das sich nicht nur und primär gegen Assur, sondern gegen die Bewohner des ehemaligen Israel richtete.

Die Beseitigung der zahlreichen Heiligtümer bedeutete einen tiefen Eingriff in das religiöse Leben der Bevölkerung. Deren gesamtes kultisches Handeln

Beseitigung zahlreicher Heiligtümer

konzentrierte sich auf den Tempel in Jerusalem, sodass von nun an die Monarchie in der Tat nur noch über ein kultisches Zentrum verfügte. Das Verschwinden der lokalen Heiligtümer verringerte allerdings die Möglichkeit der Teilhabe an kultischen Feiern und verdrängte somit das religiöse Element zunehmend aus dem alltäglichen Leben. Weite Teile des Volkes waren zu diesem Opfer nicht bereit. Zu Reaktionen auf diese Religionspolitik kam es bald unter Jojakim (609–598), als die Euphorie der josianischen Zeit einen deutlichen Dämpfer erhielt. Dennoch hatten die kultischen Maßnahmen Bestand. Die Regierungszeit Josias hat genügt, um das Heiligtum in Jerusalem als das einzig legitime herauszustellen und die Bedeutung der Hauptstadt über alle Maßen zu erhöhen. Der Tempel in Jerusalem stieg zum Zentrum der religiösen Verehrung auf und er blieb es für die Juden über alle politischen Miseren hinweg bis heute.

Das Alte Testament stellt die Maßnahmen Josias als einmaligen Akt dar, der nach dem Auffinden des Gesetzbuches und unter dessen Auswertung in die Wege geleitet wurde, doch dürfte dies die Komposition der späteren Erzähler sein. Wenn die inneren Reformen sich parallel zur allmählichen außenpolitischen Festigung des Reiches vollzogen haben, so bedarf es nicht des szenischen Höhepunktes, zu dem die Bibel die Entwicklung verdichtet. Schließlich haben die Könige nach Josia auch dessen Reformprogramm weitgehend außer Acht gelassen.

Restaurativer Zeitgeist Josias Programm mit seinem stark restaurativen Charakter entsprach dem Zeitgeist, der in vielen Ländern des Alten Orients zu beobachten ist; möglicherweise hatte es darin seine Wurzeln. In Ägypten erfuhr die Formensprache des Alten Reiches, die Kultur der Pyramidenzeit, vor allem im Bereich der bildenden Kunst eine Renaissance. Aus der Zeit des Pharao Schabaka (716–701) gibt es einen Stein mit einem theologischen Text, der angeblich nach einer uralten Vorlage, „die von Würmern zerfressen war", angefertigt worden sein soll. Der Text ist zwar alt, aber keinesfalls uralt. Mit seiner Herleitung aus grauer Vorzeit wollte man seine Autorität steigern, wie es ähnlich in Jerusalem geschah, als man das „Buch" als mosaisch ausgab. Der assyrische Herrscher Assurbanipal trug in seiner berühmten Bibliothek Abschriften von alten Dokumenten zusammen, während sein Bruder Inschriften in der längst toten Sprache der Sumerer abfassen ließ. Mit dieser Rückbesinnung ging allerorten eine starke Religiosität einher. Der babylonische König Nebukadnezar wurde der große Restaurator von Tempeln, in denen er kultische Regeln peinlich genau beachten ließ. Auch in Juda verband sich so die Hoffnung auf Besserung mit der Erinnerung an Mose, an alte Frömmigkeit, an alte Rigorosität. In die allgemeine geistige Strömung dieser Zeit ist somit der Versuch des Josia einzuordnen, die alte Volks- und Rechtsordnung der Hebräer neu darzustellen.

Judas kurze Phase des Aufschwungs wurde abrupt beendet und zum wiederholten Male erwies sich das Land in einen größeren politischen Gesamtzusammenhang eingebunden. Denn als der Pharao Necho II. 609 durch das philistäische Küstengebiet nach Norden zog, weil er das Restreich von Assur stützen wollte, und in die Jesreel-Ebene einschwenkte, um den kürzesten Weg über den Jordangraben nach Osten zu nehmen, entschloss sich Josia, ihm bei Megiddo den Weg zu versperren. „Da trat ihm (dem Pharao) der König Josia entgegen; jener aber tötete ihn zu Megiddo, sobald er ihn sah." (2 Kön 23,29) Josias Tod beendete unwiderruflich diese kurze Friedenszeit, der Untergang Judas stand bevor.

4. Untergang

Josias Reich brach mit seinem Tod zusammen, während Ägypten unter Necho II. Assyrien für kurze Zeit in der Kontrolle über Syrien und Palästina ablöste. In den drei Monaten, in denen Necho noch in die Kämpfe um Harran im nördlichen Zweistromland verwickelt war, regierte in Jerusalem Joahas, der jüngere Sohn Josias. Möglicherweise war Eljakim, der ältere, wegen seiner proägyptischen Einstellung in der Thronfolge übergangen worden. Dann kehrte Necho zurück und hielt in Palästina, in seinem Hauptquartier in Ribla, Hof. Joahas musste dort erscheinen, wurde abgesetzt und nach Ägypten deportiert, wo er später starb. Necho inthronisierte einen eigenen König über Juda, das wieder auf sein altes Territorium reduziert worden war: Eljakim, den der Pharao in Jojakim umbenannte, um dessen Abhängigkeit zu demonstrieren. Jojakim musste eine hohe Geldbuße entrichten und dazu „das Land besteuern, um das vom Pharao verlangte Geld zahlen zu können" (2 Kön 23,35). In Jerusalem begann eine Diskussion über die von Josia eingeleiteten Maßnahmen. Für die einen hatte sich ihre Wertlosigkeit durch den Tod des Königs herausgestellt: Er sei gleichzusetzen mit einem Scheitern seiner Politik. Die Gegenseite argumentierte unverdrossen, Jerusalem und der Tempel seien unversehrt und Jahwe habe sich nicht von Juda abgewandt.

Während in Juda die Diskussion über die richtige Innen- und Religionspolitik fortgesetzt wurde, brach Nechos Herrschaft über Syrien-Palästina zusammen. Bereits 605 schlug der Babylonier Nebukadnezar (604–562), damals noch Kronprinz, den Pharao bei Karkemisch, drängte die ägyptische Herrschaft wieder aus Asien hinaus und leitete damit die Phase babylonischer Kontrolle über Palästina ein. Diese Ablösung vollzog sich so rasch und so vollkommen, dass die üblichen Aufruhrversuche ausblieben. Für Jojakim wechselte lediglich der Empfänger seiner Tributzahlungen. Diese hohen Abgaben verzögerten den prunkvollen Ausbau des Jerusalemer Königspalastes, an dem Jojakim viel lag. Der Prophet Jeremia geißelte dieses Vorhaben: „Wehe dem, der spricht: ‚Ich will mir einen stattlichen Palast und luftige Hallen bauen!', der hohe Fenster einsetzen lässt, es mit Zedern täfelt und rot bemalt." (Jer 22,14) Jojakim, der rücksichtslos auf die Behauptung seiner Herrschaft und die Sicherung seiner luxuriösen Lebensführung bedacht war, stellte 600 die Tributzahlungen ein. Ein Jahr zuvor hatte Necho nämlich

Vorherrschaft Ägyptens

Vorherrschaft Babylons

den Babylonierkönig in Ägypten geschlagen und bis nach Palästina verfolgt. Die Eroberung Gazas durch den Pharao 600 ließ Jojakim annehmen, die babylonische Kontrolle über Palästina sei damit beendet.

Der König starb, ehe er die Konsequenzen seiner Politik erlebte. Jojakim hatte sein Reich auf den zu erwartenden Angriff der Babylonier vorzubereiten versucht und wieder einmal die judäischen Festungen wie Arad instand gesetzt. Das dramatische Geschehen, das sich gerade um diese Festung während ihrer letzten Monate 598/597 abspielte, spiegelt sich in dort gefundenen Briefen wider. Gegner der Judäer hier im Süden waren die Edomiter, die Elath längst wieder in ihre Gewalt gebracht hatten und nun Ramath im Negeb angriffen. In einem Brief wird der Kommandant von Arad aufgefordert, in den umliegenden Orten Leute auszuheben oder von den dortigen Garnisonen abzuziehen, um die Besatzung von Ramath zu verstärken, „daß Edom ja nicht dorthin gelangt" (TUAT 1,3,251).

Deportation der „oberen Zehntausend"

Ramath konnte jedoch gegen die Edomiter ebensowenig gehalten werden wie Jerusalem gegen die Babylonier. Der 18-jährige Sohn Jojakims, Jojachin, gab nach dreimonatiger Belagerung der Hauptstadt den nutzlosen Widerstand gegen babylonische Truppen auf und verhinderte so das Schlimmste. Jerusalem wurde zwar im März 597 erobert, entging aber noch einmal der Zerstörung. Den König, seine Familie, den Hofstaat und die obersten Beamten deportierten die Babylonier, eine damals durchaus übliche Maßnahme. Das gleiche Schicksal traf die waffenfähige Oberschicht und die Handwerker, insgesamt die sprichwörtlich gewordenen „oberen Zehntausend" (2 Kön 24,14). Tempel- und Palastschätze transportierten die Sieger als Beute ab. Juda blieb nach der Abtrennung des Negeb als verkleinerter Staat unter einem eigenen König bestehen. Mathanja, ein Onkel Jojachins, wurde als König Zedekia (597–587) von Nebukadnezar inthronisiert.

Jojachin selbst lebte fortan als abgesetzter König noch lange in Babylon, wo er mit den Angehörigen seiner Familie in ehrenvoller Haft gehalten wurde. Er erhielt eine Rente vom babylonischen Staat. Vielen Hebräern galt er weiterhin als der legitime König von Juda, denn die Deportierten datierten „nach der Verbannung des Königs Jojachin" (Ez 1,2) und nahmen den von Nebukadnezar eingesetzten Zedekia bereits nicht mehr ernst. 562 erhielt Jojachin im Zuge eines Amnestieerlasses die Erlaubnis, fortan an der königlichen Tafel sitzen zu dürfen, was allerdings das Los seiner Gefangenschaft nur in etwas milderem Licht erscheinen ließ.

Trotz der Erfahrungen mit der eigenen schicksalhaften Vergangenheit der letzten eineinhalb Jahrhunderte, trotz des Wissens um das Scheitern zahlreicher anderer Staaten, trotz der Eroberung Jerusalems und der Deportationen von 597 meldeten sich wenige Jahre später in Juda erneut Gruppierungen zu Wort, welche die baldige Restitution der alten Zustände ankündigten: „Der Prophet Hananja von Gibeon, der Sohn Azzurs, sprach im Hause Jahwes in Gegenwart der Priester und des ganzen Volkes zu Jeremia: So spricht Jahwe der Heerscharen, der Gott Israels: ‚Ich zerbreche das Joch des

Königs von Babel! Noch zwei Jahre, und ich bringe an diesen Ort alle Geräte des Hauses Jahwes zurück, die Nebukadnezar, der König von Babel, von diesem Ort weggenommen und nach Babel gebracht hat. Auch Jojachin, den Sohn Jojakims, den König von Juda und alle aus Juda Verschleppten, die nach Babel gekommen sind, werde ich an diesen Ort zurückbringen', spricht Jahwe, ,denn ich werde das Joch des Königs von Babel zerbrechen'." (Jer 28,1–4)

Demgegenüber mahnten Männer wie Jeremia: „Beugt eure Nacken unter das Joch des Königs von Babel und werdet ihm und seinem Volke untertan, so bleibt ihr am Leben!" (Jer 27,12) In diesen Kämpfen zwischen Jahwe-Prophet und Jahwe-Prophet ging es um Leben und Tod. Beide Seiten beriefen sich auf eine unmittelbare Eingebung durch Gott, die sie dem Gegner jeweils absprachen. Nicht alle Propheten verfügten über politischen Weitblick, manchen ging es offenbar gar nicht so sehr um politische Entscheidungen als vielmehr um publikumswirksame Agitation. Und es gab genügend Judäer, die den Predigten zum Aufruhr Gehör schenkten und schließlich den Aufforderungen folgten. Möglicherweise beeinflussten einige außenpolitische Ereignisse die Entscheidung in Jerusalem. Der Westen des babylonischen Herrschaftsgebietes blieb lange Zeit unruhig; zwischen 605 und 594 mussten elf Expeditionen dorthin geschickt werden. 595 gab es in Babylon Meutereien, die nur durch ein Massaker beendet werden konnten, im selben Jahr kam in Ägypten Psammetich II. auf den Thron. Zwar scheint Zedekia Zweifel am Erfolg eines Aufstandes gehegt zu haben, sodass er sich – angeblich heimlich – mit Jeremia traf, der sich für eine Fortsetzung des Gehorsams gegenüber Babylon aussprach. Doch schließlich ließ sich der König von der aufrührerischen Stimmung der städtischen Bevölkerung, seiner Beamten und einiger Heilspropheten tragen und befahl den Aufstand. Aufstand gegen Babylon

Als die Truppen Nebukadnezars anrückten, eroberten sie im Laufe des Jahres 588 nahezu das gesamte offene Land Judas. Die verzweifelte Lage einzelner Festungen schildern Schreiben des Kommandanten von Lachis, an den verschiedene Berichte wie der über Aseka gerichtet waren. Die Festung Aseka gehörte schon während des Sanherib-Einfalls 701 zu den wichtigsten Judas und war damals nur nach langer Belagerung zerstört worden. Josia hatte sie erneut befestigt und wiederum hielt sie dem Angriff der Babylonier mit Lachis und Jerusalem am längsten stand. Man versteht die Verzweiflung des Kommandanten von Lachis, der bis zuletzt versuchte, aus Ägypten Hilfe herbeizuschaffen. Der Wille solcher Orte, Widerstand zu leisten, war bis zuletzt ungebrochen. Empörung wurde daher über Leute in Jerusalem laut, die durch ihre Reden „die Hände des Landes und der Stadt schlaff machen" (TGI 78).

In der Tat versuchte der Prophet Jeremia, wo immer möglich, die Widerstandskraft der Armee zu schwächen: „So spricht Jahwe: Siehe, ich stelle euch den Weg des Lebens und den Weg des Todes zur Wahl. Wer in dieser Stadt bleibt, der stirbt durch Schwert, Hunger oder Pest. Wer aber zu den Chal- Eroberung Jerusalems däern (Babyloniern) überläuft, die euch belagern, der wird überleben und trägt sein Leben als Beute davon." (Jer 21,8) Es war nicht die Achtung vor einem Mann Gottes, die Jeremia solche Äußerungen überleben ließ, sondern ihre offensichtliche Wirkungslosigkeit. Doch die Verteidigungsanstrengungen gegen die Babylonier, die Zedekia durch die Freilassung von Sklaven und ihren Einsatz als Soldaten verstärken wollte, brachen zusammen. Auch eine ägyptische Hilfstruppe brachte keine Entlastung, sie wurde geschlagen. Nach Aseka fielen bald auch Lachis und schließlich Jerusalem. Die Hauptstadt hielt den Angriffen 18 Monate stand, dann gelang es den Belagerern 587, eine Bresche in die Stadtmauer zu schlagen und in die Stadt einzudringen. Als Zedekia fliehen wollte, wurde er vor Nebukadnezar gebracht. Dieser ließ die Söhne Zedekias „vor seinen Augen abschlachten; den Zedekia aber ließ er blenden, in Ketten legen und nach Babel abführen." (2 Kön 25,7) Zedekia wurde nicht so zuvorkommend behandelt wie Jojachin zehn Jahre zuvor, ihm gestand man keine Staatspension zu. Erneut deportierten die Babylonier Teile der Bevölkerung, die Oberschicht der Landgebiete und die Bewohner der Hauptstadt. Nur die Kleinbauernschicht ließen die Sieger zurück, damit das Land nicht verödete. Das eroberte Jerusalem plünderten die babylonischen Soldaten einen Monat lang, rissen die Stadtmauer ein und steckten die Häuser in Brand.

Damals ging auch der Tempel in Flammen auf und Jeremia klagte: „Ach, wie sind wir verwüstet! Wie sind wir in Schande geraten! Wir müssen die Heimat verlassen, unsere Wohnungen sind zerstört! ... Der Tod ist uns durchs Fenster gestiegen, ist eingedrungen in unsere Paläste. Er rafft das spielende Kind von der Straße weg, den jungen Mann vom Markt. Und es liegen die Leichen der Menschen wie Mist auf dem Feld, wie Garben hinter dem Schnitter, die niemand sammelt." (Jer 9,18–21) 582 war das Zerstörungswerk abgeschlossen, nochmals verschleppten die Babylonier 745 Männer aus Juda. Nebukadnezar gliederte nun auch Restjuda in sein Provinzialsystem ein und beseitigte die davidische Dynastie. Damit hatte auch die Monarchie Judas aufgehört zu existieren.

F. STRUKTUR DER HEBRÄISCHEN MONARCHIEN

1. König – Hof – Beamte

Da die Hebräer mehrere Jahrhunderte lang eine monarchische Herrschaftsform besaßen, ist uns deren Organisation aus den Büchern des Alten Testaments verhältnismäßig gut bekannt. Dies verdanken wir nicht zuletzt der Tatsache, dass die Institution des Königtums auf viele religiöse Anschauungen, die das Alte Testament erwähnt, einen unleugbaren Einfluss ausübte.

Königtum

In beiden Reichen strebten die Herrscher das dynastische Prinzip an, was in Juda durchgehend Erfolg hatte. In Israel hatte schon König Jerobeam I. versucht, eine dynastische Nachfolgeregelung durchzusetzen, doch sein Sohn Nadab hielt sich nur wenige Monate auf dem Thron, bevor er ermordet wurde. Baesas Sohn Ela erging es ebenso. Erst die Omriden (886–841) und die Dynastie Jehus (841–752) hatten mit ihren Bemühungen Erfolg. Die Stammesrivalitäten verhinderten in Israel die Herrschaft einer Familie über einen längeren Zeitraum. Das dynastische Prinzip schloss den Vorrang der Erstgeburt weitgehend, wenngleich nicht notwendig ein. Bereits David wich davon ab, als er sich für seinen jüngsten Sohn, für Salomo, entschied. Kompliziert gestaltete sich die Bestellung des Nachfolgers auch deshalb, weil die Könige mehrere Frauen hatten. Rehabeam, König von Juda, bevorzugte seine Frau Maacha, die nicht seine erste, sondern die jüngste Frau war, und gab ihrem Erstgeborenen Abia den Vorrang vor dessen älteren Brüdern.

Wegen des vehementen Widerstands gegen seine Herrschaft in weiten Kreisen der Bevölkerung beider Königreiche besann David sich auf Vorstellungen von der göttlichen Erwählung des Herrschers, wie sie im übrigen Alten Orient längst vertraut waren. Die Religion durchdrang in allen antiken Gesellschaften das gesamte Dasein des Menschen, prägte und formte es. Sie wirkte auch auf die Existenz des Staates und auf jede staatliche Ordnung ein. Solche Ideen machte David sich für seine Person und sein Königtum zu eigen, erklärte sich zum Herrscher von Gottes Gnaden und schuf ferner die Theorie eines ewigen Bundes dieses Gottes mit der davidischen Dynastie. Der König erhielt als Gesalbter Gottes seine Weihe und nahm damit an dessen Heiligkeit teil.

Göttliche Erwählung

Bereits die kanaanäischen Könige kannten den Ritus der Salbung des Herrschers, der sie aus der Menge der Menschen heraushob und in die Nähe der göttlichen Sphäre versetzte. Auf diese Weise versuchten auch die hebräischen Monarchen, unantastbar zu werden. Weder die Priester noch die Beamten erfuhren eine vergleichbare Behandlung: Der König allein war der Gesalbte. „Gesalbter" und „Messias" sind Synonyme, Übersetzung beziehungsweise Umschreibung desselben hebräischen Begriffs. Der König verkörperte den Messias, den Retter. Als die Monarchien untergingen, erwarteten und verhießen die Propheten einen neuen Retter, einen Messias-König.

Gottessohnschaft Die Vorstellung von der Loslösung des Königs aus der Masse der „gewöhnlichen" Sterblichen teilten die hebräischen Monarchien mit dem gesamten Alten Orient. Eine Steigerung stellte die Idee der Gottessohnschaft des Königs dar. Zum Extrem entwickelte sich diese Überzeugung in Ägypten, wo jeder Pharao als Sohn des Ra, des Sonnengottes, betrachtet wurde. Unbestreitbar ist, dass auch die hebräischen Könige nahe an die göttliche Sphäre heranrückten, wenn ihnen etwa Allwissenheit wie die von Gott bescheinigt wurde. Die Psalmen nennen den König gelegentlich Elohim. Es ist zweifellos richtig, dass dieser Begriff nicht immer nur Gott, sondern mitunter auch Engel bezeichnete, aber mancher moderne Deutungsversuch wirft doch die Frage auf, ob der antike Mensch terminologisch stets so haarfein differenzierte. Mag man die bekannte Formulierung des zweiten Psalms – „Mein Sohn bist du. Heute habe ich dich gezeugt." (Ps 2,7) – als eine Adoptionsformel ansehen, mit welcher der Gott den König als seinen Sohn annahm, so bleibt doch offen, ob alle Herrscher und vor allem die Untertanen es in dieser Weise empfanden. Denn selbst ein nur angenommener Sohn Gottes blieb Gottes Sohn, sein Erstgeborener. Mit dieser Annäherung des Königs an die göttliche Sphäre ging allgemein die Vorstellung einher, dass der Herrscher als Inbegriff des Bemühens um das Wohl seiner Untertanen stehe. Der König verschaffte seinem Volk Heil, von ihm hing die Fruchtbarkeit des Landes ab: „Er (der König) wird Recht schaffen den Elenden im Volk,
den Armen Hilfe bringen und den Unterdrücker zermalmen.
Er möge leben, solange die Sonne scheint und der Mond, von Geschlecht zu Geschlecht.
Er gleicht dem Regen, der herabströmt auf die Felder, den Schauern, die die Erde netzen.
In seinen Tagen blüht Gerechtigkeit und großer Friede, bis der Mond nicht mehr scheint." (Ps 72,4–7)

Hof Im zweiten Buch der Könige findet sich eine knappe Beschreibung vom Aufbau des Hofes. Zu ihm gehörten demnach „[der König] und seine Mutter und seine Diener und seine obersten Beamten und seine Vorsteher" (2 Kön 24,12). David bezog nach der Eroberung von Jerusalem dort ein größeres Wohnhaus, in dem er, vor allem aber Salomo in dem neu errichteten Palast, ein Hofleben installierte. Von dem Luxus, den einzelne Herrscher im Rahmen ihrer Möglichkeiten entfalteten, zeugte nicht zuletzt der Harem, den jeder König, wie auch die führenden Männer seiner Zeit, besaß, um seinen Reichtum zu dokumentieren. Als die Polygynie (s. I.B.5) in der hebräischen Gesellschaft im Laufe der Zeit, durch wirtschaftliche Zwänge bedingt, einer immer kleiner werdenden Zahl von Hebräern vorbehalten blieb, entwickelte sich der Harem zum Zeichen von Reichtum und Macht der Könige; je umfangreicher er war, desto bedeutender erschien der Besitzer dieses kostspieligen Luxus. Die Herrscher konnten sich den Harem leisten, er unterstrich offenbar wesentlich ihre soziale Stellung. Als König von Juda besaß David bereits sechs Frauen; als er die Herrschaft über Israel antrat, vergrößerte er deren Zahl. Von dieser Zeit an lassen sich für viele Herrscher beider Monarchien mehrere Frauen nachweisen. Als Jojachin 597 von Nebukadnezar nach Babylon verschleppt wurde, teilten seine Frauen dieses Schicksal.

Wahrscheinlich gab es unter den Haremsdamen eine jeweilige Favoritin des Herrschers, der häufig gerade im hohen Alter eine der jüngeren Frauen bevorzugte. Der Einfluss solcher Lieblingsfrauen auf den Monarchen konnte gelegentlich beträchtlich sein, wenngleich Isebel (s. I.D.2) wohl die Ausnahme bildete. Doch eine solche Sympathiezuweisung blieb nicht immer stabil, sie konnte mitunter rasch schwinden. Vor dem Hintergrund solcher wechselnder Konstellationen im Harem erklärt sich die dominierende Rolle der Königinmutter beziehungsweise Großmutter am judäischen Königshof, die bestimmte Würden genoss, welche ihr zusätzlich zu ihrer Funktion als Regentenmutter einen festen Platz innerhalb des Staatsgefüges sicherten. Ihre Autorität war groß, sie ermöglichte es Athalja, für sieben Jahre Juda zu regieren. „Königinmutter" war ein Titel, den der Herrscher aberkennen konnte, wie es Asa bei seiner Mutter Maacha tat, als sie ihren Einfluss missbraucht hatte. Auf ihre offizielle Stellung im Königreich ist es zurückzuführen, dass die Königsbücher in der Regel bei jedem Regierungsantritt in Juda den Namen der Königinmutter aufführen. Voraussetzung für ihren entscheidenden Einfluss auf die Staatsgeschäfte war eine dynastische Stabilität, die es in Israel nicht gab; dort fehlte daher eine analoge Funktion.

[Marginalie: Königinmutter]

Wie meist in der Antike wählte man zur Aufsicht über den Harem und über die Kinder des Königs auch in den hebräischen Monarchien Eunuchen. Sie wurden ferner der Königin als Diener zugeteilt. Eunuchen waren es, welche die Königin Isebel aus dem Fenster ihres Palastes warfen. Diese Bediensteten, denen der König aufgrund des engen und meist seit Kindertagen bestehenden Kontaktes vertraute, setzte er immer wieder für besondere Aufgaben ein. So kümmerten sie sich um königliche Domänen, dienten als Boten zwischen dem Herrscher und seinen Beamten und begleiteten Personen an den Hof, stellten also eine Art Exekutivorgan des Königs dar. Allerdings wurde die Bezeichnung, die zunächst nur die Amtsfunktion der Eunuchen ausdrückte, allmählich auch auf die Würdenträger des Reiches übertragen, ohne dass jeweils im Einzelnen in den Texten auszumachen ist, ob es sich wirklich um Eunuchen gehandelt hat.

[Marginalie: Eunuchen]

Schon David hatte, um das neu geschaffene Reich zu verwalten, um es zu verteidigen und um die Finanzierung der Hofhaltung zu garantieren, einen Stab von Beamten eingerichtet, den Salomo weiter ausbaute. Das Bedürfnis nach Arbeitsteilung ließ bald Ressorts der militärischen und zivilen Verwaltung sowie des Kultes entstehen. Vorbilder für diese Organisation kamen aus den kanaanäischen Städten und den Nachbarstaaten, vor allem Ägypten, dessen Einfluss aus der Zeit seiner Vorherrschaft in Palästina noch lange nachwirkte. Die Beamten Davids und Salomos erhielten nicht nur ägyptische Amtsbezeichnungen, sondern einige Amtsträger waren selbst Ägypter. Weit-

[Marginalie: Beamte]

aus umfangreicher dürfte allerdings der Anteil kanaanäischer Funktionäre in der Verwaltung gewesen sein. Hinzu kam, dass die Residenz Jerusalem, die David zwar eingenommen, aber weder zerstört noch entvölkert hatte, eine durchweg kanaanäisch geprägte Stadt gewesen war und sich daran auch nach dem Zuzug des Hofes aus Hebron nichts änderte. Manche Beamtentitel der späteren hebräischen Monarchien tauchten in Jerusalem bereits Jahrhunderte vor der davidischen Eroberung auf, sodass wir mit einem starken kanaanäischen Einfluss auf das Beamtentum Davids und Salomos und damit auch späterer Könige rechnen müssen. Durch diesen immer größer werdenden Kreis von Beamten und Höflingen wandelte sich die königliche Familie schnell zu einem Hof. Gleichgültig, worin im Einzelnen ihre Aufgabe bestand, von den Ministern bis hinab zu den Aufsehern der Palastgarde, hießen diese Beamte „Diener des Königs". Die konkreten Aufgaben der Minister und Beamten lassen sich wie auch bei anderen orientalischen Höfen zuweilen nur schwer fassen. Das Alte Testament entwirft ein unvollständiges Bild dieser Zentralverwaltung. Unsere Kenntnis beschränkt sich somit häufig auf Einzelnotizen.

Hohe Reichsämter   Da die Aufgaben Davids als König zunächst vorwiegend militärischer Art gewesen waren, hatte er rasch die Ämter des Obersten des Volksaufgebotes und des Chefs der Leibwache geschaffen, die auch nach ihm Bestand hatten. Der Herold fungierte als das Sprachrohr des Königs, der Staatsschreiber oder Sekretär leitete den diplomatischen Notenwechsel mit den Nachbarstaaten. Nach dem Aufstand des Absalom und infolge der immer größeren finanziellen Belastungen richtete David den Posten des obersten Steuereinnehmers ein. Diesem oblag es ferner, die Dienstleistungen zu organisieren, welche die Bevölkerung erbringen musste. Außerdem umgab sich David mit einem Kreis von Freunden und Ratgebern. Diesen hohen Reichsämtern fügte Salomo ein weiteres wichtiges, bald das wichtigste Ressort hinzu, dasjenige des Ministers für Angelegenheiten im königlichen Haus, das heißt des Palastvorstehers. Schließlich gehörten zu den königlichen Amtsträgern auch die Vorsteher des Kultes. Die Ämter waren mit unterschiedlichem sozialem Prestige verbunden, so rangierte beispielsweise das Amt des Palastvorstehers über demjenigen des Sekretärs. Eine Hierarchie in Bezug auf Kompetenzen und Weisungsbefugnisse existierte dagegen nicht. Die Amtsträger unterstanden jeweils direkt dem König, waren mithin untereinander gleichberechtigt.

Palastvorsteher   Das Amt des Palastvorstehers – genauer: der Vorsteher des Hauses des Königs als einer familiären Gemeinschaft – ist aus der Stellung des Verwalters des Palastes und der königlichen Ländereien hervorgegangen. Während in mehreren altorientalischen Reichen die Autorität des Palastvorstehers sich auf die Verwaltung des Hofes selbst beschränkte, reichten seine Befugnisse in Juda und Israel weiter. Ein Vergleich seiner Stellung mit derjenigen des ägyptischen Wesirs bietet sich an. Jeden Morgen begab sich der Wesir zum Pharao und empfing seine Instruktionen. Er ließ die Türen des Palastes öffnen, also die verschiedenen Büros, sodass die Tagesgeschäfte aufgenommen werden konnten. Bei der Bestellung des Palastvorstehers Eljakim in Juda lässt der Prophet Jesaja den König sagen: „Ich lege ihm den Schlüssel des Hauses Davids auf seine Schultern; und wenn er öffnet, wird niemand schließen, und wenn er schließt, wird niemand öffnen." (Jes 22,22) Der Palastvorsteher war der höchste Amtsträger des Staates, der in zunehmendem Maße Kompetenzen an sich zog. Durch seine Hände liefen die wichtigsten Angelegenheiten der Monarchie, alle wesentlichen Dokumente mussten ihm vorgelegt werden, denn er bewahrte das königliche Siegel. Ihm unterstanden die Beamten und er vertrat den König in dessen Abwesenheit. Jotham führte den Titel „Palastvorsteher", als er für seinen kranken Vater, den König Asarja, das Südreich regierte. Den letzten Palastvorsteher Judas, Gedalja, aus einer Familie mit langer Beamtentradition stammend, setzte König Nebukadnezar zum Statthalter über die babylonische Provinz Juda ein.

Der königliche Schreiber oder Sekretär war ebenfalls seit David ein unentbehrliches Organ innerhalb der Regierung, denn dieser Minister fungierte als Privatsekretär des Königs und des Staates zugleich. Er erledigte die in- und ausländische Korrespondenz und verzeichnete unter anderem den Ertrag der eingenommenen Tempelgelder. Dieses hebräische Amt des Sekretärs war ein verkleinertes Abbild des entsprechenden Amtes am ägyptischen Hof. Neben dem königlichen Sekretär taten eine Vielzahl von Schreibern am Hofe Dienst, zu deren Aufgaben es gehörte, eine Chronik der Regierungszeit des jeweiligen Herrschers anzulegen. Diese Anfänge der Geschichtsschreibung fallen wohl in die Zeit Davids. In Analogie zu den Verhältnissen in Kanaan ist damit zu rechnen, dass sowohl das Kanzleiwesen als auch die Aufzeichnung der Tradition und das Abfassen von Schriften historiographischen Inhalts zum Arbeitsbereich des Sekretärs gehörten. Schreiber

Das Amt des königlichen Herolds ist gleichfalls für die gesamte Zeit der Monarchien bezeugt. Der Herold war, folgt man der Bedeutung des hebräischen Wortes, derjenige, der ruft, nennt, erinnert, berichtet. Er regelte die Zeremonien im Palast und geleitete zur Audienz. Dadurch trat er in ständigen Kontakt zum König und zu den wichtigsten Gesandten und Beamten, die an den Hof kamen. Er erhielt auf diese Weise Einblick in innen- und außenpolitische Probleme, war in der Lage, dem König Bericht zu erstatten und gegebenenfalls mit seinen Informationen die Meinung des Herrschers zu lenken. Die Nähe zum König machte die Bedeutung dieses Amtes aus. Die Gesandtschaft, die 701 den Botschafter Sanheribs in Jerusalem empfing, bestand aus dem Palastvorsteher, dem Sekretär und dem Herold. Herold

Zu diesem Kreis von Ministern traten die Ratgeber des Königs. Ratgeber war zunächst jeder, der am Hof mit dem Herrscher in Berührung kam und mit ihm sprechen konnte. Neben solchen temporären Beratern gab es im Palast Personen, deren ständige Funktion darin bestand, den König bei seinen Entscheidungen zu unterstützen, die sogenannten „Freunde des Königs". Freund des Königs zu sein, war nicht nur ein Ehrentitel, sondern charakterisierte ein Amt, dessen Inhaber den König beriet und sich um die Sicherung Ratgeber seiner Herrschaft bemühte. Bei der Eroberung Jerusalems 587 nahmen die Babylonier sieben Männer gefangen, „die das Gesicht des Königs sehen" (Jer 52,25), also Personen, die freien Zugang zum Herrscher hatten.

Über die innere örtliche Verwaltung der hebräischen Monarchien sind wir kaum informiert. Wir erfahren gelegentlich, dass die Hauptstädte Jerusalem und Samaria je ein eigenes „Stadtoberhaupt" besaßen, die als wichtige, vom König ernannte Persönlichkeiten für Ruhe und Ordnung in den Residenzen sorgen sollten. So beauftragte der israelitische König Ahab das damalige Stadtoberhaupt Samarias, einen Propheten gefangen zu setzen. In den übrigen Städten und Dörfern Judas und Israels lag die Verwaltung der örtlichen Angelegenheiten nach wie vor bei dem Gremium der Ältesten.

David hatte auf seinem eigenen Territorium in Jerusalem unabhängig von den hebräischen Stämmen eine Regierung etabliert, die als Zentrale der Macht rasch ihre eigenen Regeln entwickelte. Der inneren Struktur der Stämme entsprachen die neuen Staatsämter in der Umgebung des Königs nicht mehr. In der vorstaatlichen Zeit waren die Aufgaben im Dienste der Gemeinschaft stets nur von kurzer Dauer gewesen. Hatte ein Funktionsträger eine solche Aufgabe – beispielsweise die Leitung eines kriegerischen Unternehmens – beendet, büßte er sein Amt ein.

Neues Amtsverständnis

In staatlicher Zeit erforderte die neue Vielfalt der administrativen, militärischen und kultischen Anforderungen eine weitaus größere Zahl von Funktionsträgern. Nun fielen diese Aufgaben nicht mehr nur sporadisch, sondern ständig an, was eine lange Amtszeit für die königlichen Beamten nahelegte. Mit der Dauerhaftigkeit des Amtes und der Amtsführung wuchs die Autorität des staatlichen Beamten über alles vergleichbare Maß früherer Zeiten hinaus. Zudem stellte der neue Regierungsapparat in Form von Abgaben und Steuern Ansprüche an die Bevölkerung, welche die vorstaatliche Zeit nicht kannte. Dies alles begründete ein neues Amtsverständnis.

Unter Davids Nachfolger Salomo wurden bereits zwei grundsätzliche Züge der Beziehungen zwischen dem König und seinen Beamten deutlich. Der Herrscher versuchte, deren Loyalität dadurch zu stärken, dass er sie persönlich an das Königshaus band, indem er sie mit seinen Töchtern verheiratete, deren Zahl im Harem stets beträchtlich war. Zwei der Bezirksstatthalter Israels waren Schwiegersöhne Salomos. Ferner gab es offensichtlich schon früh Ansätze zur Bindung hoher Ämter an bestimmte Familien. Die Söhne von treuen Ministern hatten gute Chancen, vergleichbare Posten am Hof einzunehmen. So wurden ebenfalls unter Salomo die Ämter des Priesters und des Sekretärs mit den Söhnen der ausscheidenden Amtsinhaber besetzt.

Die meisten Inhaber der hohen Reichsämter rekrutierten sich zu Beginn der Monarchie unter den Kanaanäern. Im Laufe der Zeit wurden diese Machtpositionen auch für die führenden Vertreter der hebräischen Stämme attraktiv. Wie schnell und in welchem Ausmaß dies geschah, bleibt unbekannt, denn solche Entwicklungen ließen sich allein durch prosopographische Untersuchungen aufzeigen, doch bietet das Alte Testament dafür nicht das nötige Material. Die Entstehung des Beamtentums und die Einbeziehung führender Männer der alten Sippenordnung in die Reichsverwaltung brachte für beide Monarchien erhebliche soziale Auswirkungen mit sich. Das Beamtentum stellte nämlich einen wichtigen Faktor für diejenige Entwicklung dar, welche die Propheten seit dem 8. Jahrhundert anprangerten (s. I.F.6).

2. Heerwesen

Für die Zeit vor der Monarchie sind die Nachrichten über das Heerwesen und seine Aktivitäten ebenso spärlich wie über militärische Erfolge. Bei nomadisierenden Gruppen entspricht die Größe des Heeres derjenigen der männlichen Bevölkerung. Die Teilnahme an Raubzügen auf fremden Gebieten ist für den waffentauglichen Mann ebenso obligatorisch wie die Verteidigung der eigenen Habe; zum Aufbau einer permanenten militärischen Organisation kommt es aber nicht. Dieses Fehlen eines organisierten Heeres zwang die Hebräer zur Ansiedlung abseits von besiedelten Gegenden, in denen das Kriegswesen weiter fortgeschritten war.

Daran änderte sich auch in der „Richterzeit" nicht viel. Gegen Gefahren verteidigten die Bewohner eines Dorfes oder eines größeren Gebietes ihr Leben und ihren Besitz unter einem zu diesem Zweck eigens bestimmten Anführer, der gelegentlich auch eine größere Gruppe mobilisieren konnte. Die Männer versammelten sich bei solchen Anlässen in Feldzugskleidung, das heißt entkleidet beziehungsweise kurz gekleidet, um beweglich zu sein. Ihre einfache Bewaffnung stellten sie selbst. Es ist verständlich, dass diese schlecht ausgerüsteten und wenig geübten Truppen von den befestigten Städten der Kanaanäer, von den mit Eisen gepanzerten Wagen und den schwer bewaffneten Kämpfern der Philister in Angst und Schrecken versetzt wurden. Regelrechte Schlachten endeten deshalb für die Hebräer meist verhängnisvoll. Nur mitunter gelang es, die ungenügende Bewaffnung und fehlende militärische Ordnung wettzumachen. Daher hören wir häufig von Kriegslisten, deren sich die unterlegenen Hebräer bedienen mussten; daraus resultierende Siege wurden dem Wirken göttlicher Hilfe zugeschrieben.

Kanaanäer und Philister, die Gegner der Hebräer, verfügten über ständige Fuß- und Wagentruppen, die sich aus einheimischen oder fremden Berufssoldaten rekrutierten. Erst als einzelne Hebräer diese Einrichtung nachahmten, wuchs jenen ein gleichberechtigter Gegner heran. Der Retter Jephthah hatte in Gilead bewiesen, wie erfolgreich auch auf Stammesebene ein solches Berufsheer sein konnte, Saul hatte ähnliches wenigstens versucht. Es stellte sich weniger das Problem, geeignete Krieger in angemessener Zahl auszuheben; Jephthah verwies auf einen möglichen Weg, als er Außenseiter der Gesellschaft um sich scharte. Ungleich schwieriger war es, die Truppen auf Dauer zu bezahlen. 400 bis 600 Mann zählten die Freischärler Davids, die er nur dadurch unterhalten konnte, indem er plünderte oder sich anwerben ließ.

„Richterzeit"

Berufsheer   Die regelmäßigen Einkünfte der Monarchie ermöglichten es David, dieses Heer der Söldner zu vergrößern. Die militärische Sicherung des Reiches lag damit nicht mehr beim Heerbann, sondern bei den königlichen Soldaten. Diese drückten fortan dem Aufbau des Heerwesens ihren Stempel auf. Ihre Bedeutung als Truppengattung wuchs immer mehr, der Heerbann trat völlig in ihren Schatten. Herkunft und Struktur dieses Berufsheeres waren heterogen. Als Soldaten dienten Leute der hebräischen Stämme, aber auch Aramäer und Ammoniter. Nach dem Sieg Davids über die Philister stellten diese mit ihren Vasallen und landfremden Elementen die Leibgarde der Kereti und Peleti. Bunt gemischt wie diese international zusammengesetzten Truppen war auch ihre Organisation. Da gab es die „Dreißig", auch „Helden Davids" genannt, seine engsten Gefährten aus den Anfangstagen, unter denen die hebräische Herkunft überwog. Neben der Leibwache stand die Gruppe der Läufer, welche königliche Exekutionsbefehle ausführten und Dienst als Palastwache in Jerusalem taten. Diese Wachttruppen hatten maßgebenden Anteil an der Absetzung der Regentin Athalja und der Inthronisation des Königs Joas (s. I. E.1).

Das Berufsheer unterstand einem eigenen Befehlshaber und unterschied sich von dem Heeresaufgebot, das in beiden Monarchien nur noch in Notfällen zusammengerufen wurde. Dem König, der aufgrund seiner militärischen Verpflichtungen oft persönlich Krieg führte, stand als wichtige Verbindungsperson ein Stallmeister zur Verfügung. Dieser fungierte als Ordonnanzoffizier und persönlicher Helfer des Königs im Lager, „auf dessen Arm sich der König stützte" (2 Kön 7,2). Bekannt geworden ist vor allem der Stallmeister des Königs Pekachja, Pekach, der 737 seinen Herrn umbrachte und sich an seiner Stelle zum König von Israel erhob.

Kriegswagen   Mit Beginn der Eisenzeit um die Wende vom 2. zum 1. Jahrtausend wandelte sich das Kriegswesen im Vorderen Orient erheblich. Das neue Metall trat an die Stelle der Bronze und erhöhte die Beweglichkeit der Wagen, erleichterte den Umgang mit Lanzen, Spießen, Speeren und Dolchen. Vor allem die Kriegswagen entwickelten sich zur herausragenden Waffe. Der Besitz dieses wichtigsten Kampfinstrumentes der Heere des Vorderen Orients hatte auch Kanaanäern und Philistern lange Zeit ihre Überlegenheit über die Hebräer gesichert. Impulse zur Pferdezucht und zum Bau der zweirädrigen Wagen waren aus dem Norden nach Nordmesopotamien in das Reich von Mitanni vermittelt worden. Von dort verbreitete sich die neue Waffe und Kampftechnik rasch bei den Hettitern, in Mesopotamien, Ägypten und auch in Syrien/Palästina.

Als die Monarchie den Hebräern die zum Aufbau einer Streitwagentruppe notwendigen finanziellen Möglichkeiten verschaffte, wurden die Wagenbesatzungen aus den inzwischen einverleibten kanaanäischen Gebieten rekrutiert. Die Truppen lagen in der Hauptstadt, wo es ein „Pferdetor" gab (Jer 31,40), und in den Wagenstädten. Die Errichtung solcher Wagengarnisonen und Festungsketten machte umfangreiche Baumaßnahmen notwendig, zu denen die Landbewohner in den Sommermonaten herangezogen wurden, wenn die Feldarbeit weitgehend ruhte. Hinweise auf die Versorgung solcher Militärstützpunkte erhalten wir durch die sogenannten Königsstempel. Im Auftrag der Könige wurden in einer zentralen Töpferei große Vorratskrüge hergestellt und dort auch mit einem Stempel versehen. Die Krüge gelangten auf die Krongüter, welche die Belieferungen der Festungen übernommen hatten. In Zeiten militärischer Bedrohung wurden in solchen Krügen Lebensmittel zur Versorgung der Besatzung in die Garnisonen gebracht.

Die wichtigsten Garnisonsstädte der Doppelmonarchie fielen nach der Teilung an Israel und hier behielten die Wagentruppen ihre Bedeutung. Unter König Ela (887–886) waren sie in zwei Abteilungen gegliedert, von denen eine jener Simri befehligte, der aus dieser Stellung heraus den Griff nach der Herrschaft wagte. Ahab von Israel konnte 853 bei der Schlacht von Karkar 2 000 Wagen bereitstellen. Danach war die Zahl der Kriegswagen Israels infolge der verlustreichen aramäischen Kriege so zurückgegangen, dass Sargon von Assur bei der Plünderung Samarias 721 nur noch 50 erbeutete.

Garnisonsstädte

In Juda begannen die Könige erst im 8. Jahrhundert damit, die Wagentruppen mit ägyptischer Hilfe auszubauen, bis „das Land voll war von Pferden und Wagen ohne Zahl", wie der Prophet Jesaja zuspitzend formuliert (2,7). Allerdings blieben diese Einheiten ausschließlich in den Festungen stationiert, die Sanherib 701 einzeln bekämpfte. Von einer geschlossenen Aktion aller judäischen Streitkräfte ist nie die Rede. Die Niederlage gegen Sanherib bedeutete für Juda eine Zäsur. Der Assyrerkönig betrieb eine völlige Entmilitarisierung des Landes und ließ Söldner, Pferde und Wagen, die ein erhebliches Kapital darstellten, fortschaffen. Danach war die militärische Eigenständigkeit des Königreichs ohnehin stark eingeschränkt, da für neue Söldner das Geld fehlte. Vorhandene Mittel wurden zunächst allein auf den Wiederaufbau der Festungen verwandt.

Mit dem Ende des Berufssoldatentums in Juda schlug erneut die Stunde des im Gegensatz dazu preiswerten, mittlerweile fast in Vergessenheit geratenen Heerbanns. In Kriegszeiten fand eine Mobilmachung statt, die gewöhnlich die Männer ab zwanzig Jahren traf. Der Vollzug der Aushebung unterstand dem Schreiber am Hof in Jerusalem. Die Organisation vor Ort oblag jeweils Amtmännern, die zugleich richterliche Funktionen besaßen, sofern Streitfälle den militärischen Bereich betrafen. Die Eingliederung ins Heer geschah wie in vorstaatlicher Zeit nach Familienverbänden, also nach territorialen Einheiten. Im Gegensatz zu früheren Zeiten brachten die Rekruten allerdings nicht mehr selbst ihre Waffen mit, sondern der König sorgte für eine relativ einheitliche Ausrüstung. Die Einheiten bestanden aus Gruppen von 1 000, 100, 50 und 10 Mann.

Heerbann

Nach wie vor fungierte der König als oberster Befehlshaber und ernannte die Offiziere. Unter ihnen nahmen die Anführer der 1 000 eine herausragende Stellung ein, die aus der Oberschicht Judas stammten. Die einfachen Soldaten hielt der Militärdienst von ihrer gewohnten Arbeit ab, daher strebten sie nach

Kriegseinsätzen rasch wieder nach Hause. Um den Ackerbau nicht völlig ruhen zu lassen, wurde der Heerbann für den Dienst in den Festungen in sich monatlich abwechselnde Gruppen aufgeteilt. Dieses komplizierte Verfahren erforderte einen ganzen Stab der erwähnten Amtmänner. Gegen die stehenden Heere der Ägypter, Assyrer und Babylonier standen allerdings solche Volksaufgebote auf verlorenem Posten.

3. Wirtschaft – Handel – Finanzen

Agrarwirtschaft   Wie in allen antiken Kulturen bildete die Agrarwirtschaft zur Zeit der hebräischen Monarchien die Existenzgrundlage. Der Bauer lebte von dem Ertrag seiner Felder, besaß Haustiere und etwas Kleinvieh und erwirtschaftete in aller Regel dasjenige, was er und seine Familie zum Leben benötigten, selbst. Hauptnahrungsmittel war Getreide; Olivenbäume lieferten Öl für Speisen, Beleuchtung und Körperpflege und der Weinanbau versorgte den Menschen mit dem nach dem Wasser wichtigsten Getränk.

Der landwirtschaftliche Überschuss, der in Palästina, vor allem in Israel – gute Witterung und sorgfältige Arbeit der Bauern vorausgesetzt –, erwirtschaftet werden konnte, ließ als einer von zwei Faktoren den Außenhandel der hebräischen Monarchien florieren. Die speziellen geopolitischen Bedingungen der Doppelmonarchie und später Israels erlaubten es, einige Handelsrouten zu kontrollieren. Zwei wichtige Karawanenstraßen zwischen dem Kulturland des fruchtbaren Halbmondes und Südarabien verliefen über das Gebiet der hebräischen Königreiche. Dadurch konnte zeitweise der Karawanenverkehr zwischen Arabien und dem Norden bis Damaskus und zum Euphrat beeinflusst werden. Die Konstituierung eines neuen aramäischen Staates in Damaskus schränkte diese Kontrolle jedoch rasch ein. Gewinnträchtige Handelswege waren stets umkämpft. Dieser wirtschaftspolitische Aspekt spielte in einen großen Teil der Auseinandersetzungen hinein, die die Ägypter, Assyrer sowie Aramäer mit den Israeliten um die Herrschaft über den syrisch-palästinensischen Raum führten.

Transithandel   Salomo soll sich als König Gewinn aus dem Transithandel verschafft haben und er konnte die Produkte seines Reiches veräußern. Dazu zählten in erster Linie Getreide, Öl, Wolle und Wein. Vor allem zur Erfüllung des Handelsvertrages mit Hiram von Tyros benötigte Salomo Landesprodukte. Tyros lieferte Zedern- und Zypressenholz für die Bauten Salomos. Das Holz wurde vom Libanon zum Mittelmeer geschafft, dort zu Flößen zusammengestellt, in einen philistäischen Hafen gefahren und über Land nach Jerusalem oder in andere Orte transportiert. Tyros, das über wenig Landbesitz verfügte, erhielt dafür Lebensmittel. Später übernahmen die israelitischen Könige diese Lieferungen von Agrarprodukten an die Phöniker. Vor allem den Omriden gelang es in der Mitte des 9. Jahrhunderts nochmals, am internationalen Handel zu partizipieren, als Ahab entsprechende Abmachungen mit Sidon, die er durch die Heirat mit Isebel sicherte, und Benhadad von Damaskus aushandelte.

Ungleich schlechter sind wir über den Binnenhandel unterrichtet, der in den hebräischen Monarchien in der Hand der Kanaanäer lag. Ihr Name wurde zum Synonym für „Händler". Wie für manch andere Probleme der Sozialgeschichte sind es die Propheten, die einen Blick auf diesen Teil des Wirtschaftslebens eröffnen. Händler, vor allen Dingen Getreidehändler, arbeiteten mit den Großgrundbesitzern zusammen, waren häufig mit ihnen identisch. Sie nutzten die Geschäfte auf den Märkten in den Städten und Dörfern ebenso wie andere Möglichkeiten, um sich zu bereichern. Dabei wurden auch betrügerische Methoden angewandt, um den Gewinn zu vergrößern und den Kunden, wenn er sich erst einmal verschuldet hatte, in Abhängigkeit zu bringen. So konnte man Abfall, das heißt zertretenes und mit Schmutz vermischtes Korn, verkaufen. Man konnte an den Hohlmaßen manipulieren, in denen die Waren gemessen wurden, indem man sie verkleinerte oder einen zweiten Boden einfügte, sodass die Käufer zu wenig Ware erhielten. Umgekehrt vergrößerte man den Gewichtsstein, mit dem Silber als ungemünztes Zahlungsmittel abgewogen wurde, sodass die Käufer zu viel bezahlten. Diese knappe Charakterisierung, aus prophetischen Scheltreden gewonnen, betraf wohl nur einen kleinen Kreis und tut den vielen kleinen Händlern unrecht, die häufig genug in ähnlich mühsamer Weise ihren Lebensunterhalt verdienen mussten wie die kleinen Bauern. Der Handel hatte zwar einen recht begrenzten Umfang, aber er veränderte auf Dauer die bis zu Beginn der Monarchie weitgehend aus Bauern und Hirten bestehende Gesellschaftsstruktur der Hebräer. Es entwickelte sich allmählich eine Gruppe reicher Städter, die ihre Gewinne wie überall in der Antike in Grundbesitz anlegten. Diese wenigen Bemerkungen zeigen, dass unsere Quellen bei solchen Themen an der Normalität weitaus weniger interessiert sind als an Fehlentwicklungen, zumal allein prophetische Texte zur Verfügung stehen. Die Archäologie kann in diesem Bereich allenfalls dort weiterhelfen, wo es sich um königliche Güter, um Domänen handelt.

Alle Könige des Alten Orients waren Großgrundbesitzer. Die Ländereien, die sie besaßen, wurden entweder von ihnen unmittelbar verwaltet oder verpachtet oder gegen bestimmte persönliche Dienstleistungen als zeitlicher oder dauernder Besitz vergeben. In den hebräischen Monarchien verhielt es sich nicht anders. Dieses Eigentum des Königs empfand man als so selbstverständlich, dass der Prophet Ezechiel in einer Zukunftsordnung, die er entwarf, den Anteil des Herrschers am Grund und Boden vorsah und regelte. Über die Verwaltung der königlichen Domänen, die nicht an Beamte vergeben wurden, sind wir nur schlaglichtartig unterrichtet. Der Chronist gibt eine Liste der Gutsvorsteher, die er David zuschreibt, die einen Eindruck davon vermittelt, in welch hohem Maß die Arbeitsteilung auf den königlichen Domänen bereits verwirklicht war (1 Chr 27,25–31). Er nennt einen Verwalter der Vorräte auf dem Lande, in den Städten, Dörfern und Festungen der Provinzen, einen Chef der Feldarbeiter, die den Boden zu bebauen hatten, ferner einen Vorsteher für die Weinberge, einen Verwalter der Weinvorräte. Ein Forstmeister kümmerte sich um die Öl- und Maulbeerfeigenbäume und ein weiterer Verwalter um die Ölvorräte. Je ein Beamter trug die Verantwortung für die Rinder der Saron-Ebene – ein Rinderzuchtgebiet an der Mittelmeerküste –, das Vieh der übrigen Täler und die Kamele, Esel und Kleintiere.

Um die Produktion auf den königlichen Gütern zu steigern, beschritt man den Weg zu Monokulturen; zumindest für Israel lässt sich dies aufgrund der Ostraka von Samaria vermuten, die am ehesten in die Zeit König Ahabs gehören. Es handelt sich um Begleitschreiben zu Lieferungen von Öl und Wein von den königlichen Gütern an den Hof der israelitischen Hauptstadt, wie im folgenden Beispiel: „Im Jahr 10 aus Asa (Ort) an Gaddijaw (Empfänger) ein Krug gereinigtes Öl." [REICKE/ROST A.10: 1360] Die in den Ostraka genannten Güter lagen alle in unmittelbarer Nähe von Samaria. Ursprünglich setzte sich das Krongut aus Streubesitz zusammen, stellt man in Rechnung, wie es entstand. Die Könige verfügten aber offensichtlich über Mittel, Eigentum um die Hauptstadt herum zu gruppieren. Weniger günstig gelegene Besitzungen konnten sie an ihre Beamten vergeben, während sie unter den ihnen zufallenden Grundstücken diejenigen, die sich in der Nähe der Hauptstadt befanden, für sich behielten. Und nicht alle Grundbesitzer werden sich wie Naboth geweigert haben, ein für den König günstiges Grundstück zu tauschen, wenn dieser sie darum ersuchte. Auf diese Weise kam königlicher Großgrundbesitz zustande, der die großflächige Anlage von Wein- oder Olivenkulturen rentabel machte.

Abgabensystem

Mit David war eine Gruppe von Leuten an die Macht gelangt, die über keine „Produktionsmittel", also Grundbesitz, verfügten. So musste diese Art der Staatsbildung notwendigerweise ein systematisches, auf Zwang beruhendes Steuer- und Abgabensystem erzeugen. Vielleicht deckte zunächst die Kriegsbeute die Kosten für den Unterhalt des Hofes sowie für die staatlichen und militärischen Ausgaben. Daneben wurden rasch die Bewohner der Doppelmonarchie zu Zahlungen herangezogen, eine Entwicklung, die sich bald nicht mehr rückgängig machen ließ. Für die Abgaben, welche die Bevölkerung an den König zu entrichten hatte, liegen nur wenige konkrete Angaben für die hebräischen Monarchien vor. Allerdings kann man auf Parallelen in Ugarit, Ägypten und Mesopotamien verweisen. In Assyrien etwa gab es ein differenziertes Steuer- und Abgabenwesen, dessen Grundgedanke es war, dass der König Eigentümer des Landes sei. Wir dürfen annehmen, dass es etwas Analoges, einen Rechtstitel des Königs auf das Land, in Juda und Israel auch gegeben hat. Da wir von entsprechenden Verhandlungen der Könige mit den Ältesten nichts wissen, kommen wir hier nicht über Vermutungen hinaus. Allerdings vermittelt die Josephs-Erzählung (Gen 37–50) einen Eindruck von den Argumenten, welche die Könige zugunsten einer allgemeinen Abgabe vorbrachten, aber auch von dem Widerstand der Bevölkerung gegen die

Abgaben. Aus dieser Josephs-Erzählung wird ersichtlich, dass der Pharao Eigentümer des Landes war, dessen Bewohner daher als steuerpflichtige Knechte galten. Die gesamte Erzählung verfolgt die Absicht, die Vorteile dieser und anderer Regelungen für die Bevölkerung herauszustreichen, die im Frieden unter königlichem Schutz leben konnte.

Zwischen den Einkünften des Königs und des Reiches, zwischen dem persönlichen Eigentum und demjenigen der Krone wurde nicht unterschieden. Stammte der Nachfolger nicht aus der Familie des verstorbenen Königs, was in Israel häufig zutraf, ging alles Eigentum auf ihn über, zumal in einem solchen Fall die Familie des Vorgängers ausgerottet wurde. Der König verfügte zudem unkontrolliert über alle Einkünfte, mit denen er alle Lasten, den Unterhalt der Beamten und des Heeres und die öffentlichen Bauarbeiten finanzierte. Auch die Unterscheidung zwischen Staatsschatz und Tempelschatz war nur eine theoretische. Die Herrscher legten zwar Beuteanteile und persönliche Geschenke am Heiligtum nieder, dafür ließen sie auch den Tempelschatz, der durch die Opfergaben vermehrt wurde, von ihren Beamten kontrollieren. Und wenn sie Geld benötigten, griffen die Könige auf Staatskasse und Tempelvermögen gleichermaßen zurück.

Der Monarch hatte die Verfügungsgewalt über die Produkte aus seinen Ländereien, über Einkünfte aus seinen Wirtschafts- und Handelsunternehmen, über Einfuhr- und Durchgangszölle von Karawanen sowie über Tributleistungen der Vasallenstaaten und die Abgaben der Bevölkerung. Doch dürfen das königliche Vermögen und der Reichtum nicht zu hoch veranschlagt werden. Die Könige von Juda und Israel mussten bald Tribute an die Ägypter und später an verschiedene andere Fremdherrscher entrichten. Die Einnahmen beider Monarchien dienten lange Zeit dazu, die Hofhaltung und die Abgaben an die Großmächte zu bestreiten. Der erhöhte finanzielle Druck durch Tribute bildete dabei eine wesentliche Ursache der immer wieder ausbrechenden Aufstände gegen Assur, Ägypten und Babylon. Sowohl Menachem von Israel als auch Jojakim von Juda legten Tribute, die sie an Tiglatpilesar III. beziehungsweise den Pharao Necho zu leisten hatten, auf ihre jeweiligen Reichsbewohner um.

Mit den Finanzen der Monarchien hingen ferner die Dienstleistungen zusammen, welche die Luther-Bibel Fron nannte. Sie waren als Institution im ganzen Alten Orient verbreitet. Die Hebräer erinnerten sich beispielsweise noch jahrhundertelang mit Schrecken an die Verpflichtungen, die einigen ihrer Vorfahren in Ägypten auferlegt gewesen waren, als sie dort das Los aller Untertanen des Pharao teilten. Dieses Kernerlebnis hebräischer historischer Erinnerung allein macht schon verständlich, auf welchen Widerstand die mit der Monarchie beginnenden Dienstleistungen in Juda und Israel trafen. Von David zögernd eingeführt wurde die Einrichtung unter Salomo weiter ausgebaut. Die Baumaßnahmen, die von ihm in Angriff genommen wurden – Palast- und Tempelbau in Jerusalem nebst Arbeiten an der Stadtmauer, Einrichtung von Festungsstädten –, waren allein mit Hilfe öffentlicher

Dienstleistungen

Sklaven nicht mehr zu bewältigen und für bezahlte Arbeiter standen keine Mittel zur Verfügung. So wurde regelmäßig eine bestimmte Zahl von Untertanen, Hebräer und Kanaanäer, zu Dienstleistungen herangezogen. Sicherlich hat man auf die Leute vorwiegend in den Sommermonaten zurückgegriffen, wenn die Feldarbeit weitgehend ruhte. Dennoch bedeutete dies nicht nur einen für die Hebräer völlig neuen Angriff auf ihre persönliche Freiheit, sondern brachte für alle Bewohner auch wirtschaftliche Nachteile mit sich. Der Widerstand gegen diese in der Bevölkerung verhassten Dienstleistungen, an dem letztlich die Fortführung der Doppelmonarchie unter Rehabeam scheiterte, ist vor diesem Hintergrund verständlich.

4. Gesellschaft – Sozialgefüge

Widerstand gegen die Monarchie

Als der Ausbau der königlichen Verwaltung sich auf die Bevölkerung auswirkte, setzten sich einige Gruppen zur Wehr. Dazu zählten die ökonomisch führenden Grundbesitzer, aus denen sich die Ältesten rekrutierten, und die Masse der Bauern, die das Heerbannaufgebot stellten. Insofern verfügte der Widerstand über eine breite Basis. Dabei wirkte sich entscheidend aus, dass die Monarchie mit den reichsten Bewohnern zusammengestoßen war, von deren Selbstbewusstsein die Texte Zeugnis geben. Allerdings konnte das Königtum diese weiterhin einflussreichen Kreise auf Dauer ökonomisch nicht gefährden. Ein Herdenbesitzer wie Nabal war zwar in Zukunft kein „König" mehr (1 Sam 25,36), aber er verarmte auch nicht. Wenn auch die auf verwandtschaftlich-egalitärer Organisation beruhende Grundstruktur der Gesellschaft noch eine Zeit lang erhalten blieb und das soziologische Mikrosystem sich erst allmählich veränderte, so blieben die kleinen Bauern und die Ärmeren in ihrer Existenz durch Steuern, Dienstleistungen und Kriegsdienst doch gefährdet. Für sie beschleunigte sich der seit Generationen andauernde Abstiegsprozess. Die Staatswerdung brachte ein gänzlich neues Element in die sozio-ökonomische Entwicklung: die Einrichtung einer Zentralinstanz, die das Eigentum garantieren konnte. Letzteres kam der Oberschicht zugute. Zwischen König und reicher Bauernschaft entstand mit der Zeit eine Interessengleichheit, welche die Aussöhnung mit dem König und die Annäherung der ökonomisch führenden Schicht bewirkte. Großgrundbesitzer und Beamte wurden schließlich durch den König geschützt.

Königlicher Landbesitz

Die Bildung großen königlichen Landbesitzes, der zur Versorgung der Staatsdiener nötig wurde, stellte den entscheidenden Eingriff in die bestehende Agrarordnung dar. Woher stammten diese Ländereien und das Krongut, das der König nahezu aus dem Nichts schaffen musste? Die Antwort bietet die bereits zitierte Kampfschrift, in der behauptet wird, dass der König den Bauern die besten Äcker, Weinberge und Ölbaumpflanzungen wegnehme, um sie seinen Beamten zu geben (s. I.C.1). Diese aus der Anfangszeit der Monarchie stammende Feststellung wird bestätigt durch ein Drohwort des Propheten Amos, mit dem er im 8. Jahrhundert den bevorstehenden Untergang des Königreiches in Israel ankündigte. Dabei führte er gleichzeitig dem Oberpriester von Bethel, eines der Reichsheiligtümer des Nordreiches, sein persönliches Schicksal vor Augen: „Dein Acker – mit der Meßschnur wird er verteilt werden." (Am 7,17) Der Priester hatte als Beamter des Königs Grund und Boden zur Nutzung erhalten. Wenn das Reich zusammenbricht, so argumentierte Amos, geht auch dieser Besitz verloren. Aber er ging über diese triviale Feststellung hinaus: Das Land solle dann mit dem Mess-Strick verteilt werden. Dies stellte man sich bei den Hebräern zu Beginn der Ansiedlung vor, als das verheißene Land Kanaan gleichmäßig an alle Familien verteilt worden sein soll. Amos prophezeite die Rückführung des Ackerlandes eines königlichen Beamten, also des Krongutes, in die alte Ordnung der hebräischen Volksgemeinschaft. Das Krongut werde wieder zu dem, was es einmal war: Erbteil hebräischer Bauern.

Es gab mehrere Wege, auf denen Land in das Eigentum der Könige von Juda und Israel überging. Der König konnte zunächst Land kaufen; frei veräußerliches Grundeigentum war auf jeden Fall in den kanaanäischen Gebieten vorhanden und auch in den hebräischen Dörfern war Landkauf möglich, wenngleich ein umfangreiches Aufkaufen durch die Relikte der Sippenordnung behindert wurde. Die wichtigste Möglichkeit für die Herausbildung von Krongut lag darin, dass die Könige die Erbgüter aufgriffen, die ihre bisherigen Eigentümer aus den verschiedensten Gründen verloren hatten. So fielen ihnen die Ländereien derjenigen Personen zu, die wegen öffentlich-politischer Vergehen verurteilt worden waren. Die Geschichte von Naboths Weinberg zeigt, dass dabei vonseiten des Königs Willkürakte vorkommen konnten (1 Kön 21). Weiterhin scheint der Grundbesitz Landesflüchtiger dem Krongut zugefallen zu sein. Dieses Krongut blieb teilweise Eigentum der Könige. Einen wesentlichen Teil vergaben sie an Beamte und Berufssoldaten als Lehen, um deren wirtschaftliche Existenz auf Dauer sicherzustellen. Das an einen Beamten vergebene Krongut blieb dessen Eigentum. Der Priester Ebjathar, der bereits unter David den Dienst am Heiligtum in Jerusalem versehen hatte, schlug sich im Thronstreit zwischen Salomo und dessen Bruder Adonija auf die falsche Seite. Sein Priesteramt bewahrte ihn vor der Hinrichtung. Er wurde lediglich seines Amtes enthoben und konnte sein Landgut als Existenzgrundlage behalten. Dies dürfte umso eher bei loyalen Beamten der Fall gewesen sein, zumal sich manche Ämter auch innerhalb von Familien vererbten.

Im Gegensatz zur Entwicklung der „Richterzeit" waren in der Monarchie somit Bestrebungen in Gang, die alte Gesellschafts- und Wirtschaftsordnung zu beseitigen. An deren Ende stand, so deutet es der Prophet Jesaja an, eine neue Ordnung: „Wehe denen, die Haus an Haus reihen und Acker an Acker rücken, bis kein Platz mehr da ist und ihr allein Besitzer im Lande seid." (Jes 5,8) Jesaja übertreibt bewusst, wenn er dies polemisch formuliert, doch die Tendenz dieser Entwicklung dürfte bereits erkennbar gewesen sein. Es gab bald keine kleinbäuerliche Schicht mehr, sondern eine Zweiteilung in Großgrundbesitzer und in die breite Masse der Grundbesitzlosen. Einige wenige, ein verhältnismäßig kleiner Kreis, hielten alle übrigen in persönlicher Abhängigkeit.

Wenn die Propheten im 8. und 7. Jahrhundert die Verursacher solcher Missstände anklagen, ist gelegentlich von „Ältesten und Beamten" und „Beamten, Richtern und Räten" die Rede. Sie benennen somit eine Oberschicht, die ihre gehobene Stellung entweder ausschließlich oder doch hauptsächlich ihrer besonders engen Bindung an das Königtum verdankte. Allerdings tragen nicht nur Beamte und Höflinge die Schuld an der wirtschaftlichen und gesellschaftlichen Entwicklung. Auch kann das Königtum allein nicht dafür verantwortlich gemacht werden, wenngleich die Monarchie die Rahmenbedingungen geschaffen hat, die eine Umgestaltung der Sozialstruktur erleichterten. Die Könige vollzogen zwar die ersten Schritte auf diesem Weg, indem sie die Zentralinstanz einrichteten, die den Reichtum garantieren konnte. Aber nachdem dieser erste Schritt einmal getan war, blieb vieles ohne ihr direktes Zutun, wenngleich auch von ihrer Seite keine Korrekturen an der Entwicklung zum Großgrundbesitz erfolgten.

In ihren Scheltreden greifen die Propheten die vom Königtum abhängige Oberschicht an: Jesaja nennt Älteste und Beamte und auch in den von Amos inkriminierten Richtern lassen sich die Ältesten der Sippenordnung erkennen. Überhaupt dürfte eine saubere Trennung von Ältesten und Beamten hinsichtlich ihrer familiären Herkunft nicht möglich sein, da Mitglieder angesehener und wohlhabender Familien in verschiedenen Bereichen politisch aktiv waren, damit Macht kumulierten und letztlich ihr Eigentum vergrößerten. Solche „Großen" (2 Kön 10,6) konnten als Beamte ebenso tätig werden wie im Rahmen der alten Sippenorganisation als Älteste bei der Rechtsprechung im Tor. Diese Männer vererbten ihre Ländereien wie die Ansprüche auf Führungspositionen in Staat und Gesellschaft.

Schaffung eines Zwangsapparates Es waren keineswegs die neu geschaffenen Gruppen der Monarchie allein, welche die Veränderung der Gesellschaftsordnung vorantrieben, weil auch die bisher in der Gesellschaft ökonomisch Führenden die Vorteile und den Schutz der neuen Zentralinstanz nutzten, um die bislang durch gesellschaftlichen Druck erzeugte relative Gleichheit zu überwinden. Auch die Methoden, mit denen dies geschah, waren in der bisherigen Gesellschaftsstruktur angelegt und bekannt, waren aber aufgrund andersartiger Wertvorstellungen keineswegs so radikal gehandhabt worden wie zur Zeit der Monarchie, als sich der schon länger zu beobachtende Prozess beschleunigte. Diese Monarchie installierte den Zwangsapparat, der die Ausnutzung der Schuldsklaverei und des Pfandrechts sowie die korrupte Rechtsprechung ermöglichte.

Schuldrecht und Schuldsklaverei Mancher kleine Bauer wurde mit seiner Familie durch rigorose Anwendung und Übersteigerung des Schuldrechts aus dem angestammten Besitz verdrängt. Die dabei auftretenden Gesetzmäßigkeiten sind, wenngleich mit mancherlei Varianten im Detail, jahrtausendelang zu beobachten. Wer in irgendeine Notlage geriet, musste sich Geld oder Nahrungsmittel leihen, wofür erhebliche Zinsen anfielen. Diese Leihgeschäfte waren zudem bei den Hebräern wie in weiten Teilen der antiken Welt mit der Institution der Schuldsklaverei gekoppelt. Konnte der Schuldner seine Schuld nicht erstatten, hatte der Gläubiger das Zugriffsrecht auf Personen aus dem Haushalt des Schuldners. Dabei nahm er zumeist die Kinder als Pfand. Amos griff diese Schuldsklaverei an: „Sie verkaufen den Unschuldigen wegen Geld(schulden) und den Armen wegen eines Paares Sandalen." (Am 2,6) Der Prophet setzt ein rigoroses Vorgehen des Gläubigers voraus. Menschen werden wie Ware behandelt. Illustriert wird dies durch das Schicksal einer Witwe, das wir in den Königsbüchern kennenlernen: „Mein Mann ist gestorben", berichtet sie, „und nun kommt der Gläubiger, um sich meine beiden Söhne als Sklaven zu nehmen." (2 Kön 4,1) Der Vater schuldete noch Geld und da die Witwe es nach seinem Tod nicht beibringen konnte, verschaffte sich der Gläubiger Ersatz durch die Arbeitsleistung der beiden Kinder, die in Schuldsklaverei gerieten. Diese beiden Kinder wären nach Ansicht des Amos schuldlos gewesen.

Der Prophet Micha verstand die Institution des Pfandwesens als Gewaltverhältnis. Zwar konnte das Pfand erst nach einer bestimmten Frist vom Gläubiger genommen werden, aber der Wert der zur Pfändung freigegebenen Sachen überstieg bei Weitem die Summe, die geliehen worden war. Es wird diese Diskrepanz gewesen sein, welche die angesprochenen üblen Folgen der Institution mit bewirkt haben. Wenn Micha das Pfandwesen als ein Mittel der Gewalt und des Unrechts anprangerte, dann hatte dies seinen Grund darin, dass es einen direkten Zugriff des Gläubigers auf das Eigentum und die Familie des Schuldners gestattete und Darlehen sowie Objekt der Pfändung in keinem vertretbaren Verhältnis standen. *Pfandwesen*

Pfandrecht und Schuldsklaverei konnten in der angedeuteten Weise von Großgrundbesitzern ausgenutzt werden, weil ihnen gegenüber kein Rechtsschutz bestand. Denn die Rechtsprechung lag in den Händen der führenden Männer der Verwaltung des Landes und der Ältesten der Sippen, also eben jener sozialen Gruppe, die das Auseinanderfallen der Gesellschaft in gleichsam zwei Klassen vorantrieb. Älteste und Beamte trafen Entscheidungen, wenn es um Fragen des Eigentums, der Steuern und Abgaben, der Dienstleistungen und etwa auszusprechender Strafen ging. Die führenden Kräfte der alten Sippenordnung, die Ältesten, und die wichtigsten Träger der neuen Ordnung, die Beamten, hatten ein gemeinsames Interesse: die Bildung von Großgrundbesitz. Beide waren in unterschiedlichen Bereichen mit richterlichen Vollmachten ausgestattet, sodass es gegen ihre Praktiken der Anhäufung von Land durch radikale Ausnutzung des Schuldrechts und der Institution des Pfandwesens für die kleinen Bauern keine Berufungsinstanz gab. Somit hatte im 8. Jahrhundert ein erheblicher Teil der Bauernschaft die Kontrolle über die zur Produktion notwendigen Faktoren, wie Land, Saatgut, Vieh und Geräte, verloren. *Fehlender Rechtsschutz*

Luxusstreben   Das System der Schuldsklaverei und des Pfandrechts bestand bereits seit Jahrhunderten, doch fand seit dem Beginn der Monarchie neben der Verfeinerung der Techniken ein allmählicher Wertewandel statt. Dessen Ergebnis, das rücksichtslose Profitdenken und Luxusstreben, prangerten die Propheten an. Sie verurteilten in wirtschaftlicher Hinsicht meist das, was wir heute als Konsumgesellschaft bezeichnen würden, sowie deren soziale Gegensätze und Ungerechtigkeiten. Diejenigen, die den Blick allein auf ihren Luxus richteten, hatten kein Auge mehr für die Menschen, von deren mühsamer Arbeit sie lebten. Die Bußgelder, die der Verschuldete nur mit Mühe aufbringen konnte, verwendeten die Geldgeber dafür, teuren Wein zu trinken (Am 2,8).

Die Veränderung der sozialen Maßstäbe zeigte sich vor allem in dem nun verstärkt zu beobachtenden Streben nach Luxus. Der Reichtum, den die Oberschicht erwarb, diente nicht primär der Kapitalvermehrung durch Reinvestition, sondern der Gewinnung und der Dokumentation von Prestige und des damit verbundenen Konsums von Luxusgütern. Die prophetische Kritik geißelte immer wieder das Prestigebedürfnis der Oberschicht. Die Großgrundbesitzer verfügten über Sommer- und Winterhäuser. Die archäologischen Ausgrabungen in Thirza lassen besonders für das 8. Jahrhundert erkennen, wie groß der Gegensatz zwischen Armen und Reichen hinsichtlich des Häuserbaus war. Es gab attraktive Privathäuser, in einem Stadtteil konzentriert, der durch eine Mauer von den Armenvierteln abgetrennt war. Noch zwei Jahrhunderte zuvor hatte der Ort aus etwa gleichgroßen Häusern mit identischer Bauweise bestanden. Der besondere Luxus im 8. Jahrhundert zeigte sich auch darin, dass man Quadersteinhäuser errichtete. Diese aus Phönikien stammende kostspielige Bauweise stellte einen beachtlichen Fortschritt der Architektur gegenüber den schnell baufällig werdenden Lehmziegelhäusern dar. Elfenbein verzierte die Betten, erlesener Schmuck und kostbare Kleidung, mehrfarbig gewobene Vorhänge gehörten ebenso zu diesem Lebensstil wie der exzessive Genuss von Nahrungsmitteln. Die Zurschaustellung des Reichtums hielt über den Tod hinaus an: Königliche Beamte ließen sich kostspielige Felsengräber aushauen. Mit meisterhafter Anschaulichkeit schildern die Propheten den Zustand der satten Überheblichkeit, die Jagd nach Genuss und Betäubung im Rausch der Gelage, das eitle Protzen mit Luxus und Eleganz, die Gefall- und Vergnügungssucht. Diese gesellschaftliche Gruppierung trug ihren Reichtum offen zur Schau und gebärdete sich, als wäre sie den Mitmenschen weit überlegen.

Flucht in die Utopie   Als zu Beginn der Königszeit führende Gruppen der hebräischen Gesellschaft dem entstehenden Staat Widerstand entgegengesetzt hatten, war es zu einem Arrangement zwischen den Monarchen und ihrem Apparat auf der einen und der alten Führungsschicht auf der anderen Seite gekommen. So war schließlich von dem Gleichheitsbewusstsein der Gesellschaft der „Richterzeit" (s. I.B.4) nur noch die Erinnerung geblieben, die wegen der Missstände der eigenen Zeit jene Epoche und deren Gesellschaftsordnung in immer hellerem Licht erscheinen ließ. Der Zustand der Vergangenheit wurde durch mündliche und schriftliche Überlieferungen im Bewusstsein wachgehalten und die auch damals schon vorhandenen sozialen Schichtungen in der verklärenden Rückschau nivelliert. Die Anklagen der Propheten beruhten auf einer Gegenüberstellung von einst und jetzt, wobei die Vergangenheit idealtypisch gesehen wurde. Jesaja pries eine Gesellschaft, in der die bäuerliche Bevölkerung frei und unabhängig von besitzgierigen Großgrundbesitzern lebte und in der Gerechtigkeit und Treue noch galten. Daher sollte es nach seiner Meinung in der Rechtsprechung „Richter geben wie am Anfang" (Jes 1,26). Die Kritik an sozialen Missständen in der frühen Monarchie hatten vor allem die mächtigen Kreise dieser Gesellschaft geübt. Die Propheten besaßen keinen derartigen Rückhalt, deshalb traten sie die Flucht in die Utopie an. Am Ende der Entwicklung mehrte die Erinnerung an Vergangenes den Traum von einer besseren Welt, den die Propheten und die von ihnen Verteidigten träumten, den sie aber nur träumen konnten, weil man sich noch an Werte erinnerte, die einmal in der Geschichte der Hebräer Realität gewesen waren. So hatte sich das Gleichheitsbewusstsein, das eine relativ egalitäre Gesellschaft in der „Richterzeit" garantiert hatte, zu einem bloßen Traum verflüchtigt.

5. Recht – Justizwesen

In der Phase vor und auch längere Zeit nach der Ansiedlung bildete die Großfamilie die alleinige Rechtsinstanz. Die aus dieser Zeit stammenden Rechtsformulierungen zielten vor allem auf die Sicherung der gemeinsamen Existenz in kleinen Gruppen ab. Es waren knappe, meist äußerst strenge Verbotssätze, die ein bestimmtes Verhalten apodiktisch ausschlossen. Solche Verbote glichen allerdings weitaus mehr Lebensregeln als Rechtssätzen. Sie erscheinen weitgehend eingebettet in Mahnungen, geschichtliche Rückverweise und Begründungen, die in einem beschwörenden, persönlichen Du-Stil vorgetragen sind: „Du sollst nicht! Du darfst nicht!" (Ex 20,13–17) Mit dem Wachsen der Gemeinschaften in Dorf und Stadt wurde auch eine Entwicklung beziehungsweise Ausprägung des Rechts notwendig. Die alten Regeln blieben dabei im sozialen Bereich weiter wirksam, wurden aber, da man den neuen Formen des Zusammenlebens gerecht werden wollte, umgedeutet und schließlich allgemeingültig formuliert. So liegen sie uns im Dekalog vor. Verbotssätze

Nach der Sesshaftwerdung traten neben diese Verbotssätze andersgeartete Rechtsformulierungen wie: „Wenn Männer miteinander raufen und sie dabei eine schwangere Frau so verletzen, daß eine Fehlgeburt eintritt, aber kein (weiterer) Schaden entsteht, so soll es mit Geld gebüßt werden." (Ex 21,22) Für diese Art des Rechts, das Fälle (*casus*) und Unterfälle setzt und deshalb „kasuistisches Recht" genannt wird, finden sich zahlreiche Parallelen in altorientalischen Rechtskodizes. Der bekannteste ist die Rechtssammlung des Königs Hammurabi von Babylon aus dem 18. Jahrhundert, der „Codex Kasuistisches Recht

Hammurabi". Im § 209 heißt es dort: „Wenn ein Bürger eine Tochter eines Bürgers schlägt und bei ihr eine Fehlgeburt verursacht, so soll er (eine festgesetzte Summe) für ihre Leibesfrucht zahlen." (TUAT 1,1,69) Die vergleichbaren hebräischen Rechtsanschauungen sind aber nicht direkt vom babylonischen Recht beeinflusst, die Hebräer haben vielmehr an einer weitgehend gemeinsamen altorientalischen Rechtskultur partizipiert. Sie war geprägt vom Gewohnheitsrecht, das den Hebräern von den Kanaanäern vermittelt wurde. Bei diesem kasuistischen Recht handelt es sich um eine wirkliche Rechtsfestlegung. Ein Fall wird gesetzt, davon wird ein Unterfall abgetrennt, darauf folgt die Straffestsetzung.

Rechtsprechung im Stadttor

Die Großfamilie war in den Siedlungen mit Mauern und Toren immer weniger Herr ihres Geschicks und nicht mehr das Oberhaupt regierte nach dem althergebrachten Gewohnheitsrecht. Die freien erwachsenen Männer der einzelnen selbstständigen Ortschaften bildeten mit den Ältesten, also den Vertretern der führenden Familien, an der Spitze einen förmlichen Gerichtshof, der seine Sitzungen im „Stadttor" abhielt. Da die Städte sehr eng gebaut waren und kaum Straßen im eigentlichen Sinn, geschweige denn Plätze hatten, versammelten sich die Männer auf dem freien Platz vor dem einzigen Durchgang der Stadtmauer, den die Bewohner ohnehin morgens und abends passierten. Diese Laiengerichtsbarkeit kam je nach Bedarf zum Einsatz, da ständige Gerichte mit einem beamteten Richtertum fehlten. Das Gericht entschied bei Auseinandersetzungen zwischen Angehörigen einer Familie oder verschiedener Familien. Auch Frauen konnten sich an dieses Gericht wenden. Richten hieß schlichten oder jemandem zu seinem Recht verhelfen. Zur Not konnten die Männer auf Beweisverfahren wie die Eidesleistung der Betroffenen oder eine Gottesprobe zurückgreifen. Die Rechtsgebiete, die in die Kompetenz solcher Laienrichter fielen, waren das Blutrecht – hier blieb allerdings der Widerstand der Familie gegen Eingriffe der Gemeinde am stärksten –, Eherecht, Sklavenrecht, Ahndung von Körperverletzungen, von Vieh- und Feldschäden, von Veruntreuung deponierten Gutes.

Das Alte Testament beschreibt zwar kein komplettes Gerichtsverfahren, doch kann man den Ablauf aus zahlreichen Anspielungen rekonstruieren. Das Gerichtsverfahren fand in der Öffentlichkeit statt. Kläger und Beklagter riefen Zeugen auf, die bei dem Verfahren zugleich Richter sein konnten. Um ungerechte Urteile aufgrund falscher Aussagen zu verhindern, versuchte man die Zeugen durch Drohungen zur Wahrheit zu bewegen. Auf falsche Aussagen stand die gleiche Strafe, die auch den Angeklagten getroffen hätte. Dies schützte aber letztlich nicht vor bestechlichen Zeugen und Richtern. Die große Verantwortung der Zeugen für das Zustandekommen eines Urteils äußerte sich ferner darin, dass sie die ersten Steine zu werfen hatten, wenn der Angeklagte zum Tod durch Steinigung verurteilt worden war. Die beiden hebräischen Monarchien haben sich lange Zeit hindurch so wenig mit der bislang dargestellten Rechtspflege befasst, dass man ihnen kaum einen wesentlichen Anteil an der weiteren Gestaltung des Rechts wird zuschreiben dürfen. Dieses behielt in der bestehenden Normalform der Gerichtsbarkeit innerhalb der örtlichen Rechtsgemeinden seine Geltung. So fehlen auch in dem Beamtenapparat, den die Monarchien auf- und ausgebaut haben, die Richter. Die Rechtsprechung war nicht in das System der staatlichen Verwaltung integriert, die in der vorstaatlichen Zeit geübte Rechtsfindung ließen die Könige unangetastet.

Sie griffen zunächst nicht in die Kompetenzen der Lokalgerichtsbarkeit ein und bildeten auch keine Oberinstanz, bei der Berufung gegen die Entscheidung der Torgerichte eingelegt werden konnte. Während der hebräischen Monarchien rückte die Rechtsprechung der Gemeinde im Tor in den Blickpunkt der Öffentlichkeit, als die Propheten diese dörflichen Richter selbst zur Verantwortung zogen, allerdings nur vor dem Hintergrund einer überirdischen Gerechtigkeit. Die Rechtsprechung war im Laufe der Jahrhunderte in den Sog der sozialen und wirtschaftlichen Entwicklung geraten, welche die Gesellschaft in Arm und Reich teilte. In zunehmendem Maße setzten die Reichen die Rechtsprechung für ihre Belange ein. Kennzeichen der von den Propheten angeprangerten neuen Ordnung war auch die schlechte Rechtspflege, bei der man durch Bestechung alles erreichen konnte. Somit geriet die Rechtsfindung der dörflichen Gemeinden zum Abbild der gesamtgemeinschaftlichen Entwicklung: Sie vermochte diese nicht aufzuhalten, sondern beschleunigte sie sogar.

Und doch richteten die Könige selbst und die Fälle nahmen bald derart zu, dass die Thronhalle, die Salomo bauen ließ, geradezu als Gerichtshalle bezeichnet worden ist. Die Verpflichtung des Königs, zusätzlich zu den Torgerichten Recht zu sprechen, resultierte aus einer ganzen Reihe von neuen Rechtsproblemen, mit denen sich die Monarchie und ihre Institutionen in den beiden Reichen konfrontiert sahen. Rechtsfälle kamen auf im Zusammenhang mit Abgaben, Dienstleistungen und Rekrutierungen, sämtlich Probleme, die sich aus der neuen Reichsverwaltung ergaben, außerdem Rechtsstreitigkeiten zwischen Hebräern und Kanaanäern sowie weitere Fälle wie etwa Hochverratsprozesse. Der König fungierte als neues Justizorgan neben der lokalen Rechtsgemeinde, nahm aber nur die Rechtsprechung in Bezug auf neue Personengruppen, wie Kanaanäer oder Hochverräter, und auf neue Probleme, wie diejenigen der Verwaltung, wahr.

Gerichtshalle des Königs

Viele dieser Rechtsfragen hatten sich der Sippenordnung nie gestellt und als dann der König solche Fälle an sich zog und entschied, wurde dies nicht als Eingriff in alte Rechte angesehen, sondern als legitime Aufgabe des Monarchen. Seine diesbezügliche Funktion war bereits in den kanaanäischen Königtümern vorgezeichnet. Von hier dürften auch Rechtssatzungen in die hebräischen Monarchien eingegangen sein, die für bislang unbekannte Probleme naturgemäß keine Lösungen anbieten konnten. Dieser Vorgang beschleunigte auch auf anderen Gebieten die Assimilierung an kanaanäische Rechtsvorstellungen.

6. Religion – Kultus

Bunt gemischte Palette

Die über Jahrhunderte gewachsene Religion bot in Israel wie in Juda eine bunt gemischte Palette religiöser Lebensformen. Das Alte Testament schildert die meisten dieser Kulte mit Ablehnung, verwirft sie als sogenannten Götzendienst, gleichgültig, ob sie uralt und von den Erzvätern bereits überliefert worden waren oder während der Monarchie durch Kontakte mit den Nachbarstaaten ins Land kamen. Dieses durchgängig abwertende Urteil besagt nichts über die Ernsthaftigkeit, mit der die Bewohner der Königreiche den verschiedenen Kulten und Göttern anhingen. Es gab sicherlich auch stets Stimmen, die einen „reinen" Jahwe-Glauben predigten, wobei sie selbst bestimmten, was als rein galt. Einige Kreise übten also stets Kritik an der Vielfalt der kultischen Ausdrucksweisen, doch diese Kritik hat sich erst unter König Josia zunächst kurzfristig und dann im Exil auf Dauer durchgesetzt. Die Religiosität der monarchischen Zeit blieb auf jeden Fall äußerst vielfältig, wie es der Lage der beiden Königreiche in einem Sammelbecken verschiedener kultureller Einflusszonen entsprach. Denn die Religion der Bewohner der Monarchien entwickelte sich nicht isoliert, sie ist vielmehr aus der äußerst vielschichtigen altorientalischen Religionsgeschichte hervorgegangen.

Nebeneinander von Kanaanäern und Hebräern

Die religiöse Entwicklung der Monarchien war durch das nicht immer einfache Nebeneinander von Kanaanäern und Hebräern geprägt. Dieser Umstand, der daher rührte, dass beide Staaten auf eine Koexistenz beider Bevölkerungsteile angewiesen waren, um bestehen zu können, belastete latent die gesamte Geschichte der Königreiche. Die Herrscher selbst neigten in aller Regel aufgrund politischer Zwänge einem religiösen Synkretismus zu. Sie bemühten sich, den kultischen Anforderungen beider Gruppen durch eine gemeinsame Nationalreligion Rechnung zu tragen, oder versuchten, Freiheit auf religiösem Gebiet zu ermöglichen. Gelegentlich, wie zur Zeit König Omris, gibt es Indizien dafür, dass weite Kreise der Bevölkerung, in diesem Fall Israels, sich ein Miteinander von Baal und Jahwe durchaus vorstellen konnten (s. I.D.2).

Nationalkult Jahwes

In beiden Monarchien vollzog sich im Laufe der Zeit allerdings eine immer stärkere Zentralisierung verschiedener religiöser Traditionen auf Jahwe hin, die Religion bekam allmählich einen nationalen Charakter. Die Ausformung des Jahwe-Kultes folgte zeitlich der politischen Vereinigung unter der Monarchie. Solche Bestrebungen sollten zunächst die Dynastie Davids festigen, die daher an dieser Zentralisierung großes Interesse hatte. Es war Salomo, der in Jerusalem einen repräsentativen Bau für den Staatskult errichtete: den Tempel. Nicht nur in seiner baulichen Grundsubstanz, sondern auch in seiner Zweckbestimmung als städtisches Heiligtum war dieser Tempel von den Kanaanäern übernommen. In Ägypten nahm der Tempel den größten Platz ein und der ihm angeschlossene Palast bildete nicht den gewöhnlichen Wohnsitz des Pharao, sondern wurde nur benutzt, wenn der Herrscher kam, um die Kultzeremonien zu vollziehen. In Jerusalem war, wie in Syrien und Mesopotamien, im Gegensatz dazu das Heiligtum nur ein Anbau des Palastes. Der Palast übertraf den Tempel bei Weitem an Größe und Pracht, seine Bauzeit dauerte fast doppelt so lange.

Als Salomo ein altes jebusitisches Heiligtum umbaute, war dies ein königliches Unternehmen, der König als Bauherr zugleich der dauernde Besitzer, der für die Unterhaltung des Gebäudes wie des Kultes die Verantwortung trug. Die alttestamentliche Erzählung unterdrückt die kanaanäische Vorgeschichte des Heiligtums und stellt daher die Umbaumaßnahmen als Neubau hin. Der Tempel wurde das Heiligtum der königlichen Dynastie in Jerusalem, eine Art Hofkapelle, in welcher der König und seine hohen Beamten den Kult vollzogen. Diesem Kult stand der König ebenso vor, wie er über die Belange aller staatlichen Bereiche entschied. Als Herr des Tempels ernannte und entließ er das Kultpersonal – der oberste Priester des Tempels wurde vom Herrscher ernannt und war gleichzeitig Mitglied seines Rates – und übernahm bei wichtigen Anlässen selbst Opferhandlungen. In den alltäglichen Ablauf des Kultes griff er nicht ein.

Der Tempel war in erster Linie das Kultzentrum Jerusalems, doch sollte er auch ein nationales Heiligtum der Hebräer werden. So fand die Lade in ihm einen Platz. Diese Lade, ursprünglich wohl eine Kiste, die zur Aufbewahrung von Kultgegenständen diente, hatte zuvor nach langem Irrweg in Silo Aufstellung gefunden. Ihre kultische Funktion, die sie in Silo bereits eingebüßt hatte, ist unklar, aber offenbar galt sie einflussreichen hebräischen Gruppierungen als Inbegriff alter Religiosität, ohne dass wir dieser Tatsache zu große Bedeutung zuschreiben dürfen. Denn es ist auffallend, dass die Israeliten nach dem Zerfall der Doppelmonarchie offenbar niemals ausdrücklich Anspruch auf die Lade erhoben haben, sondern sie ohne Widerspruch in Jerusalem beließen, wo sie bald auch keine Rolle mehr spielte. Bei der Überführung der Lade führte David als oberster Kultdiener zu Musik Tänze auf, bei denen er sich entblößte, was spätere Erzähler der Geschichte als anstößig empfanden. Erotisch gefärbtes Tanzen und Spielen diente bei den Nachbarn der Hebräer zur Besänftigung und Erheiterung der Gottheit. Gerade David hatte keine Probleme, in seiner kanaanäisch geprägten Hauptstadt den Ansprüchen unterschiedlicher Bevölkerungsgruppen entgegenzukommen.

<small>Rolle des Tempels</small>

Als Israel und Juda nach dem Zerfall der Doppelmonarchie politisch getrennte Wege gingen, verlief die religiöse Entwicklung mehr oder weniger parallel. Von Jerobeam über die Omriden in Israel und von David und Salomo über Manasse in Juda reichen die Versuche der Herrscher, einen gemeinsamen Reichskult für Kanaanäer und Hebräer zu schaffen. Ein Unterschied bestand lediglich darin, dass Israel zunächst zwei kultische Zentren besaß, Bethel und Dan, und später ein drittes, Samaria, hinzukam, das die beiden älteren nie völlig verdrängen konnte. Für Juda blieb Jerusalem trotz aller Veränderungen, die im Tempel und im Land vor sich gingen, einzigartig.

Wendet man den Blick vom Nationalkult auf die lokalen oder persönlichen religiösen Erfahrungen, trifft man auf eine Fülle kultischer Praktiken. Seit den

<small>Lokale Kultfeste</small>

Tagen der Ansiedlung besaß jede größere Siedlung ein Heiligtum, eine Kulthöhe, mit einem Altar, einer Massebe und einer Aschera. Hosea beschreibt in einer Anklage, was zu seiner Zeit an diesen Ortsheiligtümern vor sich ging (4,11–14): Festlich feierte man das Schlachtopfer, das der Kommunikation mit der Gottheit dienen sollte. Dazu gehörte der Weingenuss bis zur Trunkenheit, denn es war im Kultbetrieb üblich, durch Rausch zu Visionen zu gelangen.

Sexualität Bei großen kultischen Feste haben die Priester seit alters her die Gelegenheit genutzt, die Zukunft zu erkunden. Man befragte das Orakel, die Ja- und Nein-Stäbchen, die aus der Orakeltasche fielen. Sie kündeten auf Anfrage das Schicksal des kommenden Jahres. Bei einem solchen Anlass vollzogen die Priester ferner den Geschlechtsverkehr mit heiratsfähigen Mädchen. Die Hebräer kannten den altorientalischen Ritus, bei dem ein Priester die Entjungferung als Beauftragter der Gottheit am heiligen Ort vollzog. Diese geschlechtliche Vereinigung sollte zugleich als Symbolhandlung Zeugung, Fortpflanzungsfähigkeit und Vermehrung bei Menschen, Tieren und Pflanzen stärken. Die Menschen ahmten Gott nach, der die Erde befruchtet, und unterstützten ihn. Bei den Hebräern war dies keineswegs bloß Imitation fremder Riten, sondern Volksfrömmigkeit im Rahmen des Jahwe-Kultes.

Den Zeitpunkt zu bestimmen, von dem ab die Tempelprostitution negativ eingeschätzt wurde, ist schwierig. Innerhalb der Darstellung der Geschichte Judas und Israels ist beides erwähnt: Der bestehende Brauch wird geübt, aber von den Erzählern als götzendienerischer Gräuel verdammt. Die Könige Asa, Josaphat und Josia von Juda versuchten – alle vergebens – ihn auszurotten. Zu den vehementesten Gegnern solcher religiöser Praktiken gehörte der Prophet Hosea, der eine starke Wirkung auf die Nachwelt gehabt hat. Seine Auffassung von der religiösen Relativität sexueller Erfahrungen und Praktiken wirkt vor allem in der christlichen Individual- und Sexualethik nach.

Kinderopfer In Juda sind Kinderopfer aus der Zeit des Königs Manasse bezeugt. Für die Verbrennungen von Menschen gab es sicherlich eine naheliegende Begründung. Feuer war das Element der Himmelskörper, vielleicht wurde durch derartige Feueropfer eine besondere Verbindung zu den Himmlischen aufgenommen. Es ist auch nicht auszuschließen, dass die Menschenopfer Jahwe gegolten haben. Der judäische König Manasse hatte offenbar Sympathien für derartige Praktiken, denn er selbst brachte seinen eigenen Sohn auf dem Altar dar, wie es einst König Ahas getan hatte.

Totenbefragung Wie überall in der Antike suchten die Menschen bei Zauberern, Magiern, Wahrsagern und Hexen Zuflucht. Der Retter Saul soll, als er selbst vom Unglück verfolgt und militärisch am Ende war, die Hexe von Endor aufgesucht haben, wenngleich er dies angeblich heimlich und verkleidet tat. Die Hexe musste einen Verstorbenen befragen, nämlich den Propheten Samuel, der, aufgestört aus seiner ewigen Ruhe, Saul bestätigte, dass alles verloren sei. Totenbefragungen waren unumstritten, wenngleich ihre Ausübung in den Bereich des Unerlaubten zurückgedrängt wurde. Im Zuge der Durchsetzung des Ausschließlichkeitsanspruchs Jahwes brachen die Hebräer mit dem jahrtausendealten Brauch, bei Toten Hilfe zu suchen, bis dieser bekämpft und schließlich zur Sünde erklärt worden war. Doch noch der Prophet Jesaja bezeugt die Auseinandersetzungen um diese Praktiken.

Im Laufe der Jahrhunderte war der Tempel in Jerusalem ein Mischheiligtum für kanaanäische, assyrische und hebräische Gottesverehrung geworden. Jahwe war ein Gott unter vielen und wurde mit vielen Göttern gleichgesetzt. Astrale Kulte hielten bei den Hebräern Einzug und dies keineswegs allein infolge von außenpolitischem Druck. Auch die Hebräer hatten begonnen, von einem Königtum Jahwes in der Welt der Götter zu reden und seine Lade als den Thron aufzufassen, von dem aus er die Götterwelt beherrschte. Jahwe-Sabaot, Jahwe als „Herr der Heerscharen" ist eine Formulierung, welche die Abhängigkeit der göttlichen Mächte von dem dynamischen göttlichen Zentrum betont.

Es ist im 8. und 7. Jahrhundert ein Umbruch in der Geschichte fast aller Religionen des Altertums zu beobachten. Damals begann eine Astralisierung des Gottesverständnisses, nach der die großen Götter sich vornehmlich in den ihnen zugeordneten Gestirnen offenbarten. Im Zweistromland war im akkadischen Reich auf religiösem Gebiet die astrale ostsemitische Religion mit der chtonischen der Sumerer verschmolzen, ein Vorgang, der sich für die religiöse Entwicklung des gesamten Vorderen Orients als bedeutsam erwies. Hier hatten jahrhundertelange Himmelsbeobachtungen erlaubt, mathematische Regelmäßigkeiten der Sternbahnen festzustellen. Der Bezug solcher Konstellationen zu den Göttern der Mythologie war dem Zweistromland seit jeher selbstverständlich. So ergab sich, dass das Zusammenspiel der Götter ewigen Gesetzen folgte, welche die Weisen und Sternkundigen erkennen konnten. Auch der Einfluss der Gestirne auf das Menschenleben war unverkennbar. Ohne die Sonne gibt es weder Leben auf der Erde noch den Wechsel von Tag und Nacht. Dennoch wirkt sie im Jahreslauf verschieden, offenbar je nach ihrer Stellung im Tierkreis. Also beeinflussen die Tierkreisbilder mit der Sonne zusammen das irdische Schicksal. Der Lauf der Gestirne lässt sich berechnen, also auch die entsprechenden Lebensläufe auf der Erde, eine Erkenntnis, die noch heute Millionen von Horoskopbegeisterten teilen. So entstand das Gebäude einer kosmischen Religion, das, auf wissenschaftlicher Erkenntnis basierend, das menschliche Leben und Handeln mit dem Wirken der Götter zu einem harmonischen, organischen Ganzen zusammenfügte. Dieser imponierende Weltentwurf gelangte nach Juda und hat auch dort die Menschen fasziniert.

Die assyrischen Könige haben sich bei allen Feldzügen mit einer unvergleichlichen Beharrlichkeit an die Voraussagen der Sternkundigen gehalten – und sie haben gesiegt; so verkündeten sie es selbst in ihren Schriften. Daher konnten auch die hebräischen Monarchien von derartigen Strömungen nicht unbeeinflusst bleiben. In einer sogenannten Vision schildert der Prophet Ezechiel den Tempel in Jerusalem. In einem abgeschlossenen Raum befanden sich Einritzungen von Tierbildern an den Wänden, wahrscheinlich Stern-

Astralisierung des Gottesverständnisses

zeichen, vor denen die Ältesten Rauchopfer darbrachten. Währenddessen beteten draußen auf dem Vorhof Männer die Sonne an. Solchen Kulten ging man offenbar in den Seitentrakten des Tempels nach.

Reformen Josias Für die kultische Vielfalt der Hebräer bedeuteten die Reformen Josias einen beispiellosen Einschnitt (s. I. E.3). Nach dem Zusammenbruch Israels hatten Flüchtlinge ihre religiösen Ideen mit nach Juda gebracht. Die hebräische Theologie des Nordreiches war durchgängig von dem Existenzkampf gegen die kanaanäische Religion geprägt. Unter Josia fielen diese israelitischen Gedanken in Jerusalem auf fruchtbaren Boden und führten im Südreich mit der Zentralisierung und der Forderung nach einer ungeteilten Verehrung Jahwes zu einer totalen Distanzierung von kanaanäischen Kulten.

Mit der Trennung von allem, was kanaanäisch sein konnte, wurden auch Masseben und Ascheren, die jede hebräische Siedlung besaß, beseitigt. Dabei war es gleichgültig, dass auch den Erzvätern die Verehrung solcher Kultgegenstände zugeschrieben wurde. Zur Beseitigung der Höhenheiligtümer trugen primär die Bestrebungen bei, den Kult in Jerusalem zu zentralisieren. Die Anordnung Josias verursachte bei der großen Verbreitung solcher Heiligtümer einen Bildersturm ohnegleichen. Die Gottesverehrung löste sich nun aus der lokalen Gebundenheit. Der urtümliche Grundsatz, dass Göttliches sich überall rege und auch verehrt werden könne, wurde aufgegeben. Dies alles galt nur für die kurze Regierungszeit Josias, denn unter seinen Nachfolgern kehrte alles wieder zurück, was dieser nicht völlig hatte ausrotten können. So waren zwar die Reformen nach seinem Tod rasch vergessen, doch sie erlebten in exilischer und nachexilischer Zeit mit der Entstehung des Judentums eine Renaissance. Diese Wirkung verdankt Josias Konzept wesentlich den Propheten, die ähnliche Vorstellungen vertraten.

Prophetentum Die Blütezeit des Prophetentums begann in der Mitte des 8. Jahrhunderts, als die Monarchie die alten Funktionen der Priester und Seher abschaffte, indem sie den Kult teilweise zentralisierte und das Priestertum in den Beamtenstand erhob. Diese Entwicklung in den hebräischen Monarchien verlief allerdings nicht isoliert. Vom 9. bis zum 7. Jahrhundert tauchten in mehreren altorientalischen Religionen solche Propheten auf, es ist eine über die Grenzen Palästinas hinaus weit verbreitete Bewegung. Im Gegensatz zu den professionellen Priestern waren die Propheten Amateure. Der Prophet fühlte sich von Gott angesprochen, fühlte sich als dessen Beauftragter. Ein Mann stellte sich vor seine Mitbewohner, um eine Botschaft Gottes zu verkünden, die er erhalten hatte, damit er zum Werkzeug des göttlichen Willens werde. Seine Legitimation bestimmte der Prophet selbst. Seinen Auftrag dokumentierte er durch sein wichtigstes Ausdrucksmittel: das Wort. Ekstase, Opfer, Magie rückten in den Hintergrund. Um Botschaften solcher Art zu formulieren, die noch heute bewegen können, bedurfte es einer gewissen Informiertheit und Sprachgewandtheit. Die Propheten setzten sich für die Ärmsten ein, stammten aber selbst kaum aus diesen Kreisen. An die Seite des Wortes traten Taten, die häufig genug symbolischen Charakter besaßen, Taten, die aber ebenso häufig allem Herkommen Hohn sprachen. Dadurch erreichte der Prophet, dass seine Umgebung auf ihn aufmerksam wurde, nachdachte, an ihn dachte und vielleicht sogar auf ihn hörte.

Angesichts solcher Handlungen schwankte die Bevölkerung zwischen scheuer Hochachtung und spöttischer Verachtung. Diese Skepsis der Hörer gegenüber den mitunter skurril auftretenden Boten Gottes wurde durch die Tatsache verstärkt, dass Regierung und Priesterschaft der staatlichen Heiligtümer zusammenarbeiteten und missliebige Propheten verhafteten oder auswiesen. Und noch ein weiteres Phänomen musste irritieren: Häufig trat Prophet gegen Prophet an. Diejenigen nämlich aus der Zeit der hebräischen Monarchien, deren Worte das Alte Testament aufbewahrt, überlebten, weil sie den Untergang prophezeit hatten und damit den Überlebenden Chancen eröffneten, auch in der Katastrophe noch einen Sinn zu sehen. Doch waren längst nicht alle Propheten so einsichtig oder so radikal. Es gab genügend andere, deren Namen wir meist nicht kennen, weil sie „falsche" Propheten waren, weil sie auf das „falsche Pferd", auf die Mächtigen gesetzt hatten. Prophet gegen Prophet

Weil die Propheten die Gottesvorstellung von denjenigen Elementen reinigen wollten, die ihrer Meinung nach besonders durch die Kanaanäer oder anderswoher von außen in Religion und Kultus eingedrungen waren, tadelten sie die volkstümliche Religiosität der Hebräer. Als kanaanäisch erschien dabei alles, was ihnen im Kultus der Kanaanäer auffiel, ohne dass sie differenzieren konnten und wollten, was bei Hebräern und Kanaanäern auf gemeinsame ältere Wurzeln zurückging. Dies führte dazu, dass vieles, was bis dahin in der Welt der Hebräer als göttlich gegolten hatte, nur noch als Holz und Stein angesehen wurde. Eine Quelle war fortan eine Quelle, ein Baum ein Baum und nicht länger eine zu fürchtende Gottheit. Tabus und Totemvorschriften, Verbote aus unvordenklichen Zeiten verloren in diesem Konzept ebenso ihren Platz wie astrale Gottheiten, wobei letztere auf Umwegen während der Exilzeit „zurückkehrten". Die Propheten lehnten damit auch zahlreiche Aspekte des bisherigen Jahwe-Kultes ab, dessen neue, endgültige Form sie weitgehend schufen. Der von ihnen propagierte „neue" Gott wurde dann in der Tat singulär im Vergleich mit den übrigen in der Antike verehrten Gottheiten. Körperlos, unberührbar, unsichtbar, aber dennoch schrecklich und eifersüchtig, ein Gott also, den der Verstand nicht erfassen konnte. Es war ein Gott, der weder geboren wurde noch starb, der einsam im Glanz seines Ruhms regierte, und dies umso prächtiger, je erbärmlicher die irdische Existenz seiner Verehrer wurde. Propheten gegen volkstümliche Religiosität

Wenn Hosea, Amos, Jesaja und andere Propheten das Leben der Hebräer ihrer Zeit an den Pranger stellten, gingen die zentralen Vorwürfe stets mit der Feststellung einher, die Reinheit früherer Zeiten sei verloren. Bei einem Volk, das seine Existenz auf einen einmaligen historischen Gründungsakt zurückführte, kann eine solche historische Argumentation nicht überraschen. Die Vergangenheit, vor allem die Zeit vor der Monarchie, wurde in zunehmendem Maße zur heilen Welt stilisiert, was sich dann auch in der Redaktion der Appell an frühere Zeiten entsprechenden biblischen Erzählungen bemerkbar machte. In dieser guten alten Zeit gab es nach den Propheten keinen Götzendienst, wurden die Armen nicht ausgebeutet. Die Propheten gingen bei ihren Predigten von Erfahrungen aus, die viele ihrer Landsleute nachvollziehen konnten: Die Zahl derer, die im Elend lebten, deren wirtschaftliche Verhältnisse sich verschlechterten, nahm zu. Und dies, weil einige Menschen in übertriebenem Wohlstand lebten: in prunkvollen Häusern wohnten, zu viel und zu gut aßen, zu viel tranken, sich zu wertvoll kleideten, sich zu stark parfümierten, sich Vergnügungen hingaben und Unzucht trieben – Unzucht auch im übertragenen Sinn, durch die Anbetung von „Götzen".

Solche konkreten Missstände des alltäglichen Lebens waren für die Propheten Anlass, die tiefliegenden Hintergründe darstellen zu wollen. Die Ursache für die menschenverachtende Wertlosigkeit der Armen sahen sie in dem falschen Glauben, im falschen Kultus. Was den bestehenden Kult nach Jesaja jeder Wirkung beraubte, war die Vorstellung, ohne Weiteres am Heiligtum Jahwes opfern zu können, gleichgültig, ob man gedemütigt, betrogen oder gar gemordet hatte. Wie er brandmarkte auch Amos schonungslos den Versuch, die fehlende Gerechtigkeit durch kultisches Treiben, durch Bußfeiern und Erntedankfeste zu überspielen. Die Auseinandersetzung der rivalisierenden Gruppierungen war in Wort und Tat auf beiden Seiten an Schärfe kaum zu überbieten. Häufig genug wurden dabei die Konflikte mit Gewalt ausgetragen. Zur Zeit der Omriden in Israel waren dort zumindest die Jahwe-Priester ihres Lebens nicht mehr sicher. Als diese Religionspolitik mit der Usurpation Jehus scheiterte, beteiligten sich die Jahwe-Propheten im Gegenzug persönlich an der Beseitigung der Baal-Priester.

<small>Ausrottung des Andersdenkenden</small>

Physische Ausrottung und verbale Diffamierung des religiös Andersdenkenden gingen Hand in Hand. Drastisch beschreibt der Prophet Jeremia die seines Erachtens bestehende religiöse Verirrung jener Zeitgenossen, die nicht so dachten und handelten wie er, dabei trieb ihn die eigene Ohnmacht in die verbale Aggression. Seine Landsleute charakterisierte er als brünstige Kamelstuten und geile Hengste: „Jeder wiehert nach der Frau seines Nächsten." (Jer 5,8) Für heutiges Empfinden geradezu obszön heißt es in Anspielung auf die Höhenheiligtümer (Jer 3,2): „Schau hinauf zu den Höhen! Wo bist du nicht ge… worden" – die übliche Übersetzung „geschändet" ist viel zu harmlos. Auch diese Ausdrucksweise verweist auf die religiöse Polarisierung in der ausgehenden judäischen Monarchie, aus der uns allerdings Äußerungen der Gegenseite fehlen.

<small>Prophezeiung des Untergangs</small>

Der Einfluss solcher Propheten auf die Zeitgenossen ist schwer zu greifen. Sie waren wohl weitgehend chancenlos, wenn die Herrscher ihre Anliegen nicht mittrugen. Die uns durch die Schriften bekannten Propheten blieben einsam. Als die im Land beobachteten und angeprangerten Wirren ihrer prophetischen Verkündigung keine Aufmerksamkeit mehr brachten, gingen sie einen Schritt weiter und drohten der auf Ungerechtigkeit basierenden Zivilisation ein baldiges Ende an, sagten den Untergang des Volkes und des

Staates voraus. Sie rechneten mit weitreichenden Veränderungen und gaben Ausblicke, die man durchaus als Eschatologie bezeichnen kann. Dabei riefen die Propheten eine Vergangenheit wach, in der sie ein Ideal sahen. Diese Zustände wieder zuerlangen, wurde ihr großer Zukunftstraum. Und je mehr für sie die Gegenwart zum Alptraum wurde, desto kühner waren die Träume einer besseren, zukünftigen Welt. So tauchte schließlich am Ende der Königszeit Judas, als alle irdischen Hoffnungen Wahn wurden, die an menschlichen Erfahrungen gemessen widersinnigste aller Erwartungen auf, dass der Tod, der so reichlich Ernte in Juda hielt, überwunden würde und die Toten auferstehen würden. Als es keine Hoffnung mehr gab, die Ungerechtigkeit und das Leid der Zeit zu begrenzen, stellten die Propheten diese Leidenszeit des Menschen als zeitlich begrenzt dar, als Weg zu seiner endgültigen Befreiung am Jüngsten Tag des Sieges ihres Gottes.

G. AUSBLICK

Für die politische Geschichte der Hebräer begann mit dem Exil eine neue Zeit. Sie haben fortan keinen selbstständigen Staat mehr gebildet, sieht man von der kurzen Ausnahme der Hasmonäerherrschaft (142–63) ab. Dennoch überlebte Israel durch Juda und dann auch Juda selbst seinen staatlichen Untergang. Mit dem Ende Judas setzte die Geschichte „Israels" ein, doch dies war ein anderes „Israel" als dasjenige, von dem bisher die Rede gewesen ist.

<small>Babylonische Deportationspraxis</small> Dieses Überleben hatte vor allem zwei Ursachen: Anders als die Assyrer die Israeliten, siedelten die Babylonier die Deportierten Judas in geschlossenen Wohngebieten an, die ein relatives Maß an Eigenleben ermöglichten. Ebenfalls im Unterschied zu den Assyrern führten die Babylonier keine fremden Siedler in ihre judäische Provinz, sodass die dörflichen Gemeinschaften vor allem im Norden Judas intakt blieben. Das neubabylonische Reich zerfiel nach dem Tod Nebukadnezars 562 rasch. Der Perser Kyros (559–530) hatte zunächst Medien und 546 Lydien unterworfen; schließlich hielt er Einzug in Babylon. Die Perser gestatteten ihren Untertanen weitgehend ein kulturelles und religiöses Eigenleben. Daher durften die Juden, sofern sie es wollten, den zerstörten Tempel in Jerusalem wieder aufbauen. So kam es seit 538 trotz zahlreicher Rückschläge ganz allmählich zur Etablierung einer Gemeinde in Jerusalem.

<small>Prophetische Verkündigung</small> Es war vor allem die prophetische Verkündigung, die den zweiten Grund für das Überleben und das Leben der Gemeinde legte. Inmitten einer Welt vergehender Kleinstaaten waren auch Israel und Juda untergegangen, als sich das Machtvakuum im syrisch-palästinensischen Raum füllte und die kurze Blütezeit der Monarchien Episode wurde. Weil manche Propheten verkündet hatten, die auf Erden vorhandene Sündenmenge sei ins Ungeheure angewachsen und eine Besserung nicht mehr möglich, forderten sie die Katharsis des totalen staatlichen Untergangs. Auf diese Weise boten sie eine Erklärung für die Demütigung durch die Fremdherrschaft. Die eingetroffene Unheilsprophetie machte sie erst zu „wahren" Propheten und gab Anlass, ihre Schriften zu bewahren. Für Micha war die Fehlentwicklung in der Sozialordnung nach menschlichem Ermessen nicht mehr aufzuhalten; erst nach der Vernichtung von Stadt und Stadtstaat Jerusalem mitsamt den Beamten und ihren angemaßten Rechten wäre die Einrichtung einer neuen Gesellschaftsordnung möglich. Dann könnte die ursprüngliche kleinbäuerliche Ordnung wieder in Kraft treten, an deren einstige Funktionsfähigkeit man sich noch erinnerte. Bei Jesaja war es ähnlich, da er die Wurzel des sozialen Übels in der faktisch unbeschränkten Macht der Großgrundbesitzer über die Masse des Volkes sah, konnten für ihn nur noch die Assyrer eine Lösung bringen, indem sie die in Juda Herrschenden enteigneten und verschleppten. Die Babylonier realisierten dies schließlich.

Mit dem beginnenden Exil legt man den Übergang zum Judentum fest, *Entstehung des Judentums*
jener neuen Religion, mit der sich die Vorstellungen von Selbstabkapselung
und Verabsolutierung des göttlichen Gesetzes verbinden, wie sie die vorexilische Zeit nicht kannte. Diese Verabsolutierung erklärt sich soziologisch, weil im Exil die Notwendigkeit bestand, Verhaltensregeln aufzustellen, wenn die Hebräer als Volk ihre Identität bewahren wollten. Die Diskrepanz zwischen religiös-politischem Anspruch und realpolitischer Ohnmacht war gewaltig. Doch gerade in dieser Zeit und in diesen Kreisen erfuhr das Erlösungsbewusstsein jene Ausgestaltung, die schließlich nicht allein das babylonische Exil, sondern zahlreiche Jahrhunderte unerfüllter politischer Hoffnungen ertragen ließ. Das Eigenständige reduzierte sich auf die Religion und diese selbst erlebte wesentliche Veränderungen. Viele Eigenheiten des Kultus wurden nun durch eine Abgrenzung stärker betont und erhielten dadurch ihre prägende Kraft: Sabbath, Beschneidung, Speise- und Reinheitsvorschriften. Den Zusammenhalt förderten auch die Versammlungen in den sich entwickelnden Synagogen, zu deren Anlass Erzählungen die Vergangenheit lebendig hielten. Mündliche und schriftliche Überlieferungen wurden vermehrt gesammelt; wichtige Geschichtswerke, aber auch Gesetzeskodifikationen entstanden.

Das ruhmlose Ende der Monarchien lenkte den Blick immer stärker auf die *Verklärung der Vergangenheit*
wenigen glanzvollen Anfangsjahre ihrer Existenz. Immer mehr rückten die zentralen Stationen der glorreichen Vergangenheit in den Blickpunkt: Auszug aus Ägypten, „Eroberung Kanaans" und staatliche Macht und Größe unter der Doppelmonarchie. Diese Vergangenheit speiste eine Endzeiterwartung und förderte den Glauben an sie. Die politische Macht war zwar dahin, aber es blieb die Hoffnung auf die Einlösung des einmal gegebenen Versprechens Gottes. In einer immer ferner werdenden Zukunft werde Jahwe sein Volk rehabilitieren und die „gottlosen" Völker züchtigen, die bislang noch triumphierten. Die Rache an den Bedrückern der Juden, das Weltende, stellte man sich so blutig vor wie das Ende, das die Hebräer am eigenen Leibe erlebt hatten. Einmal, ein letztes Mal, werde Jahwe sich an den Feinden rächen und sie vernichten mit all den Grausamkeiten, die das bittere Ende der irdischen Monarchien begleitet hatten: Hunger, Pest, Erdbeben, Schwert, Feuer, Deportationen und Kriegsschrecken wurden zu apokalyptischen Symbolen, die mit der Ausbreitung des Christentums weite Teile der Menschheit beschäftigen sollten.

II. Grundprobleme und Tendenzen der Forschung

Alle Verweise in eckigen Klammern beziehen sich auf Teil III „Quellen- und Literatur".

A. EINLEITUNG

1. METHODENDISKUSSION

Der Diskussion um die Darstellung der Geschichte Israels sei der Satz von E. A. Knauf, zitiert von PROVAN, vorangestellt: „Only ideologists are always right; scolars know that everything they say is potentially wrong." [PROVAN, Ideologies A.8]

Bevor ich auf die Quellen eingehe, ist auf eine Methodendiskussion hinzuweisen, welche die Historiker in zwei zurzeit unversöhnliche Gruppierungen teilt. In modernen Studien zur Geschichte des Alten Israel ist Konsens ohnehin ein rares Phänomen [WEINBERG, Conquest E.4: 597], so urteilt BECKER: „Die Disziplin ‚Geschichte Israels' ist gegenwärtig, wenn man es ein wenig überspitzt ausdrücken will, in zwei Lager gespalten." [C.3: 210] Die Anhänger eines neuen Weges, zumeist als „Minimalisten" angesprochen, arbeiten mit Begriffen wie Paradigmenwechsel und ziehen das Alte Testament nicht länger als Quelle für die Rekonstruktion der Geschichte Israels heran. „Die historisch-kritische Schule hat ihr Fundament verloren. Sie ist tot, und wir sollten sie mit Anstand und Respekt begraben", formuliert THOMPSON [A.2: 157]. Stattdessen bauen diese Historiker auf „external evidence", womit vor allem epigraphische und archäologische Quellen gemeint sind. „Was ohne ‚external evidence' vorgestellt wird, ist nur Mutmaßung und intellektueller Zeitvertreib", urteilt LEMCHE [LEMCHE, Theologie A.8: 83]. Konsequent weitergeführt hieße dies, die „Geschichte Israels" nur aus außerbiblischen Zeugnissen schreiben zu dürfen. Unausgesprochen wie manches ist dabei, dass assyrische oder babylonische Annalen als zuverlässig eingestuft werden, alttestamentliche dagegen nicht. Eine Zusammenfassung der derzeitigen Diskussionslage bietet SCHAPER [A.8] mit einer Fülle weiterführender Literatur.

Ein Vertreter der Gruppe der Minimalisten ist THOMPSON [A.8], der von einer fast vollständig fiktionalen Geschichte im Alten Testament ausgeht;

Zwei Lager

Minimalisten

deshalb ignoriert er, was GRABBE [A.8] mit guten Gründen kritisiert, diese literarischen Texte gelegentlich völlig. Auch SCHEFFLER [A.3] und KITCHEN [A.8] diskutieren kritisch den Trend, das Alte Testament als ein Werk des Hellenismus mit fiktiven Berichten der Vergangenheit zu betrachten. Methodisch wichtige Beiträge gegen die sogenannten Minimalisten wie THOMPSON [A.8], DAVIES [A.8] und WHITELAM [A.8] bieten DEVER [A.6] sowie POLA [A.8], der fragt „Was bleibt von der älteren Geschichte Israels?" In dem von DAY [A.8] herausgegebenen Sammelband finden sich Beiträge, die zwar die Redaktion der alttestamentlichen Texte in exilischer und nachexilischer Zeit weitgehend zugestehen, aber ebenso betonen, dass eine Fülle des dabei verarbeiteten Materials aus vorexilischer Zeit stammt. Gegen eine sehr späte Datierung argumentiert ferner SCHNIEDEWIND [A.2], der als die wichtigste Periode der Redaktion des Alten Testaments die Zeit von Hiskia bis zum Exil betrachtet. GOTTWALD steht den historiographischen Möglichkeiten der biblischen Quellen positiv gegenüber und grenzt sich dabei ebenfalls von den Minimalisten ab, denen er allerdings „a valuable service in raising epistemological and methodological consciousness" [A.1: 263] zugesteht. Die Thesen der Minimalisten betreffen vor allem die Darstellungen zu David (s. I.C.1) und Salomo (s. I.C.2).

Primärquellen Mit der Sicht der Minimalisten einher geht eine Unterscheidung in Primär-, Sekundär-, Tertiär- und Quartärquellen [KNAUF A.8]. Während für UEHLINGER Primärquellen solche Quellen sind, deren Entstehen sich „aufgrund archäologischer Kriterien ... relativ genau datieren" lässt und die „während oder nur kurz nach den berichteten Ereignissen entstanden" [E.3.a: 60], sind es für GERTZ „mit archäologischen Methoden datierbare Quellen" [A.2: 21]. Bei beiden zeigt sich der Einfluss der von einem Teil der heutigen Archäologie angestoßenen Diskussion, die den Primat ihrer Quellen vor den literarischen postuliert. Einen Überblick über die Debatte verschafft HARDMEIER [A.3].

Außerbiblische Quellen Eine andere Gruppe von Historikern ist immerhin dann bereit, biblische Nachrichten als zuverlässig zu betrachten, wenn die dort erwähnten Fakten durch außerbiblische Quellen bestätigt werden. Als Vertreter dieser Richtung sei hier LEMCHE genannt [LEMCHE, History A.8]. Für ihn stellt diese Bestätigung durch außerbiblische Zeugnisse das entscheidende Kriterium für die Akzeptanz biblischer Aussagen dar: „Nur wenn sich eine verständnisvolle Verbindung zwischen den Texten des Alten Testaments und den außerbiblischen Zeugnissen der palästinischen Kultur zwischen 1200 und 500 herstellen lässt, dürfen wir die Reihe von diachronen Studien und Analysen weiterführen. Eine Verbindung dieser Art ist jedoch – jedenfalls, was die Periode 1200 bis 900 betrifft – kaum nachzuweisen. In dieser Zeit besteht ein so weiter Abstand zwischen den Nachrichten im Alten Testament und den außerbiblischen Quellen, dass es kaum noch lohnend ist, für die Historizität der biblischen Darstellung zu plädieren. Für die Periode zwischen 900 und 500 ändert sich die Quellenlage nur wenig: Hier und dort entspricht die Darstellung der Königszeit im Alten Testament den außerbiblischen Nachrichten.

Doch solche Übereinstimmungen sind mehr zufällig und erlauben uns im Allgemeinen nicht, die Geschichte des historischen Israels ... genauer zu verfolgen." Es gehe, so LEMCHE, den biblischen Verfassern nur darum, „ihre Erzählungen, die, für sich genommen, möglicherweise völlig unhistorisch sind, für ihr Publikum, die Juden des 3. und 2. Jahrhunderts, mit einer geschichtlichen Einbettung zu versorgen." [LEMCHE, History A.8: 86 f.]

Wenn aber für manche Texte die historische Zuverlässigkeit auf diese Weise erwiesen werden kann, so folgere ich wie KESSLER [B.5.a], kann man dies auch im Analogieverfahren auf andere Erzählungen anwenden. Dass dabei die Ergebnisse der kritischen Bibelwissenschaft berücksichtigt werden müssen, versteht sich von selbst. Solche Ergebnisse scheinen mir weitaus zuverlässiger als diejenigen einer von WHITELAM [A.1] und und vor allem von LIVERANI [A.1] vertretenen Forschungsrichtung, der weite Passagen des Alten Testaments als Rückprojektion der exilischen oder nachexilischen Zeit in die ferne Vergangenheit dienen. Der zweite Hauptteil des Buches LIVERANIS trägt die Überschrift „Una storia inventata" und behandelt die „Erfindung" der Patriarchen, der Eroberung, der Richter, der Doppelmonarchie, des salomonischen Tempels, des Gesetzes. Ein beliebter Gegenstand solcher Rückprojektion ist der Forschung König David und eine in diesem Zusammenhang typische Formulierung findet sich bei LEMCHE: „It is possible that traditions which had originally nothing to do with Judah or conditions in Jerusalem in the 10th century BCE were simply transformed into Judaean traditions." [LEMCHE, History A.8: 187]. Gegen eine durchgängige Rückprojektion spricht die Beobachtung, dass die meisten Texte des Alten Testaments nicht aus einem Guss sind, sondern vielfältige Spuren des Wachstums zeigen; daher fragt MÜLLER zu Recht, ob wir den alttestamentlichen Geschichtserzählern nicht allzu schnell eine „Fiktionenproduktion" unterstellen [A.8: 20]. PROVAN [PROVAN, End A.8] bietet eine gründliche und überzeugende Auseinandersetzung mit WHITELAMS „The invention of ancient Israel" [A.1] als „wholly unpersuasive".

„Fiktionenproduktion"

In Anbetracht der geschilderten zwei Lager stütze ich mich eher auf die literarische Überlieferung als auf die sehr kontroversen Ergebnisse der Archäologie und sehe mich auf der Seite derjenigen Historiker, welche die biblischen Erzählungen gewiss nicht einfach nacherzählen, aber im Wesentlichen eine an der Überlieferung angelehnte „narrative Geschichtsschreibung" bieten, wie dies WEIPPERT [A.8: 73] ausdrückt. HERR fragt, ob das Alte Testament als Quelle der Geschichte Israels ausgedient habe und folgert, dass nur sorgfältige exegetische Detailarbeit die Texte erschließt, die historisch ausgewertet werden können [A.8]. So einfach dies klingt, so schwierig ist die Ausführung dieser Maxime angesichts der Tatsache, dass BIETENHARD von der „gegenwärtigen Vielfalt auf dem ‚Markt der exegetischen Methoden'" spricht [F.2: 2]. Mit Recht hebt TALSHIR hervor, dass der Zweck der Text- und Literarkritik darin besteht, die verschiedenen Stadien der Komposition, Redaktion und Überlieferung nach Kriterien und Methoden, die in mehr als

Narrative Geschichtsschreibung

200 Jahren moderner Forschung festgelegt wurden, wieder zu gewinnen [A.8]. Die Philologie stellt sich die Aufgabe, die diachronen Prozesse durch Linguistik, Archäologie, Epigraphik, Geographie und Geschichte zu rekonstruieren, sodass ein allgemeines Bild entsteht.

„low chronology" Die gelegentlich anzutreffende starke Abwertung der literarischen Zeugnisse zugunsten der archäologischen geht von einer Neudatierung mancher Grabungsergebnisse aus; eine Einführung in diese Diskussion bietet FREVEL [A.8]. Einer der wichtigsten Vertreter dieses neuen archäologischen Ansatzes ist FINKELSTEIN. Eine kurze Darlegung seiner Thesen bietet sein Aufsatz von 1999 [FINKELSTEIN A.8]. Seine Herabdatierung archäologischer Zeugnisse, meist „low chronology" genannt, basiert auf einer neuen Einschätzung der Keramik-Abfolge, wonach die erste philistäische Keramik, die sogenannte monochrome Ware, nicht zeitgleich mit der ägyptischen der 20. Dynastie ist, sondern ihr folgt. Das bedeutet für FINKELSTEIN, dass die Philister nicht von den Ägyptern angesiedelt wurden, sondern sich erst nach dem ägyptischen Machtzerfall Ende des 12. Jh. niederließen. Ein zweites Fundament seiner Thesen bietet die erneute archäologische Untersuchung von Megiddo, wonach die Schicht VI A nicht ins 11. Jh. gehört, da sie keine philistäische Monochrom- und auch keine Bichrom-Ware aufweist; folglich datiert er Megiddo VI A ins 10. Jh. Damit rückt die bisher als salomonisch eingeschätzte Schicht V A–IV B ins 9. Jh., also in die Omridenzeit. Insgesamt verschiebt FINKELSTEIN die Zeitskala der archäologischen Epochen in Palästina zwischen dem 12. und dem 9. Jh. um ein Jahrhundert nach unten. Sein Fazit lautet somit, dass die hebräischen Staaten erst spät – Israel nicht vor dem 9. und Juda ab dem späten 8. Jh. – Anzeichen einer „full-blown statehood" aufweisen. Die vereinte Monarchie unter David und Salomo war bestenfalls ein „early state" und auf die Länge der Zeit betrachtet atypisch. Letzteres ist ein Ergebnis, das, soweit ich sehe, nie angefochten wurde.

Primat der Archäologie Deutlich weiter geht die jüngere Arbeit von FINKELSTEIN/SILBERMAN, in der sie die Möglichkeiten der Archäologie wie folgt einschätzen: „Dank archäologischer Forschungen können wir heute erstmals die Grundelemente des biblischen Erzählstoffs genauer untersuchen" [A.8: 12]. So stellen sie dann fest, dass alles über Salomo (um 965–932) zur Zeit Manasses (697–642) erfunden wurde. Nun gibt es aber das Phänomen, dass das Bild Salomos nicht eintönig, sondern mehrfarbig ist: Der positiv geschilderte Monarch steht neben dem negativ gezeichneten. Für FINKELSTEIN/SILBERMAN stammen beide Bilder aus der Zeit Manasses. Die Autoren des positiven Bildes transportieren die guten Eigenschaften Manasses in die Vergangenheit, die Gegner dagegen verlegen ihre Zeitkritik ebenfalls in die Vergangenheit und machen Salomo schlecht [A.8: 160].

FINKELSTEIN und seine Gruppierung argumentieren immer wieder, dass dieses oder jenes Ereignis archäologisch nicht nachweisbar sei. Demgegenüber stellt RAINEY klar, dass archäologische Nicht-Nachweisbarkeit kein Argument ist [A.8]. Wie soll man wissen, ob David es war, der Megiddo

VIa zerstörte oder der Pharao Schoschenk? Es ist, wie KESSLER betont, kein Ausstieg aus dem Zirkel von archäologischer Deutung und Textinterpretation, wenn man die Texte nicht mehr zur Kenntnis nimmt [B.5.a].

Die von FINKELSTEIN vorgeschlagene „low chronology" [vgl. ORTIZ A.8] ist von mehreren ihrer Ansätze her kritisiert und immer wieder abgelehnt worden; dazu DEVER [A.8]. So äußern BUNIMOVITZ/FAUST [A.8] Zweifel an den methodischen Grundlagen, weil es durchaus wechselseitige Beziehungen zwischen Völkern geben kann, ohne dass sich ein Austausch von Gerätschaften der materiellen Kultur nachweisen lässt. BEN-TOR [BEN-TOR, Hazor A.6] zeigt auf, dass durch die „low chronology" in Hazor eine so dichte Schichtenfolge entstehen würde, wie sonst nirgends zu beobachten ist, und MAZAR [MAZAR, Iron A.6] hält die „low chronology" für unvereinbar mit C14-Daten. Für andere wiederum ist die „low chronology" überholt, sie plädieren daher für eine „very low chronology". Entsprechende Vorschläge behandelt KNAUF, der behauptet, der richtige Umgang mit C14-Daten bestätige allenfalls die „low chronology" nicht die neue „very low chronology" [A.6].

Ablehnung der „low chronology"

Diese kritische Durchsicht mancher Hypothesen soll keineswegs generell den Wert der archäologischen Zeugnisse schmälern. So diskutiert ZWICKEL [A.7] anhand von Fallbeispielen wie Jerusalemer Tempel, Ansiedlung, Jahwe und seine Aschera oder Goliath das Verhältnis von Exegese und Archäologie. Der Wert der Erkundung von Stadtanlagen oder von Oberflächenuntersuchungen (surveys) ganzer Regionen ist hoch; vor allem letztere können Auskunft über die Siedlungsstruktur und die landwirtschaftliche Produktion sowie deren Veränderung im Lauf der Jahrhunderte geben. Werden aber Einzelfunde getätigt, kann die Interpretation sehr kontrovers sein. So werden Funde auf dem Berg Ebal aus der Zeit um 1200 als Kultstätte mit Nebenräumen und eine den heiligen Bezirk abgrenzende Umfassungsmauer oder als Gehöft mit Wirtschaftsgebäuden und einer Umfriedung für Tiere gedeutet [KESSLER B.5.a]. Derartige Differenzen kommen bei zahllosen Themen vor, sie festzustellen scheint mir aber notwendig angesichts zunehmender Versuche, das Heil historischer Forschung vor allem in archäologischen Quellen zu suchen.

Wert archäologischer Zeugnisse

Ein anschauliches Beispiel der gegenseitigen Ergänzung von literarischen und archäologischen Zeugnissen stellen die Informationen über die judäische Festungsstadt Arad dar. HERZOG bietet eine sorgfältige Einbettung der Funde in den aus biblischen wie außerbiblischen Zeugnissen gewonnenen historischen Kontext [A.6: 84–102]. Die Ausgrabungen haben für die Zeit vom 12./11. vorchristlichen bis zum 16. nachchristlichen Jh. auf dem Hügel insgesamt zwölf Besiedlungsschichten ans Tageslicht gebracht, durchgezählt von der jüngsten (I), der arabischen Phase bis zur ältesten (XII) aus der Zeit der Einwanderung der frühen Hebräer. Die Besiedlung der Gegend begann noch früher mit einer Ansiedlung am Fuße des Hügels, in der Unterstadt, im 4. Jahrtausend, die im 12. Jh. allerdings bereits eineinhalb Jahrtausende in Ruinen lag. Die Sage von den Kriegen, die nach Auskunft des Alten Testa-

Ergänzung von literarischen und archäologischen Zeugnissen

ments die Hebräer gegen die Könige von Arad führten, sollen die Ruinen erklären, welche die Neuankömmlinge vorfanden.

Schicht XII–IX   Nach dieser Besiedlungslücke erfolgte die Anlage eines Dorfes im 12./ 11. Jh. (Schicht XII). Von Anfang an war die Ansiedlung mit einer Kasemattenmauer umgeben. Mit dem Ausbau der Monarchie und während ihrer Dauer vom 10. bis 6. Jh. lassen sich insgesamt sechs Bauperioden und ebenso viele Zerstörungen (XI bis VI) nachweisen. Die durch die Archäologie geleistete grobe Datierung der jeweiligen Aufbau- und Zerstörungsphasen kann durch die Informationen des Alten Testaments präzisiert werden, obwohl der Ort in den Erzählungen über die Königszeit selbst nicht vorkommt. Arad lag am Südrande Judas in einer exponierten Lage gegenüber Edom. Salomo (965–932) hat bei der militärischen Sicherung seines Reiches den Ort zur Festung ausgebaut (XI), die allerdings kurze Zeit nach ihrer Entstehung wieder dem Erdboden gleichgemacht wurde. Dies geschah wohl anlässlich des Schoschenk-Einfalls 926, der für Israel und Juda die Zerstörung mehrerer Orte brachte, während das Alte Testament lediglich den Durchzug des Pharao und die Tributzahlungen des judäischen Königs Rehabeam (932–916) erwähnt. Nach einiger Zeit erlebte die Siedlung einen Wiederaufbau (X), bei dem die Kasemattenmauer zu einer massiven Mauer aufgefüllt wurde, existierte aber erneut nur etwa ein halbes Jahrhundert. Dieser Aufbau ist mit einem wirtschaftlichen und militärischen Erstarken Judas unter Josaphat (874–850) zu erklären, der Gebiete Edoms unter seine Kontrolle brachte. Das Ende dieser Siedlungsphase kam um die Wende vom 9. zum 8. Jh., als die Edomiter eine Schwächeperiode Judas ausnutzten. Die nächste Bauphase (IX) kurze Zeit später lässt sich mit den auch sonst zu beobachtenden Erfolgen Amazjas (797–769) in Verbindung bringen, dem es unter anderem gelang, die Südgrenze seines Reiches wieder zu stabilisieren. Jetzt wurde der Tempel abgetragen und das Tempelareal erheblich verändert.

Schicht VIII–VI   Arad, im ständig umkämpften Grenzgebiet zwischen Juda und Edom gelegen, fiel nach nur wenigen Jahren. Die Edomiter vermochten erneut, Elath und die Zugangswege dorthin zurückzuerobern, weil Juda in den ephraimitisch-syrischen Krieg verwickelt war und eine deutliche Niederlage gegen seinen Erzrivalen Israel einstecken musste. Als Hiskia (715–697) den Abfall von Assur vorbereitete und die wichtigsten Garnisonen seines Königreiches instand setzte, erlebte Arad einen erneuten Aufbau (VIII), allerdings ohne Tempel. Die Räucheraltäre wurden bei der gezielten in einem Zug durchgeführten teilweisen Abtragung beziehungsweise Auffüllung der Anlage verstreut. Dies dürfte wie die Auflösung des Heiligtums von Beer-Seba um 715 erfolgt sein. Doch Arad konnte ebenso wenig wie Lachis und andere Festungen gegen die Assyrer bestehen und so folgte 701 rasch die vierte Zerstörung. Die nächsten Bautätigkeiten (VII) fielen vermutlich in die Regierungszeit des Manasse (697–642) oder unter Josia [LIVERANI A.1: 190], unter dem sich Juda von der Niederlage gegen Assur allmählich erholte. Wie unter Rehabeam im 10. Jh. machten anschließend die Ägypter Arad dem Erdboden gleich. Die sechste und letzte Bauphase aus der Zeit der Monarchie zeigt deutlich Parallelen zur vorletzten. Wieder versuchte sich ein judäischer König, Jojakim (609–598), aus der Kontrolle einer Großmacht, Babylon, zu lösen und setzte dafür seine Festungsstädte wie Arad instand (Stratum VI). In dieser Schicht fanden sich beschriftete Tonscherben, Ostraka, die Lebensmittelrationen für Soldaten, darunter auch Kittäer, griechische Söldner in judäischen Diensten, bezeugen [Renz/Röllig A.4, Bd. 1: 347]. Auch diesmal existierte der Bau nur wenige Jahre. Aber nicht die Babylonier brachten Arad zu Fall, sondern die ebenfalls auf Ostraka erwähnten Edomiter. Sie profitierten vom verzweifelten Abwehrkampf, den zu führen Juda sich an seiner Nord- und Westgrenze vorbereitete, und griffen von Süden an. Dieser sechsten Zerstörung folgt eine weitere Besiedlungslücke bis ins 5./4. Jh.

Abschließend sei noch darauf hingewiesen, dass manche Beschäftigung mit der Geschichte Israels oder der Geschichte Palästinas der Legitimierung der jeweiligen heutigen politischen Ansprüche dient. Platt geschieht dies in dem Buch von Salibi [A.8], subtiler in einer Studie wie derjenigen von Whitelam [A.1]. Für alle solchen Ansätze gilt das, was Davies, ein unverfängliches Beispiel suchend, wie folgt formulierte: „The modern ‚British' are not the Britons of the Roman period." [A.8: 59]

Politisierte Geschichtsschreibung

2. Literarische Quellen

Die wichtigste Quelle zur Geschichte der hebräischen Monarchien ist meiner Meinung nach das Alte Testament. Für die jüdische Religion ist dies die Bibel schlechthin, eine Sammlung von 22 oder 24 hebräischen Schriften [Gertz A.2: 30–32], während die Christen diese Texte als ersten Teil ihrer Bibel und die neutestamentlichen Schriften als zweiten Teil zählen; daher hat sich für den ersten der Begriff „Altes Testament" eingebürgert. Sicherlich ist die im Alten Testament präsentierte Geschichte eine theologisch gedeutete Geschichte, aber dies unterscheidet sie nicht von anderen literarischen Texten. Daher kann ich die Feststellung Kesslers nicht nachvollziehen: „Gerade wenn man diesen zutiefst theologischen Charakter der Hebräischen Bibel ernstnimmt, erkennt man, dass ihre Texte nur in einem sekundären oder indirekten Sinn zugleich historische Quellen sind." [B.5.a: 34] So betont etwa Goetz zur Historiographie des europäischen Mittelalters: „Die *res gestae* wurden im Mittelalter nicht um ihrer selbst, sondern um der in der Geschichtlichkeit bewirkten *gestae Dei* willen berichtet." [A.8: 204]

Altes Testament

Trotz fehlender Autorennamen im Alten Testament bemüht sich die Forschung einzelne Quellen näher zu bestimmen und zu datieren. Während sich bei der Zuschreibung zusammenhängender Quellen zu einem Autor eine communis opinio seit Längerem abzeichnet, ist dies bei der Datierung der entsprechenden Texte längst nicht der Fall. Die Geschichte der Pentateuchforschung soll hier ebenso wenig nachvollzogen werden [Schmitt A.2:

„Autoren"

176–180] wie die Diskussion um Pentateuch (fünf Bücher Mose), Hexateuch (sechs Bücher: fünf Bücher Mose und Josua), Enneateuch (neun Bücher: fünf Bücher Mose, Josua, Richter, 1 und 2 Könige) oder Tetrateuch (vier Bücher; 1–4 Mose); dazu SCHMITT A.2: 174 f. Entscheidend ist das Ergebnis dieses langen Ringens um die alttestamentlichen Texte: die Unterscheidung von vier "Autoren" (J, E, P, D), die im Folgenden vorgestellt werden. Die Datierung dieser Erzähler hat zuerst GRAF 1866 [A.3] versucht und WELLHAUSEN 1883 [A.1] weiterentwickelt. Diese Graf-Wellhausen-These geht davon aus, dass die Priesterschrift (P) zwar das Grundgerüst des Pentateuch bildet, aber erst exilisch oder nachexilisch entstanden ist. Die Entstehung von P wird heute allgemein in der Zeit nach dem Ende der Monarchien 587 angesetzt [BLENKINSOPP A.3]; allerdings ist mit einer nachexilischen Bearbeitung zu rechnen [SCHMITT A.3]. Damit ist P jünger als das Deuteronomium (D). Während Jahwist (J) und Elohist (E) eine Vielzahl von Jahweheiligtümern schildern und D die Kultzentralisation der Jahweverehrung noch als Forderung für die Zukunft betont, setzt P sie durchgängig als gegeben voraus. Damit hat sich seit WELLHAUSEN ein Konsens über die Reihenfolge der Entstehung der Pentateuchschichten herausgebildet: J – E – D – P.

Bei dem Werk des Jahwisten handelt es sich um Texte, die als Gottesnamen Jahwe verwenden und sich weitgehend auf Juda konzentrieren. Ein anderer Erzähler nennt die zentrale Gottheit der Hebräer Elohim und wird daher Elohist genannt; er interessiert sich stärker für den Norden. Beiden gemeinsam ist, dass sie Priester für den Kult nicht als notwendig betrachten. Dies und andere Gemeinsamkeiten machen die genaue Unterscheidung nicht immer möglich, weshalb man gelegentlich von einer Quelle J/E spricht. Kontrovers diskutiert wird das Verhältnis von J und E. Schon NOTH [A.3] hat festgestellt, dass E nur sehr fragmentarisch zu fassen ist. VAN SETERS [B.3] betrachtet daher die elohistischen Texte als Ergänzung zu J und SCHMITT [A.3] sieht E als Redaktor ihm vorliegender jahwistischer Überlieferungen.

Die Entstehung von J setzt eine Schriftkultur voraus, die es in den hebräischen Monarchien nach HESS [F.1] wohl seit Beginn der Staatsgründung gab. Die Spanne der Datierung von J ist ungewöhnlich groß. Während BERGE [A.3] annimmt, dass J vor der Reichstrennung von 926 entstanden sein muss, geht SCHMID [A.3] vom Exil als Entstehungszeit aus. Aus der engen Verwandtschaft zwischen der Prophetie (s. I.F.6) und J wird beider Entstehung in jüngster Zeit im 6. Jh. vermutet [LEVIN, Jahwist A.3]. Wahrscheinlich wird man mit einem langen Prozess rechnen müssen [SMEND A.2]. Inzwischen nimmt ein Teil der Forschung allerdings „Abschied vom Jahwisten", wie der Titel eines Sammelbandes lautet, der entsprechende Ansätze ausführt [GERTZ/SCHMID/WITTE A.3]. Im Gegensatz zu diesem Sammelband bietet derjenige von DOZEMAN/K. SCHMID [A.3] auch kritischen Stimmen gegenüber diesem „Abschied" Raum. LEVIN [LEVIN, Abschied A.3] beendet seinen gleichfalls distanzierten Kommentar zum Sammelband mit: „Willkommen, Jahwist!" GNUSE [A.3] bricht eine Lanze für den Elohisten, den er vorsichtig ins 7. Jh. datiert. Eine Frühdatierung in die Mitte des 9. Jh. bietet GRAUPNER [A.3], während meist mit einer Entstehung nach dem Untergang Israels von 721 gerechnet wird [SCHMITT A.2: 228].

Das sogenannte Deuteronomistische Geschichtswerk (D) umfasst die Bücher Josua, Richter, 1 und 2 Samuel sowie Könige 1 und 2. Die Bezeichnung verweist auf die sprachlichen und theologischen Gemeinsamkeiten des Werkes mit dem letzten der fünf Bücher Mose, dem Deuteronomium. Das Deuteronomium schreibt die Verpflichtung des Volkes zur ausschließlichen Verehrung seines Gottes vor und enthält detaillierte gesetzliche Bestimmungen zum Kultus, aber auch Speisevorschriften sowie Regelungen zum Geldverkehr oder zur Ehescheidung. Alle diese Regelungen werden ausdrücklich als göttliche Gebote vermittelt und haben eine eindeutige historische Funktion. Wenn das Volk den Geboten gehorcht, wird es ihm gut gehen; wenn es sie allerdings missachtet, sind die Folgen verheerend und führen schließlich zum Untergang jener staatlichen Ordnung, deren Entstehung und Ausformung das Deuteronomistische Geschichtswerk beschreibt. *Deuteronomistische Geschichtswerk*

Dieses Geschichtswerk ist ein Flickenteppich, zu dem Generationen ihren Beitrag geleistet haben, ehe in der Regierungszeit des Königs Josia von Juda (640–609) aus vielen Einzelepisoden ein Gesamtwerk mit einem einheitlichen Grundkonzept entstand [LEHNART D.3; s. I. E.3]. Es ist evident und immer wieder bemerkt worden, dass bei dieser Kompositionstechnik viele Widersprüche stehen blieben. Deutlich sind auch die poetischen Passagen zu erkennen sowie Zitate aus anderen Werken, Listen und vieles mehr. In diesem Deuteronomistischen Geschichtswerk lassen sich also Teile ausmachen, die als Sammlungen älterer Quellen bereits als Erzählungen ausgestaltet waren, ehe sie in das Geschichtswerk einflossen und nochmals durchstrukturiert wurden. Es sind dies beispielsweise die „Geschichte von Davids Aufstieg" (1 Sam 16,14–2 Sam 5), die „Geschichte von der Thronfolge Davids" (2 Sam 9–20 und 1 Kön 1–2) und die „Geschichte Salomos" (1 Kön 3–11). *Entstehungsweise*

Von entscheidender Bedeutung ist die Entstehungszeit dieser „Geschichten". ROST [C.1] meint, sie seien etwa zu Lebzeiten ihrer Protagonisten entstanden, um als politisches Propagandawerk beispielsweise Davids Thronbesteigung zu legitimieren. Diesen Ansatz teilt NOTH [A.1] weitgehend. NOTH geht sogar davon aus, der Deuteronomist habe die älteren Erzähltexte wörtlich in sein Geschichtswerk übernommen. Dagegen wenden sich FINKELSTEIN/SILBERMAN [A.6: 21–23], die sämtliche älteren Ansätze ablehnen: Die Geschichten über David und Salomo beruhten zwar auf älteren volkstümlichen Überlieferungen, seien jedoch das Ergebnis redaktioneller Überarbeitung und Erweiterung im Laufe von 400 Jahren. „Ihre historische Glaubwürdigkeit ist gering." [A.6: 239] DAVIES [A.8] stellt die Kompilation des Deuteronomistischen Geschichtswerks als einen langen Prozess dar, der erst im hasmonäischen Judäa um die Wende vom 2. zum 1. Jh. seine endgültige Gestalt gewonnen habe. Nach seiner Ansicht standen die Verfasser im Dienst der Priesterschaft des Jerusalemer Tempels. Innerhalb des Werkes wird zwi- *Entstehungszeit* schen einem deuteronomistischen Historiker und einen Nomisten unterschieden, den man neuerdings auch Spätdeuteronomisten nennt. Wie viel immer noch im Fluss ist, zeigen die Darstellungen von RÖMER [A.3] und OTTO [A.3]. HERR macht anhand des kleinen Textausschnitts 2 Kön 12,5–17 „ein ungeheuer komplexes Bild seiner Entstehungsgeschichte" deutlich [A.8: 53]. Er hält ein vorexilisches deuteronomistisches Geschichtswerk für möglich und betont die Fülle von Arbeit, die den alttestamentlichen Literaturwissenschaftlern noch bevorstehe.

Chronik   Sprachliche und theologische Übereinstimmungen gelten als Argument für die gemeinsame Entstehungsgeschichte des „Chronistischen Geschichtswerks", das die beiden Chronikbücher sowie Esra und Nehemia umfasst [OEMING A.3; STEINS A.3]. Da der Redaktor der Chronikbücher im Wesentlichen nur auf das deuteronomistische Geschichtswerk und den Pentateuch zurückgegriffen hat, ist sein historischer Quellenwert nicht sehr hoch [WILLI A.3]. Bei den Büchern Esra und Nehemia sieht dies anders aus, doch spielen sie für den hier dargestellten Zeitraum keine Rolle. Die Vorschläge für die Entstehungszeit des „Chronistischen Geschichtswerks" schwanken innerhalb der hellenistischen Zeit beträchtlich [SCHMITT A.2: 268–276]. Die Beiträge des Bandes von GRAHAM/MCKENZIE [A.3] behandeln quellen- und redaktionsgeschichtliche Fragen der Chronikbücher, das narratologische Gerüst sowie exemplarische Texte.

Prophetenbücher   Neben den bisher genannten Texten finden sich im Alten Testament vier umfangreiche Prophetenbücher: das Groß-Jesajabuch [SCHMITT A.2: 311–342], das Jeremiabuch [SCHMITT A.2: 342–354], das Ezechielbuch [SCHMITT A.2: 355–364] und das Dodekapropheton [SCHMITT A.2: 365–413]. Vor allen Dingen GUNNEWEG [A.3] hat nachgewiesen, dass die Aufzeichnung solcher Sprüche bereits zu Lebzeiten des jeweiligen Propheten begonnen wurde.

Inschriften   Originaltexte von Inschriften mit Übersetzungen bieten DONNER/RÖLLIG [A.5], RENZ/RÖLLIG [A.4] und AVIGAD/SASS [A.5]. Übersetzungen liegen vor in GIBSON [A.5], SMELIK [A.4] und DAVIES [A.4]. Umzeichnungen und Beschreibungen von bildlichen Darstellungen bilden den Kern des Kompendiums von SCHROER/KEEL [A.5]; die meisten dort vorgestellten Artefakte stammen allerdings aus der Frühbronzezeit.

„Sitz im Leben" der Texte   Für die Arbeit mit den alttestamentlichen Quellen hat GUNKEL ein „formgeschichtliches" Verständnis erarbeitet und in seinem Buch „Die israelitische Literatur" [A.2] prägnant zusammengefasst. Dabei weist er darauf hin, dass nicht nur die zeitliche Relation, sondern auch der von ihm so genannte „Sitz im Leben" von entscheidender Bedeutung für das Verständnis eines Textes ist. Die Einzelüberlieferungen können aufgrund von Gattungsanalysen identifiziert werden [dazu SCHMITT A.2: 153 f. und BECKER A.2]. Anhand von Formmerkmalen kann das soziologische Milieu, in dem Texte entstanden sind und weitergegeben wurden, bestimmt werden. Dabei wurde festgestellt, dass der größte Teil der in die Geschichtsbücher des Alten Testaments aufgenommenen Passagen aus mündlichen Sagentraditionen, Einzelsagen und kleineren Sagenkränzen besteht, die ihren „Sitz im Leben" im volkstümlichen Erzählen hatten. Die Weitergabe von Mythen, Sagen, Fabeln und Märchen kann durch professionelle Geschichtenerzähler erfolgt sein. Die am stärksten vertretene Form solcher Überlieferung stellen die Sagen dar, die als „historische Sagen" geschichtliche Ereignisse tradieren oder als „aitiologische Sagen" Gegenwartserfahrungen der Erzähler erklären.

Daraus entwickelte NOTH eine Theorie, wie diese Einzelüberlieferungen zu den Darstellungen von J und E zusammengewachsen sind [A.3]. Für ihn lassen sich in beiden Darstellungen fünf Themenkreise herauskristallisieren: Herausführung aus Ägypten, Eindringen ins Kulturland, Verheißung an die Erzväter, Führung in der Wüste, Offenbarung am Sinai. Es lässt sich nicht entscheiden, ob die so entwickelten Grundlagen für J und E diesen in mündlicher Form oder bereits schriftlich fixiert vorlagen [KIRKPATRICK A.3; WAHL A.3]. Die „epischen Gesetze" solcher Volksdichtung hat OLRIK [A.3] bereits 1909 herausgearbeitet [dazu SCHMITT A.2: 286]. Neben der volkstümlichen Überlieferung haben vor allem in den Samuel- und Königsbüchern höfische Überlieferungsformen einen bedeutenden Anteil; hierzu gehören annalistische Berichte, Listen, Geschichtserzählungen und Novellen [Beispiele bei SCHMITT A.2: 286f.]. *Volksdichtung*

3. ÜBERBLICKSDARSTELLUNGEN

Die Gliederung dieses Buches folgt CLAUSS [A.1: 213–223]; dort findet sich die wichtigste Literatur bis 1986, die hier weitgehend unberücksichtigt bleibt. Eine konzentrierte und möglichst übersichtliche Darstellung des alttestamentlichen Grundwissens im Bereich der Geschichte Israels und der Entstehungsgeschichte der alttestamentlichen Schriften bietet SCHMITT [A.2]. Wie jede solche Darstellung kann er die Forschungsdiskussion nicht in ihrer ganzen Breite, sondern nur exemplarisch aufnehmen. Die Skizze der Geschichte Israels setzt mit der Königszeit ein [11–118] und behandelt in diesem Rahmen auch die „vorstaatlichen" Traditionen wie Mose, Erzväter, Exodus, Landnahme und Stämmeverband. Ein weiterer Abschnitt ist der nachexilischen Zeit gewidmet [119–143]. Den weitaus größten Teil des Buches nimmt die Vorstellung der alttestamentlichen Schriften ein [147–470]. Als dessen Einführung dient der Abschnitt „Theologisches Verständnis, Kanon und Textgestalt des AT". Eine allgemeinverständliche literaturgeschichtliche Einführung liegt von SCHMIDT [A.2] vor. Eine anschauliche Einführung in die alttestamentliche Textgeschichte findet man bei WÜRTHWEIN [A.2].

LIVERANI widmet einen großen Teil seiner Darstellung der vormonarchischen Zeit [A.1: 5–104], den Monarchien [104–220] und den Hauptteil im Wesentlichen der Exilszeit [223–407]. Er hält weite Passagen der Erzählungen über David und Salomo für Fiktion, zu der die späteren Geschichtsschreiber durch Inschriften der jeweiligen Herrscher angeregt worden seien. Er bietet zudem eine umfangreiche Bibliographie [411–451].

Eine meiner inhaltlichen Darstellung entsprechende Einführung bietet ISSERLIN [A.1]. Ich weise vor allem auf den zweiten Teil hin, der in fünf Kapiteln die materielle Kultur behandelt: Städte und Dörfer [111–147], Landwirtschaft [149–159], Handwerk [160–180], Handel und Wirtschaft [181–191] sowie Kriegswesen [192–203]. Er bietet ferner inhaltlich dichte Abschnitte zur geistigen Welt mit Sprache und Schrift [204–233] sowie zur Kunst [261–286]. Nach ISSERLIN stammen eine Reihe poetischer alttestamentlicher Texte aus dem 12.–10. Jh. Im 13. Jh. hätten sich wandernde Viehzüchter, Zeltbewohner, im Gebirgsland, vermutlich zuerst in Ephraim, niedergelassen. Da sich diese Gruppen nicht von anderen abgrenzten, sind in ihnen kanaanäische und aramäische Bevölkerungsteile aufgegangen. Wichtige Lehrbücher liegen ferner von HERRMANN [A.1] und DONNER [A.1] vor.

4. CHRONOLOGIE

Unterschiedliche Kalender
Zur Gewinnung seiner Chronologie geht GALIL [A.9] von folgenden Voraussetzungen aus, die allerdings hypothetisch bleiben: Israel und Juda haben unterschiedliche Neujahrsfeste. Die Zählung der Regierungsjahre beginnt mit der Krönung des Königs; in Juda wurde mit einer Nachdatierung gerechnet, in Israel bis zum Ende des 9. Jh. mit einer Vordatierung, dann ebenfalls mit Nachdatierung. In beiden Königreichen ist von Ko-Regentschaften auszugehen. LARSSON [A.9] sucht eine bibel-interne Lösung der chronologischen Schwierigkeiten. Aus dem Geser-Kalender geht hervor, dass man noch im 10./9. Jh. in Palästina das Jahr mit dem Herbst beginnen ließ [RENZ/RÖLLIG A.4, Gezer 10]. Wann die Übernahme des babylonischen Kalenders mit seinem Jahresanfang im Frühjahr erfolgte, ist nicht klar. Beide Monarchien scheinen sich zu unterschiedlichen Zeitpunkten der mesopotamischen Praxis angepasst zu haben.

Vor- und Nachdatierung
Die in Deutschland besonders verbreitete Chronologie von BEGRICH [A.9] und JEPSEN [A.9] geht von folgenden Annahmen aus: In beiden Monarchien ist mit einem Jahresanfang im Herbst zu rechnen und es wurde die vordatierende Zählung verwendet. Dies änderte sich erst durch die jeweilige Anerkennung der assyrischen Oberhoheit durch Menachem in Israel 738 und Ahas in Juda 733. Seit deren Nachfolgern, Pekachja von Israel (738–737) und Hiskia von Juda (715–697), ist daher mit einer nachdatierenden Zählung zu rechnen [SCHMITT A.2: 52]. Die Daten über die Regierungszeit der einzelnen Könige sieht SCHMITT [A.2:51] als so verlässlich an, dass eine lückenlose Chronologie der Könige von Israel und Juda erstellt werden kann. Für die Regierungszeiten der Pharaonen, die auch für die Geschichte der hebräischen Monarchien wichtig sind, hat sich inzwischen der Ansatz von BECKERATH [A.9] weitgehend durchgesetzt.

5. Landeskunde

Eine Einführung in den Raum und seine Besonderheiten bieten DONNER [A.7], AHARONI [A.7] und KEEL/KÜCHLER [A.7]; weiterführende Literatur findet sich bei WEIPPERT [A.6]. Da sich die landschaftlichen Gegebenheiten in Palästina in den letzten 100 Jahren stark gewandelt haben, werden inzwischen auch ältere historisch-topographische Arbeiten wie die von TRISTAM [A.6] nachgedruckt. NEUMANN/PARPOLA [A.7] behandeln die klimatischen Veränderungen, die möglicherweise Anteil an den Turbulenzen des 12. Jh. hatten. KNAUF [A.2] analysiert die Umwelt als Lebensraum sowie die allgemeine Instabilität des anatolisch-syrisch-palästinischen Staaten- und Wirtschaftssystems. Das Kartenwerk von MITTMANN/SCHMITT [A.11] enthält eine Auswahl der für die Bibelwissenschaften wichtigen Karten aus dem Tübinger Atlas des Vorderen Orients. RABAN [A.6] beschreibt die geringen Möglichkeiten für Hafenanlagen in der Gegend.

Einen Vergleich zwischen der Bewässerungswirtschaft der Ägypter und dem Regenbau der kanaanäischen Berglandschaft bietet das Alte Testament selbst: „Ja, das Land, wohin du kommst, es in Besitz zu nehmen, es ist nicht wie das Land Ägypten, aus dem ihr ausgezogen seid; wenn du deinen Samen säst, dann bewässerst du es mit deinem Fuß wie den Gemüsegarten. Das Land aber, wohin ihr hinüberzieht, es in Besitz zu nehmen, ist ein Land von Bergen und Tälern; vom Regen des Himmels trinkt es Wasser." (Dtn 11,10–11) In diesem Land von Bergen und Tälern können Menschen in kleinen Gruppen siedeln und sind nicht unbedingt gezwungen, größere Organisationsformen zu bilden. Auf die vielfältigen Folgen dieser kleinräumigen geographischen Struktur mit sehr unterschiedlichen Produktions- und Lebensbedingungen in unmittelbarer Nachbarschaft für die soziale Entwicklung weist KESSLER [B.5. a: 28] hin. [Regenbau]

Die Bezeichnung „Israel" kennzeichnet in der Königszeit in alttestamentlichen wie auch in außerbiblischen Texten das Nordreich. Seit dessen Zerstörung ist dann auch Juda als ein Teil von Israel verstanden worden, wenn etwa im Buch Micha die Jerusalemer Oberschicht als die „Herren des Hauses Israel" bezeichnet wird (Mi 3,1.9). Insgesamt meint das Alte Testament an über 550 Stellen mit der Bezeichnung „Israel" das Nordreich, an über 1000 Stellen das Gesamtvolk Jahwes [SCHMITT A.2: 13]. Die Frage HERRMANNS [A.8: 573], ob der Name Israel nur an einem Teilzusammenhang der Stämme haftete, bleibt aktuell und muss wohl bejaht werden. KRATZ [A.8] betont, dass erst mit dem Untergang des Staates der Name Israel zum Namen des Volkes Gottes wurde. [Die Bezeichnung „Israel"]

Zur Bezeichnung „Hebräer", der in keinem Textbereich so gehäuft vorkommt wie in der Erzählung vom Ägyptenaufenthalt (Ex 1–15) vgl. KOCH [B.3], zur Bezeichnung „Kanaan" ZWICKEL [A.7: 16–22]. Die Bezeichnung „Palästina" wurde schon im 5. Jh. für das Gebiet Israels und nicht nur für die Wohngebiete der Philister benutzt [JACOBSON A.6]. [Hebräer]

B. FRÜHGESCHICHTE DER HEBRÄER

1. Der Alte Orient im 2. Jahrtausend

Ägypter in Palästina Ein guten Überblick über die Geschichte des Vorderen Orients in der zweiten Hälfte des 2. Jahrtausends bietet KUHRT [B.1]. Die wichtigsten Dokumente für das 14. Jh. bilden die Amarna-Texte; dazu sowie zu den Apiru KNUDTZON [A.5] und RAINEY [A.5]. AHITUV [B.1] analysiert die ökonomischen Faktoren, die Kanaan für Ägypten interessant machten. HASEL [B.1] schildert die ägyptischen Vorgehensweisen, das Gebiet Palästinas zu kontrollieren. Was die Ethnien angeht, so unterscheiden die ägyptischen Quellen zwischen den Schasu als Nomaden und den Israeliten, die man als eine in Kanaan sesshafte und Ackerbau treibende Ethnie betrachtete. Die Ägypter übten die Kontrolle aus, indem sie die Lebensgrundlagen der Bewohner durch Plünderungen und die Taktik der verbrannten Erde sowie durch Deportationen der Angehörigen zerstörten. Sie haben aber die Städte und Siedlungen selbst weitgehend verschont. Daraus folgt, dass die Zerstörung von Siedlungen in diesem Gebiet in den seltensten Fällen der ägyptischen Militärpolitik zuzuschreiben ist, sondern die Zerstörer anderswo gesucht werden müssen.

Merneptah-Stele Die Merneptah-Stele ist in der Literatur ausführlich behandelt worden [ENGEL B.1; FECHT B.1; HORNUNG B.1]. RAINEY/YURCO [B.1] beschreiben die Existenz einer Region „Israel" in Palästina und zwar wahrscheinlich im Gebirge [AHLSTRÖM/EDELMAN B.1; AHLSTRÖM B.1]. WHITELAM hält die Notiz der ägyptischen Quellen für übertreibende Propaganda, betont aber auch, dass ein damals vorhandenes „Israel" mit der späteren Monarchie nichts zu tun gehabt haben muss [B.1]. Der ägyptische Rückzug aus der Region ging langsam vor sich, vor allem die Küstenregion mit ihrem Zugang zu den Wäldern des Libanon blieb länger unter ägyptischer Kontrolle als die Gebiete im Landesinneren. So fanden sich in Tell el-Far'a, südöstlich von Gaza, Hinweise auf Ramses II. (1279–1213), IV. (1153–1146) und VIII. (1129–1127); dazu LIVERANI [A.1: 83]. ASH zeigt auf, dass es zwischen 1100 und 950 kaum Beziehungen zwischen Ägypten und Palästina gab, sodass hier kleine Staaten entstehen konnten [B.1].

Stadt Das, was wir für diese Zeit gemeinhin Stadt nennen, war im Wesentlichen der Palast des Herrschers, um den sich die zentralen Gebäude und die Wohnungen derjenigen gruppierten, die in seinen Diensten standen. Es handelte sich dabei nur um eine kleine gesellschaftliche und wirtschaftliche Elite. Etwa 80 % der Bevölkerung, so schätzt LIVERANI [A.1: 25], siedelten in Dörfern und betrieben Subsistenzwirtschaft. Hier lebten dann jeweils etwa 25 Familien, die sich als gentilizische Einheit, als Sippe verstanden. Mit der Zerstörung der Paläste an vielen Orten zerfiel auch die Infrastruktur. Damit gewannen die dörflichen Strukturen größere Bedeutung. Eine dörfliche Versammlung, die bei einer starken Zentralinstanz nur gelegentlich in Aktion trat, regelte nun den Alltag. Zu der Geschichte von Abimelech und Sichem vgl. KESSLER [B.5.a: 77–78] und JANS [B.1].

Die Zeit um 1200 wird zu Recht mit Formulierungen wie „Zusammenbruch" [DONNER A.1: 48], „Auflösung" [LEMCHE B.1: 141], „Untergang" [FRITZ B.1: 67] oder „Umbruch" [LEMCHE B.1: 150] charakterisiert. Eine knappe Skizze der Entwicklung um 1200 bietet TADMOR [B.1]. Wenn LIVERANI [A.1: 37] von vielfältigen Veränderungen im 12. Jh. spricht („una crisi multifattoriale"), dann sind in erster Linie die Wanderungen der Seevölker zu nennen, sowie, teilweise diese auch bedingend, klimatische Veränderungen, die zu längeren Hungerperioden in einzelnen Gebieten um das östliche Mittelmeer führten [LEHMANN B.1; OREN B.1]. Zeit um 1200

Zu den Veränderungen im Übergang von der Bronzezeit zur Eisenzeit um 1200 gehört nicht nur die im Namen angedeutete Verbreitung eines neuen Materials, sondern auch die Entwicklung eines Alphabets, das den Abschied von der komplizierten babylonischen Keilschrift ermöglichte und damit zu einer „Demokratisierung" des Schreibens beitrug [SASS B.1]. In diese Zeit fiel auch die Domestizierung des Kamels und des Dromedars, die als Transporttiere weitaus leistungsfähiger als Esel waren. Auch die Rodung der Wälder zur Gewinnung von Ackerboden und die Terrassierung zur Steigerung der Erträge [GIBSON B.1] setzten sich verstärkt durch. Entwicklung des Alphabets

Die Geschiche und Herkunft der Philister behandeln DOTHAN [B.1], DOTHAN/DOTHAN [B.1] und BRUG [B.1]. Nach NOORT [B.1] sind vor allem ägyptische Angaben wichtig, wie sie sich am Totentempel Ramses' III. (1184–1153) in Medinet Habu finden. EHRLICH [B.1: 19–22] führt aus, dass die Philister im 11. Jh. beginnen, von Stützpunkten aus [dazu SCHUNCK B.4: 196 f.] ihre Kontrolle ins Bergland auszudehnen. BARAJO [B.1] weist neuere Forschungsansätze, welche die Ansiedlung der Philister unter ökonomischen Gesichtspunkten sehen wollen, zurück. Es handelt sich um das feindliche Eindringen einer fremden Bevölkerungsschicht, was sich vor allem aus den Zerstörungsschichten ablesen lässt, die der philistäischen Ansiedlung vorausgehen [zum Metallverarbeitungsmonopol (1 Sam 13,19–22) vgl. NOORT B.1]. Philister

2. URSPRÜNGE DER HEBRÄER

a) Nomadenleben

Wir wissen weder, wann die Frühgeschichte der Hebräer zeitlich einsetzte, noch, was genau in dieser Anfangsphase geschah. „Frühgeschichte" meint jene Zeitspanne, in der die Gesellschaften der späteren Staaten Juda und Israel Gestalt gewannen. Was gemeinhin als erste Phase dieser Entwicklung bezeichnet wird, das sogenannte „Zeitalter der Patriarchen", setzt einen klar bestimmbaren Zeitraum voraus. Ich lasse diesen Abschnitt beiseite, denn die Erzählungen über die Patriarchen gehören, sofern sie wirklich Erlebtes schil- Patriarchen dern, in die Zeit der Ansiedlung. Die Patriarchenüberlieferungen schildern ein Wanderleben und lassen die höchst komplexen Anfangsstadien einer mit vielen Problemen behafteten Ansiedlung einzelner Gruppen erkennen.

Transhumanz   Eine gute und knappe Einführung in das Thema „Transhumanz" bietet LEONHARD [B.2.a]. ZWINGENBERGER hat anhand archäologischer Befunde nachgewiesen, dass die strikte Trennung in Viehzüchter/Nomaden beziehungsweise sesshafte Ackerbauern nicht tragfähig ist; nur eine Kombination aus beiden Lebensformen kann existenzsichernd sein [B.2.a]. Solche Gesellschaften sind als „dimorphe" Stammesgemeinschaften organisiert. Sie leben über ein weites Gebiet verstreut, ein Teil als Ackerbauern, während ein anderer die Viehzucht nomadisierend betreibt. Sowohl Dorfbewohner wie Hirten werden von einem Sippenoberhaupt geführt, das mit kleinem Gefolge in einer Art Festung wohnt. Dieser Siedlungsbefund lässt sich bis ins 9. Jh. nachweisen. Die nicht immer spannungsfreie Begegnung von Sesshaften und Nomaden in Vorderasien hat KLENGEL [B.2.a] dargestellt.

Apiru   In den Amarna-Briefen tauchen zwei Gruppen auf, welche die von Ägypten kontrollierten Gebiete gefährden: Die Schasu [hierzu GIVÉON B.2.a], nomadische Hirten, die im Bergland und in der Steppe operierten [WEIPPERT, Nomaden B.2.a], ferner die Apiru, entwurzelte Bauern und Hirten, die entweder zu Banditen wurden oder sich als Söldner verdingten. Sie bildeten ebenfalls eine Bedrohung für die Herrschaft lokaler Machthaber. Gegenden wie das Gebirge Juda waren ein idealer Ort für solche Banden. Das Bergland von Juda ließ nur im begrenzten Umfang Ackerbau zu, sodass der Anteil der nichtsesshaften Gruppen der Hirten groß gewesen sein muss. Archäologische Surveys scheinen diese nomadische Bevölkerung anhand von Friedhöfen abseits der Siedlungen nachgewiesen zu haben. HOBSBAWM [B.2.a] analysiert das Phänomen des Sozialbanditentums; hier finden sich interessante Parallelen zu den Apiru. Gegen eine Identifizierung der Hebräer als Apiru spricht sich PHILLIPPS [B.2.a] aus.

Schasu   Bei den Schasu und vermutlich auch bei den Hebräern handelt es sich um Kleinviehzüchter; Kamelzüchter, die mit den modernen Beduinen vergleichbar sind, kommen erst später auf. Die unterschiedlichen Möglichkeiten nomadischer Existenz – Wanderung mit den Herden zwischen einzelnen Siedlungsplätzen, jahreszeitlicher Wechsel zwischen Sesshaftigkeit und Nomadismus, unregelmäßiger Nomadismus – behandelt STAUBLI, der darauf verweist, „daß es im Nomadentum des A[lten] O[rients] keine Systematik gab" [B.2.a: 15].

Nomaden und Stadt   Die nomadische Lebensweise, wie sie das Alte Testament schildert, entspricht dem von Kulturlandnomaden, die sich durchgehend in weniger dicht besiedelten Gebieten des Kulturlandes aufhalten, wie sie etwa in den aus dem 18. Jh. stammenden Mari-Briefen beschrieben werden [WEIPPERT, Nomaden B.2a]. Den regelmäßigen Wechsel zwischen Sommerweiden im Kulturland und Winterweiden in der Steppe kennen die Erzählungen der Erzväter zwar nicht, er lässt sich aber im hebräischen Festkalender nachweisen [ROST B.2.a].

Das Verhältnis der halbnomadischen Gruppen zur Stadt blieb problematisch, sodass WALLIS [B.2.a: 148] feststellen kann: „Israel hat offensichtlich nie ein echtes und progressives Verhältnis zur Stadt und ihrer Gesellschaft gefunden." Zur strittigen Übersetzung der dritten Zeile des oben zitierten Geburtsorakels Gen 16,12 vgl. WEIPPERT [WEIPPERT, Landnahme B.2.a: 109].

b) Hebräer in Ägypten – „Auszug"

Die umfangreichste Darstellung des Auszugs aus Ägypten findet sich im Buch Exodus, wobei das eigentliche Geschehen nur einen kleinen Teil umfasst (Ex 12–14). Nach dem Ausweisungsbefehl des Pharao bricht das Volk auf und mit dem Zug durch das Schilfmeer gelangt es auf die Sinai-Halbinsel. Hier ist es außerhalb des ägyptischen Kernlandes und der Macht des Pharao. Diese Darstellung ist eingebettet in einen weitgespannten Erzählbogen, der von der Unterdrückung, über Vorankündigungen des Auszugs und Verhandlungen bis zum Verlassen Ägyptens führt. Das Geschehen wird von Anfang an in den Plan Gottes eingebunden, sein Volk in das verheißene Land zu führen. Auszug und Ansiedlung gehören nach diesem Konzept untrennbar zusammen. Exodus

Die Meinungen über die Geschichtlichkeit der alttestamentlichen Exodus-Darstellungen gehen weit auseinander; die Überblicke bei ENGEL [B.2.b], LOEWENSTAMM [B.2.b] und GÖRG [B.2.b] zeigen die wechselvolle Forschungslage. Immer noch findet sich die Position weitgehender historischer Zuverlässigkeit. HOFFMEIER präsentiert erschöpfend das ägyptische Material zur Thematik [HOFFMEIER, Israel B.2.b und Ancient Israel B.2b, worin er seine Thesen vertieft]. Er hält gegen einen verbreiteten Minimalismus bei der Rekonstruktion der Vor- und Frühgeschichte Israels an der grundsätzlichen historischen Vertrauenswürdigkeit des biblischen Bildes von Gen 39 bis Ex 15 fest und diskutiert die möglichen Wege, welche die Flüchtlinge aus Ägypten genommen haben könnten. MALAMAT verweist auf einen jahrhundertelangen Exodus aus Ägypten [B.2.b]. Geschichtlichkeit

Die Mehrheit der Forscher hält eine mögliche Auswanderung von Hebräern in dem beschriebenen Ausmaß (Ex 12,37 erwähnt 600 000 Männer) für die zumeist angenommene Zeit um 1200 für völlig unwahrscheinlich. Nach REDFORD [B.2.b: 409] spiegeln sich im Buch Exodus eher Vorstellungen der frühen Perserzeit als des ausgehenden 2. Jahrtausends. Ich schließe mich WARD [B.2.b: 108] an, der hinter der Erzählung einen historischen Kern vermutet, der erheblich ausgeweitet wurde [ähnlich CARDELLINI B.2.b und CLAUSS A.1]. Die Tatsache, dass kein Pharao genannt ist, zeigt, dass es der Gruppe, die das Geschehen in das kollektive Gedächtnis der Hebräer einbrachte, nur um das Wunder ging, das jegliches menschliche Handeln oder Erklären übersteigende Wirken Gottes [HERRMANN B.2.b]. Es ist gleichsam ein Gründungsmythos, der sich daher auch breit gestreut über das gesamte Alte Testament hin findet [Beispiele bei FISCHER, Geschichte B.2.b]. Das Historischer Kern

Geschehen ist so konstitutiv, dass sogar Gesetze in die Erzählung eingefügt worden sind.

<small>Datum</small> Das einzige historische Datum für den Exodus liefert 1 Kön 6,1, wo er 480 Jahre vor dem Bau des Tempels angesetzt ist. Legt man diesen wiederum in die Zeit um 950, läge der Auszug etwa um 1430, eine Zeit, in der Ägypten die Levante ohne Probleme kontrollierte. Ein solches, zudem gerundetes Datum ist wertlos und es hat keinen Sinn, es gleichsam „umzurechnen", wie dies KUHRT tut [B.1, Bd. 2: 425]. Sie setzt eine Rechnung des Alten Testaments in Generationen zu 40 Jahren voraus, geht selbst von einem sicherlich realistischeren Zeitraum von 25 Jahren aus und kommt somit anhand der angeführten Stelle auf die Zeit um 1250. Auch solche Berechnung bleibt allerdings Spekulation.

<small>Hungersnot</small> Als Grund für die Anwesenheit der Hebräer in Ägypten nennt das Alte Testament mehrfach eine auf Dürre zurückgehende Hungersnot. Dieses Phänomen wird durch ägyptische Dokumente bestätigt. Insgesamt scheint das Bild, welches das Alte Testament von der Übersiedlung nomadischer Gruppen vermittelt, zutreffend. Dies gilt auch für die Heranziehung solcher Gruppen zu Frondiensten [HOFFMEIER, Israel B.2.b].

<small>Ort des Meerwunders</small> Als Ort des Meerwunders lokalisiert ein Teil der alttestamentlichen Überlieferung die Gegend von Baal-Zafon (Ex 14). Ob es sich dabei um historisch verlässliche Tradition handelt, wie FOHRER [A.1] meint, oder um eine spätere gelehrte Konstruktion, so NOTH [A.1], bleibt umstritten. Die Gefährlichkeit des Gebiets, des Sirbonischen Sees, schildert im 1. Jh. Diodor (1,30,5–6) „Denn langgestreckt wie er (der See) ist, einem daliegenden Band ähnlich, wird bei ständig wehenden Südwinden eine Menge Sand in ihn geschüttet. Dieser Sand verdeckt oben das Wasser und gibt dem See das Aussehen von Festland, so daß man nichts mehr zu unterscheiden vermag. Daher sind schon viele, welche die Eigentümlichkeiten des Geländes nicht kannten, mitsamt ganzen Heeren in ihm verschwunden." Diodor spielt hier auf einen Feldzug der Perser gegen Ägypten im Jahre 342 an; zu weiteren Lokalisierungen vgl. SCHMITT [A.2: 87]. In hellenistisch römischer Zeit wurde hier der Zeus Kasios als Nachfolger des Baal Zafon verehrt [FAUTH B.2.b].

<small>Sinai</small> Die Diskussionen um die Lage des Sinai sind Legion [SCHMITT A.2: 87 f.], deshalb sei hier nur WELLHAUSEN zitiert: „Wo der Sinai gelegen hat, wissen wir nicht und die Bibel ist sich schwerlich einig darüber; das Streiten über die Frage ist bezeichnend für die Dilettanten." [A.1: 343 Anm. 1] Der zitierte Kern des Mirjan-Liedes gilt als alt. Der gesamte Text ist wegen des Hinweises auf das „Heiligtum" allerdings zu einer Zeit ausformuliert, als der Tempel bereits existierte [FISCHER, Schilfmeerlied B.2.b].

3. Ansiedlung

Das Alte Testament bietet drei unterschiedliche Versionen der Ansiedlung. Jos 1–12 berichtet von der vollständigen Eroberung Palästinas durch alle Hebräer – ganz „Israel" –, die aus dem Ostjordanland kamen. Man geht heute davon aus, dass dieses Konzept vom Verfasser des deuteronomistischen Geschichtswerks im 6. Jh. entworfen wurde [SCHMITT A.2: 100 f.]. Die theologische Bedeutung dieser Ansiedlung stellt BRUEGGEMANN [B.3] dar. Auch Ri 1–2,5 lässt ganz Palästina erobert werden, allerdings agiert hier jeder der Stämme für sich. In diesen Zusammenhang gehört auch das „negative Besitzverzeichnis" (Ri 1,19–36), das FRITZ allerdings als „aus der Geschichtserzählung der Königsbücher abgeleitet" betrachtet [B.1: 54]. NIEMANN betont, dass die Integration dieser Orte in das Gebiet Israels weniger schnell und pauschal erfolgte als lange angenommen [B.3]. Eine dritte Version hat die Erzväterüberlieferung Gen 12–36, in der von einem weitgehend friedlichen Miteinander nomadischer Gruppen und der einheimischen Bevölkerung ausgegangen wird. Die Darstellung des Alten Testaments wird nahezu einhellig als idealisiertes und simplifiziertes Bild abgelehnt, allerdings betrachtet es MALAMAT [MALAMAT, Frühgeschichte B.3] als konzeptionelles Modell. Die Meinungen gehen darüber auseinander, ob dieses Bild gänzlich ahistorisch ist. Analysiert man die Texte, so wird an zahlreichen Passagen deutlich, dass gar keine großangelegten Maßnahmen geschildert werden, sondern zahlreiche, zum Teil dramatische Einzelepisoden (Jos 1–12), die durch einen späteren Redaktor mitunter recht schematisch miteinander verknüpft worden sind. Wenn die generalisierenden Betrachtungen (Jos 13–22) häufig den Einzelepisoden widersprechen, ist dies ein Argument zugunsten der Historizität ebenjener Einzelepisoden.

Versionen des Alten Testaments

Drei Hypothesen sind bislang zur Ansiedlung der Hebräer entwickelt worden:

Die Eroberungshypothese, die von ALBRIGHT [B.3] vertreten worden ist, war mit der biblischen Archäologie verbunden, die lange Zeit versucht hat, die Unterschiede zwischen den Erzählungen des Alten Testaments und der Archäologie auszugleichen. Dies scheiterte daran, dass die Zeit um 1200 politisch sehr unruhig war, sodass, selbst wenn manche Zerstörungshorizonte sich einigermaßen datieren lassen, offen bleiben muss, worauf diese Zerstörungen zurückzuführen sind; das Beispiel von Ai ist eine deutliche Warnung (s. I.B.3). Solche aitiologischen Erzählungen behandelt GOLKA [B.3]. Die Mauern von Jericho, die von GARSTANG [B.3] einmal als diejenigen identifiziert worden sind, die durch die berühmten Posaunen zu Fall kamen, werden inzwischen erheblich früher, als Stadtmauern der frühen Bronzezeit, angesetzt [KENYON A.6]. Dies hat in einzelnen Fällen dazu geführt, dass wie bei BIMSON [B.3] die Ansiedlung ebenfalls ans Ende der mittleren Bronzezeit zurückdatiert wurde. Dies ist aber mit STIEBING [B.3] abzulehnen, da sich der gesamte Ansatz als nicht tragfähig erwiesen hat. Trotz der ablehnenden

Eroberungshypothese

Zusammenfassungen bei WEIPPERT [WEIPPERT, Landnahme B.2.a: 124–132] hat die These ALBRIGHTS weiterhin ihre Anhänger [MALAMAT, Forces B.3; YADIN B.3] und findet vor allem durch die populäre Darstellung von BRIGHT [A.1], die im Jahre 2000 nochmals herausgegeben wurde, im englischsprachigen Raum Verbreitung.

<small>Eindringen von Nomaden</small>
Die zweite Hypothese wurde von ALT [ALT, Landnahme B.3 und Erwägungen B.3] formuliert, durch NOTH [A.1] weitergeführt und von WEIPPERT [WEIPPERT, Landnahme B.2.a] in einer großen Studie ausgebaut. Es ist diejenige Theorie, welche die weiteste Anerkennung gefunden hat und der auch meine Darstellung verpflichtet ist. Der Grundgedanke lautet, dass Palästina von halb-nomadischen Gruppen auf der Suche nach Weideland infiltriert wurde. Sie siedelten sich in den dünn besiedelten Bergregionen, abseits der kanaanäischen Städte an. Im Ganzen gesehen verlief diese Ansiedlung friedlich, hatten die Neuankömmlinge auch gar keine Möglichkeit, befestige Orte anzugreifen. Erst in einer zweiten Phase, als Landesausbau bezeichnet, drangen die Hebräer auch in die Ebenen vor, ein Prozess, den die vielen kriegerischen Episoden des Alten Testaments widerspiegeln, vor allem im Kern des Deboraliedes von Ri 5 [dazu SOGGIN B.4 und SCHORN B.5.a]. Solche Überlegungen stützen sich auf die aus ägyptischen Texten gewonnenen Informationen über die Lage in Palästina, die durch archäologische Zeugnisse untermauert werden [WEINSTEIN B.3; GONEN, Urban B.3 und Late B.3: 217–219]. Bei einigen Orten gibt es durchaus Anhaltspunkte dafür, dass sie von den Hebräern zerstört worden sind, wie es BEN-TOR/RUBINATO [B.3] bei Hazor für möglich halten. Das blutige Schlachten, das die Erzählungen des Alten Testaments durchzieht, gab es allerdings nicht [HOFFMAN B.3], aber solche Geschichten hatte Folgewirkungen. Dies arbeitet HÜBNER heraus: Das Modell des Alten Testaments beschreibe „einerseits das Ausmaß an geforderter, erzählter und religiös legitimierter Brutalität und andererseits die damit unmittelbar verbundene abwertende und geringschätzende Einstellung gegenüber Nichtjudäern und Nichtisraeliten" [B.3: 43]; später übernahmen die Christen die dahinter stehende Grundanschauung.

<small>Nomadischer Ursprung</small>
Die Grundlage der Überlegungen ALTS war der nomadische Ursprung der Hebräer, der von einigen in Frage gestellt worden ist; nach TALMON [B.3] ist dies eine Metapher ohne historischen Wert. VAN SETERS [B.3] sah die nomadischen Möglichkeiten des ausgehenden 2. Jahrtausends anders als diejenigen der biblischen Geschichten; auf diese Einwände reagierte FRITZ [B.3]. Ausgehend von archäologischen Untersuchungen sieht FRITZ am Ende der Bronzezeit um 1200 keinen kulturellen Bruch, nur die Hausformen hätten sich geändert; dieses Argument zog erhebliche Kritik auf sich [STAGER B.3]. Die enge Verbindung zur kanaanäischen Kultur stellt keine Überraschung dar, lebten die Halbnomaden doch stets in engem Kontakt zu den festen Siedlungen, wo stets auch ein Teil der Sippe selbst permanent blieb. Es ist daher nicht verwunderlich, dass die Bewohner der neuen Dörfer sich mit dem Ackerbau wohlvertraut zeigten [STAGER B.3; AHLSTRÖM B.1; MEYERS B.3]. Es ist aller-

dings auch mit nomadischen Gruppen zu rechnen, die von außerhalb in das palästinische Kulturland eingewandert sind, wie es die Schasu waren [RÖSEL B.3]. KILLEBREW spricht hinsichtlich der frühen Hebräer von einer „mixed multitude" und sieht die Entwicklung der Gesellschaft als „process of ethnogenesis whose roots lay in Canaan but also included the influx of external groups" [B.3: 249]. Auch RAINEY verweist auf radikale Veränderungen in den Bergregionen während des 12. Jh. und sieht die Hebräer als Teil der großen Schasu-Bewegungen: „The latest archaological research indicates that there is no reason to doubt the principal assumption of the biblical tradition that the ancient Israelites migrated as pastoralists from Transjordan to Cisjordan." [B.3: 57] Eine solche Schasu-Gruppe könnte nach SCHMITT Trägerin der Exodus-Überlieferung gewesen sein [A.2: 107].

Als Reaktion auf die Probleme, die sich aus der nomadischen Herkunft der Hebräer ergaben, formulierte MENDENHALL [B.3] einen völlig anderen Ansatz. Die spätere Gesellschaft der Monarchien sei aus einer sozial-revolutionären Bewegung entstanden. Ausgangspunkt war die schon länger gemachte Beobachtung, dass der Begriff „Apiru" in den Amarna-Briefen sogenannte „outlaws" bezeichnet. Er betonte ferner, diese Personen könnten mit den Hebräern des Alten Testaments linguistisch in Zusammenhang gebracht werden. Dies erregte Widerspruch [LORETZ B.3; MORAN B.3]. Die Hebräer seien, so MENDENHALL, aus den kanaanäischen Städten geflohen und hätten die nicht besiedelten Randzonen urbar gemacht [ähnlich GOTTWALD, Tribes B.3 und kurz zusammengefasst GOTTWALD, Israelite B.3]. Geeint hätte diese Gruppe, zu der auch Personen gehört haben könnten, die aus Ägypten kamen, der neue Glaube. Kritik fand vor allem die Vorstellung einer revolutionären Bewegung zu dieser Zeit [CHANEY B.4; LEMCHE B.3]. Dennoch findet die Ansicht, die Hebräer könnten solche „outlaws" gewesen sein, zunehmend Akzeptanz [KUHRT B.1: 436; MEYERS B.3]. Auch LEMCHE [B.3] sieht die Entwicklung der hebräischen Stammesgesellschaft und der Jahwereligion als einen rein innerpalästinischen Prozess. ZEVIT [B.3: 85] geht dagegen davon aus „that the dominant ethnic group in Cisjordian, Iron Age Palestine was not descended from its Late Bronze inhabitants". Es bleibt auch die Frage an die These MENDENHALLS, weshalb sich die Hebräer als Nomaden hätten sehen und darstellen sollen.

Sicherlich hat KESSLER recht, wenn er betont, dass alle drei Modelle an ihrer Monokausalität leiden [B.5.a: 56 f.]. KAMLAHs Versuch, durch eine Auswertung der archäologischen Quellen einen Beitrag zur Geschichte der Eisenzeit I (1200–1000) zu leisten, zeigt, dass die historische Wirklichkeit in ethnischer, politischer, wirtschaftlicher, kultureller und religiöser Hinsicht weitaus komplizierter war, als es in einem einzigen Erklärungsmodell zum Ausdruck gebracht werden kann [B.3]. Wichtig scheint mir aber die Frage, ob es einen entscheidenden Vorgang gab, und daher betrachte ich wie SCHMITT [A.2: 106] die von ALT angestoßene Überlegung einer Infiltration nomadischer Gruppen als überzeugend, zumal sich auch einige archäologische Funde

Sozial-revolutionäre Bewegung

Hypothese ALTs

als Hinweise auf eine nomadische Herkunft deuten lassen [FINKELSTEIN A.6; FRITZ B.1]. RÖSEL sieht die Entwicklung ähnlich und wendet sich gegen eine „peasent revolt" [B.3]. Ein wesentlicher Beitrag zu den Erzählungen, die den Zusammenhalt stiften sollten, kam von Gruppen, die einen Befreiergott und die Geschichte vom Auszug aus Ägypten mitbrachten. In den Patriarchenerzählungen sieht RÖSEL weitaus bessere Hinweise für die Ansiedlung als im Buch Josua. Zu diesen Siedlern werden Apiru sowie Zuwanderer getreten sein [KESSLER B.5.a: 54].

Besiedlung der Bergregionen   Parallel zum Niedergang der bronzezeitlichen Städte Kanaans lässt sich eine zunehmende Besiedlung der Bergregionen beobachten. Dort entstehen kleine Ortschaften, die sich von früheren Städten unterscheiden, weil ihnen Mauern und repräsentative Gebäude fehlen; auch der Haustyp ist ein anderer. Nach JERICKE [B.3] lassen sich im judäischen Bergland südlich von Hebron und im Nordostnegeb etwa ab 1200 Siedlungsspuren und dann zunehmend Siedlungen nachweisen, die von nomadisierenden Kleinviehzüchtern herrühren, die im Rahmen des Weidewechsels ursprünglich in den südlichen Küstenregionen beheimatet waren. Aufgrund der desolaten Situation der Stadtstaaten mussten sie ihr Gebiet immer weiter nach Süden hin ausweiten. Sie waren also in der kanaanäischen Kultur beheimatet, wo sie ursprünglich in Symbiose mit den Stadtbewohnern gelebt hatten.

Wandel des Städtewesens   Das Städtewesen in Palästina erfuhr in der späten Bronzezeit (um 1200) einen tief greifenden Wandel. Es gab ein erhebliches Wachstum der dörflichen Siedlungen [STAGER B.3; MEYERS B.3]. Solche Veränderungen hat FINKELSTEIN [A.6] herausgearbeitet. In dem Gebiet von Ephraim kann er zwischen 2000 und 1600 etwa 60 Ortslagen nachweisen, deren Zahl sich bis 1200 auf 5 reduzierte. In der Eisenzeit I (1200–1000) entstanden dann über 100 neue Ortslagen. Ein ähnlicher Befund ergibt sich für Galiläa [GAL B.3]. Dabei wechseln Zonen mit Anbindungen an die kanaanäische Kultur mit solchen ab, die auf eine neue Besiedlung hinweisen. In der Nähe von Beer-Seba richteten sich auf den Ruinen eines steinzeitlichen Dorfes nach einer 2 000-jährigen Besiedlungslücke um 1200 Nomaden ein, die nur Gruben und gestampfte Fußböden, aber keinerlei Spuren von Bautätigkeiten hinterlassen haben. Etwa 100 Jahre später errichteten sie die ersten, noch sehr einfachen Häuser. Bei dieser Art der Sesshaftwerdung wurden Zelte erst allmählich durch Hütten und feste Häuser ersetzt. Generell bleibt es aber bei der Feststellung FAUSTS [B.3], dass es grundsätzlich äußerst problematisch ist, siedlungsgeschichtliche Befunde mit ethnischen oder politischen Kategorien zu verbinden, wie dies KILLEBREW [B.3] versucht und von einer „mixed multitude" spricht.

Die Anzahl der Ortschaften zwischen Jerusalem und der Jesreel-Ebene stieg von 25 in der späten Bronzezeit auf 230 am Ende der Eisenzeit I (um 1000). Der Grund dafür lag in den naturräumlichen Bedingungen des Berglands nördlich von Jerusalem, das über fruchtbares Ackerland verfügte. Bereits früh lassen sich hier Monumentalbauten nachweisen wie ein Getreidespeicher in Silo oder ein Tempel in Sichem. Auch im ostjordanischen Hochland wuchs die Zahl der heute bekannten Siedlungen in ähnlichen Dimensionen [MITTMANN B.3]. Beide Regionen waren bevölkerungsreicher, wirtschaftlich deutlich besser gestellt und damit potenziell mächtiger. Die Anlage von Terrassen zur Bewirtschaftung der Hänge bedeutete einen Fortschritt, der die Neuansiedlung erleichterte und teilweise erst möglich machte. Auf solchen Terrassen konnten Oliven, Wein und Obst angebaut werden. Da diese Ackerflächen nicht für einen Getreideanbau ausreichten, musste Handel mit den Gebirgsregionen betrieben werden, um die gegenseitigen Produkte zu tauschen; dazu NURMI [F.4: 82–84].

4. „RICHTERZEIT"

Die Entwicklung der „Richterzeit" wird ausführlich bei MAYES [B.4] behandelt. Einzelne Episoden stellt CLAUSS [B.4: 9–21] dar. Das Richterbuch bewahrt Erinnerungen an eine Zeit, in der einzelne „Häuptlinge" – so überträgt GERTZ [A.2: 94] den entsprechenden hebräischen Begriff – Erfolge militärischer Art hatten und gelegentlich kleinere Anhängerschaften um sich scharen konnten. Seine Entstehungszeit ist wie die aller Texte des Alten Testaments umstritten. Nach RICHTER [RICHTER, Untersuchungen B.4] wurde in der Zeit Jehus (841–815) in Israel ein Retterbuch verfasst (Ri 3,12–9,55), auf das später der deuteronomistische Geschichtsschreiber zurückgriff. BECKER [A.3] führt die gesamte schriftliche Fixierung erst auf letzteren zurück. Wenn LIVERANI [A.1: 330] schreibt, „alcune (poche) memorie di avvenimenti storici ‚pre-monarchici' sembrano effettivamente confluite nel libro dei Giudici", so räumt er ein, dass es mündliche Traditionen über einzelne Heldentaten gab, die sicherlich niemand in ein chronologisches Gerüst einbauen will. Über den Ansatz WARNERS [B.4], die „Richterzeit" vor die Phase der Ansiedlung zu verlegen, ist die Forschung kommentarlos hinweggegangen.

Überlieferung

Die Arbeit des Redaktors lässt sich an der Gideon-Erzählung (Ri 6–8) nachvollziehen; hierzu ausführlich SCHERER [SCHERER, Überlieferungen B.4]. Dem Erzähler lag offensichtlich die Zahl von 300 Männern vor (Ri 7,8), mit denen Gideon gekämpft haben soll. Nach dem Konzept des Redaktors war Gideon allerdings mit „ganz Israel" losgezogen und so musste er einen Weg finden, die ihm vorliegende Zahl von 300 mit seinem eigenen Gesamtkonzept in Einklang zu bringen. Dabei bringt der Redaktor Gott selbst ins Spiel: „Da sprach der Herr zu Gideon: Des Volkes bei Dir ist zuviel, als daß ich die Midianiter in ihre Hand geben könnte. Israel möchte sich sonst gegen mich rühmen und sagen: Wir haben uns selbst geholfen." (Ri 7,2) Daraufhin schickt Gideon diejenigen nach Hause, die Angst haben. Es bleiben 10 000 übrig, was Gott immer noch zu viel ist, und er ordnet an, die Männer trinken zu lassen. Die meisten knien nieder und schöpfen das Wasser mit der Hand, 300 aber lecken es wie ein Hund. Diese wählt Gideon für seine Truppe aus: Das Ziel des Redaktors ist erreicht.

Gideon

Jephthah Zur Person Jephthahs (Ri 10,6–12,6) liegen Arbeiten von RICHTER [RICHTER, Jephtah B.4] und CLAUSS [B.4: 12–14] vor.

Barak GARBINI [B.4: 178] weist nach, dass die Gegner der Hebräer unter Barak die Philister waren [Ri 4–5; dazu SCHERER, Überlieferungen B.4: 84–187]. Für WONG [B.4] ist wichtig, dass eines der zentralen Anliegen des Debora-Liedes [Ri 5; dazu DE MOOR B.4] die Kritik an jenen Hebräern war, die sich nicht am Kampf beteiligten; er spricht sich hinsichtlich seiner Entstehung für eine zeitliche Nähe zum Ereignis aus. Auch SOGGIN [B.4] datiert die im Deboralied besungene Schlacht in die zweite Hälfte des 11. Jh., NEEF [B.4] den Grundbestand des Liedes in die Zeit um 1030.

Saul Die Diskussion Archäologie contra Texte (s. II.A.1) wird auch hinsichtlich unserer Kenntnisse über Saul (1 Sam 8–32) intensiv geführt. „Kann uns die Archäologie helfen, exakt zu bestimmen, wann und wo er [Saul] regierte?" fragen FINKELSTEIN/SILBERMAN [A.6: 59], dabei ist verblüffend, wie ernst sie die biblischen Berichte über Saul nehmen [A.6: 56–82]. Ihr Versuch, Saul zum Konkurrenten Davids [so auch LIVERANI A.1: 103] und zum eigentlichen Ziel der Angriffe Schoschenks zu stilisieren, überzeugt nicht. Das Alte Testament stellt Saul als den ersten König der Hebräer dar und reflektiert die unterschiedlichsten Auffassungen über die Monarchie an sich; zudem legt es auf das gesamthebräische Konzept großes Gewicht (1 Sam 8–12). In die Geschichten flossen ferner die Probleme und Spannungen ein, die aus späteren Erfahrungen mit dem Königtum resultierten. Wenn auch Saul möglicherweise den Titel „König" für sich in Anspruch nahm, gehört er doch in die Zeit der Retter, wenngleich die kurze Episode seines Wirkens die Entwicklung zur Monarchie in Israel, das heißt im Nordreich, beschleunigte.

Saul als Häuptling Von NIEMANN [B.4] ist die These vertreten worden, dass Sauls Herrschaftsform nicht als Königtum zu verstehen ist, sondern als „Häuptlingstum". Ein solches Häuptlingstum, dem es gegenüber dem Königtum noch am „Erzwingungsstab" fehlt, bildet sich nach SERVICE [B.4] beim Übergang von segmentären zu zentralisierten Gesellschaften als Zwischenstufe heraus. SCHÄFER-LICHTENBERGER [SCHÄFER-LICHTENBERGER, Stadt B.4] führt dagegen Argumente an, wonach die spätere Bezeichnung als „König" nicht unbegründet sei. Auch KUHRT [B.1: 443–447] geht von einem Königtum Sauls aus. Gleichgültig wie man Saul einschätzt, Juda zählte sicherlich nicht zu seinem Machtbereich [AHLSTRÖM B.1]. LIVERANI [A.1: 100–104] spricht von einem „regno ‚carismatico' di Saul", das sich über die Gebiete von Ephraim und Benjamin erstreckt habe; dann räumt er aber ein, es sei besser mit FLANAGAN [B.4] von einem „chiefdom" zu reden. Einen guten Überblick zu Saul bietet HERRMANN [A.8: 25–35]. Der Sammelband von EHRLICH/WHITE [B.4] trägt unterschiedliche Positionen über den historischen Saul und seine Rezeption zusammen. Die Erzählungen über Sauls Königssalbung gehören nach den Untersuchungen von SCHMIDT [B.4] und SCHMITT [B.4] zu einer sekundären Überarbeitung. Dem Bericht über den Ammoniterkrieg liegt nach FRITZ historisches Material zugrunde [B.4], nicht dagegen dem über den Amalekitersieg, wie DONNER [A.1] herausstellt, anders DIETRICH [B.4].

Hinsichtlich der Dauer von Sauls „Herrschaft" halte ich an meinen früheren Überlegungen fest [CLAUSS B.4: 21–26] und setze dafür zwei Jahre an. Diese Angabe von 1 Sam 13,1 ist von der Textüberlieferung her unanfechtbar [RICHTER, Bearbeitungen B.4: 133–140]. An anderer Stelle ist allerdings von 20 Jahren die Rede. KREUZER geht, gleichsam als Kompromiss, davon aus, dass die zwei Jahre, die das Alte Testament angibt, auf den großen Konflikt mit den Philistern zu beziehen sind, aber nicht auf die gesamte Wirkungszeit Sauls, die seines Erachtens 15 bis 20 Jahre umfasst [KREUZER, War Saul B.4: 65 f. und Saul B.4]. Diese Zeit, in der Saul in Gibea, in unmittelbarer Nähe zu den Philistern residierte, war für ihn eine lange Phase der Kooperation, gleichsam „unter den Augen der Philister" [KREUZER, War Saul B.4: 71]. Auch die fünfjährige „Regierungszeit", die SCHMITT von 1010–1005 angibt, ist wohl als Kompromiss zwischen den beiden alttestamentlichen Angaben zu verstehen [A.2: 32]. Das von Saul zeitweise kontrollierte Gebiet erstreckte sich nach DIETRICH/MÜNGER [B.4] über Benjamin und einige angrenzende Gebiete. Sie sehen in Saul den ersten König. LEHNART [D.3] plädiert für eine Saul-Tradition, die kurz nach der Trennung der Doppelmonarchie einsetzte.

Bei den „kleinen Richtern" [Ri 10,1–5; 12,7–5; dazu SCHMITT A.2: 112] ist nach RICHTER an „Regionalherrscher" zu denken [RICHTER, Zu B.4]. SCHERER analysiert die stark divergierende Forschungslage zu den kleinen Richtern und betont ihren Einsatz in Rechtspflege, Schiedsgerichtsbarkeit und Beratungstätigkeit [SCHERER, Richter B.4]. Der als „kleiner Richter" geführte Samuel kann nach STOLZ [A.3] nicht als Repräsentant der Sippengesellschaft angesehen werden; seine entsprechende Charakterisierung dürfte deuteronomistischer Herkunft sein.

Der Übergang von der „Richterzeit" zur Staatlichkeit wird durch unterschiedliche theoretische Ansätze erklärt. Ergebnisse archäologischer Surveys und soziologische Überlegungen wie von SCHÄFER-LICHTENBERGER beleuchten verschiedene Stadien vom Häuptlingstum über den frühen Staat bis zum entwickelten Staat [SCHÄFER-LICHTENBERGER, Sociological B.4: 78–105]. Dieses Modell hat FRICK auf die Geschichte der hebräischen Monarchien übertragen [FRICK, Social B.4]. Bei der skizzierten Entwicklung können wirtschaftliche Faktoren, etwa die Bedeutung des Handels, ebenso eine Rolle spielen wie interne oder externe Konflikte. Für die Entstehung der hebräischen Monarchien werden derartige Faktoren höchst unterschiedlich gewichtet. CHANEY [B.4] hebt vor allem die ökonomische Entwicklung hervor, nämlich den Druck der Philister auf die Wirtschaft der Hebräer (1 Sam 31,1–13) und die Entstehung einer innerhebräischen wirtschaftlichen Elite. Hinweise auf eine solche Elitenbildung finden sich im Alten Testament, wo vor allem bei den kleinen Richtern ein gewisser Reichtum vorausgesetzt wird (Ri 10,1–5; 12,7–15). Dies dürfte die Region gerade für die Philister interessant gemacht haben. Beide von CHANEY genannten Entwicklungen sind nach ihm durch technische Fortschritte wie der Terrassierung und der Verbesserung der Zisternen vorangetrieben worden.

Innere Faktoren   COOTE/WHITELAM stellen ebenfalls vor allem auf innere Faktoren ab [COOTE/WHITELAM, Israel B.4]. Als auslösendes Moment betrachten sie den Druck der Philister, später betonen sie stärker das Bevölkerungswachstum [COOTE/WHITELAM, Early Israel B.4]. Die Philister besaßen das Metallmonopol und die Hebräer benötigten Werkzeuge. So schöpften die Philister etwa durch das Schärfen der Pflugscharen, der Beile und Gabeln bei den Hebräern einen Teil des durch diese Werkzeuge zusätzlich erwirtschafteten Ertrags wieder ab (1 Sam 13,20–21). Eine solche Symbiose muss aber nicht zu einem Konflikt führen, auch wenn die Entwicklung von einem Machtgefälle zugunsten der Philister geprägt war. Es bleibt ferner festzuhalten, dass auch bei den Philistern ein Bevölkerungswachstum zu beobachten ist [EHRLICH B.1: 19–21]. Auch FRICK gibt den landwirtschaftlichen Entwicklungen und dem Bevölkerungswachstum den Vorrang [FRICK, Formation B.4: 191–204]. Bei seinen Untersuchungen der Siedlungen auf dem Gebirge Ephraim zwischen dem frühen 12. und dem späten 11. Jh. hat FINKELSTEIN [B.4] eine starke Bevölkerungsvermehrung in den palästinensischen Bergregionen festgestellt. Dies zwang die Hebräer, auch Gebiete zu besiedeln, die größere Schwierigkeiten mit sich brachten, weil das Gelände abschüssig und felsig war und Quellen fehlten. Für FINKELSTEIN brachte dies die Notwendigkeit einer Zusammenarbeit mit sich, die über Familie und Sippe hinausging. Die Linie zum Staat führt bei ihm von der Bevölkerungszunahme über den Handel zu einem höheren Grad von Organisation und Verwaltung. Das größte Problem dieser Entwicklung bleibt nach KREUZER die genaue zeitliche Einordnung der Entwicklungsstufen [KREUZER, War Saul B.4: 62].

Äußere Bedrohung   Mich überzeugt eher eine Theorie, welche den Zusammenschluss zu größeren Gemeinschaften aufgrund der äußeren Bedrohung plausibel macht. Es ist schwer vorstellbar, weshalb ökonomische Erwägungen zur Bildung eines Heerwesens und Beamtenapparats hätten führen müssen, ferner ist der Widerstand gegen das Königtum, den CRÜSEMANN [B.5.b] herausgearbeitet hat, so nicht erklärlich. Schließlich legen auch die biblischen Texte Gewicht auf die von außen kommende militärische Bedrohung verbunden mit der Belastung durch die Tributforderungen der Philister. DONNER bezeichnet daher das erste Staatswesen als ein „Notprodukt" aufgrund der Bedrohung durch die Philister [A.1, Bd. 1: 197].

5. LEBEN IN VORSTAATLICHER ZEIT

a) Familie – Sippe – Stamm

Wenn auch keine „politische" Geschichte der Zeit vor der Königszeit geschrieben werden kann, wie SOGGIN [B.5.a] und MILLER/HAYES [A.1] betonen, so bieten die entsprechenden Erzählungen des Alten Testaments doch hinreichend Material für eine Sozialgeschichte der Hebräer, die auch für die spätere Königszeit von Bedeutung ist. Die gründlichste Studie zu den Lebensverhältnissen der vorstaatlichen Zeit stammt immer noch von DE VAUX [B.5.a]. Jüngst kommen die Darstellungen von BOROWSKI [B.5.a] und MCNUTT [B.5.a] dazu. MCNUTT legt eine sozialgeschichtliche Studie von der Stämmegesellschaft bis zur Perserzeit vor, indem sie die politische und religiöse Geschichte in den Kontext des Alltagslebens stellt wie Haushaltsführung, Sklaverei, Realitäten der Stammesgesellschaft oder die Rolle der Frauen. Insgesamt zeichnet sie das Bild einer komplexen und diffusen Gesellschaft. Einen guten Gesamtüberblick bietet ferner KESSLER [B.5.a]. Sozialgeschichte

Seit den Arbeiten von THOMPSON [B.5.a] und VAN SETERS [B.3] ist anerkannt, dass die in Gen 12–36 vorliegende Erzvätererzählung ein der Königszeit entstammendes Bild ist. Dabei geht BLUM [B.5.a] allerdings davon aus, dass in der Zeichnung der Erzväter als Kleinviehnomaden „eine geschichtliche Erinnerung an Ursprünge Israels in nichtsesshaften Gruppen zum Tragen" kommt. Daraus folgert SCHMITT, dass es dann auch möglich sein muss, „Fragen nach der Lebensweise der Erzvätergestalten, nach ihrer historischen Herkunft, nach ihren topographischen Haftpunkten im Kulturland und nach der von ihnen repräsentierten Religionsform" zu stellen [A.2: 96]. Auch KESSLER schließt nicht aus, dass Teile der späteren Hebräer aus einem Milieu stammen, das dem in den Genesiserzählungen geschilderten ähnelt [B.5.a: 56]. Erzväter

Die Segmente und Untersegmente der Gesellschaft werden in Jos 7,14 mit Stamm, Sippe und Großfamilie bezeichnet. Zum Verhältnis von Sippe und Stamm ist immer noch lesenswert LUTHER [B.5.a]. Die Großfamilie wird als *bet*, Haus, beschrieben, was allerdings auch das Wohngebäude, eine Dynastie oder den Staat bezeichnen kann. Daher wird das Haus meist *bet ab*, „Haus des Vaters", genannt; zum Sprachgebrauch BENDÔR [B.5.b: 54–56]. Die Bezeichnung dokumentiert Sesshaftigkeit wie patriarchalische Struktur gleichermaßen. Archäologisch entspricht diese Einteilung dem Haus (Familie), bei dem sich nach FAUST [B.5.a Rural] eine soziale Schichtung nicht nachweisen lässt, und dem Dorf (Sippe), dessen Siedlungsformen ZWINGENBERGER [B.2.a] behandelt. In Tell el-Far'ah (Nord) sind aus dem 8. Jh. Quartiere mit zwei verschiedenen Arten von Häusern gefunden worden, größeren von 100–110 m² Grundriss und kleineren von 65–80 m². FAUST [FAUST, Differences B.5.a] deutet dies so, dass Bewohner der größeren Häuser noch in der Sozialform der Großfamilie lebten, während in den kleineren Häusern bereits Segmente der Gesellschaft

Kernfamilien wohnten. Die Problematik der hebräischen Begriffe „Vater" und „Mutter" und vor allem „Bruder" und „Schwester", die weit über unsere enge Begrifflichkeit hinausgehen, analysiert NICOLE [B.5.a]. GERSTENBERGER/SCHRAGE [B.5.a] behandeln ausführlich Ehe und Familie, KUNZ [B.5.a] die Vorstellungen von Zeugung und Schwangerschaft; zur Patrilinearität UTZSCHNEIDER [B.5.a], zur Polygynie FRIEDL [B.5.a]. Die Möglichkeiten der Frau innerhalb dieser patriarchalischen Gesellschaft untersucht KEGLER [B.5.a] am Beispiel der Debora.

Familienoberhaupt   Die Jurisdiktionsgewalt liegt beim Familienoberhaupt und im Bereich der Sippe bei den Sippenältesten, für die eine Fülle von Studien vorliegen: JACOBSEN [B.5.a], BUCHHOLZ [B.5.a], WILLIS [B.5.a], REVIV [B.5.a] und NIEHR [F.5]. UMHAU WOLF [B.5.a] glaubt, vergleichbare Strukturen auch auf der Ebene der Stämme feststellen zu können. Das Familienrecht geht nach LIVERANI [A.1: 72] auf sehr frühe Zeiten zurück, während WAGNER [B.5.a] es nur für die Königszeit als gesichert ansieht. MERZ [B.5.a] behandelt ausführlich das Phänomen der Blutrache. Wie in der Königszeit die Rolle des Familienoberhauptes gesehen wurde, schildern Erzählungen, die uns zeigen, was mit „bösen" Kindern geschehen konnte, die es gegenüber ihrem Vater an Ehrfurcht ermangeln ließen oder ältere Menschen verspotteten; sie werfen zugleich ein Schlaglicht auf die Art der „Erziehung" hebräischer Kinder. Als die Knaben von Bethel den Propheten Elisa verhöhnten und ihm zuriefen: „Komm' herauf, Kahlkopf! Komm' herauf, Kahlkopf!", da verfluchte er sie, und sofort kamen zwei Bärinnen aus dem Wald und zerrissen 42 von den Kindern (2 Kön 2,23–24). Nicht um patriarchalische Autorität geht es dagegen bei dem Gebot „Du sollst Vater und Mutter ehren", da auch die Mutter einbezogen wird [ALBERTZ B.5.a], sondern nach JUNGBAUER um „die Existenzsicherung der alten Eltern ... durch materielle Versorgung" [B.5.a: 87]. Zu einer solchen „Versorgung" gehört auch eine würdige Bestattung.

Amphiktyoniethese   Die Forschung ist lange Zeit von Überlegungen NOTHS [B.5.a] geprägt worden, der eine das ganze Alte Testament bestimmende Vorstellung von einem aus 12 Stämmen bestehenden Gesamtvolk auf die vorstaatliche Zeit zurückführte. Er fand in den griechischen – dies lehne LEMCHE [B.5.a] bereits ab – und altitalischen Zwölfstämmebünden, den Amphiktyonien – „umwohnende" Stämme um ein Zentralheiligtum – vergleichbare Institutionen; zu den von ihm herausgearbeiteten typischen Merkmalen vgl. SCHMITT [A.2: 114 f.]. NOTHS Amphiktyoniethese, die von SMEND [B.5.a] nochmals verteidigt worden ist, gilt seit der gründlichen Widerlegung BÄCHLIS [B.5.a] als überholt; vgl. den Forschungsbericht von BARTELMUS [B.5.a]. FOHRER [B.5.a] hat darauf hingewiesen, dass bei den Hebräern kein Begriff für eine solche Amphiktyonie existiert, es kein vorstaatliches Zentralheiligtum gab – so auch IRWIN [B.5.a] – und man auch in der Erzählung vom „Bundesschluß von Sichem" (Jos 24) kein historisch verwertbares Material finden kann [ebenso PERLITT B.5.a]. SEEBASS versuchte, die Grundgedanken NOTHS zu erhalten, und sprach von einer „lockeren Klammer", einem „äußeren, sehr losen Rahmen", der einen „untergründigen Zusammenhalt" gewährleistete, sowie von einem „latent vorhandenen Einheitsbewußtsein" und „latenten Energien", die genutzt werden konnten [B.5.a: 213–218].

NOTHS Impulse für die Forschung sind unübersehbar, doch die Geschichte der Vor-Königszeit muss ohne Amphiktyonie oder Zwölfstämmebund geschrieben werden. Die Konzeption des zwölf Stämme umfassenden Volkes der Hebräer geht frühestens auf die Zeit der Monarchie zurück, als man die Zwölfzahl als Merkmal der Vollständigkeit ethnischer Gemeinschaft aufgriff. Denn diese berühmte Zwölfzahl – beziehungsweise eine Sechszahl – findet sich auch in den Stammesgenealogien anderer Völker, weil die Zwölfzahl im Alten Orient „eine vollkommene Gesamtheit" zum Ausdruck bringt [SCHORN B.5.a]. Die Fiktion der 12 Stämme als Nachfolger der 12 Söhne Jakobs diente dazu, die unterschiedlichen Gruppierungen der Hebräer in eine einzige gemeinsame Geschichte einbinden zu können. Daher wurde eine größere Anzahl von Stämmen, die insgesamt in den Erzählungen des Alten Testaments bezeugt ist, auf 12 reduziert. SPARKS [B.5.a] bietet einen Überblick der verschiedenen Stämme-Listen, die zwar jeweils unterschiedliche Namen, aber meist die Zwölfzahl bieten und die sämtlich für eine Rekonstruktion der frühen Geschichte der Hebräer unbrauchbar sind. Diese Vorstellung von einem 12 Stämme umfassenden „idealen Israel" dürfte erst in Juda nach dem Untergang Israels entstanden sein [SCHORN B.5.a].

<small>Zwölf Stämme</small>

An die Stelle des abgelehnten Modells NOTHS traten neue. So beschrieben CRÜSEMANN [B.5.b] und NEU [B.5.b] das vorstaatliche Israel als segmentäre Lineage-Gesellschaft und regulierte Anarchie. Es war die Zeit der Anarchie, um mit dem Titel des Buches von SIGRIST zu sprechen, eine „regulierte Anarchie" [B.5.a]: Es fehlt eine politische Zentralinstanz, die mit Sanktionsmitteln versehen ist; stattdessen bestimmen patrilinear gestaffelte Verwandtschaftsgruppen – von Großfamilien über die Sippe eventuell zum Stamm – die Beziehungen der einzelnen zueinander. Die Stämme gehören demnach zu jenem Gesellschaftstyp, mit dem in der Ethnosoziologie agrarische, nicht staatlich organisierte Gemeinschaften zusammengefasst werden: die segmentäre Gesellschaft, eine „akephale (d. h. politisch nicht durch eine Zentralinstanz organisierte) Gesellschaft, deren politische Organisation durch politisch gleichrangige und gleichartig unterteilte, mehr- oder vielstufige Gruppen vermittelt ist." [KNAUF A.2: 30; zum Bezug zur „Richterzeit" vgl. CRÜSEMANN B.5.a: 201–208]. Wichtige grundsätzliche Gedanken zur Berücksichtigung vergleichender ethnologisch-anthoropologischer Ansätze bietet ULF [B.5.a]. Zu beachten ist sein Hinweis, dass auch bei dem Nachweis struktureller Analogien ein Vergleich immer nur heuristische Funktion haben kann.

<small>Regulierte Anarchie</small>

b) Gesellschaftsordnung

CRÜSEMANN [B.5.b] hat den Vorschlag gemacht, die vorstaatliche Gesellschaft als „segmentäre Gesellschaft" zu bezeichnen. NEU hat die Theorie weiter-

<small>Segmentäre Gesellschaft</small>

entwickelt und nennt sie „segmentäre Lineage-Gesellschaft" [B.5.b]. Seine Charakterisierung orientiert sich an den Verwandtschaftsbeziehungen: Alle Segmente führen sich über eine agnatische Abstammung (Lineage) auf einen gemeinsamen Ahnen zurück. KESSLER spricht daher von einer „verwandtschaftsbasierten Gesellschaft" [B.5.a: 57]. Um die alttestamentlichen Erzählungen besser verstehen zu lernen, vergleicht MALAMAT [B.5.b] die dort geschilderten familiären Verhältnisse mit afrikanischen „lineage systems". Die Bezeichnung dieser Gesellschaft als egalitär hat nichts mit Sozialromantik zu tun, wie KNAUF [A.2: 69] eingeworfen hat. BENDÔR [B.5.b] sieht die periodische Neuverteilung des Grundbesitzes noch bis weit in die Königszeit als wirksam und schätzt die verwandtschaftlich organisierten Gesellschafsstrukturen nicht als nomadisches Erbe, sondern als Produkt bäuerlicher Lebensweise ein. Sein Überblick leidet darunter, dass er keine historischen Differenzierungen im Quellenmaterial von den Anfängen bis zum Ende der Königszeit vornimmt. Die soziale Entwicklung Israels in vorstaatlicher Zeit stellt THIEL [B.5.b] etwas eigenwillig, aber meist zuverlässig dar. In segmentären Gesellschaften basiert Führerschaft nicht auf zentralisierter Autorität, sondern primär auf der Fähigkeit zu überzeugen. Dies geschieht vor allem durch Großzügigkeit wie z. B. bei öffentlichen Speisungen. Durch diese Weitergabe des Surplus wird dem Festgeber gesellschaftliche Anerkennung zuteil und er erhält einen höheren Stellenwert in einer ansonsten egalitären Gesellschaft; zu Parallelen in Griechenland vgl. KISTLER/ULF [B.5.b].

Lokale Verbände Mit der Konsolidierung der Dörfer zu eigenständigen Gemeinwesen entwickelte sich die Sippe allmählich zu einem lokalen Verband. Am Rechtswesen lässt sich deutlich ablesen, wo sich die Sippe zur Rechtsgemeinde wandelte (s. I.F.5). Mit der Selbstverwaltung der Gemeinde war die Umformung der ursprünglich sippenrechtlichen Institution der Ältesten zu einer lokalen Behörde verbunden. In diesen Dörfern entstand eine Schicht gehobener Familien, deren Repräsentanten, die Ältesten, eine Autoritätsstellung einnahmen. Solche Ältesten hatten zwar die unterschiedlichsten Aufgaben inne, waren aber nie mit einem Zwangsapparat ausgestattet und konnten keinerlei Abgaben erheben.

FRITZ kann neben den kleinen dorfartigen Siedlungen möglicherweise die Existenz größerer Gehöfte plausibel machen [B.1: 83–92]. Mehrere Gebäude sind im weiteren Umkreis von einer Mauer umgeben, die offenbar der Tierhaltung dient. KESSLER bringt diesen archäologischen Befund mit der alttestamentlichen Figur des reichen Nabal (1 Sam 25) in Verbindung [B.5.a: 65]. Vielleicht können wir in solchen Funden eine Ausdifferenzierung nach oben archäologisch fassen; für die gleichzeitige und wohl massivere Ausdifferenzierung nach unten stehen uns allein die biblischen Texte zur Verfügung. Zu den Vorstellungen einer segmentären Gesellschaft passt das Fehlen von Befestigungsanlagen und Repräsentativbauten der neuen Siedlungen.

c) Religiosität

Wie bei allen Themen der Frühzeit ist es auch bei der Religiosität schwierig, historisch Zuverlässiges aus dem biblischen Material herauszuarbeiten. Entsprechend wenige Gemeinsamkeiten bietet die Forschung. Eine knappe Einführung in die Gottesverehrung der Frühzeit legt ROST [B.5.c] vor. Hinsichtlich der Jahweverehrung spricht vieles für die sogenannte „Midianiterhypothese", nach der Jahwe vor den Hebräern bereits von den Midianitern verehrt wurde [SCHMITT A.2: 89]. Bestärkt wird sie durch Inschriften im nubischen Soleb aus der Zeit Amenophis III. (1391–1353), in denen ein „Land der Schasu (Nomaden) von Yhw" erwähnt wird [GIVEON B.5.c]. Unklar bleibt, ob Jahwe in diesen ägyptischen Inschriften eine Person, ein Ort, der nach ASTOUR [B.5.c] in Syrien lag, eine Landschaft, ein Berg oder ein Gott ist. Dass der Jahwe der Hebräer kein Wettergott war, hat JEREMIAS [B.5.c] gegen KNAUF [B.5.c] betont. Der Ort, an dem die Hebräer diesen Jahwe kennengelernt haben wollen, geriet offenbar in Vergessenheit, zumal es denkbar scheint, dass im Interesse von Wallfahrern der Gottesberg später an verschiedenen Orten lokalisiert und gezeigt wurde.

„Midianiterhypothese"

Die Erzählungen über Abraham, Isaak und Jakob weisen einen jeweils eigenständigen Ortsbezug auf, der nach ALT [B.5.c] damit zu tun hat, dass sie Sippenoberhäupter verschiedener nomadischer Gruppen gewesen sind. Diese These vom „Gott der Väter" hat von KÖCKERT [B.5.c] und BLUM [B.5.a] vernichtende Kritik erfahren. Zwar kann vor allem nach der Arbeit von KÖCKERT [B.5.c] das Gottesverhältnis der Erzväterüberlieferung nicht länger auf nomadische Gegebenheiten zurückgeführt werden, allerdings spricht nach ALBERTZ „der Umstand, daß die ‚Vätergötter' fast nur in den Erzväterüberlieferungen vorkommen, ... gegen die Annahme einer späteren Konstruktion." [F.6.c] Es ist wichtig, darauf hinzuweisen, dass keiner der sogenannten Patriarchen, keiner der Stammeseponymen, keiner der Richter und keiner der Könige der Anfangsphase einen Namen trägt, der sich mit Jahwe in Verbindung bringen lässt [LIVERANI A.1: 87], stattdessen sind andere theophore Namen wie Baal, El, Anat, Sedek und Shalom vorherrschend. Wie häufig in der antiken Welt kam es mit der Zuwanderung der Hebräer zu keinem Bruch innerhalb der am Ort vorhandenen Kulttraditionen, sondern zu Formen des Synkretismus. Kanaanäische Kultorte des Gottes El, wie Beth-El, wurden nicht aufgegeben, sondern problemlos auf Jahwe übertragen [Gen 28,10–22; 1 Kön 12; vgl. ALBERTZ F.6.c: 223 und KOENEN, Bethel D.1].

„Gott der Väter"

Der Familiengott war ein männlicher Gott mit Partnerin und vielleicht mit einigen Kindern. Verantwortlich für die Kultpflege war das Familien- oder Sippenoberhaupt. Er trug am Eingang des Zeltes den dort präsenten Ahnengottheiten seine Bitten vor [COOPER/GOLDSTEIN B.5.c]. Diese Zuständigkeit änderte sich zunächst auch mit der beginnenden Staatlichkeit nicht. Während Tempel in den Städten der Monarchie nicht nachgewiesen sind, sieht man einmal von den Residenzorten ab, hat sich in der Eisenzeit IIa (1000–900)

Familiengott

zahlreiches Kultinventar in häuslichem Kontext gefunden wie Kultständer zur Darbringung von Opfergaben [FREVEL B.5.c]. Miniaturschreine aus Terrakotta für Kultbilder von Göttinnen werden seit der Jahrtausendwende immer beliebter und sind bis 600 belegt. Gegen KEEL/UEHLINGER [B.5.c: 196] betont BERLEJUNG [in: GERTZ A.2: 120], dass es in dieser Zeit keine Hemmungen gegeben habe, Gottheiten in anthropomorpher Gestalt darzustellen (s. I.F.6).

Höhenheiligtum In den dörflichen Siedlungen der Hebräer sind bislang keine Tempel gefunden worden, da sie wohl für die bäuerlichen Gemeinschaften zu kostspielig waren. Neben den Familienkulten dürfte der gemeinsame Dorfkult, wenn es ihn denn gab, im Freien an Steinsetzungen, Masseben, durchgeführt worden sein. Das Höhenheiligtum des Ortes wurde zum Mittelpunkt der religiösen Aktivität. Es befand sich nicht notwendig immer auf einem Berg, sondern war oft eine künstliche Erhebung zum kultischen Gebrauch. Südwestlich von Jerusalem gibt es auf einem Bergrücken eine Reihe von Erderhebungen, von denen mehrere archäologisch erforscht wurden. Eine gut erhaltene Anlage misst im Querschnitt 25 Meter und besteht aus einer Anhäufung von Erde und Steinen, die von einer Mauer zusammengehalten wird; auf Stufen stieg man nach oben. Noch in der Monarchie waren dies Kultorte für Kanaanäer wie für Hebräer gleichermaßen. Im Zusammenhang mit der Übernahme von festen Kultstätten erfolgte die Ausgestaltung der Opfergebräuche nach kanaanäischem Muster. Bisherige kanaanäische Heiligtümer wie diejenigen von Bethel, Beer-Seba, Sichem und Silo beherbergten in der Monarchie den Jahwe-Kult und vermittelten dadurch zusätzlich zahlreiche Elemente der alten Kultpraxis an die Hebräer.

C. DIE ENTSTEHUNG DER MONARCHIE

1. David

Bei der Diskussion um die Person Davids [MCKENZIE C.1] werden all die Probleme im Umgang mit literarischen und archäologischen Quellen nochmals konkret, von denen eingangs die Rede war (s. II.A.1). An der Historizität Davids ist seit der Auffindung der Stele aus Tell Dan nicht mehr zu zweifeln. Die Inschrift nennt erstmals seine Person außerhalb des Alten Testaments und bestätigt, dass er als Gründer der Herrscherdynastie Judas auch außerhalb des Staates bekannt war.

Inschrift aus Tell Dan

Den späteren Hebräern galt die Zeit Davids und Salomos als der Höhepunkt ihrer staatlichen Existenz schlechthin – dies unter anderem deshalb, weil die durch David ins Leben gerufene Doppelmonarchie nur zwei Generationen bestand. Obwohl die Regierungszeiten der beiden ersten Herrscher nur höchstens ein Zehntel der Königszeit abdeckte, füllen die entsprechenden Berichte über ein Drittel der Erzählungen aus [SOGGIN A.1: 1985]. Kritisch vermerkt wird immer wieder, dass es aus der Zeit der Doppelmonarchie kaum schriftliches Material gibt; das wenige findet sich bei BARKAY [C.1]. Allerdings muss man einräumen, dass ohnehin nur wenige Quellen für die Geschichte des Vorderen Orients für diese Zeit existieren [KUHRT B.1: 438] und epigraphisches Material aus den hebräischen Monarchien für die gesamte Zeit ihrer Existenz spärlich ist [SMELIK A.4; MILLARD A.4]. Grundlage für die Bestimmung der frühen Regierungszeiten bleibt allein das Alte Testament, das für David und Salomo jeweils 40 Regierungsjahre angibt. Die Zahl soll wohl pauschal eine Generation bezeichnen, was allerdings nicht bedeutet, wie KNAUF [A.2] meint, dass die gesamte biblische Überlieferung zu beiden Personen weitgehend unhistorisch ist.

Quellenlage

Was verraten die Erzählungen der Bibel über die mögliche Entstehungszeit der Geschichten über David? So ziemlich jedes Jahrhundert der Monarchien oder noch spätere Zeiten sind dafür in Anschlag gebracht worden. Die Beschreibung des „wilden Südens", in dem David agierte, passt nach FINKELSTEIN/SILBERMAN [A.6: 37] in die Zeit vor dem Ende des 9. Jh., die Erzählungen müssen also wenige Generationen nach David festgehalten und zusammengestellt worden sein. Im 8. Jh. waren die Randgebiete Judas, in denen David seine Bandentätigkeit ausübte, bereits dicht besiedelt: Im Gebiet südlich von Hebron gab es große Dörfer, weiter südlich schützte ein System ummauerter Festungen und Dörfer die südlichen Grenzen Judas, gab es eine rege Bautätigkeit etwa in Lachis und Beth-Semes. Zu der in jüngster Zeit vermehrt erscheinenden „Erfindungsliteratur" (s. II.A.1) gehört die Arbeit KLEINS [C.1] über David und Saul. Er betrachtet die Samuelbücher als fiktionales Werk, dessen Verfasser aus dem Nordreich stammt und um 700 in Juda gewirkt haben soll, als der Norden wie Saul verworfen und der Süden

Entstehungszeit der Erzählungen

wie David erfolgreich waren. Nach GEORGE [C.1] soll die Geschichte von David und Goliath ins deuteronomistische Geschichtswerk aufgenommen worden sein, um zur Identitätsfindung des nach-exilischen Israel beizutragen: David hat die Eigenschaften Israels, Goliath diejenigen seiner Feinde. Die „David und Goliath-Geschichte" verrät allerdings viel über die Erzähltechniken und die Entwicklung der Geschichtsschreibung [AULD/HO C.1]. DIETRICH/NAUMANN [A.3] versuchen in ihrem Sammelband, die in Bezug auf die beiden Samuelbücher völlig auseinanderlaufenden Forschungsansätze miteinander ins Gespräch zu bringen.

Mündliche Traditionen

NA'AMAN [C.1 Search] stellt Überlegungen darüber an, wie lange sich mündliche Traditionen halten können, bis sie aufgeschrieben werden. Die Schilderungen der Kriege Davids können nach dieser Logik nicht erst im 7./6. Jh. aufgeschrieben worden sein. NA'AMAN setzt älteres Material, spätestens aus der Mitte des 8. Jh., voraus. Den Versuch, vordeuteronomistische Quellen für David zu ermitteln, hat vor allem ROST [C.1] unternommen. Konsens hinsichtlich der historischen Verwertbarkeit besteht lediglich für die in den Samuelbüchern verarbeiteten Listen von Beamten (2 Sam 8,16–18; 20,23–26) oder von Elitekämpfern (2 Sam 23,8–39). Völlig außer Acht zu lassen ist die Darstellung Davids in den Chronikbüchern [SCHMITT A.2: 36]. ISSER [C.1] hat in der David-Geschichte Themen untersucht, die so oder ähnlich in vielen Erzählungen über Banditen eine Rolle spielen, wie die Schilderungen heroischer Taten (2 Sam 21,15–22 und 23,8–39), die sich mitten in der Darstellung Davids späterer Regierungsjahre finden. Erzählungen wie diejenige eines Kriegers mit 12 Fingern und ebenso vielen Zehen waren populär. Indem der Redaktor sie ohne Rücksichtnahme auf einen chronologischen Bezug auswählte, verrät er einerseits, aus welch reichem Traditionsgut er schöpfen konnte, andererseits aber auch, dass es ihm eher um das Sammeln und Redigieren als um Geschichtsschreibung ging. Die entscheidende Frage ist, ob man bereit ist, den Kern der alttestamentlichen Berichte über David und Salomo zu akzeptieren. Wenn man, wie FINKELSTEIN, der Bibel nahezu jeglichen Quellenwert abspricht, aber nicht alle archäologischen Zeugnisse umdatieren kann, werden sie uminterpretiert: WEIPPERT nimmt an, dass Befestigungsanlagen im Negeb, die aus dem 11. bis 9. Jh. stammen, für Juda „eine Art Limes gebildet haben" [A.6: 484]. FINKELSTEIN [C.1] akzeptiert die zeitliche Einordnung, deutet die Reste aber als Fluchtburgen nomadisierender Gruppen.

Quellenwert der Bibel

Archäologische Zeugnisse

Die Datierung archäologischer Zeugnisse aus dem 10. Jh. war und ist umstritten. KUHRT weist darauf hin, dass viele der erst später nachweisbaren Entwicklungen früher begonnen haben müssen und stellt dann fest: „The Davidic-Solomonic period is the obvious candidate" [B.1: 448]. Lange Zeit sind die großen Befestigungsanlagen wie in Megiddo ins 10. Jh. gesetzt worden [WHITELAM C.1]. In jüngster Zeit werden solche Bauten deutlich herabdatiert. In der Auseinandersetzung mit FINKELSTEINS „low chronology" (s. II.A.1) bestätigen BEN-TOR/BEN-AMI [C.1] allerdings für die Ausgrabungen in Hazor die seit den 50er Jahren des 20. Jh. vorgeschlagene Stratigraphie und gehen von einem gut organisierten Staat im 10. Jh. aus, was auch Konsequenzen für die Einschätzung von David und Salomo hat. DEVER ist davon überzeugt, mit Hilfe der Archäologie der historischen Entwicklung der Monarchien näherzukommen. Dabei grenzt er sich deutlich von den „Minimalisten" (s. II.A.1), aber auch von FINKELSTEIN und deren „nonhistories of ancient Israel" ab. Er selbst skizziert den aus seiner Sicht möglichen Beitrag der Archäologie [C.1: 53–95]. Die im Titel seines Buches gestellte Frage nach dem Kenntnisstand der biblischen Autoren beantwortet er: „They knew a lot, and they knew it early." [C.1: 295]. HERR [A.6] bietet einen geographischen Überblick der von den beiden Monarchien kontrollierten Gebiete im 10. Jh. Es ist dies eine gute Fortschreibung der Darstellung WEIPPERTS [A.6] im Handbuch der Archäologie.

Mit DIETRICH sehe ich die Herrschaften Davids und Salomos als historisch an. Dabei hält er die im Alten Testament erwähnten „Bücher der Könige von Israel und Juda" in ihrem Kern für früh; sie könnten schon in der Regierungszeit Davids begonnen worden sein. In diesem Zusammenhang rechnet er mit einem „Erzählkranz vom Freibeuter David", der recht nahe an die geschilderte Zeit heranführt, denn – und dieses Argument ist nun einmal entscheidend – alles wirke „historisch durchaus plausibel" [C.1: 251]. SHEMESH [C.1] spricht sich für die historische Zuverlässigkeit des Berichts aus, dass David von Achis nach Ziklag beordert wurde. Diese Entscheidung lag außerhalb Davids Kontrolle, wenngleich der biblische Redaktor dahinter göttliche Weisheit vermutet. GUNNEWEG [A.1] und VANDERKAM [C.1] gehen davon aus, dass die Darstellung in 2 Sam 3,26–4,1–12 seinen tatsächlichen Aufstieg mit Hilfe von politischen Morden habe kaschieren wollen. Dies ist wenig überzeugend.

David als historische Gestalt

Vergleichbar der Geschichte Davids ist diejenige eines Idrimi, die sich auf dessen Statue aus dem 15. Jh. befindet [ANET 557 f.; zur historischen Einordnung der „Autobiographie" vgl. MAYER C.1]. Hier schildert der neue König seine Erfolgsgeschichte: jüngster von sieben Brüdern, Verfolgung und Zuflucht in der Wüste, Verbindung zu den Apiru, sieben Jahre in Hebron, insgesamt 40-jährige Herrschaft, Akklamation durch das Volk und göttlicher Schutz. LIVERANI hält es für möglich, dass auch David eine solche Inschrift errichten ließ, von deren Grundbestand die späteren Erzählungen ausformuliert wurden [A.1: 108]. Man wird allerdings eingestehen müssen, dass alle derartigen Vorgänge nicht nur ähnlich geschildert, sondern auch ähnlich abgelaufen sein dürften, wenn ein Herrscher seine Macht nicht dynastisch ererbt hatte. Entsprechend beschreibt ZWICKEL [C.1] an den Beispielen Jephtahs und Davids die Bedeutung der Apiru-Gruppen für die Staatenbildung: Schutzfunktion angesichts äußerer Gefahren, Verfestigung der Beziehungen eines Stammes zu einer Schutzgruppe, Integration dieser Apiru in den Stamm, Entstehung der Vorform eines Staates mit dem Führer der jeweiligen Apiru als Machthaber, Aufgehen der Apiru in der neuen Gesellschaft der Territorialstaaten.

Autobiographie

Reich Davids   Äußerst umstritten ist die Ausdehnung des davidischen Herrschaftsbereichs. Das Alte Testament entwirft das Bild eines im Laufe der Jahre entstandenen komplexen Großreichs, das über die Grenzen Palästinas hinausgriff und in der Person Davids die Herrschaft über weite Gebiete der syrisch-palästinensischen Landbrücke vereinte. David beherrschte demzufolge Ammon in Personalunion, drückte Moab und einige Aramäerstaaten zu Vasallen herab und ließ Edom durch Statthalter verwalten. Sein Reich erstreckte sich somit von der ägyptischen Grenze bis an den Euphrat (1 Kön 5,1). Die Extrempositionen hinsichtlich dieses Machtgebietes vertreten DONNER [A.1: 220] auf der einen Seite, der analog den Schilderungen des Alten Testaments von einem Großreich spricht [ähnlich SCHMITT A.2: 41 f.], und auf der anderen DAVIES, für den die Existenz eines vereinigten Reiches eine spätere Erfindung darstellt, die nach dem Ende Israels im Jahre 721 die Ansprüche Judas auf das Nordreich historisch untermauern wollte [A.8: 65]. Auch für FISCHER [C.1] bezeugen die Daviderzählungen kein davidisches Großreich, sondern sind vor allem als Reflexion der Verhältnisse der Zweistaatlichkeit im 7. Jh. zu verstehen. Nach LIVERANI [A.1: 106] kontrollierte David lediglich das Gebiet dreier Stämme: Juda, Ephraim und Benjamin. Dies erfolgte zunächst unter der Hegemonie der Philister. Er bezweifelt, dass David auf Dauer Gilead kontrollieren konnte, geschweige denn andere Gebiete der späteren Monarchien nördlich von Sichem. An die Kontrolle außerhebräischer Gebiete, wie sie 1 Kön 5,1 schildere, sei gar nicht zu denken. Eine ähnlich minimalistische Sicht findet sich bei GARBINI [A.1]. Einen Forschungsüberblick über die unterschiedlichen Positionen bietet GRABBE [C.1].

Personalunion   Gegenüber einem Totalskeptizismus halte ich wie DIETRICH [C.1] an einem davidisch-salomonischen Reich und einer in Personalunion vereinigten Monarchie fest. EHRLICH [B.1] und MASTIN [C.1] behandeln die Ausdehnung der davidischen Herrschaft über die Philister und auch STERN [A.6] geht davon aus, dass es David gelang, die nördliche Küste in sein Territorium einzugliedern [ähnlich FAUST C.1], später habe er sie aber wieder den Phöniziern überlassen müssen. Was die Ausdehnung dieses Gebietes angeht, schließe ich mich der Mittelposition von KESSLER an, „daß Juda unter David tatsächlich nach Norden expandiert, dabei alle israelitischen Stämme eint, darüber hinaus bisher kanaanäisches Siedlungsgebiet in den neuen Staat integriert und benachbarte Völker in Abhängigkeit bringt." [B.5.a: 75] Der Ablauf der Eroberungen Davids durch teilweise brutale Kriege lässt sich kaum rekonstruieren, aber das Faktum scheint sicher [KUHRT B.1: 451]. Einiges wenige ist über die Aramäerstaaten unter Hadadezer von Zoba bekannt. PITARD [C.1] ist allerdings skeptisch, was die Eroberung von Damaskus durch Hadadezer betrifft.

Nationale Identität   Es ist zu betonen, dass die Bevölkerungsgruppen, die David kontrollierte, keine festgefügte nationale Identität besaßen. Es waren wesentlich auch die Geschichten, wie sie die Bibel überliefert, die im Laufe der Jahrhunderte erst ein Gemeinschaftsgefühl wachsen ließen. „David war der Gründer von etwas, das es im Bergland von Juda in der nun anbrechenden Epoche, die wir heute die Eisenzeit nennen, noch nicht gab." [FINKELSTEIN/SILBERMAN A.6: 55]

Jerusalem, bis dahin von etwa 2 000 Kanaanäern bewohnt, galt bis zur Zeit Davids als uneinnehmbar, sodass die Einwohner, zu ihm gewandt, spotteten: „Hier dringst du nicht ein, sondern die Blinden und Lahmen werden dich fernhalten." (2 Sam 5,6) Trotzdem wagte David das scheinbar Unmögliche und hatte Glück. Strittig ist, ob hinsichtlich der Angaben zur Eroberung Jerusalems der Text 2 Sam 5,8 durch 1 Chr 11,6 gedeutet werden kann und Joab durch die Wasserleitungsanlagen in die Stadt gelangte, was VINCENT [C.1] für möglich hält, OEMING [C.1] aber ablehnt. Dagegen spricht auch die Datierung der Wasseranlagen durch SHILOH [C.1] in das 10./9. Jh. Die Eroberung Jerusalems war der Erfolg der Söldner Davids, deshalb war es sein Erfolg, die Stadt gehörte fortan ihm, sie wurde die „David-Stadt" (2 Sam 5,7). Mit Rücksicht auf die bestehenden Verhältnisse beließ David es dann doch bei dem überkommenen Namen. Zu einer schonenden Behandlung zählte ferner, dass er den Platz für seinen „Palast" nicht als erobert betrachtete, sondern durch Kauf rechtsgültig erwarb (2 Sam 24,20–25). Daher vermutet SCHÄFER-LICHTENBERGER, dass Jerusalem auf friedliche Weise an David fiel [SCHÄFER-LICHTENBERGER, Stadt B.4: 385–390]. Jerusalem

Das Alte Testament macht über den Ausbau Jerusalems zur Zeit Davids nur dürftige Angaben [NA'AMAN, Contribution C.1]. Er hat die Stadtmauern instand gesetzt und sich ein Regierungsgebäude errichten lassen. Die Stadt war eng und ihre Ausdehnungsmöglichkeit auf dem Südosthügel begrenzt. Einen Eindruck des kleinräumigen Milieus vermittelt die Bathseba-Szene. David kann bequem vom Dach seines Hauses die badende Bathseba auf einem der niedriger gelegenen Nachbardächer beobachten (2 Sam 11,2). Archäologische Spuren der davidisch-salomonischen Zeit sind in Jerusalem nur schwer zu fassen. Die riesige Terrasse, die König Herodes im ersten Jahrhundert für den zweiten – oder dritten – Tempel errichten ließ, hat alle Spuren früherer Bauwerke auf dem Tempelberg zerstört. Das Problem der dortigen Grabungen, die erheblich eingeschränkt sind, ist und bleibt die Datierung der Zeugnisse. FINKELSTEIN/SILBERMAN [A.6] ordnen einige Funde dem 9. Jh. zu, räumen aber ein, dass die Entstehung der berühmten gestuften Steinkonstruktion umstritten ist. KENYON [A.6: 89] und SHILOH [C.1] wollen in Resten von Füllmaterial Spuren von Davids Baumaßnahmen gefunden haben. Archäologische Spuren

In Juda lässt sich ein erhebliches Anwachsen der Siedlungen vom 12. bis zum 10. Jh. beobachten. Die Daten hat JAMIESON-DRAKE [F.1] zusammengetragen. WHITELAM [C.1] und BARKAY [C.1] sehen dieses beträchtliche Wachstum mancher Siedlungen vor allem im 10. Jh. Judas Eigenständigkeit

Der Widerstand gegen das Königtum resultiert aus den Erfahrungen der segmentären Gesellschaft, so CRÜSEMANN [B.5.b], CLAUSS [B.4] und jüngst MÜLLER [C.1]. In der königskritischen Jotham-Fabel von der Wahl des Dornbuschs zum König (Ri 9,7–15), die nach MOENIKES [C.1] aus der frühen Königszeit stammt, wird deutlich, dass es die Vornehmen der Gesellschaft Widerstand gegen das Königtum waren, welche die Form solcher Herrschaft ablehnten. Diese frühe Königtumskritik war politisch begründet. Als Hosea später das Königtum grundsätzlich verwarf, war eine Brücke „von der frühstaatlichen rein realpolitisch begründeten Königtumskritik zur exilischen rein theologisch motivierten Ablehnung des Königstums" geschlagen [MOENIKES C.1: 207]. Den ebenfalls königskritischen Text 1 Sam 8,11–18 sieht LEUCHTER [C.1] als Reflektion der josianischen Zeit über die Erfahrung mit den assyrischen Königen.

Josephsgeschichte   Als Prototyp derjenigen, die dem Herrscher die Gefolgschaft verweigern, wird Nabal vorgestellt, dessen Name „Tor, Narr" aus königlicher Warte bereits Programm ist. Die Frage dieser Gruppe „Was kann der (König) uns helfen?" (1 Sam 10,27) ist aus dem Mund der sozialen Absteiger, die sich um David scharen, nicht zu hören. In diesen Zusammenhang gehört für mich auch die Josephsgeschichte, als es in der Frühzeit der Monarchie galt, Abgaben und Vorratshaltung und die damit verbundenen Eingriffe in die bäuerliche Ordnung zu rechtfertigen [GOLKA/WEISS C.1]. LEVIN [C.1] vertritt die Auffassung, dass die Endgestalt der Josephsgeschichte kurze Zeit nach der Reichsteilung mit der Absicht abgefasst wurde, den Einschluss des Nordstammes Benjamin in das Reich Juda zu erklären. Dieses „Rätsel Benjamin", wie er es nennt, stellt sich, weil er die Historizität der Doppelmonarchie und folglich auch die Reichsteilung leugnet. Weshalb aber werden im Alten Testament Saul und die nördlichen Verbindungen der Benjaminiten erwähnt, wenn diese nicht allgemein bekannt waren, weil Juda das israelitische Benjamin okkupierte? Von meiner zeitlichen Einordnung der Josephsgeschichte weicht diejenige von KUNZ [C.1] am weitesten ab, der sie „auf einem gemeinsamen Boden mit den Spätwerken Israels und den ägyptischen Textdenkmälern der Ptolemäerzeit" sieht.

Nachfolge Davids   Der von DE PURY/RÖMER [C.1] herausgegebene Band über die Thronfolgegeschichte Davids macht durch die unterschiedlichen Ansätze der Beiträge deutlich, wie weit die Forschung von einem Konsens entfernt ist, ob es eine solche Thronfolgegeschichte überhaupt gegeben hat, aus welcher Zeit sie stammen und welche Tendenz sie gehabt haben könnte. Der Verschwörung Absaloms [dazu WEINGREEN C.1 und BARDTKE C.1] gegen David ging eine lange, im privaten Bereich spielende Vorgeschichte voraus, die mit der Vergewaltigung der Schwester Absaloms durch ihren Halbbruder Amnon begonnen hatte. Als Absalom die Ehre seiner Schwester rächte, wobei er Amnon in ein Versteck lockte und ihn dort tötete, schloss ihn David von der Thronfolge aus. Absalom musste vor dem Zorn des Vaters ins Exil fliehen und durfte erst nach zwei Jahren an den Hof zurückkehren (2 Sam 14). Hier begann er gegen den alternden König zu intrigieren, indem er die Unzufriedenheit vieler Hebräer mit David und der Monarchie nutzte. FINKELSTEIN/SILBERMAN argumentieren gegenüber dieser Schilderung des Alten Testaments mit der historischen Plausibilität: „Die tödliche Rivalität der Prinzen, der Zwist und die Abkehr enger Vertrauter des Königs sind in einem sehr viel komplexeren sozialen Umfeld angesiedelt, als es Jerusalem im

10. Jahrhundert v. Chr. aufzuweisen hatte." [A.6: 100] Weshalb soll eine Vergewaltigung ein komplexes soziales Umfeld voraussetzen? Die Geschichte der Bibel spielt vielmehr in einem einfachen familiär engen Umfeld. Die Bedeutung des Harems vor allem für Salomo behandelt CUSHMAN [C.1]. Angesichts der Tatsache, dass Salomo 21-mal als „Sohn der Bathseba" bezeichnet wird, fragt VERMEYLEN [C.1], ob er überhaupt der leibliche Sohn Davids war [zur davidischen Dynastie POMYKALA C.1].

2. Salomo

Die Diskussion um die Datierung und Bewertung archäologischer Quellen bestimmt weitgehend auch die Deutung der Regierungszeit Salomos. Die Literatur zur Datierung der salomonischen Architektur, für die exemplarisch die Fundlage in Megiddo steht, ist Legion. Die Vorschläge schwanken zwischen einem Ansatz in salomonischer Zeit, wie sie in jüngster Zeit von HALPERN [C.2] vertreten worden ist, und einem Ansatz im 9./8. Jh. („low chronology"; s. II.A.1), wie ihn vor allem FINKELSTEIN [A.6] immer wieder vorbringt. Im Zusammenhang mit der anhaltenden Diskussion um das 10. Jh. und die Doppelmonarchie weist BLAKELY [C.2] darauf hin, dass die Kartierung der sogenannten Pfeilerhäuser – wie sie KOCHAVI [C.2] zusammengestellt hat – mit dem von Salomo kontrollierten Gebiet identisch ist.

Der kurze Beitrag von SILBERMAN/FINKELSTEIN/USSISHKIN/HALPERN [C.2] über die Erforschung der Stadt Megiddo [NIEMANN, Megiddo C.2] zeigt die Spaltungen im israelisch-amerikanischen Grabungsteam. HALPERN hält die biblischen Berichte von einer Bautätigkeit unter Salomo (1 Kön 9,15) nach wie vor für „reliable", seine Kollegen denken eher an die frühe Zeit des Nordreichs, dabei aber an unterschiedliche Könige (Jerobeam, Omri, Ahab). Für diese Spätadierung, „low chronology", spreche, dass so monumentale Bauten wie das Sechskammertor eher von einem Herrscher des starken Israel als vom König eines armen und kaum entwickelten Landes wie Juda hätten errichtet werden können. Die Deuteronomisten hätten dann solche Großtaten einem Helden wie Salomo und nicht Verrätern wie es Jerobeam und die Omriden in ihren Augen waren, zugeschrieben. Dem lässt sich entgegenhalten, dass Salomo als König auch des Nordreiches handelte, also über dessen größere Ressourcen verfügen konnte. Gegen die Argumente von FRITZ [FRITZ, Erste A.3] und WEIPPERT [A.6], dass die biblischen Angaben über die salomonischen Festungsbauten in Hazor, Megiddo und Geser mit den dortigen archäologischen Funden übereinstimmen, wirken Argumente wie diejenigen von FINKELSTEIN [A.6] übertrieben skeptisch. KLETTER formuliert – gleichsam salomonisch: „Hence, L[ow] C[hronology] is possible, though it is not superior to the H[igh] C[hronology]." [C.2: 44]. Sicherlich besteht bei der Zuordnung entsprechender Funde in die Zeit Salomos die Gefahr eines Zirkelschlusses, weil das Alte Testament von Baumaßnahmen des Königs berichtet, da aber die archäologischen Argumente keine klare Festlegung auf die eine oder andere Position erlauben, folge ich den Texten.

Buch der Geschichte Salomos

Über Charakter und Umfang des im deuteronomistischen Geschichtswerk genannten „Buches der Geschichte Salomos" (1 Kön 11,41) wird zwar gestritten, Konsens herrscht aber mit WÜRTHWEIN [A.3] darüber, dass die Berichte über den außergewöhnlichen Reichtum Salomos nicht historisch sind. Unhistorisch ist ferner der Besuch der Königin von Saba. Ein derart entwickeltes Königreich von Saba lässt sich archäologisch so früh nicht nachweisen [PRITCHARD C.2]. Außerdem ist zu bemerken, dass solche Karawanenzüge von Händlern und nicht von Königinnen durchgeführt wurden. Anders als WÜRTHWEIN [A.3] und VEIJOLA [C.2] rechnen SEILER [C.2] und ROST [C.1] mit einem umfangreichen Grundbestand historischer Erinnerung noch aus salomonischer Zeit, der salomo- und auch davidfreundlich ausgerichtet ist und darauf hinausläuft, dass Salomo durch Jahwes Führung Nachfolger Davids wird. Auch SÄRKIÖ [C.2] erarbeitet ein kritisch gesichertes Minimum an historischen Daten für die Monarchie im 10. Jh.

Minimalistische Sicht

Nach WÄLCHLI [C.2] entwirft die Salomogeschichte das Programm eines idealen Herrschers, der in Weisheit regiert und so zu Erfolg und Reichtum kommt. Er setzt die Entstehung der Erzählungen in der Zeit König Hiskias (715–697) an. Für den historischen Salomo bliebe dann, dass er von seinem Vater ein „großes, aber sehr heterogenes und noch kaum organisiertes Herrschaftsgebiet" [C.2: 204] übernahm und versuchte, dieses mit baulichen und organisatorischen Maßnahmen zu festigen. In diesen Kontext gehören die ersten Anfänge einer Verwaltung, die Integration nichtisraelitischer Bevölkerungsteile und vermutlich der Aufbau einer Streitwagentruppe sowie die Aufnahme internationaler Beziehungen.

Der „verschwindende Salomo"

Die Spätdatierung archäologischer und literarischer Zeugnisse hat bei einigen Autoren bereits dazu geführt, von einem „verschwindenden Salomo" zu sprechen [KNOPPERS C.2]. KNOPPERS selbst rechnet allerdings mit David und Salomo als historischen Persönlichkeiten und erkennt die von ihnen kontrollierten Gebiete als Staaten an. Sein Fazit zu der Diskussion um die Doppelmonarchie: „The only present certainty is that the age of consensus is past." [C.2: 44] Auch NIEMANN hält an einem historischen Salomo fest und erläutert die Gegebenheiten des 10. Jh., vor deren Hintergrund man dann Salomo interpretieren kann [NIEMANN, Taanach C.2]. Die Beiträge des von HANDY [C.2] herausgegebenen Sammelbandes beschäftigen sich mit den Möglichkeiten, den historischen Salomo zu erfassen; dabei finden sich Aufsätze der unterschiedlichen Forschungsrichtungen nebeneinander.

Weisheit Salomos

Zu den besonderen Fähigkeiten Salomos zählt das Alte Testament seine „Weisheit". Während WÜRTHWEIN [A.3] solche Berichte als nachdeuteronomistisch entstandene Reflexion betrachtet, halte ich mit ALT [C.2] eine Nachahmung der in Ägypten und Mesopotamien gepflegten Listenwissenschaft, also Versuche, eine Enzyklopädie allen Wissens zu bieten, in Jerusalem für möglich. Auch die Betonung der Gerechtigkeit Salomos, die in seinen Urteilen [LASINE C.2] sprichwörtlich geworden ist (1 Kön 3,16–28), passt in die Zeit des 10. Jh. Yehimilk von Byblos nennt sich zur gleichen Zeit einen „gerechten und guten König" [zu den Beispielen NIEHR C.2]. Möglicherweise hat man aus ähnlichen Formulierungen Salomos später die Geschichten seiner Urteile entworfen.

Was die innere Entwicklung der Monarchie betrifft, stehen vor allem die biblischen Hinweise auf die Distrikte Salomos [FRITZ C.2] auf dem Prüfstand (1 Kön 4,7–19). Nach NA'AMAN stammt das Salomo zugeschriebene Verwaltungssystem aus dem 8. Jh.: „The district system he [Autor aus dem Jerusalem des späten 8. Jh.] drew probably reflects a combination of the main outlines of the Assyrian province system of his time and the districts of the kingdom of Judah." [C.2] Diesem Autor lag eine alte Verwaltungsliste von 12 Namen vor, die er mit salomonischen Beamten identifizierte. Auch ASH [C.2] meint, der Deuteronomist habe auf der Grundlage mündlichen Materials, das Flüchtlinge aus Israel 721 nach Juda mitgebracht hätten, die Distriktliste erstellt. KAMLAH [C.2] sieht in der Liste ein Personenverzeichnis. Damit wären die geschilderten Verwandtschaftsverhältnisse keine literarischen Schöpfungen, was für die historische Verankerung der Liste in der salomonischen Zeit spricht.

Distrikte Salomos

Im engen Zusammenhang mit der Distrikteinteilung steht die Fronarbeit. In 1 Kön 5, 27 wird berichtet, dass Salomo „aus ganz Israel Fronarbeiter aushob". In 1 Kön 9,2 findet man, „von den Israeliten aber machte er keine zu Knechten". Die jeweiligen Passagen werden von BECKER [C.3] unterschiedlichen Bearbeitern zugewiesen. Demnach will der zweite Redaktor Salomo möglicherweise vor der Kritik des ersten in Schutz nehmen. Die sozialen Auswirkungen der Herrschaft Salomos stellt THIEL [C.2] dar.

Fronarbeit

VAUGHN [C.2] versucht, die literarischen (1 Kön 6; 7,13–51) und archäologischen Quellen zu harmonisieren und nähert sich dabei der Feststellung ALTS an, wonach Jerusalem im 10. Jh. Verwaltungszentrum mit verhältnismäßig wenigen Einwohnern war. Das Alte Testament selbst bietet mit seiner an religiösen Phänomenen ausgerichteten Tradition ausführliche Angaben über den salomonischen Tempelbau. Sicherlich entsprechen die Ausmaße, die dort überliefert sind, dem Bau der Perserzeit und sind zurückprojiziert worden. Ähnliches gilt für die Schilderung des salomonischen Palastes, die derjenigen der persischen Paläste des 6. und 5. Jh., wie wir sie in Susa und Persepolis kennen, entspricht [LIVERANI A.1: 362]. Aber weshalb soll man den Bau überhaupt mit Salomo und nicht mit David verbunden haben, wenn nicht Salomo wenigstens einen Tempel oder *an* einem Tempel bauen ließ? Nach LIVERANI [A.1: 364] besteht kein Zweifel daran, dass Salomo in Jerusalem einen Jahwe-Tempel errichtet hat, was dem späteren biblischen Redaktoren Anlass seiner Darstellung als modellhafter König war. Vor allem von RUPPRECHT [C.2] ist die These entwickelt worden, Salomo habe ein jebusitisches Heiligtum umgebaut. Dies erscheint plausibel, ist allerdings nicht beweisbar. Auch DIETRICH [C.1] hält den Umbau eines bereits bestehenden

Tempelbau

Gebäudes für wahrscheinlicher als einen Neubau. ZWICKEL [C.2] hält dagegen an einer Neugründung in der nördlichen Stadterweiterung des 10. Jh. fest. Das Alte Testament berichtet in Verbindung mit dem Tempelbau von einer Zusammenarbeit Salomos mit der Stadt Tyros [DONNER C.2]. Dahinter könnte stehen, dass der Umbau des Tempels durch phönizische Bauleute nach kanaanäischem Vorbild erfolgte. KENYON [A.6: 92–97] weist in diesem Zusammenhang auf den Tempel in Tell Tayanat als Beispiel hin.

Tyros GERTZ demonstriert an den unterschiedlichen Versuchen, die alttestamentlichen Berichte über Salomo und Tyros zu erklären, „daß sich der Mangel an außerbiblischen Quellen durch Imagination nicht beheben läßt" [A.2: 99]. Tyros, das die Phöniker im 12. Jh. wieder erbauten, hatte sich zum Hauptort eines Gebietes entwickelt, welches das ganze südliche Küstengebiet Phönikiens bis zur Bucht von Akko umfasste. Diese Stadtstaaten entfalteten eine lebhafte Handels- und Kolonisationstätigkeit, sodass sie unter der Führung von Tyros zeitweise zur beherrschenden Seemacht am Mittelmeer wurden. Zur Zeit Hirams (969–936) war die phönikische Expansion bereits in vollem Gange. Die Beziehungen Solomos zu diesen Staaten waren auf den ersten Blick zwar freundlich, aber Gebietsabtretungen Salomos an Hiram – die Küstenlandschaft von Akko bis Sidon mit etwa zwanzig Ortschaften – deuten möglicherweise auch auf Schwierigkeiten hin (1 Kön 9,10–11); es bleibt nämlich fraglich, ob sie allein als Gegenleistungen für die umfassenden Materiallieferungen für Salomos Bauten zu sehen sind. Nach DONNER [A.1: 246 und 583] war Salomo Vasall des Königs von Tyros, während NIEMANN in dem biblischen Bericht den Reflex eines Versuches Salomos sieht, nach Norden auszugreifen, der aber an Tyros scheiterte [NIEMANN, Megiddo C.2].

Verbindungen zu Ägypten Immer wieder sind Kontakte der frühen hebräischen Monarchien zu Ägypten herausgearbeitet worden, von denen auch das Alte Testament gelegentlich berichtet. Ein Beispiel dafür ist die Heirat Salomos mit einer Pharaonentochter; der Vorgang wird allerdings kontrovers diskutiert. Gegen SCHIPPER [SCHIPPER, Salomo C.2] macht JANSEN-WINKELN [C.2] deutlich, dass aus ägyptologischer Sicht nichts gegen die Existenz einer Tochter des Pharao am Hof Salomos spricht. SCHIPPERs Erwiderung betont nochmals, dass er die Heirat für unwahrscheinlich hält [SCHIPPER, Pharaonentochter C.2]. Die Entscheidung hängt letztlich an der Einschätzung, ob man derartige Kontakte im ausgehenden 10. Jh. für möglich hält, wogegen meines Erachtens nichts spricht. Ausführlich untersucht SCHIPPER politische und personale Kontakte sowie Handelsbeziehungen zwischen den hebräischen Monarchien und Ägypten, unter anderem zur Zeit Salomos [SCHIPPER, Israel C.2: 11–116]. BALL sieht die Kontakte für so intensiv an, dass er sogar eine gemeinsame Regierung von David und Salomo nach ägyptischem Vorbild für möglich hält [C.2]. Die Wege mancher Informationen sind möglicherweise noch zu ermitteln. In Ex 3,22 und an anderen Stellen findet sich die Aufforderung, sich von Ägypterinnen Gold, Silber und Kleider geben zu lassen. Nun weist GALPAZ-FELLER [C.2] darauf hin, dass sich eine ähnliche

Formulierung auf einer Stele Sethnachts, des ersten Herrschers der 20. Dynastie (1186–1184), befindet. Dieser ägyptische Brauch bedeutete für den Empfänger solcher Gegenstände einen neuen sozialen Status. GALPAZ-FELLER vermutet daher, dass ägyptische Schreiber diese Vorstellung im 13./12. Jh. nach Kanaan vermittelt haben. Von dort gelangte der Brauch an den Hof in Jerusalem. Wieviel Zeit gesteht man zu, bis die Vorstellung ins Exodusbuch kam? Könnte nicht eine Notiz aus der frühen Königszeit stammen?

3. Ende der Doppelmonarchie

Meist wird der Bericht 1 Kön 12,1–20 über die Trennung der Königreiche Juda und Israel als vertrauenswürdige historische Quelle betrachtet. Dem widerspricht BECKER, der in ihm spätdeuteronomistische Geschichtsreflexion sieht. Er sieht in Jerobeam möglicherweise einen Herrscher über das israelitische Kernland, über Sichem und Umgebung, der dort als „ägyptischer Protegé" fungierte. Sein Fazit lautet: „Als historische Quelle über die Zeit kurz nach Salomos Tod muß sie (die Stelle) ganz ausscheiden." [C.3: 229] Nach FRITZ bezieht sich die im Buch der Chronik (2 Chr 11,5–12) verzeichnete Liste der Festungen Rehabeams auf die Zeit Josias [C.3]. _{Trennung der Königreiche}

BRIGHT [A.1] sah in den unterschiedlichen Auffassungen vom Königtum den Grund für das Auseinanderfallen der Doppelmonarchie: In Juda war das dynastische Prinzip akzeptiert, während in Israel das charismatische Führertum und ein eher „demokratisches" Verständnis vom Königtum vorherrschten. Dem ist entgegenzuhalten, dass die Institution des Königs auch in Israel nie bestritten wurde. Israel war reicher und sah sich stärker außenpolitischen Belastungen ausgesetzt. Der Kampf um die Krone destabilisierte das Land zusätzlich. Ich folge eher AHLSTRÖM [B.1], der in Juda und Israel zwei seit Langem getrennte Einheiten sieht, die lediglich unter David und Salomo kurzfristig vereint worden waren. Auch THORNTON [C.3] führt realpolitische Gründe für das Scheitern der Einheit an. Die seit vorstaatlicher Zeit zu beobachtenden autonomen Entwicklungen wirkten nach HERRMANN [C.3] stärker als die kurze Periode unter gemeinsamen Königen. Überzeugend bleibt die penible Textkritik von SEBASS [C.3] zur Königserhebung Jerobeams. _{Unterschiedliche Konzepte des Königtums}

Das Alte Testament bezeugt klar die Vorstellung, die Gründung des Nordreichs Israel sei ein Akt der Befreiung aus fremder Vorherrschaft; auf diesem Hintergrund erklärt sich die enorme Bedeutung der Exodustradition, die, wie KESSLER es formuliert, gleichsam zum „Ursprungsmythos des Nordreichs" wird [B.5.a: 94]. HOMAN [C.3] zeigt auf, dass Schebas Ausruf „Geht heim!" eine Formulierung war, mit der man eine Versammlung beendete wie im Falle der Verhandlungen Israels mit Rehabeam. _{Befreiung aus der Vorherrschaft Judas}

Auf der Stele Schoschenks [dazu SCHIPPER, Israel C.2: 119–132] über seinen Zug nach Palästina sind etwa 180 Orte als Gefangene dargestellt, die _{Schoschenk}

dem Pharao an Stricken zugeführt werden. Darunter befinden sich die israelitischen Städte Rehob, Beth-Sean, Sunem und Thaanach. In dieser Liste der zerstörten Orte taucht Jerusalem nicht auf. Der Vorgang, der sich um die judäische Hauptstadt abgespielt haben dürfte, sollte sich über 200 Jahre später beim Feldzug des Assyrers Sanherib wiederholen (s. I. E.2). Schoschenk war wie Sanherib primär an Beute interessiert; wenn diese aus Jerusalem freiwillig gegeben wurde, zog man wieder ab. Die nur zweitrangige strategische Bedeutung der judäischen Hauptstadt lohnte eine mühevolle Belagerung nicht. Die Liste macht nach LIVERANI deutlich, dass das Königreich Israel noch immer von den Stämmen Galiläas durch einen kanaanäischen Korridor über Geser, Gibeon, den Jordangraben nach Norden bis in die Jesreelebene getrennt war [A.1: 116]. FINKELSTEIN sieht im Feldzug des Pharao den entscheidenden Einschnitt des 10. Jh. und den Übergang von Eisenzeit I zu Eisenzeit II [C.3]. Mit Hilfe des Pharao oder in Folge seines Feldzugs habe sich die Macht der Jerusalemer Herrscher auch über das nördliche Bergland erstreckt; soweit ist seine Darstellung plausibel. Unverständlich ist allerdings, weshalb aus dieser Überlieferung später der Deuteronomist die Vorstellung der Doppelmonarchie entwickelt haben soll. KLETTER [C.2, mit einer umfangreichen Bibliographie] diskutiert die von FINKELSTEIN auch im Zusammenhang mit der Doppelmonarchie entfachten Kontroversen um die „low chronology" (s. II. A.1) und lehnt sie ab.

D. ISRAEL

1. Konstituierung Israels unter Jerobeam

Die Instabilität, die Israel während der 210 Jahre seiner Unabhängigkeit erlebte (932–721), lässt sich an den neunzehn Herrschern ablesen, eine stattliche Zahl, wenn man bedenkt, dass in Juda während 345 Jahren (932–587) ebenso viele regierten. Eine dynastische Tradition kam zunächst nicht zustande, für Israel ist der Wechsel der Dynastien geradezu symptomatisch. Dessen ungeachtet wurde der Wille zur Dynastiebildung wie unter Omri und Jehu immer wieder wirksam, wie Ishida [D.1: 171–182] darlegt. Das anfängliche Scheitern von Dynastiebildungen in Israel ist von Alt [D.1] und Donner [A.1] auf ein „charismatisches Königsideal" zurückgeführt worden, wonach der Anspruch auf den Thron von der Designation durch einen Propheten und der Akklamation durch das Volk abhängig gewesen sei [vgl. Carreira D.1]. Der Grund für den häufigen Wechsel der Dynastien ist aber weder in dem angeblich charismatischen Charakter der israelitischen Monarchie noch in der Notwendigkeit einer prophetischen Designation zu suchen. Er lag vielmehr in den alten Stammesrivalitäten begründet, denn das Königtum Israel verlor auch trotz der Einverleibung großer kanaanäischer Gebiete seine hebräische Prägung nie völlig. Der politische Zusammenschluss in Israel wurde auf Kosten einer Gleichmacherei erkauft, welche die alten um 1000 längst etablierten Gegensätze nie überdecken konnten. Demzufolge sind, wie Ishida [D.1] und Timm [D.2] betonen, eher die innenpolitischen Spannungen als Begründung in Anschlag zu bringen.

Instabilität

Eine schnelle und gründliche Verschmelzung der kanaanäischen und hebräischen Bevölkerungsteile, die für die Einheit Israels und damit für die Monarchie unerlässlich gewesen wäre, musste zugunsten der wirtschaftlich und kulturell führenden Kanaanäer ausfallen, die damit zu einem innenpolitischen Problem wurden. Bei solchen strukturellen Schwächen des Staatswesens fiel das persönliche Unvermögen einzelner Herrscher stärker ins Gewicht, als dies bei anerkannten Dynastien der Fall zu sein pflegt. Einen großen Anteil an den Dynastiewechseln hatte das Militär, das im Nordreich daher von größerer Bedeutung war als in Juda. Ferner erschwerte die instabile Herrschaft die Bildung von Eliten, da mit jedem Machtwechsel „Verwandte und Freunde" (1 Kön 16,11), also mit der Herrscherfamilie auch dessen Anhängerschaft, ausgerottet wurden.

Verschmelzung der Bevölkerungsteile

Hat man sich in Israel von der davidischen Dynastie getrennt, um sogleich weiterzumachen und nur den König auszutauschen? Dies scheint wenig plausibel. Offenbar entfiel in dem neuen Staat die Arbeitsverpflichtung. Da vor allem die Fron als Sklaverei verstanden wurde (1 Sam 8,10–17), sahen die Kreise, die am meisten belastet gewesen waren, die Neugründung als Befreiung, wurde die Exodus-Tradition gleichsam zum Gründungsmythos,

Veränderungen unter Jerobeam

Jerobeam [LEUCHTER D.1] zu einem neuen Mose, der sein Volk in die Freiheit führt.

Regierungssitze   Die Verlegung des Regierungssitzes ins Ostjordanland wegen des Feldzugs Schoschenks ist umstritten, obwohl Israel das Hauptziel des Unternehmens war, wie auch das in Megiddo gefundene Fragment einer Stele mit der Kartusche des Pharao untermauert [USSISHKIN D.1: 71–74]. SCHMITT sieht in dem Versuch Jerobeams, einen Ausgleich zwischen den verschiedenen Teilen seines Reiches zu schaffen, den Grund dafür, dass er mehrere Regierungssitze gleichzeitig unterhielt [A.2: 53]. Thirzas Bauten blieben nach der Gründung Samarias zwar sprichwörtlich, real aber unvollendet, wovon ein bereits zubehauener, aber nicht vermauerter Quader Zeugnis ablegt. Thirza blieb als Königsstadt in der Erinnerung der Hebräer, die später die Anmut eines Mädchens mit der Schönheit von Thirza verglichen (Hld 6,4). Der Ausbau des Ortes (Tell el-Far'a – Nord) ist in der dortigen Schicht VIIb gut bezeugt.

Neue Kultorte   KOENEN behandelt den Kult im Staatsheiligtum von Bethel während der Königszeit Israels, vom späten 10. bis zum ausgehenden 8. Jh [KOENEN, Bethel D.1]. Jerobeam hat die Verehrung einer Stierfigur als die bildliche Darstellung des Staatsgottes Jahwe ins Zentrum gestellt. In Bethel wurde damit der Gott verehrt, der die Hebräer aus Ägypten geführt hatte. Wahrscheinlich hat Jerobeam mit den Stierbildern keine Neuerung eingeführt, sondern eine in Bethel bereits länger bestehende Tradition neu belebt [KEHL/UEHLINGER B.5.c]. Bei dem „goldenen Kalb" – wie auch der „ehernen Schlange" (s. I.F.6) – handelt es sich nach KOENEN um ursprünglich kanaanäische Kultgegenstände, die auch von den Hebräern in den Monarchien als Symbole des wirkmächtig helfenden Jahwe übernommen wurden [KOENEN, Schlange D.1]. Es entstanden Aitiologien, welche die Entstehung der Objekte in die als Ursprungsepoche verstandene Wüstenzeit verlegten. Im 8. Jh. wurden beide unter unterschiedlichen Umständen beseitigt. Die damit obsolet gewordenen Aitiologien überlebten aber, wobei die des Stierbilds zu einer polemischen Erzählung umgedeutet wurde, die in ihrer endgültigen Fassung eine Erklärung für den Untergang Israels bietet.

Sünde Jerobeams   Die sich im Wesentlichen auf religionspolitische Tätigkeiten konzentrierenden alttestamentlichen Chronisten haben nur diese Maßnahme Jerobeams überliefert; seine Religionspolitik behandeln TOEWS [D.1] und HERR [D.1]. „Wandeln in der Sünde Jerobeams" (1 Kön 16,19) wurde zum geflügelten Wort, welches das Verhältnis eines Herrschers zum Jahwe-Kult umschrieb, so wie er sich allerdings erst in der Exilszeit durchsetzen sollte. DEBUS [D.1] analysiert Jerobeams „Entwicklung" in der deuteronomistischen Geschichtsschreibung, die alles auf diese „Sünde" zuspitzt.

Stierstatuetten   Die Stiere erinnerten darüber hinaus an Riten der Nachbarvölker. Vielen Göttern in Mesopotamien, Syrien und Ägypten diente ein Stier als Sockel, wie bei assyrischen Göttergestalten, die auf Flügelwesen dargestellt wurden. Aus diesen Gebieten finden sich zahlreiche Einflüsse im syrisch-palästinensischen

Raum: Der kanaanäische Sturmgott Hadad wurde auf dem Rücken eines Stieres stehend abgebildet. Doch stand im Gegensatz zur dort gebräuchlichen Ikonographie auf den israelitischen Stieren keine menschliche Figur; vielleicht war dies ein Einfluss des Jahwe-Glaubens. Die Stierstatuetten werden von KOENEN [KOENEN, Bethel D.1] daher auch nicht als Trägertier, sondern als direktes Jahwebild verstanden, der Stier als Symbol Jahwes rettender Macht (1 Kön 12,28; s. II.F.6).

2. Dynastie Omri

GUNNEWEG [A.1] hat vermutet, dass die Herrscher Thibni – zu seiner Person SOGGIN [D.2] – und Omri Repräsentanten jeweils unterschiedlicher Parteiungen in Israel waren. Die von ihm Omri zugeschriebene „kanaanäische" Gruppierung setzte sich demnach aus städtischen Bevölkerungsgruppen, unter anderem auch ehemaliger kanaanäischer Stadtstaaaten, zusammen, welche die monolatrischen Vorstellungen (s. II.F.6) der „hebräischen" Gruppierung ablehnten [vgl. DONNER A.1]. Auch ZWICKEL [ZWICKEL, Religionsgeschichte F.6.c] geht davon aus, dass diese Städte ihre traditionellen religiösen Formen bewahrt haben. WILLIAMSON [D.2] sieht in Jesreel ein zweitrangiges Militärzentrum der Omriden, das nach deren Ende seine Funktion einbüßte und möglicherweise von Jehu geschleift wurde. Omri war ein kriegstüchtiger Mann. Dies zeigt nicht nur seine Stellung als Feldhauptmann, aus der heraus er zur Krone griff, sondern auch seine außenpolitischen Erfolge. Seine Begabung muss sogar der biblische Redaktor anerkennen, wenn er hinsichtlich dessen, „was sonst noch von Omri zu sagen ist, von allem, was er getan hat, und von seiner kriegerischen Tüchtigkeit", auf die uns nicht erhaltene „Chronik der Könige von Israel" verweist (1 Kön 16,27). Zur möglichen Herkunft Omris fragt KUAN [D.2]: „Was Omri a Phoenician?" Parteiungen Israels

Die aufgrund von Flavius Josephus (Antiquitates 8,13,1) vorgenommene Identifizierung des in 1 Kön 16,31 genannten Ittobaal von Sidon mit einem gleichnamigen Herrscher von Tyros ist abzulehnen. Nach TIMM [D.2] projiziert der im ersten nachchristlichen Jh. schreibende jüdische Autor Verhältnisse der Zeit um 500 in das 9. Jh. zurück. Der Vater Isebels – zu ihrer Person BRENNER [D.2] – war Herrscher von Sidon, wie es das Alte Testament beschreibt. Isebel

Zur Gedenkstele des Königs Mesa von Moab, die MITTMANN [D.2] in die Zeit um 830 datiert, vgl. vor allem den von DEARMAN [D.2] herausgegebenen Sammelband sowie die Darstellung von ROUTLEDGE [D.2]. Die Möglichkeiten ihrer historischen Auswertung hat EMERTON [D.2] diskutiert. Er weist nach, dass die gelegentlich vertretene Einschätzung, es handele sich um einen fiktiven Text aus der Zeit nach Mesa, nicht überzeugend ist. KUNZ-LÜBCKE [D.2] zeigt auf, dass die in der Mesa-Inschrift und in 2 Kön 3 geschilderten Ereignisse im Kern historisch, aber in beiden Quellen stark ideologisch Mesa-Stele überhöht sind. VERA CHAMAZA [D.2] stellt die Mesa-Stele in einen größeren historischen Kontext.

Beziehungen zu Damaskus

Die alttestamentliche Überlieferung versucht, auf Omri und Ahab nicht nur alle „Schandtaten" – in kultischer Hinsicht – zu häufen, sondern die Dynastie auch mit möglichst vielen Niederlagen zu belasten. Wenn wir uns allerdings die Erfolge der Omriden gegenüber Moab und die Dominanz über Juda vor Augen halten, können wir für diese Zeit wahrscheinlich ein Gleichgewicht zwischen Israel und dem Aramäerstaat – hierzu LIPIŃSKI [D.2] – von Damaskus annehmen. Die zweifellos erlittenen Gebietseinbußen Israels fallen erst in die Regierung Jehus.

Salmanassar III.

Die Westfeldzüge Salmanassars III. behandeln GALIL [D.2] und DION [D.2]. Nach YAMADA [D.2] forderte Salmanassar erstmals im Alten Orient jährliche Tribute von fast allen syrischen Städten, da seine Feldzüge vor allem ökonomische Interessen verfolgten. YAMADAS Arbeit befasst sich vor allem mit den Regierungszeiten Ahabs und Jehus. Er kommt dabei zu folgender Chronologie, die ich übernehme: 853 Tod Ahabs, 853–852 Ahasja, 852–841 Joram, 841 Revolte Jehus und Salmanassars Angriff auf Damaskus, Jehu unterwirft sich Assur, damit erhält Salmanassar Durchzugsrechte zum Mittelmeer.

Samaria

Den Ort für seinen Regierungssitz hat Omri gekauft (1 Kön 16,24). Die dagegen vorgebrachten Überlegungen, dass eine solche Grundstückstransaktion nicht hätte stattfinden dürfen [DONNER A.1: 295], halte ich wie KESSLER [D.2] für obsolet. Möglicherweise hat Omri damit David nachgeahmt, denn wie Jerusalem gegenüber Juda, so bewahrte Samaria gegenüber Israel seinen Sonderstatus. Archäologische Untersuchungen haben ergeben, dass der Hügel des Ortes zu einer enormen Plattform von 90 × 180 m gestaltet worden war [vgl. den Plan bei LIVERANI A.1: 137]. Zisternen, Öl- und Weinpressen aus der Zeit vor den Omriden – „building period 0" [FRANKLIN, Samaria D.2] – lassen erkennen, dass der Ort bereits große wirtschaftliche Bedeutung besaß, als Omri ihn übernahm. In Anlehnung an den Namen des Verkäufers Schemer [LAGER D.2] nannte Omri die neue Stadt „Schomeron". Der gebräuchliche Name Samaria geht auf die von den Assyrern verwendete Namensform Samerina zurück. Vielleicht fühlte sich der Nichthebräer Omri in der alten Residenz oder überhaupt in einer stark hebräisch geprägten Stadt nicht sicher. Samaria lag zudem zentral und besaß gute Verkehrsverbindungen. Auch in strategischer Hinsicht erwies sich die Wahl als glücklich: Der Stadtberg ließ sich gut verteidigen, die Umgebung war fruchtbar und reich an Wasser, Samaria war „eine prächtige Krone über einem fetten Tal" (Jes 28,1).

Archäologische Erkenntnisse über Samaria

Ahab baute die neue Hauptstadt weiter aus, vor allem als Festung, die später den Assyrern immerhin einige Monate trotzen konnte [FINKELSTEIN D.2]. Berühmtheit erlangte das „Elfenbeinerne Haus" (1 Kön 22,39). Seinen Namen verdankt es den zahlreichen Elfenbeinschnitzereien, die sein Inneres ausschmückten. Reste davon traten bei Ausgrabungen zutage. Ferner fanden sich in Megiddo Überreste der dort errichteten „Ställe Ahabs". Die Ergebnisse der Ausgrabungen lassen den fortgeschrittenen Stand von Wirtschaft, Handwerk, Handel und die eindrucksvolle Pracht städtischer Bauten erkennen [TAPPY D.2]. Israel entwickelte sich, begünstigt durch die geographische Lage, da Handelsstraßen aus Ägypten, Juda, Edom, Tyros und Aram das Land durchschnitten, zum politischen und wirtschaftlichen Zentrum. UEHLINGER schreibt den vieldiskutierten Siegelring, der den Namen Ahabs tragen soll, einem Privatmann namens Aḥa zu [D.2]. Nach FRANKLIN hat man möglicherweise die Gräber einiger Könige der Omriden-Dynastie gefunden, die allerdings ausgeraubt waren [FRANKLIN, Tombs D.2].

Wie bunt zusammengewürfelt gerade die Bevölkerung in der Umgebung von Samaria war, zeigen dort gefundene Ostraka. Wir finden sechs Namen, die mit dem Gottesnamen Baal, und neun, die mit Jahwe gebildet sind [LIVERANI A.1: 135]. Baal war in Israel der traditionelle Gott des Landes, der mit den beiden weiblichen Gottheiten Astarte und Aschera verbunden war. Es kam im Laufe der Zeit zu einer Annäherung der Bewohner auch auf religiösem Sektor, wenngleich hebräische Gruppierungen sicherlich stets dagegen opponierten. Bei den Ostraka aus Samaria, die 1910 gefunden wurden, handelt es sich um Begleitschreiben für Wein- und Öllieferungen, die nach LEMAIRE [A.4] aus der Zeit Jerobeams II. stammen. Sie sind durch das Regierungsjahr des jeweiligen Herrschers datiert, dessen Name allerdings, da er ja bekannt war, nicht genannt wird. Für die Entwicklung des Königtums in Israel sind ferner die Siegel informativ [VATTIONI A.4] sowie die Siegelabdrücke mit den Namen des Eigentümers und seiner Stellung innerhalb der Verwaltung [SMELIK A.4: 127–136], die ganz auf den Herrscher und den Hof ausgerichtet waren. Sie verstärken den Eindruck der Ostraka und illustrieren die wirtschaftliche Grundlage des Hofes in Samaria.

Ostraka

Die Benennung Israels im Stil der Zeit nach der herrschenden Dynastie oder einer, die überzeitliche Bedeutung erlangt hat, war damals üblich. Noch Jehu (842–815) wird in assyrischen Quellen als „König von Omriland" bezeichnet (TUAT 1,4,363). Die letzte Erwähnung dieses Namens findet sich in einer Inschrift Sargons II., des Eroberers von Samaria, aus dem Jahre 713 (TUAT 1,4,386). Mit der Herrschaft der Omriden wird erstmals in Israel, seit salomonischer Zeit, eine Verwaltungsstruktur sichtbar. KESSLER [B.5.a: 98] weist darauf hin, dass das hebräische Wort für Bezirk aus dem Aramäischen stammt, was sich durch den guten Kontakt der Omriden zu den Aramäern erklären lässt. Die Bezirksvorsteher hatten zugleich militärische Funktionen.

Omriland

Verwaltung Israels

3. DYNASTIE JEHU

Einen vergleichenden Überblick über die Geschichte der beiden hebräischen Monarchien zwischen 750 und 650 bietet SCHOORS [D.3], wobei die politische Geschichte etwas kurz kommt. Die Person Jehus ist ausführlich bei GUGLER [D.3] und SCHNEIDER [D.3] behandelt. SCHNEIDER geht davon

Überblick

aus, dass Jehu einer Seitenlinie der omridischen Dynastie entstammt, was seine Bezeichnung „König von Omriland" auf der schwarzen Stele Salamanassars III. erklärt (unten).

Religionspolitik Jehus Kampf gegen Baal stellt DIETRICH ausführlich dar [DIETRICH, Jehu D.3]. Jehu wäre wohl nicht erfolgreich gewesen, hätte er keine bewusste Abkehr von der omridischen Religionspolitik betrieben. Einer literarkritischen Tilgung der religionspolitischen Bezüge, wie sie WÜRTHWEIN [A.3] und MINOKAMI [D.3] vorschlugen, widersprechen daher OTTO [D.3] und LEHNART [D.3] zu Recht. OTTO [D.3] schildert, wie es nach einer ersten Zusammenarbeit zwischen dem Propheten Elia und den Omriden zum Bruch und zum Kampf des Propheten gegen den Synkretismus des Herrscherhauses kam. Sie hält die Schilderung der Jehu-Revolution für zeitnah. Die Rolle Elias gegenüber den Omriden ist schwierig zu bestimmen. Zwar scheint die älteste Schicht der Überlieferung freundschaftliche Beziehungen zwischen Elia und Ahab zu bezeugen, daneben gibt es aber auch Hinweise auf eine Feindschaft zwischen Elia und Ahasja [BECK F.6.b]. GUGLER plädiert dafür, dass es taktische Gründe waren, die Jehu veranlassten, sein politisches Programm in das Gewand eines religiösen Kampfes gegen Baal zu kleiden und nicht religiöse Missstände [D.3]. Mir scheint eine Kombination aus beiden Gründen plausibel.

Inschrift aus Tell Dan Von 845–785 war Damaskus eine Hegemonialmacht in Syrien-Palästina, der gegenüber Israel und Juda die Rolle von Vasallen einnahmen. In Tell Dan, dem antiken Dan, wurde 1993 eine Inschrift in aramäischer Sprache gefunden, deren Echtheit trotz der skeptischen Bemerkungen von GMIRKIN [D.3] allgemein anerkannt wird. Der Name des Königs, dem die Stele errichtet war, ist nicht mehr erhalten, man vermutet aber, dass es sich um Hasael von Damaskus gehandelt hat. „... mein Vater stieg hinauf [gegen ihn, als] er kämpfte in ... Und mein Vater legte sich nieder, er ging zu seinen [Vätern.] Und der König von I[s]rael drang früher in das Land meines Vaters ein. [Und der Gott] Hadad machte mich zum König. Und Hadad ging vor mir her, [und] ich brach auf von [den] sieben [...] meines Königtums, und ich tötete [sieb]zig Kön[ige], die besaßen Tau[sende von Streit]wagen und Tausende von Pferden. [Ich tötete Jo]ram, den Sohn [Ahabs,] den König von Israel, und [ich] tötete [Ahas]jahu, den Sohn [Jorams, Kö]nig des Hauses Davids. Und ich legte [ihre Städte in Trümmer]"; zum Text: BIRAN/NAVEH [D.3], DIETRICH, Name [D.3], LEMAIRE, Tel Dan [D.3], MÜLLER [D.3].

Hasael oder Jehu Die Inschrift ist zwar nur in Bruchstücken erhalten, aber die Bezeichnungen des „Königs von Israel" und des „Königs des Hauses Davids" sind klar [zur Diskussion vgl. DIETRICH C.1: 136–141]. KOTTSIEPER [A.5] zieht die Bezeichnung Israels in assyrischen Texten als „Haus Omris" zum Vergleich heran. Die jeweils getöteten Herrscher waren Joram von Israel († 841) und Ahasja von Juda († 841). Das Alte Testament berichtet, beide Herrscher seien zur selben Zeit gestorben (2 Kön 9,14–27). Der größte Unterschied zwischen der Stele und der Darstellung des Alten Testaments liegt darin, dass in der

Inschrift Hasael von sich behauptet, die beiden Könige getötet zu haben, während 2 Kön 9–10 diese Tat Jehu zugeschrieben wird. Dies hat SCHNIEDE-WIND [D.3] und HALPERN [D.3] zu der Annahme veranlasst, dass Jehu die Könige im Auftrag Hasaels getötet und sich daher selbst diese Tat zugeschrieben habe. WESSELIUS [D.3] geht davon aus, das „ich" in der Inschrift müsse Jehu sein, weil dies zur biblischen Einschätzung passe, Jehu sei der erste König gewesen, der seine Herrschaft als Diener des Gottes Hadad begonnen habe. BECKING [D.3] weist dies mit guten Argumenten zurück. PUECH [D.3] plädiert dafür, dass die Inschrift einen Konflikt zwischen Israel und Damaskus seit den Zeiten Omris beschreibt, bis Bar Hadad II. den Ahab von Israel umbringt. Insofern bestätige der Text die Darstellung des Alten Testaments. Nach YAMADA [D.2] bedeutet das *qtl* am Ende der Inschrift nicht „töten", sondern „besiegen", wodurch der Widerspruch zu 2 Kön 9 beseitigt sei. NA'AMAN [D.3] spricht der Inschrift eine höhere Zuverlässigkeit zu als dem biblischen Bericht. Bevor man allerdings Umdeutungen des biblischen Textes vornimmt, scheint es mir einfacher, dass der König von Damaskus Anlass sah, sich die Tötung der beiden Herrscher zuzuschreiben, ob Jehu nun sein Vasall war oder nicht; die Tötung durch den König persönlich ist ohnehin eher eine Floskel. Umfangreiche Detailstudien und Gesamtinterpretationen der Inschrift bieten ATHAS [D.3] und HAGELIA [D.3].

Den geistigen Hintergrund der Erhebung Jehus erhellt seine Verbindung mit Jonadab, dem Führer der Rechabiter (2 Kön 10,15–16). Diese Rechabiter, deren Entstehung und Bedeutung LEVIN [D.3] herausgearbeitet hat, waren gleichsam ein Symbol des in Israel immer stärker werdenden religiösen Fanatismus. Die Gemeinschaft wollte ein strenges nomadisches Ideal verwirklichen und protestierte gegen alle Errungenschaften, die aus der Bebauung des Kulturlandes resultierten. Mitglieder der Gruppe durften keinen Wein trinken, keine Weinberge besitzen, den Boden nicht bewirtschaften und mussten in Zelten leben. Ihr Widerstand und ihre Lebensform müssen mehr in soziologischem als in religiösem Zusammenhang betrachtet werden. Die Rechabiter richteten sich vornehmlich gegen die Stadtkultur generell, die allerdings weitgehend durch die Vermittlung der Kanaanäer in Israel Einzug gehalten hatte. Darauf ist die Begeisterung der Rechabiter beim Vorgehen Jehus gegen Samaria zurückzuführen. {Rechabiter}

Auf dem berühmten schwarzen Obelisken Salmanassars III. ist das Zusammentreffen Jehus, wohl in der Gegend des Karmel, mit dem assyrischen König dargestellt [KEEL/UEHLINGER D.3]. Die einzige Abbildung eines hebräischen Herrschers zeigt Jehu vor dem Großkönig auf dem Boden, um ihm seinen Tribut anzubieten, während Salmanassar ein Trankopfer darbringt. Rechts und links stehen Diener mit Wedel, Zepter und Sonnenschirm. Über der Szene befinden sich die geflügelte Sonnenscheibe und der Ischtarstern. Der Text zu dem Bild listet in bürokratischer Gründlichkeit die Wertsachen auf: „Abgabe nahm ich in Empfang von Jehu, vom Haus Omri (die assyrische Bezeichnung für Israel): Silber, Gold, eine Schale aus Gold, eine Schüssel aus {Schwarzer Obelisk}

Gold, Becher aus Gold, Eimer aus Gold, Zinn, ein Zepter für die Hand des Königs und Jagdspieße." (TUAT 1,4,363)

Kriege gegen die Aramäer
Die Auseinandersetzungen Israels mit den Aramäern behandelt REINHOLD [D.3]. Das Alte Testament schildert Hasael als einen besonders gefürchteten und erfolgreich kämpfenden Gegner: „Zu jener Zeit begann Jahwe, Israel zu verkleinern; denn Hasael schlug sie im ganzen Grenzland Israels: vom Jordan ostwärts, das ganze Land Gilead, nämlich Gad, Ruben und Manasse, von Aroer am Arnon, also Gilead und Basan." (2 Kön 10,32–33) Zurückblickend erinnerte sich der Prophet Amos daran, dass die Aramäer das Land Gilead, das ephraimitisch-manassitische Siedlungsgebiet östlich des Jordan, verheert hatten, indem sie „Gilead mit eisernen Schlitten zerdroschen" (Am 1,3). Die Erholung Israels unter Joas und Jerobeam II. behandeln LEMAIRE [LEMAIRE, Joas D.3] und HARAN [D.3].

4. UNTERGANG

Syrisch-ephraimitischer Krieg
Die Westexpansion des neuassyrischen Reiches nach dem Sieg über Urartu im Jahre 743, der Tiglatpilesar III. freie Hand für die Expansion nach Syrien gab, behandelt LAMPRICHS [D.4] generell, die Auseinandersetzungen Israels mit den Assyrern OTZEN [D.4]. 734/33 eroberte Tiglatpilesar Galiläa und Gilead. Die archäologisch dokumentierten Zerstörungen an vielen Orten im Norden Israels werden mit diesem Erfolg der Assyrer in Zusammenhang gebracht [LIVERANI A.1: 161]. Diese Auseinandersetzung wird traditionellerweise als der „syrisch-ephraimitische Krieg" bezeichnet, dabei steht „Syrien" als früher übliche Bezeichnung für den Aramäerstaat und „Ephraim" in Anlehnung an eine Formulierung des Jesaja (7,9) für Israel. Nach Meinung EHRLICHS [B.1] gibt es kaum Hinweise für eine philistäische Teilnahme an dem Krieg gegen Juda. DUBROVSKY [D.4] rückt neuerdings von einer Koalition von Damaskus und Samaria gegen Juda ab, von der ich allerdings weiter ausgehe.

Assur
Die assyrischen Quellen – zu ihrer Problematik LAATO [D.4] – behandelt KUAN [D.4] für die Zeit ab 850, als die assyrische Großmacht begann, sich in die Region Syrien-Palästina einzumischen, bis zum Fall Samarias 721. Hinsichtlich der assyrischen Eroberungspolitik lassen sich in mehreren Fällen drei Stadien ausmachen. Von der zunächst einfachen Tributverpflichtung führte der Weg über Intervention in die inneren Angelegenheiten eines Landes, wie etwa Königswechsel und Gebietsverkleinerung bis hin zur Umwandlung in eine assyrische Provinz. Die auf solche Weise durchgesetzte Herrschaft über die eroberten Gebiete sicherten die Assyrer, indem sie regelmäßig große Teile der Bevölkerung deportierten.

Innerer Zerfall
Von der inneren Lage Israels zur damaligen Zeit, den teilweise chaotischen Zuständen, die den fortschreitenden inneren und äußeren Zerfall des Reiches begleiteten, zeichnet das Buch Hosea ein plastisches Bild. Mit dem raschen Wechsel der politischen Richtungen ging der Zusammenbruch von Recht und

Ordnung einher, der in einen Bürgerkrieg mündete, in dem allein das Recht des Stärkeren regierte. Der Versuch Omris, ein einheitliches Staatsvolk zu schaffen, war, wenn ihm je hätte Erfolg beschieden sein können, endgültig seit der Revolte Jehus gescheitert. Aber auch innerhalb der einzelnen Bevölkerungsgruppen, der Kanaanäer und Hebräer, gab es längst keinen Zusammenhalt mehr. Der Prophet Jesaja brachte dies in seiner bildhaften Sprache zum Ausdruck: „Keiner verschonte den anderen. Man verschlang zur Rechten und blieb hungrig, man fraß zur Linken und wurde nicht satt. Ein jeder fraß das Fleisch seines Nächsten." (Jes 9,18–19) In Israel leitete, führte niemand mehr, es herrschte Anarchie.

Die Herrschaft des Königs Hosea, der ohnehin nur von Assur geduldet wurde, war keineswegs gefestigt. 731 brach er als vorläufig installierter Statthalter mit dem beschafften Tribut ins Feldlager des Tiglatpilesar nach Sarrabnu im südlichen Babylonien auf (TUAT 1, 4,377). Hier erlangte er schließlich die volle Legitimation, für die er die Beschwerden und Kosten einer Reise von 1 500 Kilometern Länge in Kauf genommen hatte [BORGER/TADMOR D.4]. Hosea

Die rasche Folge der Usurpationen zwischen 745 und 722 – zu einer Rekonstruktion der chronologisch schwierigen Phase vgl. KUHRT [B.1: 466–469] – zeigt, wie wenig konsensfähig die unterschiedlichen Gruppen in Israel waren. Dies hing aber auch mit der Instabilität des Staates zusammen, die durch das Bemühen hervorgerufen wurde, die Ansprüche Assurs zu erfüllen. Die früher selbstständigen Königreiche hatten, was den Unterhalt des Hofes, des Beamtenapparates und des Militärs betraf, von den Erträgen ihrer Untertanen existiert. Der zusätzliche beträchtliche Tribut verringerte entweder die Einkünfte des eigenen Herrschaftsapparates oder belastete die Untertanen umso mehr. Beides erwies sich als nicht lange tragbar. Usurpationen

Sargon II. beschreibt die Eroberung Samarias und seine Bevölkerungspolitik: „Die Samarier, die gegen meinen königlichen [Vorgänger] Groll hegten und, um keine Untertänigkeit zu bezeugen und keinen Tribut zu liefern, ... Krieg führten – in der Kraft der großen Götter, meiner Herren, kämpfte ich mit ihnen. 27 280 Einwohner nebst Streitwagen und den Göttern, auf die sie vertrauten, rechnete ich als Beute. 200 Streitwagen für mein königliches Heer hob ich unter ihnen aus, und ihre Reste siedelte ich in Assyrien an. Samaria wandelte ich um und machte es größer als zuvor. Leute aus Ländern, die ich mit meiner Hand erobert hatte, ließ ich darin einziehen. Einen General stellte ich als Statthalter über sie ein, und ich zählte sie zu den Einwohnern Assyriens." (TUAT 1,4,382) Zum Fall Samarias [GALIL D.4] und der Ansiedlung von Babyloniern und Arabern vergleiche den Forschungsüberblick von LAWSON YOUNGER, der davon ausgeht, dass Salmanassar V. im Jahre 722 den rebellierenden König Hosea zur Rechenschaft zog und die Stadt in einer ersten Eroberung unterwarf [LAWSON YOUNGER, Fall D.4]. Sargon II. soll dann im Verlauf eines Westfeldzugs 720 die Stadt erneut eingenommen und die Einwohner deportiert haben. Da sich sowohl Salmanassar V. wie Eroberung Samarias

Sargon II. einer Eroberung Samarias rühmen, geht BECKING [D.4] davon aus, dass die Stadt zweimal erobert wurde. TETLEY datiert die Thronbesteigung Hoseas von Israel neu und setzt die einmalige Eroberung und Zerstörung unter Sargon II. 721–719/18 an [D.4]. Die Zerstörung ist durch das Ende der Schicht Samaria VI bezeugt. Die assyrische Stadt zeigt sich in Samaria VII.

Deportationen Die geschilderten Deportationen betrafen vornehmlich die Oberschicht [TIMM D.2]; zu den von den Assyrern bevorzugt Deportierten gehörten die Streitwagenbesatzung und Reiter des eroberten Gebietes [DALLEY D.4]. Die Bauern, deren Arbeitskraft unentbehrlich war, blieben im Land. Die assyrische Deportationspraxis sorgte für einen politischen und ethnischen Neubeginn von weittragenden Folgen, denn an die Stelle der alten traten neue Siedler, Einwanderer aus Babylonien und dem nordsyrischen Hamath, aber auch Araber; letztere kamen 715 nach Samaria: „Die ... fernen Araber, welche die Wüste bewohnen, keinen Vorsteher oder Verwalter kennen und keinem einzigen König Tribut geliefert hatten, streckte ich [Sargon II.] mit der Waffe Assurs, meines Herrn nieder. Ihre Reste [Überlebenden] deportierte ich und siedelte sie in Samaria an." (TUAT 1,4,380) LAWSON YOUNGER [LAWSON YOUNGER, Deportations D.4] arbeitet die Unterschiede in der Deportationspolitik Tiglatpilesers III. (745–727) und Sargons II. (722–705) heraus. Erst Sargon II. handhabte eine Deportationspraxis, die in zwei Richtungen verlief: Wegführung aus Samaria und Ansiedlung neuer Leute.

E. JUDA

1. Im Schatten Israels

Die geschützte Lage Judas beschreibt treffend der um 200 entstandene Aristeasbrief: „Das Land wird umgeben von einer natürlichen Schutzwehr; es ist schwer zugänglich und durch große Heere nicht anzugreifen. Denn seine Zugänge sind eng, da Abhänge und tiefe Schluchten daneben liegen." Die Eigenständigkeit der Region lässt sich bis in die Bestattungssitten beobachten. So kann YEZERSKI [E.1] aufgrund der Verbreitung der aus dem Stein gehauenen Grabkammern die aus anderen Indizien erschlossene Nordgrenze Judas bestätigen. KLETTER [E.1] zeigt, wie archäologische und textliche Befunde sinnvoll aufeinander bezogen werden können, und stellt Kleinkunstgattungen wie beschriftete Gewichtssteine, Rosettenstempel oder eine bestimmte Art von Reiterstatuetten aus der Eisenzeit II (1000–587) vor, die sich im Wesentlichen nur innerhalb der aus historischen Texten erschließbaren Grenzen Judas finden. Juda hatte also damals eine eigenständige materielle Kultur, die nicht fließend in die der Nachbarregionen überging.

<small>Eigenständigkeit Judas</small>

Wenn der Verfasser der Inschrift von Tell Dan vom „Haus Davids" spricht (s. II.C.1), dokumentiert er damit die Bedeutung der davidischen Dynastie für Juda. Diese Kontinuität des Herrscherhauses trug erheblich zur Stabilität des kleinen Staates bei. Diese Stabilität, dies hat WÜRTHWEIN [E.1] herausgearbeitet, verdankte sich auch dem Festhalten des Landadels – *ham haaretz* – an der davidischen Thronfolge, wie wir es erstmals bei der Einsetzung des Davididen Joas nach der Usurpation der Regentin Atalja hören. Wie TALMON [E.1] zeigt, ist der hebräische Ausdruck *ham haaretz* mehrdeutig. Ursprünglich meint der Begriff die männlichen Familienoberhäupter. Später verstehen vor allem die Propheten, die der Gruppierung eine Mitschuld an der Unterdrückung der Masse der Bevölkerung zusprechen, darunter die wirtschaftlich führende Oberschicht, sodass man den hebräischen Ausdruck durchaus mit „Landadel" wiedergeben kann [KESSLER B.5.a: 102]. Aus diesen Kreisen stammten die Ehefrauen der königlichen Prinzen.

<small>Landadel</small>

Der Palästinafeldzug Pharao Schoschenks [HERRMANN E.1] fällt nach 1 Kön 14,25–28 in das 5. Jahr des Rehabeam (932–916). An dem konkreten Datum lassen sich nochmals die Probleme der Chronologie aufzeigen. BECKERATH [A.9] datiert die Regierungszeit Schoschenks 945–924, JEPSEN [A.9] 941–921. Der Ansatz KNAUFS [A.2] – 940/930 – ist gleichsam ein Kompromiss [dazu WILSON E.1]. Nach der Inschrift am Amun-Tempel in Karnak sind bei diesem Feldzug das judäische Kernland und Jerusalem nicht berührt worden. DONNER [A.1] erklärt das damit, dass Rehabeam sein Herrschaftsgebiet durch Tribute freigekauft habe, was den Quellen zwar nicht direkt zu entnehmen ist, aber die Behauptung des Alten Testaments, der König habe den Tempel geplündert, deutet in diese Richtung. Die Liste der Befestigungsan-

<small>Schoschenk</small>

lagen, welche die Chronikbücher erwähnen (2 Chron 11,5–12), die Königsbücher aber nicht, wird zwar als vorexilisch betrachtet, gehört aber wohl nicht in die Zeit König Rehabeams, wie der Chronist schreibt, sondern in diejenige Hiskias [LIVERANI A.1: 143] oder Josias' [ALT E.1; FRITZ C.3].

Nationalkult   Mit Josaphat herrscht in Juda der erste König, in dessen Name Jahwe auftaucht, eine Generation früher als in Israel, womit sich das Königshaus als Anhänger des Jahwe-Kultes zu erkennen gibt, der möglicherweise auch Nationalkult geworden ist. Die politischen und religiösen Vorstellungen hatten im 9. und 8. Jh. nicht nur Israel und Juda gemeinsam, sondern beide Monarchien teilten sie mit zahlreichen anderen Staaten der Levante. Auch dort ist die Rede von einem Nationalgott, heiligen Kriegen und Bestrafung für kultische Untreue. Beispiele liefern die Inschriften der Herrscher Zakir und Mesa. Die Befreiung von der Fremdherrschaft gelingt Zakir in Hamat (Karte 6) um 780 [GIBSON A.5, Bd. 2: 5], der von einer Koalition von 16 Königen belagert wird: „Diese 16 Könige belagerten [die Stadt] Hadrak, errichteten eine Rampe höher als die Mauer von Hadrak und gruben einen Graben tiefer als sein Graben. Aber ich erhob die Hände zu Baal-Schamin und Baal-Schamin antwortete mir und sagte mir durch Seher und [göttliche] Boten, und Baal-Schamin sagte mir: ‚Fürchte dich nicht! Ich habe dich zum König gemacht, und ich stehe zu dir und werde dich befreien von allen Königen, die dich belagern.'" Es gibt in Hamat zahlreiche Gottheiten, aber die Anerkennung eines Nationalgottes, der eine privilegierte Rolle gewinnt, setzt sich vielfach durch; zu einer Liste solcher Gottheiten, zu denen vor allem Assur zu zählen ist, vergleiche LIVERANI [A.1: 158]. In der Stele Mesas aus der Zeit um 850 spielt der moabitische Gott Kamosch eine ähnliche Rolle wie Jahwe: Kamosch ruft den moabitischen König zum Krieg auf, in dem es gilt, den Feind völlig zu vernichten, was die Hebräer *herem* nennen. Neben diesem Nationalgott verehrte der Großteil der bäuerlichen Bevölkerung nach wie vor mit Bamot, Masseben und Ascheren Fruchtbarkeitsgottheiten (s. II.F.6).

Josaphat   Der umfangreiche Abschnitt 2 Chron 17,1–21,1 über angebliche Erfolge König Josaphats, der in Wahrheit eher ein Vasall Israels gewesen ist, trägt nach KNOPPERS [E.1] nichts zur Klärung der Situation des 9. Jh. bei. YAMAGA [E.1] sieht ihn als Ersatz für die deuteronomistischen Berichte zu diesem Herrscher und datiert den Text in hellenistische Zeit. Anders als in der hier zugrundegelegten Herrscherliste rechnet STRANGE [E.1] mit nur einem hebräischen König Joram, der gleichzeitig Israel und Juda regierte.

Atalja   Grundlage der Macht Ataljas und Voraussetzung für ihre Usurpation nach dem Tod ihres Sohnes Ahasja war das Amt der „Gebira", der „Herrin", das der Mutter des Königs zustand. Auf ugaritische und hettitische Parallelen hat DONNER [E.1] hingewiesen. ACHENBACH [E.1] weist nach, dass der in assyrischem Kontext auftretende Name Atalja nichts mit der Königin des Alten Testaments zu tun hat. Ob Atalja wirklich versuchte, alle Davididen umzubringen, wie es das Alte Testament schildert, ist umstritten. Nach WÜRTHWEIN [A.3, Bd. 2] lässt sich kein politisches Ziel für ein solches Vorgehen erkennen.

Als Atalja „allen königlichen Samen" vertilgte, nahm Joseba, Tochter des Königs Joram, „Joas, Ahasjas Sohn; sie stahl ihn aus der Mitte der königlichen Prinzen, die in der Bettenkammer ermordet werden sollten." (2 Kön 11,2) SCHULTE geht von der Rettung des Prinzen Joas durch seine Tante Joseba aus, die als Geweihte im Tempelbereich wohnte [E.1]. Die Herrschaft der Atalja wurde durch das Zusammenwirken der Vertreter der judäischen Bürger, deren „Hundertschaftsführer" mehrfach erwähnt werden (2 Kön 11,4.9.19), mit den Priestern beendet. LEVIN [E.1] denkt aufgrund der Erwähnung der „Karer und Läufer" (2 Kön 11,4.19) an einen Putsch der Leibwache.

Ob Joas tatsächlich ein Sohn Ahasjas war oder aus späteren propagandistischen Gründen dazu gemacht wurde, ist nach LIVERANI [E.1] nicht zu klären; sicher ist lediglich, dass die ganze Erzählung stark märchenhaft-stereotype Züge trägt. Das Tell, das mit dem biblischen Gath der Philister identifiziert wird, wurde nach MAEIR [E.1] Ende des 9. Jh. zerstört, was zur Notiz über einen Angriff des Aramäers Hasael während der Regierungszeit Joas' von Juda (2 Kön 12,18) passt. Die sogenannte Joas-Inschrift, deren Echtheit NORIN [E.1] diskutiert, befindet sich nach GOREN [E.1] auf einer künstlich gealterten Steintafel. Abweichend von der hier vorliegenden Darstellung – Ahasja von Juda war der Sohn Jorams von Juda und der Atalja, Joram war der Sohn Josaphats und einer unbekannten Frau – geht BARRICK [E.1] von einer anderen Familienstruktur aus.

Joas

Zum Aufschwung in Juda bemerkt der Prophet Jesaja: „Es füllte sich das Land mit Silber und Gold, kein Ende nahmen die Schätze. Es füllte sich das Land mit Pferden, kein Ende nahmen die Streitwagen." (Jes 2,7) Zeichen für diesen Aufschwung lassen sich im Westen fassen, wo die Besiedlung dichter wird [vgl. die Pläne bei LIVERANI A.1: 153]. Jerusalem erhielt neue Befestigungsanlagen, die nach der teilweisen Zerstörung durch die Israeliten notwendig geworden waren. FAUST [E.1 mit Bibliographie] bietet eine gute Zusammenfassung der Forschungsergebnisse zur Besiedlung Jerusalems und wendet sich gegen eine auch in diesem Bereich auftretende „minimalistische" Sicht hinsichtlich der Bebauung des Westhügels.

Aufschwung Judas

2. VORHERRSCHAFT ASSURS

Für die Geschichte der hebräischen Monarchien zwischen dem 9. und 6. Jh. bieten die Dokumente aus dem Zweistromland mit ihren Schilderungen der assyrischen und babylonischen Feldzüge nach Westen reichhaltiges Material, das GRAYSON [A.5] zusammenstellt. SPICKERMANN [E.2.a] behandelt die Zeit Judas unter assyrischer Vorherrschaft, die sich nach SWANSON [E.2.b] auch in wirtschaftlicher Hinsicht anhand der Krughenkel der Vorratsgefäße nachweisen lässt, auf denen die bis dahin übliche geflügelte Sonnenscheibe durch eine Rosette ersetzt wurde. Weitere archäologische Zeugnisse für die Beziehungen Judas zu Assur stellt DALLEY [E.2.a] zusammen.

Syrisch-ephraimitischer Krieg | Der syrisch-ephraimitische Krieg wird unterschiedlich beurteilt (s. II.D.4). PARKER [E.2.a] weist das militärische Hilfeersuchen im Gefahrenfall als Topos nach, was aber nur bedeutet, dass es auch häufig vorkam. BEGRICH [E.2.a] stellt die Ereignisse in einen größeren Zusammenhang und sieht Damaskus und Israel als Angehörige einer umfassenden antiassyrischen Allianz, zu der auch Ägypten gehörte. Daher vermutet er, dass sich Tiglatpilesers Feldzug gegen Gaza von 734 auch gegen Israel gerichtet habe. Da es für einen solchen Zusammenhang jedoch weder in assyrischen noch in den alttestamentlichen Texten Anhaltspunkte gibt, sehen HERRMANN [A.1] und ODED [E.2.a] den syrisch-ephraimitischen Krieg als eine auf Damaskus, Israel und Juda begrenzte Auseinandersetzung. Nur so wird eigentlich verständlich, weshalb Jesaja (8,6) die Möglichkeit sah, sich gegen Damaskus und Israel zur Wehr zu setzen – dazu KILIAN [E.2.a] – ohne assyrische Hilfe in Anspruch zu nehmen. Die Koalition gegen Juda brach innerhalb weniger Wochen zusammen und die Judäer eroberten ephraimitisches Gebiet [SWEENEY E.2.a].

Bündnis mit Assur | Der Krieg hat insofern besondere Bedeutung, weil zentrale Texte der alttestamentlichen Schriftprophetie sich auf ihn beziehen, vor allem Jes 7–8 und Hos 5,8–6,6. Das Bündnis Ahas' mit Assur hatte religionspolitische Konsequenzen. Zwar spricht 2 Kön 16 nicht ausdrücklich von einer Übernahme des assyrischen Reichskultes, doch weist SPIECKERMANN [E.2.a] auf assyrische Quellen hin, in denen entsprechende Forderungen gegenüber den Vasallen erhoben werden [dazu HOLLOWAY E.2.a]. „Nun zog der König Ahas zur Begegnung mit Tiglatpilesar, dem König von Assur, nach Damaskus. Und als er den Altar in Damaskus sah, sandte er dem Priester Urija die Maße und das Modell des Altars, genau nach seiner Bauart. Und der Priester Urija baute den Altar, genau nach der Weisung, die der König Ahas von Damaskus aus gesandt hatte." (2 Kön 16,10–11). SPIECKERMANNS Ansicht nach ist dies wie folgt zu interpretieren [anders FRITZ, Zweite A.3]: Ahas lässt den alten Altar an eine abgelegene Stelle des Tempels versetzen, um dann dort, ohne größeres Aufsehen zu erregen, die von den Assyrern verlangten Kulte durchführen zu lassen, wozu vor allem die Opferschau gehörte. Für die traditionellen Opfer baute Ahas an der alten Stelle einen neuen Altar, um sich gleichzeitig als Förderer der Jahweverehrung auszuweisen. Der spätere deuteronomistische Autor lehnt diesen Kompromiss allerdings scharf ab (2 Kön 16,2–4); dazu SMELIK [E.2.a].

Flüchtlingswelle | Die Flüchtlingswelle aus Israel nach Juda – die „Fremdlinge, die aus Israel gekommen waren" (2 Chr 30,25) – lässt sich nach BROSHI [F.2] auch archäologisch nachweisen; allerdings sind nur Aussagen über das Bevölkerungswachstum, nicht über die Herkunft der neuen Siedler möglich. Zu weiteren Hinweisen der alttestamentlichen Literatur vergleiche SCHMITT [A.2: 68]. Dennoch ist die Vermutung von THOMPSON [E.2.a], der die Ausdehnung Jerusalems auf den Ausbau zum Zentrum eines assyrischen Vasallenstaates zurückführt, unwahrscheinlich. Auffällig ist nämlich ein gleichzeitiger Rückgang der Bevölkerung im südlichen Samaria. Es ist daher sehr wahrscheinlich, dass nach dem Ende des Staates Israel einige Bewohner nach Juda flohen. Dort hatten sie an dem Anwachsen der Bevölkerungszahl, dem Ausbau der Verwaltung und der Ausprägung des Kultes Anteil. FINKELSTEIN/SILBERMAN [E.2.b] betonen die Bedeutung der Zeit von 732 bis 701 für das Zusammenführen israelitischer und judäischer Erinnerungen.

Überaus wichtig war die lange politische Stabilität während der 85 Regierungsjahre von Hiskia und Manasse sowie die enge politische Zusammenarbeit mit Assur, die Juda trotz aller Tribute erheblichen wirtschaftlichen Fortschritt brachten. Deutlicher Ausdruck dieses Wachstums ist der Ausbau von Jerusalem von 5 auf 60 ha sowie der enorme Anstieg der Einwohnerzahl [zu den Schätzungen LIVERANI A.1: 169]. Zur gleichen Zeit werden andere Städte wie Lachis ausgebaut (Schicht IV–III). Generell zeigen die archäologischen Surveys für das 8. Jh. die dichteste Besiedlungsphase Judas. Dazu gehört auch die Technik des „dry farming", die nun vermehrt zum Einsatz kommt [LIVERANI A.1: 172]. Bei dieser Technik werden die Sturzwasser, die gelegentlich niedergehen, durch niedrige Mauern immer wieder aufgehalten, um die Fließgeschwindigkeit zu verringern und damit das Eindringen des Wassers in den Boden zu ermöglichen.

Politische Stabilität

Die Kriegsvorbereitungen Hiskias – zu seiner Person HUTTER [E.2.b] und ROWLEY [E.2.b] – betrafen zunächst die Absicherung Judas gegenüber den Philistern. Als Zeichen derartiger Auseinandersetzungen deutet GUNNEWEG [A.1] die Notiz von einem entsprechenden Sieg Hiskias (2 Kön 18,8); dazu MITTMANN [E.2.b]. Weitere Maßnahmen lassen sich an den Tonsiegeln ablesen, die in wichtigen Festungsorten gefunden worden sind [BARKAY/ VAUGHN E.2.b]. Alle gestempelten Vorratskrüge stammen aus derselben oder aus nahe beieinander liegenden Töpfereien aus dem Umland von Hebron, wie die chemischen Analysen von MOMMSEN/PERLMAN/YELLIN [E.2.a] zeigen. Es handelt sich dabei um königliche Güter. VAUGHN [E.2.b] schließt aus den archäologischen Funden auf ein von König Hiskia initiiertes Aufbauprogramm, das zu einer Wirtschaftskraft führte, welche die später unter Josia erreichte Stärke noch übertraf.

Kriegsvorbereitungen

Zu den Kriegsvorbereitungen gehörte der Bau des Siloa-Tunnels, zu dessen feierlicher Vollendung die Siloa-Inschrift angebracht wurde, die sich heute im Antikenmuseum in Istanbul befindet [RENZ/RÖLLIG A.4, Bd. 1: 178–189]. Die Arbeiten führten zwei Bautrupps aus, die sich einander im Gestein entgegenarbeiteten. An der Stelle, an der sie aufeinandertrafen, brachte man voller Stolz folgende Inschrift an: „[Vollendet wurde] der Durchbruch. Und so verhielt es sich mit dem Durchbruch: Als noch [die Steinhauer schwangen] die Beilhacken, jeder auf seinen Genossen zu, und als noch drei Ellen zu durchschlagen [waren, wurde gehö]rt die Stimme eines jeden, der seinen Genossen rief, denn es war ein Spalt im Felsen von rechts nach [links]. Und am Tage des Durchbruchs schlugen die Steinhauer jeder auf seinen Genossen zu, Beilhacke gegen Beilhacke. Da floß das Wasser vom Ausgangsort zum Teich an 1 200 Ellen [553 m]; und 100 Ellen betrug die Höhe des Felsens über

Siloa-Tunnel

den Köpfen der Steinhauer." (TGI 66) Mit ihrer Datierung ins 1. Jh. des normalerweise ins 8. Jh. gesetzten Tunnelbaus haben ROGERSON/DAVIES [E.2.b] eine lebhafte Diskussion ausgelöst und vehementen Widerspruch erfahren. HAGELIA [E.2.b] und FAUST [E.2.b] treten der Spätdatierung entgegen, CAHILL [E.2.b] verweist auf Radiakarbon-Daten, die für das 8. Jh. sprechen. KNAUF [E.2.c] hält Manasse für den eigentlichen Erbauer, der dies unter assyrischem Einfluss getan habe; da die deuteronomistische Darstellung allerdings die Verdienste dieses Königs generell geschmälert habe, sei der Tunnelbau zu Hiskia „gewandert". Die seinerzeitigen technischen Möglichkeiten beim Bau des Siloa-Tunnels, vor allem um den genauen Treffpunkt zu ermitteln, erläutern LANCASTER/LONG [E.2.b]. Umstritten ist ferner, ob der Tunnel der Wasserzufuhr diente, wie meist angenommen wird, oder der Wasserableitung, wie SHAHEEN [E.2.b] vermutet.

Feldzug Sanheribs 701 Die Feldzüge Sanheribs generell und vor allem den von 701 behandeln GALLAGHER [E.2.a] und GRABBE [E.2.b mit ausführlicher Bibliographie]. Ausgehend von chronologischen Erwägungen wie derjenigen, dass nach 2 Kön 18,13 im 14. Jahr Hiskias der Assyrer seine Kampagne gegen Jerusalem unternommen habe – ein Ereignis, das meist später, nämlich in das Jahr 701, datiert wird – plädiert GOLDBERG [E.2.b] dafür, mit einem Feldzug Sargons II. im 14. Jahr Hiskias, also 712, zu rechnen, diesen aber von demjenigen Sanheribs von 701 zu unterscheiden. Schon JENKINS [E.2.b] hatte vermutet, die Rettung Jerusalems gehöre in die Zeit 714–712 und sei erst später auf 701 umgeschrieben worden. Die Argumente sind aber keineswegs zwingend, sodass ich an der konventionellen Chronologie festhalte. GALLAGHER [E.2.a] sieht hinter dem Bericht 2 Kön 19,35 eine Epidemie unter den Assyrern und hält Rabschakes Rede 2 Kön 18,19–36 für authentisch.

Assyrische Erfolge Assyrische Quellen berichten über die Endphase des Krieges: „46 mächtige ummauerte Städte sowie die zahllosen kleinen Städte ihrer Umgebung belagerte und eroberte ich durch das Anlegen von Belagerungsdämmen, Einsatz von Sturmwiddern, Infanteriekampf, Untergrabungen, Breschen und Sturmleitern. 200 150 Leute, groß und klein, männlich und weiblich, Pferde, Maultiere, Esel, Kamele, Rinder und Kleinvieh ohne Zahl [das heißt, dies alles zusammen machte die Zahl 200 150 aus] holte ich aus ihnen heraus und zählte sie als Beute. Ihn [Hiskia] selbst schloß ich gleich einem Käfigvogel in Jerusalem, seiner Residenz, ein. Schanzen warf ich gegen ihn auf, und das Hinausgehen aus seinem Stadttor verleidete ich ihm." (TUAT 1,4,389) MAYER [C.1] analysiert die assyrischen Quellen und stellt heraus, dass Jerusalem nicht direkt belagert, sondern weiträumig blockiert worden ist. Die assyrischen Lachis-Reliefs interpretieren USSISHKIN [E.2.a] und UEHLINGER [E.2.c]. Der Feldzug Sanheribs hat weite Landstriche Judas erheblich verwüstet, was wiederum den Urbanisierungsschub, der sich in Jerusalem seit dem Ende Israels auswirkte, nochmals verstärkte. Es entstand eine „Neustadt", in der nach Zephanja „alles Krämervolk, alle, die Silber abwägen" wohnten (Zeph 1,10–11).

Wann die Konzentration des Kultes auf Jerusalem erfolgte, bleibt umstritten. Die Bibel schreibt entsprechende Maßnahmen König Hiskia von Juda zu, der viele Höhenheiligtümer zerstört habe (2 Kön. 18,4–7). Dies scheint sich nach FINKELSTEIN/SILBERMAN [A.6: 127] archäologisch bestätigen zu lassen. Ob dahinter allerdings in erster Linie religiös-kultische Absichten standen, ist fraglich. Offenbar verfolgten die Könige Zentralisierungstendenzen, bei denen es auch darum ging, die Macht der ländlichen Sippenchefs zu schwächen, die immer noch die lokalen Kulte und Kultstätten kontrollierten. ARNETH [E.2.b] sieht die Hiskia-Reformen als Vorläufer derjenigen des Königs Josias.

Kult-Konzentration

Eine in diesem Zusammenhang schwer zu deutende Nachricht stellt die Notiz von der Zerstörung der Nechustan, einer „ehernen Schlange", die Mose gemacht haben soll und der die „Israeliten" in der Königszeit Rauchopfer darbrachten, durch Hiskia dar (2 Kön 18,4). Während ALBERTZ [F.6.c] darin einen Hinweis auf Reformmaßnahmen des Königs auf kultischem und sozialem Gebiet sieht, halten CRÜSEMANN [CRÜSEMANN, Tora F.5] die Sozialreform und NA'AMAN [E.2.b] die Kultreform für unhistorisch. VAN SETERS [B.3] sieht in der Notiz den Versuch eines spätdeuteronomistischen Redaktors, der gleichzeitig in Num 21,4–9 von einer heilbringenden Schlangenfigur berichtet, eine „Entmythisierung" der kanaanäischen Schlangengottheiten vorzunehmen.

Eherne Schlange

Für die Regierungszeit Hiskias registriert der deuteronomistische Geschichtsschreiber erstmals die Zerstörung der Kulthügel; unter Manasse wurden sie allerdings wieder eingerichtet. Die religionspolitischen Maßnahmen Manasses – zu seiner Person BEN ZVI [E.2.c] – werden in ihrer Historizität kontrovers beurteilt. Da der Kult von Sonne, Mond und Sternen in der ganzen Levante überaus beliebt war, wollte Manasse dieser Entwicklung möglicherweise auf der Ebene des offiziellen Kults entsprechen. Die Verurteilung dieses Herrschers durch den deuteronomistischen Geschichtsschreiber behandelt KEULEN [E.2.c]. Dieses negative Bild führt dazu, dass Manasse schließlich auch für den Untergang Judas [SCHMID E.2.c] und das Exil [HALPERN E.2.c] verantwortlich gemacht worden ist. STAVRAKOPOULOU [E.2.c] zeigt, dass die Verdammung Manasses ein Produkt späterer Ideologisierung ist; so war etwa das Kinderopfer längst Teil der gängigen religiösen Praxis in Juda (s. II.F.6). Sie sieht Manasse als machtbewussten König, der durch geschicktes Agieren seinen Machtbereich gegenüber Assyrien behauptete.

Manasse

Viele Erscheinungen, die als Fremdeinfluss gedeutet werden, waren in Juda selbst fest verankert. Vor diesem Hintergrund bringt die Untersuchung der religiösen Zwangsmaßnahmen aufgrund assyrischer Quellen durch HOLLOWAY [E.2.a: 80–216] wichtige Ergebnisse auch für Juda. Nur die assyrischen Provinzen, nicht die Vasallenstaaten, waren zu einer Unterstützung der Tempel im assyrischen Kerngebiet verpflichtet, aber darüber hinaus sind kaum Eingriffe in den Kult der Besiegten bezeugt. In den Vasallenstaaten werden zwar Tempel zerstört und Kultbilder deportiert, aber es gibt keine

Assyrischer Einfluss

Hinweise auf Einführung assyrischer Kulte oder das Unterbinden lokaler Kulte. Daher ist auch der assyrische König in der materiellen Kultur weitaus präsenter als assyrische Gottheiten. Dennoch kann man nicht leugnen, dass es in den eroberten Ländern einen „massiven assyrischen Kulturdruck" gab [so BERLEJUNG in GERTZ A.2: 139].

3. Das Restaurationsprogramm Josias

Josia – zu seiner Person NA'AMAN [E.3.b] – profitierte von der wirtschaftlichen Entwicklung unter Manasse, die sich während seiner Regierungszeit fortsetzte. Bei der Durchführung seiner politischen Maßnahmen orientierte er sich möglicherweise an dem Gründer der Monarchie, nach Ansicht von LOPASSO [E.3.a] stilisierte er sich als „Neuer David".

Eroberungen Josias Ein hebräisches Ostrakon aus Mesad Hasavyahu an der Mittelmeerküste hat Diskussionen darüber ausgelöst, ob es Juda im ausgehenden 7. Jh. gelungen war, sich bis an die Küste auszudehnen. VANDERHOOFT [G] sieht allerdings einen wachsenden ägyptischen Einfluss in der Region seit 640 und so wäre es auch möglich, dass Judäer dort unter ägyptischem Oberbefehl standen und die Festung der Sicherung einer griechischen Handelsniederlassung diente. HELTZER [E.3.b] bietet einige Information für das Steuersystem Judas und dessen Ausgreifen auf ehemaliges israelitisches Gebiet. Wenn hinter dem in 2 Kön 23,15 geschilderten Überfall Josias auf Bethel eine historische Notiz steckt, hatte sich dort ein Jahwe-Heiligtum unter assyrischer Präsenz gehalten. BERLEJUNG [in GERTZ A.2: 136] hält es für möglich, dass die Sammlungen des Amos und Hosea Teile der dortigen Bibliothek waren.

Kultreform Zu den meist diskutierten Themen seiner Regierungszeit, ja der gesamten Geschichte Judas, gehört die sogenannte Kultreform Josias. Einen Forschungsüberblick bietet GIESELMANN [E.3.a], das Ereignis selbst behandelt ausführlich EYNIKEL [E.3.a]. In einer außenpolitisch günstigen Situation begann Josia, von dem Schreiber Saphan und dem obersten Priester Hilkija unterstützt, seine Maßnahmen. BARRICK [E.3.b] beschreibt die Bedeutung der Familie Saphans in der Zeit und vermutet, dass es kein Zufall war, dass Josias Suche nach dem Gott Davids, seines Vaters, im 8. Jahr seiner Regierung begann (2 Chr 34,3a), als Saphans Sohn Shallum/Jehoahaz geboren und Hilkija Hohepriester wurde. Zu den Reformen nimmt LEPORE [E.3.a] eine maximalistische Position ein, wonach es genüge, dass es vernünftige Argumente für die Historizität des Gesagten gebe. Auf dieser Grundlage untersucht er die verschiedenen Elemente des alttestamentlichen Textes darauf, ob sie in persischer Zeit für die Bedürfnisse der Gemeinde aktualisiert wurden. Die Gegenposition vertritt UEHLINGER [E.3.a], der für ein „begründetes Minimum" plädiert. Er geht von den von ihm so bezeichneten Primärquellen (Glyptik, epigraphische Zeugnisse; s. II.A.1) aus. Anschließend zieht er die biblischen, nach seiner Klassifizierung als „Sekundär- und Tertiärquellen" einzuordnenden Texte heran, um in einem dritten Schritt alle Quellen zu korrelieren. Seine Leitfrage nach der Kultreform kann er allerdings nur aufgrund der Sekundärquellen stellen; die von ihm als Primärquellen klassifizierten Zeugnisse ließen eine solche Fragestellung gar nicht zu, wie SCHAPER [A.8: 16] betont. SCHAPER greift die Unterteilung auf und fragt nach Primärquellen innerhalb der biblischen Überlieferung. Dabei verweist er auf HARDMEIER [E.3.a], der als Vorstufe der deuteronomistischen Kultreform ein Annalendokument ausmacht, das nach SCHAPER durchaus die Bezeichnung Primärquelle verdient. Auch ALBERTZ [E.3.a] plädiert dafür, dass es Reformmaßnahmen gab. Das Alte Testament schildert sie als ein epochales Ereignis, eine Sicht, die auch in viele moderne Darstellungen Einzug gehalten hat. Dagegen erhob sich Widerspruch bis hin zur Feststellung WÜRTHWEINS, eine derartige Reform habe es „nie gegeben" [E.3.a: 211], oder NIEHRS, der sie für „historisch unwahrscheinlich" hält [E.3.a: 51]. Schon früher hatte sie HOFFMANN [E.3.a] für ein nach-exilisches Thema gehalten. Sicherlich ist eine spätere legendenhafte Ausschmückung der biblischen Erzählung zuzugeben, was aber nicht bedeuten muss, dass der ganze Bericht erfunden ist. Die Darstellung ist auf Josia fokussiert, während wir eher von einem längeren Prozess ausgehen müssen. Aber eine Kultreinigung, wie sie UEHLINGER [E.3.a] als „Minimum" postuliert, und eine Kultzentralisation auf Jerusalem, die BARRICK [E.3.a] herausgearbeitet hat, scheinen historisch gesichert. Wie weit diese Maßnahmen auf ganz Juda ausgedehnt werden konnten, ist umstritten. Da der Staat zu Zeiten Josias fast ganz auf Jerusalem beschränkt war, diente nach PAKKALA [E.3.b] die Kultzentralisation der Bevölkerungskontrolle in unsicherer Zeit. Josia wollte ferner seine späteren Gebietsgewinne fester an Jerusalem binden. ROSE [E.3.b] plädiert für die Historizität der politischen Unternehmungen, die mit den möglichen kultischen nichts zu tun haben müssen.

Strittig ist vor allem, inwieweit mit der Historizität einer am Urdeuteronomium orientierten Kultreform zu rechnen ist. WÜRTHWEIN [A.3], KAISER [A.2] und GUNNEWEG [A.1] weisen darauf hin, dass es sich bei dem Fundbericht von 2 Kön 22,3–11 nicht um eine Geschichtserzählung, sondern um eine Aitiologie handelt. Sie verweisen auf Jer 22,15–16, der an Josia rühmt, dass er „Recht und Gerechtigkeit" geübt habe, der aber keinerlei Kultreform erwähnt. Daher halten sie die Möglichkeit nicht für ausgeschlossen, dass Josia lediglich assyrische Kultstätten und -gegenstände beseitigte. BARRICK [E.3.a] analysiert minutiös die unterschiedlichen Textschichten, von denen er einige der Josianischen Zeit oder kurz danach zuschreibt, lehnt allerdings den Zusammenhang der Maßnahmen Josias mit antiassyrischen Bestrebungen [ARNETH E.3.a] ab.

Der in 2 Kön 22,3–23,24 überlieferte Bericht über die Hintergründe und die Durchführung der Reformen setzt sich aus vier Teilen zusammen. Folgende historische Einordnung nimmt SCHMITT [A.2: 77 f.] vor: 1) 22,3–13: Auffindung eines Gesetzesbuches im Tempel (im Kernbestand ein vordeuterono-

Urdeuteronomium

mistischer Bericht), 2) 22,14–20: Orakel der Prophetin Hulda (deuteronomistisch und spätdeuteronomistisch), 3) 23,1–3: Bundesschluss Josias (spätdeuteronomistisch), 4) 23,4–24: Bericht über die Reformmaßnahmen einschließlich der Feier des Passah (vordeuteronomistische Materialien in deuteronomistischer und spätdeuteronomistischer Bearbeitung).

Annalendokument   Aus dem zuletzt genannten Bericht erarbeitet HARDMEIER [E.3.a] ein Annalendokument (2 Kön 23,4–15), das eine Reihe von Maßnahmen wie der Reinigung des Jahwe-Kultes im Jerusalemer Tempel sowie der Beseitigung und Tilgung von illegitimen Kultstätten am Residenzort Jerusalem und in Bethel beschreibt. Dieses Dokument erweist sich als thematisch geschlossen, terminologisch konsistent, stilistisch homogen und ist durch eine Häufung von singulären und dezidiert nicht-deuteronomistischen Begriffen gekennzeichnet. Damit hebt es sich klar von seiner Textumgebung ab. Die Rekonstruktion erfolgt nach rein literaturwissenschaftlichen Gesichtspunkten [HARDMEIER E.3.a: 82–90]. Dem entsprechen Ergebnisse, wie sie DEVER [E.3.a] vorlegt, der die Existenz jener Praktiken, die Josia beseitigte, in Jerusalem für den fraglichen Zeitraum bestätigt. Auch DAY [F.6.a] geht davon aus, dass Josia die kanaanäischen, nicht allein die assyrischen Gottheiten und Kulte beseitigt habe. Um die Härten seiner Maßnahmen abzumildern, erlaubte Josia den Priestern der lokalen Höhenheiligtümer nach Jerusalem überzusiedeln, was diese nach NICHOLSON [E.3.b] allerdings ablehnten.

Mose   Die Reformen auf kultischem Gebiet werden mit der Auffindung eines Gesetzbuches in Zusammenhang gebracht. RÖMER [E.3.a] stellt die Geschichte in einen breiten Kontext, für BARRICK [E.3.a] ist sie literarische Fiktion. Da ein solches Buch einen Autor beziehungsweise einen Gesetzgeber verlangte, kam die Figur des Mose ins Spiel. GERTZ [E.3.b] führt aus, wie auf Mose nach dem Untergang Israels die Funktion des Religionsstifters und Gesetzgebers übertragen wurde. Auch NORTH [E.3.b] vermutet, dass die Tradition möglicherweise seit Josia in ihren heutigen Umfang gebracht worden ist. OTTO [E.3.b] sieht in der Figur des Mose den im 7. Jh. entwickelten Gegenentwurf zur neuassyrischen Königsideologie. Auch für SCHMITT ist die Mose-Tradition erst in der ausgehenden Königszeit greifbar [A.2: 82–84]. Die Tatsache, dass es sich bei Mose um die Kurzform eines ägyptischen Namens wie Thutmose handelt [hierzu METZGER A.1], sagt nichts über das Alter der entsprechenden Erzählungen aus. Lediglich SMEND [E.3.b] plädiert wenig überzeugend für Mose als geschichtliche Gestalt, die von der Gottesbegegnung am Sinai schwerlich getrennt werden könne; er sieht ihn sogar am Auszug aus Ägypten „führend beteiligt". Nach dem Tod Josias scheinen dessen Maßnahmen teilweise wieder rückgängig gemacht worden zu sein, denn Jeremias klagt: „So zahlreich wie deine Städte sind deine Götter geworden, Juda, und so viele Gassen Jerusalem hat, so viele Altäre habt ihr errichtet, dem Baal zu opfern." (Jer 11,13)

Tod Josias   FROST [E.3.b], PFEIFER [E.3.b] und KESSLER [C.3: 42 f.] halten den Bericht 2 Chr 35,20–24 von der Schlacht bei Megiddo für unhistorisch. Josia wollte mit Pharao Necho verhandeln, dieser aber lässt ihn sofort töten, wie es 2 Kön 23,29 darstellt. Für LIVERANI [A.1: 199] dagegen steht fest, dass Josia militärisch gegen Necho vorgegangen ist, und auch BOEHMER [E.3.b] will nachweisen, dass der König den Tod auf dem Schlachtfeld fand. TALSHIR [E.3.b] analysiert die Diskussion um die „drei Tode" Josias.

4. UNTERGANG

LIPSCHITS behandelt vor allem das 6. Jh. und bietet eine umfangreiche Bibliographie [LIPSCHITS, Fall E.4]. LINDSAY schildert detailliert die zahlreichen babylonischen Feldzüge in den Westen zwischen 605 und 594 und die damit einhergehende judäische Schaukelpolitik [E.4]. Die politische Lage in Juda am Ausgang des 7. Jh. ist von zwei gegensätzlichen Gruppierungen geprägt, die mit unterschiedlichen Großmächten sympathisieren. Dieses Lavieren führte nach MALAMAT [E.4] zum Untergang. Der Süden pflegte Kontakte zu Ägypten [STERN A.6: 228–233], woran die Einflussreiche Sippe Akhbor einen entscheidenden Anteil hatte [WEINBERG, Conquest E.4]. In dem damit einhergehenden Widerstand gegen Babylon werden die harten Maßnahmen des Siegers gegen den Süden seinen Grund haben. Hingegen war das nördliche Juda, Benjamin, immer eher nach Norden hin orientiert gewesen. Dies hatte sich nach MALAMAT [E.3.b] verstärkt, seit Juda nach dem Untergang Israels versucht hatte, Teile des Landes zu kontrollieren. Als Vertreter dieser Gruppe macht SEIDEL [E.4] den Propheten Jeremia und die Sippe Saphans aus. In diesen unterschiedlichen Lagern kämpfte Prophet gegen Prophet [dazu HARDMEIER E.4; STIPP, Jeremia E.4 und HOSSFELD/MEYER E.4].

Politische Spaltung Judas

Die unterschiedlichen politischen Ausrichtungen versuchten, den Hof für ihre jeweilige Anschauung zu gewinnen. Wir erfahren, dass nach dem Tod Josias es der Landadel war, der dessen Sohn Joahas zum König erhob (2 Kön 23,30). Warum weicht der konsequente Verfechter der davidischen Dynastie) von der Regel ab [hierzu ISHIDA D.1], indem er nicht den ältesten Sohn, sondern einen der jüngeren wählt? WEINBERG [WEINBERG, Conquest E.4] weist auf den Einfluss der Mutter des Prinzen und auf die Bedeutung des Namenwechsels bei dem neuen König hin, was unter den Davididen nicht üblich war. Der ursprüngliche Name des Königs war Shallum, Programm für eine Friedenshoffnung, die damals in Juda weitverbreitet war; dann nannte er sich um. Er gab sich den Namen Joahas, „Jahwe hat ergriffen". Damit verband sich die Hoffnung eines göttlichen Eingreifens verbunden mit einer Stärkung der Jahwe-Theologie, was nach BARRICK [E.3.a] typisch für die Mentalität der Schicht war, welcher der Landadel zuzurechnen ist.

Landadel

Das unterschiedliche Verhalten gegenüber Babylon führte zu einer regionalen Differenzierung der babylonischen Verwüstungen. Generell wird davon ausgegangen, dass Jerusalem stark entvölkert und zerstört worden ist [BARSTAD E.4; BLENKINSOPP/STERN E.4]. Auch im Süden Judas gab es Zer-

Babylonische Strafaktionen

störungen [zu Lachis vgl. BEGIN E.4], Deportationen und Flucht [BLENKINSOPP E.4], während das Gebiet von Benjamin weitgehend intakt blieb [LIPSCHITS, History E.4]. Es lag gleichfalls auf der Linie dieser Politik, dass die Babylonier als Statthalter Gedalja einsetzten, einen Enkel Saphans (s. II. E.3). Die von ACKROYD [G: 324] und jüngst von CONÇALVES [E.4: 177–179] geäußerte Vermutung, Gedalja sei König gewesen, verträgt sich nicht mit der im Exil andauernden Anerkennung Jojachins durch die Babylonier. Während die Deportationen vor allem Jerusalem und den Süden Judas betroffen hatten, blieb im Norden dagegen die Sozialstruktur weitgehend intakt. Gedalja, den die Babylonier zu ihrem hochrangigen Vertreter gewählt hatten, war in Mizpa nicht nur vom Landadel (2 Kön 25,12; Jer 40,7) umgeben, sondern auch von Vertretern der gesellschaftlich-militärischen Elite. Auch die archäologischen Zeugnisse scheinen die gesellschaftliche und wirtschaftliche Stratifikation der damaligen Bewohner zu bestätigen [ZORN E.4]. LIPSCHITS/BLENKINSOPP [G] bieten die Aufsätze einer Tagung zu Juda in neubabylonischer Zeit. Die Babylonier beschränkten sich auf jährliche Züge zur Eintreibung der Tribute und begründeten keine systematische Verwaltung, was nach VANDENHOOFT [G] das Fehlen von Zeugnissen ihrer materiellen Kultur in Juda erklärt.

Zedekia Die Maßnahmen der Babylonier nach der Eroberung Jerusalems waren 597 noch moderat. Nebukadnezar setzte Mattanja, einen Onkel Jojachins auf den Thron und änderte seinen Namen in Zedekia. Dieser Sohn Josias schien der Garant einer anti-ägyptischen Politik. Dem diente auch die Namensänderung von Mattanja, „Geschenk Jahwes", in Zedekia, „Jahwe hat Recht". Der Begriff *sedek/sedaka* stand für die Reformbewegung in Juda, die Josia wesentlich angestoßen hatte. Zedekia demonstrierte allerdings gegenüber den politischen Gruppierungen keine eigenständige Politik, sondern ließ beide gewähren und sich selbst treiben [STIPP, Zedekiah E.4], was schließlich zum Aufstand und zur Katastrophe führte. Hinter dem Streit um seine Person [APPLEGATE E.4] steht nach PAKKALA [E.4] auch die Auseinandersetzung zwischen zwei dynastischen Linien des Davidshauses, die im Exil zugunsten von Jojachin – zu dessen Schicksal GOULDER [E.4] – ausgeht [TGI 78 f.; dazu WEIDNER E.4].

Eroberung 587 Das Datum der Eroberung Jerusalems bleibt umstritten, da für diese Zeit die babylonische Chronik nicht erhalten ist. Für einen Ansatz im Sommer 587 liefert immer noch KUTSCH [E.4] die gründlichste Analyse; eine Diskussion der Problematik bietet ALBERTZ [G: 71–73]. Neuerdings stellt NEVINS [E.4] das traditionelle Datum der Zerstörung des Tempels in Frage.

Zahl der Deportierten Zur Zahl der Deportierten liegen zwei Angaben vor: 10 000 in 2 Kön 24,12–16 und 3 023 bei Jeremia 52,28–30 [dazu BARSTAD E.4]. Überlegenswert ist, davon auszugehen, dass 2 Kön sich auf Jerusalem, Jeremia sich auf die Gebiete außerhalb der Hauptstadt bezieht [MOWINCKEL E.4]. Diese Angaben sind in Relation zu setzen mit den Bevölkerungszahlen, hinsichtlich deren Einschätzung erhebliche Unterschiede bestehen. Es gibt einen maximalistischen Ansatz [MEYER G: 108–110; DE VAUX B.5.a: 104; ALBRIGHT A.6: 41 f.; WEINBERG, Notizen E.4: 45 f. und Community E.4: 34–36], dessen Verfechter von einer Bevölkerungszahl von 220 000 bis 250 000 Einwohnern ausgehen, von diesen seien etwa 40 000 bis 70 000 deportiert worden. Die Minimalisten schätzen die Bevölkerung auf 65 000 und die Zahl der Deportierten auf 4 600 bis 10 000 [AHLSTRÖM A.1: 798; BLENKINSOPP G: 416–433]. Auf ihre Seite schlägt sich mit guten Gründen auch WEINBERG [WEINBERG, Conquest E.4: 603]. Eine Mittelposition sieht das Zahlenverhältnis 80 000 zu 20 000 [ALBERTZ G].

F. STRUKTUR DER HEBRÄISCHEN MONARCHIEN

1. König – Hof – Beamte

Ägyptische Einflüsse „In der judäischen Ikonographie fällt seit dem 9. Jh. v. Chr. die starke Rezeption ägyptischer Herrschaftssymbolik auf, was darauf schließen läßt, daß die dortige Königsideologie stark von Ägypten geprägt war." Diese Feststellung BERLEJUNGS [in GERTZ A.2: 135] gilt sicherlich schon für die Zeit Davids und Salomos, für die auch SCHIPPER [SCHIPPER, Israel C.2] ägyptische Einflüsse nachgewiesen hat; vergleiche die von GALPAZ-FELLER [C.2] diskutierte Episode (s. II.C.2). Die Verbindungen zum kanaanäischen Königtum behandelt GRAY [F.1]. Der König unterstand Gottes Schutz, er wurde zum Sohn Jahwes. Die aus Ägypten stammende Sonnensymbolik setzte sich bis in die Stempel der königlichen Vorratsgefäße hinein fort. VAN WOLDE [F.1] vermutet, dass möglicherweise auf dem Thron Davids, wie auf anderen im Vorderen Orient, die Sonne abgebildet war. Deshalb redet der Prophet Nathan, als er David Unheil androht, davon, dass ein Usurpator „im Angesicht dieser Sonne" mit seinen Frauen schlafen werde (2 Sam 12,11). Im Zusammenhang mit der Ausgestaltung der Königsideologie erhielt auch Jahwe solare Züge (s. II. F.6). MOENIKES behandelt ausführlich Psalm 2,7 und die Vorstellung der Göttlichkeit des hebräischen Königs [F.1]. Nach der Auffassung der Zeit setzte Jahwe den Herrscher mit der Inthronisation als Gottessohn ein. SCHMITT zeigt anhand archäologischer, ikonographischer und literarischer Zeugnisse, wie die Könige Israels und Judas das Tor als Ort der Öffentlichkeit bei rituellen Inszenierungen von Herrschaft nutzten [F.1].

Königsideologie KESSLER [B.5.a: 122–124] weist darauf hin, dass manche Propheten auf eine Veränderung der wirtschaftlichen und gesellschaftlichen Schieflage durch den König hofften. Er sieht hierin einen Einfluss des Selbstverständnisses altorientalischer Königtümer, das sich in einer Königsideologie niederschlägt, wonach, um das Beispiel des Codex Hammurabi zu zitieren, der Herrscher seine Gesetzesstele aufstellt, „damit der Starke den Schwachen nicht schädigt, um der Waise und der Witwe zu ihrem Recht zu verhelfen." (TUAT 1,76). Zwar spricht KESSLER nicht davon, dass eine solche Maxime jeweils im Einzelfall umgesetzt wurde, glaubt aber einen Anhaltspunkt für diese Ideologie in der Lebenswirklichkeit zu finden.

Heiratspolitik NIEMANN [F.1] bietet einen Einblick in die Heiratspolitik der davidischen Monarchie, die stets dem Ziel diente, den Machtbereich der Könige zu stabilisieren oder auszuweiten. Die Gemahlinnen der Prinzen, die Mütter der zukünftigen Könige, stammten häufig aus dem judäischen Landadel (s. II. E.1). Dies erklärt die von IHROMI [F.1] analysierte enge Zusammenarbeit zwischen dem Herrscher und dieser Schicht. Art und Herkunft des Amts der Königinmutter behandelt DONNER [E.1] ausführlich.

Administrative Aufgaben am Hof wurden immer wieder den Prinzen zugewiesen; dies bezeugen die alttestamentlichen Texte sowie die Siegel mit der Bezeichnung „Sohn des Königs" [AVIGAD F.1; LEMAIRE F.1]. Ferner gibt es Siegel mit der Aufsicht „NN, Sklave/Knecht/Diener des Königs". Sie tragen zwar keinen Titel, der ihre Funktion angibt, gehören aber zum Hof und damit ins Zentrum der Macht. Die persönliche Zuordnung zum Herrscher wird ferner anhand von Siegeln deutlich, die statt der Zuordnung „Diener des Königs" den Eigennamen des jeweiligen Herrschers nennen [RENZ/RÖLLIG A.4, Bd. 2,2: Nr. 112]. Unter den Siegeln finden sich schließlich auch solche, die als regelrechte Dienstsiegel bezeichnet werden können, weil sie zwar einen Titel nennen, diesem aber kein Personenname voransteht. Es handelt sich dabei um die jeweiligen Stadtkommandanten oder Oberbürgermeister der beiden Hauptstädte Jerusalem und Samaria [RÜTERSWÖRDEN F.1: 35–40].

<small>Administration</small>

Wie RÜTERSWÖRDEN [F.1] bin ich der Meinung, dass wir den Begriff „Beamte" durchaus auf die hebräischen Monarchien anwenden dürfen, wobei allerdings mit METTINGER [F.1] darauf hinzuweisen ist, dass deren Funktion in einer wenig verrechtlichten Gesellschaft stark auf Prestige und persönlichen Beziehungen aufgebaut ist. FOX [F.1] untersucht alle Titel für Beamte, die im biblischen Text und in Inschriften erscheinen. Dadurch, dass er reichhaltiges Vergleichsmaterial aus dem Vorderen Orient heranzieht, geht seine Arbeit über die RÜTERSWÖRDENs hinaus. Insgesamt werden 19 Titel und die damit verbundenen Funktionen königlicher Beamten, einschließlich der regionalen Verwaltungen, untersucht. FOX sieht in dem Beamtenapparat weniger fremde Vorbilder wirksam, sondern eine Reaktion auf Grunderfordernisse, denen jedes altorientalische Königtum Rechnung tragen musste. Dazu kommen Erfahrungen aus dem kanaanäischen Bereich.

<small>Beamte</small>

Im Alten Testament ist uns eine Liste von 12 angeblichen Statthaltern Israels mit Angabe des Bezirkes, den sie verwalteten (1 Kön 4,7–19), übermittelt worden, die der Regierungszeit Salomos zugeschrieben wird. KESSLER macht darauf aufmerksam, dass die jeweiligen Beauftragten nicht „über" eine Region eingesetzt wurden, die sie zu kontrollieren oder gar beherrschen hatten, sondern sie residierten „in" einem Ort [B.5.a: 110 Anm. 116]. Erst die sekundäre Überschrift von Vers 7 macht daraus eine Herrschaft „über ganz Israel" (Karte 4):

<small>Bezirke Israels</small>

1. Das Gebirgsland Ephraim, das wahrscheinlich ein Teil des Gebietes von Manasse mit einschloss.
2. Das alte Land der Daniten, das durch eroberte Gebiete der Kanaanäer und Philister vergrößert worden war.
3. Die Ebene von Saron, die vom Philisterland im Süden bis zum anschließenden Bezirk im Norden reichte.
4. Der Verwaltungsbezirk von Dor, der sich an die Ebene von Saron anschloss und im Osten vom Höhenzug des Karmel begrenzt wurde.
5. Die ehemaligen kanaanäischen Gebiete in der Ebene von Jesreel und dem Gebiet um Beth-Sean.

6. Das mit dem Hauptort Ramoth alte östliche Manasse auf der linken Seite des Jordan sowie alles Land, das noch von den aramäischen Eroberungen Davids übrig war.
7. Der Verwaltungsbezirk von Mahanaim, ebenfalls in Transjordanien, im Süden des vorher genannten Bezirks.
8. Der Bezirk Naphthali im Norden des Sees Genezareth.
9. Der Bezirk Asser zwischen dem vorhergenannten und den Küstenstädten der Phöniker.
10. Der Bezirk Issachar südlich von Asser und Naphthali.
11. Der Bezirk Benjamin.
12. Der Bezirk Gad auf der östlichen Seite des Jordan.

Diese zwölf Bezirke sollen abwechselnd je einen Monat lang diejenigen zusätzlichen Lebensmittel an den Palast geliefert haben, die von den königlichen Domänen allein nicht aufgebracht werden konnten. Es werden verschiedene Arten von Mehl und einige Kategorien von Schlachtvieh aufgeführt (1 Kön 5,2–3); hinzu kamen das Futter und die Streu für Pferde und Zugtiere. Für das Persische Reich unter Kyros schildert der griechische Geschichtsschreiber Herodot (1,192), dass die Lebensmittelversorgung des Hofes und des Heeres nach ähnlichem Modus monatsweise auf die Provinzen verteilt wurde. Eine vergleichbare Aufteilung des Südreiches wurde notwendig, als die Doppelmonarchie auseinanderbrach und nun Juda anstelle Israels die reduzierte Versorgung des Hofes in Jerusalem übernehmen musste (Karte 5). Man wird allerdings für die Anfangszeit der Monarchien kaum von einem durchorganisierten System von Distrikten reden können. Nach KAMLAH [C.2] handelt es sich jedenfalls in salomonischer Zeit noch nicht um ein entwickeltes Abgabensystem.

Abgaben

Die Angaben des Alten Testaments über regelmäßige Abgaben sind ohnehin spärlich. Mit CRÜSEMANN wird man davon ausgehen können, dass diese seit der außenpolitischen Abhängigkeit der hebräischen Monarchien und dem damit erhöhten Finanzbedarf der Könige nicht zu vermeiden gewesen sein dürften. „Spätestens mit der Abhängigkeit von Assur und der Pflicht zur regelmäßigen Tributzahlung wird auch in Juda ein eigenes Steuersystem unabweisbar geworden sein." [F.1: 44–45]

Widerstand gegen das Königtum

Wie CRÜSEMANN [B.5.b] sehe ich im Abgabensystem den entscheidenden Faktor des Widerstands gegen das Königtum [vgl. auch MOENIKES C.1]. VEIJOLA [C.2] hingegen versteht die königsfeindlichen Passagen des Alten Testaments als späte Ergänzungen des deuteronomistischen Geschichtsschreibers. Den Eingriff des Königs in die vormonarchische Ordnung verdeutlicht die zitierte Passage aus 1 Sam 8,11–17 (s. I.C.I). JARUZELSKA [F.1] sieht Zeiten allgemeiner Prosperität wie unter König Jerobeam II. als Hintergrund für manche Sozialkritik der Propheten. Der neue Reichtum führte zu einer Umschichtung in der königlichen Beamtenhierarchie und zu einer raschen Vermehrung der Beamten, die nun für die königlichen Güter und die Steuern zuständig waren.

Die Bedeutung des Amtes eines königlichen Schreibers hängt von der Einschätzung des Schriftgebrauchs in den frühen Monarchien ab. Einen Hinweis darauf kann ein ABC aus dem 10. Jh. aus Juda liefern, das HESS [F.1] und TAPPY [F.1] behandeln. Für eine staatlich organisierte Schreibschule spricht sich ROLLSTON [F.1] aus. RENZ [F.1] arbeitet heraus, dass sich die hebräische Schrift aus der phönizischen entwickelte und setzt den Gebrauch der Schrift in Israel im 9. Jh., in Juda ein wenig später an. JAMIESON-DRAKE [F.1] dagegen vermutet, dass die Schriftkultur insgesamt vor dem 8. Jh. wenig entwickelt war. Anhand der Ostraka von Lachis untersucht NA'AMAN [F.1] wie die Korrespondenz zwischen der Zentrale in Jerusalem und den einzelnen lokalen Kommandanten in den Verwaltungszentren des Landes funktionierte. Durch solche Briefe waren die lokalen Eliten über die jeweilige Politik des Hofes informiert und konnten sich so ihre Meinung zu den anstehenden Problemen bilden. Schreiber

Als Beispiel für die Verbindung führender Ämter der alten Sippenordnung mit denen der Reichsverwaltung kann die Familie Saphans herangezogen werden, der an der sogenannten Auffindung des Gesetzbuches unter dem König Josia maßgeblichen Anteil hatte: Saphan war als Schreiber einer der wichtigsten Beamten des Herrschers; zu seiner Familie vergleiche die Analyse von LOHFINK [F.1] und das Stemma bei CLAUSS [F.4: 31]. Saphans Sohn Ahikam bekleidete gleichfalls am Hof eine führende Stellung, ohne dass wir genau über seine Tätigkeit informiert sind. Als später der Prophet Jeremia in einem Tempelprozess freigesprochen wurde, hatte er dies mehreren Ältesten Judas zu verdanken; unter ihnen wird namentlich Ahikam erwähnt. Zu den Ältesten zählte ein weiterer Sohn Saphans, Jaasanja. Ein dritter, Eleasar, wirkte als Gesandter des judäischen Königs Zedekia in Babylon. Gemarja, ein vierter Sohn, war ein nicht näher bezeichneter Beamter des Königs Jojakim. Von den vier uns bekannten Söhnen des königlichen Beamten Saphan gehörten somit zwei als Älteste der Führungsgruppe der traditionellen Sippenordnung an, zwei waren als Beamte im Hofdienst tätig. Auch in der nächsten Generation behielt die Familie Saphans ihre führende Stellung am Hofe. Micha, ein Sohn Gemarjas, hatte – so wird überliefert – freien Zugang zum Kanzler des Königs. Gedalja schließlich, als Sohn Ahikams ebenfalls Enkel Saphans, bekleidete zunächst das Amt des Palastvorstehers in Jerusalem und wurde nach dem Ende der Monarchie 587 erster babylonischer Statthalter Judas [WEINBERG F.1]. Familie Saphans

2. HEERWESEN

Obwohl sich die Könige seit den Anfängen des Heerwesens unter David [dazu MAZAR F.2] vor allem in ihrer Entstehungsphase auf ein Berufsheer stützten, verzichtete der Staat nie ganz auf die Wehrkraft seiner Bauern; auf diese Weise entstand ein Nebeneinander von Heerbann und Berufsheer. Aus Heerbann und Berufsheer einigen alttestamentlichen Berichten erfahren wir gelegentlich etwas über die ‚Arbeitsteilung' (2 Sam 12,26–29). Das kleinere Berufsheer übernahm dabei die gefährlicheren Aufgaben einer Vorhut oder die Bestürmung einer Stadt. Der schlechter bewaffnete Heerbann griff erst in der Schlussphase eines Kampfes ein. Dadurch wurden aus den wehrfähigen Kämpfern der vorstaatlichen Zeit Wehrpflichtige, die dem Kommando von Berufsoffizieren unterstanden und lediglich Hilfstruppen des Berufsheeres waren. WEIPPERT [F.2] hat gezeigt, dass diese Doppelstruktur von Berufsheer und dem Aufgebot der Wehrpflichtigen, wie sich auch im neuassyrischen Reich existierte, bis zum Ende der Monarchien erhalten blieb.

Festungen   Bei den Festungen, von denen einige archäologisch gut untersucht sind, handelte es sich um alte kanaanäische Königsstädte, die meist in weiten, verkehrspolitisch wichtigen Ebenen lagen, was einen schnellen Zugang zu mehreren angrenzenden Gebieten ermöglichte: Hazor in Galiläa, am Westrand des nördlichen Jordangrabens, lag dem aramäischen Gebiet gegenüber; Megiddo in der Jesreel-Ebene schützte den Hauptpass durch das Karmelgebirge; Geser lag auf halbem Wege zwischen Jerusalem und dem Mittelmeer; Beth-Horon, 25 Kilometer nordwestlich von Jerusalem, und Baalath, in der Nähe der beiden zuletzt genannten Orte, sicherten die westlichen Zugänge zur Hauptstadt; Thamar, westlich der Südspitze des Toten Meeres, bewachte den Weg nach Elath gegenüber Edom. Ein anderes Verteidigungssystem im Negeb, wohl von Salomo zum Schutz der dieses Gebiet durchziehenden Handelswege angelegt, wurde nach den Ergebnissen archäologischer Grabungen im 10. Jh., also offenbar während des Palästina-Feldzuges des Pharao Schoschenk (s. I.C.3), bereits wieder zerstört. Vor allem die Ausgrabungen in Megiddo zeigen, wie solche Wagenstädte aussahen. Einen Teil des Festungsbereichs nahmen große Ställe für 450 Pferde mit Einzelfutterkrippen ein [WEIPPERT A.6: 542]. Ihre Tore öffneten sich auf Höfe, in denen die Schwemme lag und die als Exerzierplatz dienten.

Heeresreform Josias   Zu den Bemühungen Josias, sein Reich von auswärtigen Mächten unabhängig zu machen, gehörte auch eine von JUNGE [F.2] beschriebene Heeresreform. Wichtige Informationen zur Militärpolitik Judas zu Zeiten der Herrscher Hiskia und Josia ermittelt WELTEN [F.2] anhand der Königsstempel.

3. WIRTSCHAFT – HANDEL – FINANZEN

Wirtschaftspolitik Hiskias und Josias   Es sind vor allem die Propheten, die uns über die – kriminellen – Praktiken des Wirtschaftslebens informieren. ZWICKEL [F.3] sieht solche Sozialkritik in engem Zusammenhang mit der Wirtschaftspolitik Hiskias. Aufgrund der etwa seit 733 einsetzenden Flüchtlingsbewegung aus dem Nordreich war Hiskia gezwungen, neue wirtschaftliche Quellen für die stark anwachsende Bevölkerung in Juda zu erschließen. Daraus resultierten soziale Verwerfungen, welche die Propheten geißelten. Weitere Versuche Josias, die Wirtschaft seines Landes zu verbessern, behandelt HELTZER [E.3.b]. Auch die Kultzentralisation dieses Königs hatte wirtschaftliche Konsequenzen. Eigentlich hätten nun alle Opfertiere aus ganz Juda, teilweise über weite Strecken, in die Hauptstadt transportiert werden müssen. Da dies zu aufwendig war, erlaubte man, die entsprechenden Opfergaben für Silber am Tempel zu kaufen. Der Tempel seinerseits erstand solche Tiere in größeren Mengen, die er wiederum an die Pilger veräußerte. Dies steigerte den Binnenhandel und die Geldwirtschaft. SCHAPER sieht die Anfänge des Übergangs von der Natural- zur Geldwirtschaft in Juda daher in der Regierungszeit Josias [SCHAPER, Geld F.3]. Das Silber war zwar noch nicht gemünzt, sondern musste abgewogen werden, nahm aber damit eine Geldfunktion an [vgl. SCHAPER, Priester F.3: 95–104 und zum Geldwesen im 7. Jh. generell OLIVIER F.3].

Zu den königlichen Monopolen zählte die Parfumproduktion um die Oase Engedi. Um die Herstellung zu schützen, baute Josia den Ort im Südosten seines Reiches zur Festung aus. Die Parfumherstellung war berühmt, eine entsprechende Anspielung im Hohelied wirkt gleichsam wie ein Werbetext: „Mein Geliebter ist mir wie ein Myrrhenbeutelchen, das zwischen meinen Brüsten liegt. Mein Geliebter ist mir wie eine Cypertraube in den Weinbergen von Engedi." (Hld 1, 13–14). Für den antiken Handel aus der Region ist die Studie von BALLARD [F.3] wichtig. *Königliche Monopole*

Die Geschichtswissenschaft verwendet für die Heranziehung der Bevölkerung zu staatlichen Baumaßnahmen den aus dem mittelalterlichen Feudalismus entlehnten Begriff „Fron". Die Auswirkungen auf die Bevölkerung stellt NURMI [F.4: 118–122] dar. Dass solche Arbeitsanforderungen nicht konfliktfrei abliefen, zeigen einige Texte des Alten Testaments (s. I.C.1). Auf einem Ostraka liegt uns ein epigraphisches Dokument aus der Spätzeit Judas vor, das den Streit um eine staatlich geforderte Arbeitsleistung bei der Ernte zum Gegenstand hat [RENZ/RÖLLIG A.4, Bd. 1: 316]. Die Fronarbeit von Frauen behandelt SCHOTTROFF [F.3]. Auf die Anfänge der Fronarbeit unter David und Salomo geht SOGGIN [F.3] ein. Die Arbeiter wurden für die unterschiedlichsten Tätigkeiten eingesetzt. Ein Teil hatte die Aufgabe, das Holz zu transportieren, das Holzfäller König Hirams von Tyros im Libanon schlugen und das nach Jerusalem geschafft werden musste. Ferner wurden diese Israeliten als Lastträger und Steinhauer für Arbeiten im judäischen Gebirge zur Beschaffung von Quadersteinen eingesetzt oder sie mussten den Maurern und Zimmerleuten zur Hand gehen (1 Kön 5,27–32). Dass die Könige nach dem Ende der Doppelmonarchie auf die Dienstleistungen nicht verzichteten, beweisen einige wenige Zeugnisse des Alten Testaments sowie ein Siegel mit der Amtsbezeichnung eines Aufsehers über diesen Bereich aus dem 7. Jh. Man kann sich auch schwerlich vorstellen, dass die Herrscher beider Reiche bei größeren Baumaßnahmen völlig ohne die kostenlose Arbeit ihrer Untertanen ausgekommen sein sollen. König Asa von Juda zog die Bevölkerung zur Befestigung der Städte Geba und Mizpa heran, ohne dabei Ausnahmen zu machen, wie der Berichterstatter indigniert bemerkt (1 Kön 15,22). Dass *Frondienst* solche Zwangsarbeit Unrecht sei, den Vorwurf musste sich König Jojakim gefallen lassen (Jer 22,13), als er die Arbeiter beim Bau seines Palastes nicht entlohnte.

4. Gesellschaft – Sozialgefüge

Kennzeichnung der Gesellschaft
Eine grundlegende Einführung in die Entwicklung der Gesellschaft bieten CLAUSS [F.4] und KESSLER [KESSLER, Staat F.4]. NURMI [F.4: 4–49] stellt einen Forschungsüberblick der Theoriemodelle zu ihrer Beschreibung zusammen. LORETZ [F.4] hat den Begriff des „Rentenkapitalismus" zur Beschreibung der Oberschicht in die alttestamentliche Wissenschaft eingeführt. Zutreffender ist aber die Kennzeichnung der Gesellschaft als „antike Klassengesellschaft", wie sie KIPPENBERG [F.4] vorgeschlagen und jüngst KESSLER [KESSLER, Frühkapitalismus F.4] zustimmend aufgegriffen hat. In dieser Diskussion finden sich interessante Anregungen für die etwa zeitgleiche gesellschaftliche Entwicklung in Griechenland und Italien. Auch HAGEDORN [F.4] betont, wie viel das Material aus dem kretischen Gortyn zum Verständnis der sozialen Welt beitragen kann, welche die biblischen Rechtskorpora bestimmt.

Landadel
Die vielschichtige Rolle und Bedeutung des *ham haaretz* hat OPPENHEIMER [F.4] behandelt. Der Begriff kann im Alten Testament unterschiedliche soziale Gruppierungen bezeichnen: Mittelschicht, ländliche Bevölkerung, aber auch die gesellschaftlich entsprechende städtische Schicht. Die Veränderung der Wortbedeutung in den Texten der Königszeit wird von GUNNEWEG [F.4] als „semantic revolution" bezeichnet; sie folgt der sich verändernden gesellschaftlich-politischen Rolle. Seit ihrer erstmaligen Erwähnung zum Jahre 836 (2 Kön 11,4) ist der *ham haaretz* der konsequente Verfechter der davidischen Dynastie und ein aktiver Teil im Reformprogramm Josias (s. I. E.3).

Siedlungsarchäologie
Aus archäologischem und epigraphischem Material rekonstruiert NURMI [F.4] die gesellschaftliche Entwicklung. Die Ergebnisse der Siedlungsarchäologie deuten auf ein Bevölkerungswachstum und die Entwicklung einer Stadtkultur hin, deren Bedeutung FRITZ [F.4] darstellt. Beides führte zu einer starken Differenzierung der Gesellschaft [NURMI F.4: 225–242]. NURMI rechnet noch in der Königszeit mit segmentären Strukturen, weil er die Chronologie FINKELSTEINS [A.6] zugrundelegt. Unabhängig davon sind seine Ergebnisse sicherlich richtig. Auch während der Königszeit bildet die verwandtschaftsbasierte Struktur die Grundlage der Gesellschaft. Für die Masse der Bewohner ging das Leben zunächst so weiter wie in der Zeit, als es noch keine Zentralinstanz gab. LAMBERT [F.4] bezeichnet diese Situation des Nebeneinanders von entstehendem Staat und fortbestehenden vorstaatlichen Strukturen als „tribe/state paradox". Auf lediglich 2 % schätzt CHANEY [F.4: 55] die Führungselite der neuen Staaten.

„Älteste"
Von besonderem Interesse ist in diesem Zusammenhang die Rolle der „Ältesten", die wir besonders gut am Hof in Samaria kennen, wo sie mit

den Beamten, dem Prinzenerzieher, dem Palastvorsteher und dem Stadtvorsteher zur Führungsschicht zählen (2 Kön 10,5). Bei diesen Ältesten kann es sich nicht um lokale Sippenvorsteher gehandelt haben, sondern eher um Älteste aus dem Land, die sich am Hof aufhielten [Kessler B.5.a: 99]. Die Quellenlage des „Falls Naboth" behandelt Bohlen [F.4] ausführlich. Bei dem Justizmord an Naboth konnte sich der König auf die Ältesten stützen, die seinen Wünschen willfuhren. Sie gehörten zu der lokalen Elite, deren Position der Herrscher im Gegenzug schützte.

Nach Kessler stellt das 8. Jh. einen tiefen Einschnitt dar, der sozialgeschichtlich eine neue Epoche eröffne: „Sozialgeschichtlich entscheidend ist, dass sich nach dem einfachen Gegenüber von Regierenden und Regierten, das für den frühen Staat charakteristisch ist, die Regierten in Klassen mit gegensätzlichen sozialen Interessen aufspalten. Die Regierenden werden dadurch vor die Aufgabe gestellt, sich innerhalb dieses Gegensatzes zu positionieren." [B.5.a: 114 und 116] Klassenmäßige Gegensätze sind nach Kessler dann vorhanden, wenn die ärmeren Bauern bei den reicheren in Schuldsklaverei geraten und allmählich ihren Grund und Boden verlieren. Antike Vorstellungen dieser Art finden sich in Formulierungen des Propheten Jeremia, der von einem Bruch durch die „Großen des Volkes" spricht (Jer 5,5). Dieses Milieu setzen die prophetischen Erzählungen voraus [Clauss F.4]. Klassengegensätze

Eine gute Einführung in die Gesellschaftskritik der Propheten bietet Donner [F.4], wenngleich er den Einfluss der Kanaanäer überbetont. De Geus [F.4] untersucht, wieweit die Archäologie die gesellschaftskritischen Bemerkungen der Propheten untermauern kann. Die Scheltworte der Propheten sind sicherlich keine objektive Beschreibung der gesellschaftlichen Verhältnisse, sondern parteiische Polemik, die allerdings ihren Zweck nicht erfüllen kann, wenn sie frei erfindet. Bei aller Pauschalisierung, deren sich die Propheten bedienen, um gehört zu werden, beschreiben sie dennoch plausibel den Mechanismus der Überschuldung, aus dem es kaum ein Entrinnen gibt. Gesellschaftskritik

So geht beispielsweise der Bericht Amos 8,4–6 [zu seiner Person Fleischer F.4] nach Kessler [Kessler, Amos F.4] von einer bewusst herbeigeführten Überschuldung aus, um Schuldner in die eigene Gewalt zu bringen. Gerade hierbei zeigt sich, dass das Rechtssystem solchen Absichten Vorschub leistet. Der entscheidende Weg in die Abhängigkeit und schließlich in die Schuldsklaverei ging über das Kreditwesen, das Kippenberg [F.4] für die hebräische Gesellschaft ausführlich analysiert und mit ähnlichen Phänomenen im archaischen Griechenland vergleicht. In den Sprüchen findet sich der Vorgang auf den Punkt gebracht: „Der Reiche herrscht über den Armen, und wer Darlehen nimmt, wird Sklave dessen, der verleiht." (Am 22,7) Die in Sklaverei geratenen Personen unterstanden mit ihrer Familie der Verfügungsgewalt ihres Herrn. Diese umfasste sämtliche Arbeitsleistungen, bei Frauen auch deren Sexualität, bis hin zum Verkauf. Finley vertritt in diesem Zusammenhang die These, „daß der Gewinn von Arbeitskraft und Solidaritätsbeziehun- Schuldsklaverei gen historisch gesehen eine ältere Zwecksetzung der Verschuldung repräsentieren als der Gewinn in Form von Zinsen." [F.4: 181]

Gerichtswesen   Den Prüfstein der gesellschaftlichen Veränderung bildet nach NURMI [F.4: 147–224] das Gerichtswesen. Noch bis ins 7. Jh. haben lokale Gerichte der Ältesten existiert, ehe sie dann in der Zeit Josias durch die Hierarchisierung des staatlichen Gerichtswesens und die Konzentration auf Jerusalem abgelöst wurden. Der Prophet Micha vergleicht die Rechtsuchenden mit Nutzvieh: Wie Schafe werden sie geschoren und geschlachtet; man reißt ihnen das Fell herunter, zerschlägt die Knochen, um die Stücke handlich herzurichten und um das Mark herauszuholen. Man brät oder backt das Fleisch in einem Kessel, und selbst das Fell ist noch brauchbar (vgl. Mi 3,1–4). Diesen Leuten wird sprichwörtlich das „Fell über die Ohren gezogen".

Armut   Wenn die Propheten das Phänomen der Armut vorstellen, dann spielt der Mantel als Symbol für einfaches Leben eine große Rolle. Der Mantel des Armen hat für diesen einen enormen Wert. Er besitzt meist nur einen einzigen, der daher zu seinem unentbehrlichen Lebensbedarf gehört. Der Arme trägt ihn tagsüber und nachts ist er seine Decke. Die Propheten verwenden oft das Beispiel des weggenommenen Mantels, um die Härte des Schuldrechts und die Auswegslosigkeit der Lage der Unterdrückten herauszustellen. Wie sehr der „kleine Mann" an seinem wichtigsten Bekleidungsstück hing, zeigt die Bittschrift eines judäischen Erntearbeiters aus der Zeit um 620. Sie fand sich auf einem Ostrakon aus einer Festung, die wohl unter dem judäischen König Josia entstanden war, etwa eineinhalb Kilometer südlich von Jabne. Der „primitive" Stil der Bittschrift mit seinen zahlreichen Wiederholungen erklärt sich daher, dass hier eine wörtliche Mitschrift der erregten Rede eines offenbar Schreibunkundigen durch einen Schreiber vorliegt: „Mein Herr Kommandant möge anhören die Angelegenheit seines Knechtes. Dein Knecht ist Erntearbeiter: dein Knecht war in Hasarasam [Name eines Dorfes]. Und dem Knecht erntete und maß ab und lagerte ein dieser Tage, bevor er aufhörte. Als dein [K]necht die Ernte abgemessen und eingelagert hatte dieser Tage, kam Hoschajahu, der Sohn des Schobai, und nahm das Gewand deines Knechtes. Als ich abgemessen hatte meine Ernte, nahm er vor einigen Tagen das Gewand deines Knechtes. Und alle meine Brüder [das heißt die Arbeitskollegen] werden zu meinen Gunsten aussagen; die mit mir in der Hitze [der Sonne] geerntet haben, meine Brüder, werden zu meinen Gunsten aussagen. Es ist wahr, ich bin frei von Sch[uld. Gib doch zurück] mein Gewand, so daß ich gerechtfertigt werde. Es liegt in der Macht des Kommandanten, zurückzugeb[en das Gewand deines] Knech[tes, so daß erwie]sen werde ihm Erbar[men. Und gib] zurück das [Gewand] deines Knechtes und schweige nicht." (TUAT 1,3,250) Die Aufregung des Mannes gibt der Text eindringlich wieder. Das Fortnehmen des Mantels war wohl bei angeblich ungenügender Ernteleistung üblich und diesen Vorwurf weist der Arbeiter mit demütigem Respekt zurück, wenngleich er einer Strafe gegenüber, die ihm unberechtigt erscheint, nur sein persönliches Gerechtigkeitsempfinden vorbringen kann.

5. RECHT – JUSTIZWESEN

Umfangreiche Studien zur vergleichenden Rechtsgeschichte liegen von OTTO [F.5], BOECKER [F.5] und CRÜSEMANN [CRÜSEMANN, Tora F.5] vor. GRÜNWALDT [F.5] bietet einen Überblick über Entstehung, Wandlungen und die allgemeinen Grundlagen des Rechts. Er stellt die Rechtsbücher einzeln vor, ebenso den Verlauf eines Gerichtsverfahrens, behandelt das Prozessrecht sowie die Rolle des Königs und des Jerusalemer Obergerichts in der Rechtspflege. Bei den Rechtsbüchern handelt es sich im Einzelnen um: 1. Dekalog [Ex 20,2–17; Dt 5,6–21; hierzu WARNING F.5]. Er enthält zehn Worte Jahwes als religiöse und moralische Imperative. Eine Urfassung der beiden alttestamentlichen Fassungen scheint sehr alt zu sein. 2. Das Bundesbuch (Ex 20,22–23,33) umfasst Sprüche beziehungsweise Urteile aus dem Zivil- und Strafrecht. Es ist das Recht einer Gemeinschaft von Hirten und Bauern. Die Sprüche stammen frühestens aus der Zeit der Ansiedlung. 3. Das Deuteronomium (Dtn 12–26) bietet verschiedene kleinere Gesetzessammlungen unterschiedlichen Ursprungs. Im Kern handelt es sich wohl um das Gesetz Josias, das ursprünglich aus dem Nordreich stammt. 4. Das Heiligkeitsgesetz (Lev 17–26) enthält Regelungen zu Riten und Priestertum und wurde im Exil kodifziert. 5. Der Priesterkodex (Lev 1–16) schließlich ist nachexilisch und umfasst Opfer- und Reinheitsgesetze. Sämtliche Gesetzessammlungen des Alten Testaments – dazu KÖCKERT [F.5] – sind Zusammenstellungen von Einzelregelungen, die allerdings noch weniger geordnet sind als die vergleichbaren orientalischen Gesetzesbücher.

Rechtsbücher

Die Formulierung derjenigen Teile der Rechtskorpora, die aus der Königszeit stammen, geht nach OTTO auf „rechtsgelehrte Kreise" [F.5: 73] oder die „administrative Oberschicht der gebildeten Beamten" [F.5: 180], nach CRÜSEMANN [CRÜSEMANN, Tora F.5: 113] auf ein „Jerusalemer Obergericht" zurück. Keine der Möglichkeiten ist ohne Anbindung an den König denkbar. In der Königszeit veränderte die Existenz des Herrschers sowie die Präsenz seiner Beamten in den Städten allmählich das Rechtssystem. Vor allem die Schwächeren werden versucht haben, die Beamten, hinter denen die Autorität des Herrschers stand, in die Rechtsprechung hineinzuziehen. Aus dem durch die Familienältesten praktizierten Gericht im Tor wird eine „staatliche Rechtsinstanz" [CRÜSEMANN, Gericht F.5]. Nach BLOMQUIST [F.5] lässt sich ein breites Spektrum von Kult- und Rechtsformen am Stadttor voraussetzen, die auch mit den Familienstrukturen zusammenhängen.

Rechtsgelehrte Kreise

Immer besser wird die von MACHOLZ untersuchte Stellung des Königs in der Gerichtsverfassung erkennbar; dies gilt für Israel [MACHOLZ, Stellung F.5] wie für Juda [MACHOLZ, Juda F.5]. Bei den auf diese Weise entstandenen Rechtsvorschriften handelt es sich um Sklavengesetze, Zinsverbot und Pfandrecht sowie die Ordnung der Gerichtsbarkeit. Hinsichtlich der Institutionengesetze (Dtn 16,18–18,22) ist umstritten, ob sie noch in die Königszeit gehören oder als „utopisches Programm" [OTTO F.5: 193] Planungen nach dem

Rolle des Königs

Untergang darstellen. Letzterem gegenüber muss man doch mit WILLIS [B.5.a: 45] betonen, dass die altorientalischen Gesetzeskorpora immer auf bestehende Einrichtungen bezogen sind. Es gibt keinerlei Hinweise darauf, dass dies in Juda anders war. WILLIS bietet zu den biblischen Texten neben dem historischen Vergleichsmaterial aus dem Alten Orient vor allem ethnographische Parallelen, wie von afrikanischen Stammesgesellschaften und arabischen Beduinen.

Kasuistisches Recht   Seit ALT [F.5] wird innerhalb der alttestamentlichen Rechtsüberlieferung zwischen „kasuistischem", also fallbezogenen, und „apodiktischen", unbedingt formulierten, Rechtssätzen unterschieden. Die kasuistischen Rechtssätze können als Maßstäbe für die Rechtssprechung im Stadttor betrachtet werden. Die Eigenart entsprechender Rechtsformeln ist bestimmt durch den objektiven Wenn-Stil: „Wenn Männer miteinander streiten und der eine schlägt den anderen mit einem Stein oder mit der Faust, so daß er zwar nicht stirbt, aber bettlägerig wird – wenn er dann wieder aufstehen und sich, auf seinen Stock gestützt, auf der Gasse bewegen kann, so soll der, der ihn schlug, straflos sein; nur sein Sitzen soll er bezahlen und für die Heilung aufkommen." (Ex 21,18–19) Dieses Beispiel ist der Wenn-Stil in ausgeprägtester Form, in der nicht weniger als sechs Nebensätze – vier für den Haupt- und zwei für den Nebenfall – und dann drei Hauptsätze, alles in dritter Person, den Tatbestand klären. Das Anliegen, das zu diesem langatmigen Satzgefüge geführt hat, ist klar. Erst wird in den Nebensätzen der gemeinte Rechtsfall genau beschrieben und gegen ähnliche Fälle abgegrenzt, dann kann in den Hauptsätzen die Rechtsfolge negativ und positiv entwickelt werden. Das heißt in dem zitierten Fall: Es durfte sich nicht um einen von langer Hand vorbereiteten, sondern nur um einen aus der augenblicklichen Erregung des Streits heraus entstandenen Angriff handeln, nicht um einen Angriff mit einer eigens zu diesem Zweck mitgeführten Waffe, sondern um einen mit einem Gegenstand, der gerade in Sicht- und Reichweite lag, nicht um eine Tätlichkeit mit Todesfolge, sondern nur um eine, die den Betroffenen bettlägerig machte. Solche Rechtssätze stammen aus dem Tätigkeitsbereich der normalen Gerichtsbarkeit. Den Richtern gaben die Beschreibungen und Abgrenzungen der Rechtsfälle in den Nebensätzen die Richtlinien für die Untersuchung und die Bestimmungen der Rechtsfolgen in den Hauptsätzen die Maßstäbe für die Urteilsfindung an die Hand. Im Gegensatz zu den einfachen Verboten, die ein Fehlverhalten ausschließen wollten, wurden Sanktionen für erfolgte Verfehlungen formuliert. Eine Bindung an die sakrale Sphäre verrät das kasuistische Recht nicht, es ist in dieser Beziehung neutral.

„Älteste"   In den Dörfern und Städten lag die Gerichtsbarkeit in den Händen von Ältesten, die gleichzeitig als Zeugen und Richter fungierten und sich bei ihren Entscheidungen am Gewohnheitsrecht orientierten. LIEDKE [F.5] spricht von „Musterurteilen" der Rechtsgemeinde. Der Prophet Amos deckt Missstände des Prozessverfahrens vor den Ältesten am öffentlichen Versammlungsplatz, im Tor, auf: „Sie hassen im Tor den, der für das Recht eintritt, und verab-

scheuen den, der vollständig aussagt." (Am 5,10) Der Prophet spricht mehrfach von Richtern, die Arme mit ihrer Klage abweisen. Über den Erfolg vor Gericht entschied letztlich die Finanzkraft der Prozessbeteiligten; den Besitzlosen war somit oft genug der Rechtsweg versperrt. Die von Amos gescholtenen Ältesten-Richter traf somit das gleiche Verdikt wie die von Jesaja und Micha angegriffenen Beamten; auch ihnen legte er zur Last, dass sie im Rechtswesen Bestechungsgelder annähmen. Die Beamten gingen inzwischen offenbar auch daran, neue Gesetze zu produzieren, um Enteignungsverfahren zu vereinfachen. WAGNER [B.5.a: Teil 1] glaubt feststellen zu können, dass sich die Ältesten im Rechtswesen historisch zweifelsfrei nur für die Königszeit nachweisen lassen. Ob es sie bereits früher gab, lässt sich dagegen nicht mit Sicherheit festmachen, da sie aber immer auf städtische Gemeinschaften bezogen sind, ist es nicht sehr wahrscheinlich. WAGNER lehnt eine Herleitung aus Strukturen moderner Gentilverfassungen als methodisch unzulässig ab. Das Amt der Ältesten war ein säkulares Amt und so lassen sich ihre Zuständigkeiten für die inneren Angelegenheiten der Städte vor allem im Rechtsleben erkennen [B.5.a: Teil 2]. SCHÄFER-LICHTENBERGER [F.5] macht deutlich, dass Frauen geschäfts- und rechtsfähig und gerichtsmündig waren. Frauen

6. RELIGION – KULTUS

Bei der Betrachtung der Religion der Hebräer trifft man auf eine Vielzahl von Begriffen: Monotheismus, Polytheismus, Monolatrie, Henotheismus und in jüngster Zeit auch Polyjahwismus. Der Begriff „Monotheismus" ist ein neuzeitliches Konstrukt und bezeichnet die Überzeugung, dass es nur einen einzigen Gott gibt, der auch nur als einziger Gott verehrt werden kann. HUMAN [F.6.c] und KESSLER [F.6.c] behandeln die Debatte über den Montheismus seit den 1980er Jahren und sind als Einführung in die Thematik hilfreich. DIETRICH/KLOPFENSTEIN [F.6.a] verfolgen das Thema im Rahmen der altorientalischen Religionsgeschichte. Monotheismus

Im Gegensatz zum Monotheismus steht der Polytheismus, ein Begriff, der bereits in der Antike nachweisbar ist. Er geht davon aus, dass eine nicht bestimmbare Vielzahl von Gottheiten existiere. Dass es trotz dieser Überzeugung zur Verehrung einer einzigen Gottheit kommen kann, wird seit Schleiermacher 1835 Monolatrie genannt. PAKKALA [E.3.b] sieht die Religion der hebräischen Monarchien zwar als monolatrisch, aber duldsam gegenüber anderen Gottheiten. Außerdem hatte sich die Monolatrie, wie AHLSTRÖM [F.6.c] bemerkt, vor der Exilszeit längst noch nicht durchgesetzt. Dem Begriff der Monolatrie nahe steht der des Henotheismus, die Vorstellung, dass einem einzelnen Gott das Pantheon der Götter untersteht. VERA CHAMAZA [F.6.c] deutet den Aufstieg des assyrischen Hauptgottes Assur zu einem henotheistisch verehrten Gott, was sich in einer Verbindung von Omnipotenz-, Schicksals- und Schöpfungstheologie ausdrückt. Polytheismus

Monolatrie

Henotheismus

Polyjahwismus DONNER [F.6.c] hat den Begriff „Polyjahwismus" eingeführt. Damit ist gemeint, dass es in beiden Königreichen eine Vielzahl von lokalen Manifestationen von Jahwe-Göttern gegeben hat. Ausgangspunkt der These waren Inschriften, in denen der Gottesname Jahwe mit einzelnen Orten verbunden ist. Zu diesen Lokalformen gehörten auch der Jahwe von Samaria als Nationalgott Israels und der Jahwe von Jerusalem als Nationalgott Judas. Ferner diskutiert DONNER [F.6.a] die Durchsetzung des Monojahwismus in exilischer Zeit gegenüber dem früheren Polyjahwismus.

Nationalgott In allen antiken Gesellschaften symbolisiert sich die Einheit des Staatswesens in der Religion. Die Gemeinschaft des Staates Israel, wie diejenige Judas, sieht sich unter ihrem König in der Verehrung ihres Gottes Jahwe als Einheit. Mit der Herausbildung der monarchischen Flächenstaaten stieg der Gott des Herrschers oder der Herrscherfamilie zum Nationalgott auf, der in sämtlichen Staaten des Vorderen Orients männlich war. Als der moabitische König für seinen Nationalgott Kamosch israelitische Städte plünderte, führte er Gerätschaften des Jahweheiligtums fort, um damit die Überlegenheit seines Gottes wie seine eigene zu demonstrieren (TGI 52; Text s. I.D.2). Die Eroberungen fanden unter dem Schlachtruf „für Kamosch und Moab" statt. Kamoschs Siege waren die Siege des Königs wie umgekehrt. Der Herrscher und sein Gott residierten zudem in unmittelbarer Nachbarschaft.

Jahwe als Nationalgott Jahwes Aufstieg zum höchsten Gott in beiden Monarchien und als König nach deren Untergang ist im Rahmen einer Religionsgeschichte des syrisch-palästinischen Raumes zu betrachten, die zu jeweiligen Nationalgöttern führte: Milkom von Ammon, Qaus von Edom, Kamosch von Moab, Jahwe von Samaria oder Israel, Jahwe von Jerusalem oder Juda. Eine Einführung in die Religion im Umfeld der hebräischen Monarchien bietet NIEHR [F.6.c]. Daneben ist der kultische Alltag von Polytheismus und Polyjahwismus geprägt. Nach dem Ende Israels kam es vermutlich zu einer Identifikation der Jahwe-Gottheiten Israels und Judas. Dass neben dieser offiziellen Funktion als Religion des Staates in beiden Monarchien, wie in der gesamten Levante, der Polytheismus vorherrschte, ist nicht zu bezweifeln, auch wenn darüber eine heftige Diskussion tobt. Die lokalen Gottheiten wurden dem höchsten Gott untergeordnet, manchmal auch mit diesem identifiziert. Neben die lokalen Kultstätten treten Königsheiligtümer, die immer stärker die Gaben der Menschen absorbieren.

Tempelschatz Aus den Gaben der Bevölkerung und denjenigen des Königs entsteht der Tempelschatz [DELCOR F.6.a], der immer neben dem Staatsschatz existiert, wobei der König Zugriffsmöglichkeiten auf beide hat. Die Tempel der hebräischen Monarchien haben wie ihre ägyptischen Pendants neben der religiösen Bedeutung auch eine wirtschaftliche. „Man soll nicht mit leeren Händen vor meinem Angesicht erscheinen", heißt es im Exodusbuch über Jahwe (Ex 23,15; 34,20). Die Menschen bringen der Gottheit eine Gabe und erwarten eine größere Gegengabe. GODELIER [F.6.c] weist auf diese Asymmetrie zwischen göttlicher und menschlicher Gabe hin.

Anlässlich der Schilderungen der Maßnahmen König Josias erfahren wir, Tempel
dass sich im Tempel in Jerusalem auch Kultobjekte für Baal und Aschera wie
für Sonnen- und Mondgottheiten befanden. Von deuteronomistischen Redaktor wird dies auf die Sünde Manasses zurückgeführt, aber wahrscheinlich muss man auf die salomonische Zeit zurückgehen. Wenn auch die Darstellung des ersten Tempels archäologisch nicht verifizierbar ist, entspricht sie strukturell den syro-palästinischen Bautraditionen für Stadttempel [BERLEJUNG in GERTZ A.2: 125]. Es handelte sich wohl um einen Langhausbau bestehend aus einer Vorhalle, der Halle und dem Allerheiligsten. Gegenüber Vorstellungen von NIEHR [NIEHR, Search F.6.a], UEHLINGER [F.6.a] und VAN DER TOORN [F.6.c] hält METTINGER [F.6.a] an seiner Ansicht fest, dass es im ersten Tempel keine Kultstatue Jahwes gegeben habe. SASS [F.6.c] weist darauf hin, dass in Jerusalem bereits vor David unterschiedliche Kulte beheimatet waren.

Die verschiedenen Hypothesen zur Funktion der Lade, eines Kastens, – Lade
Gottesthron, Thronuntersatz, Kriegspalladium, Transportmittel für Kultobjekte, transportables Heiligtum, Sakralsymbol – und zu seinem Inhalt – Kultbilder, Stierbild Jahwes, Orakelsteine, Gesetzestafeln – hat STAUBLI [B.2.a: 222–229] zusammengefasst. ROSENSTOCK [F.6.c] behandelt Davids Tanz vor der Lade und die spätere Kritik. Entsprechend altorientalischen Vorbildern wurde der Tempelbetrieb vom König gestiftet, der auch priesterliche Funktionen beanspruchte. Wie verschiedene Berichte des Alten Testaments bezeugen, wurden im Tempel auch Kulte für andere Gottheiten als Jahwe gepflegt: Aschera, Nehuschtan, Himmelsheer, Sonnenwagen, Tammus, Sonne [ZWICKEL C.2]. ZEVIT widmet sich den materiellen Hinterlassenschaften wie Kultstätten, Figurinen, Kultständern, Tempelmodellen, Skarabäen, Siegeln sowie den Zeugnissen der Epigraphik und der biblischen Überlieferung [B.3]. Er gesteht den biblischen Texten für die Religionsgeschichte der Eisenzeit (1200–587) einen hohen Aussagewert zu.

Die unterschiedlichen Ebenen der Kultausübung werden seit den Arbeiten Kultausübung
von ALBERTZ [F.6.c] nach zentralen, überregionalen, stadt- und staatgebundenem offiziellen Kult auf der einen sowie der persönlichen und familiären Frömmigkeit auf der anderen Seite unterschieden. Der offizielle Kult wurde von staatlich bezahlten Priestern an zentralen Kultstätten mit Altar und Tempel für den Nationalgott durchgeführt. Die lokalen Kulte für Familien- oder Sippenverbände fanden an Kultplätzen statt, die sich häufig im Freien befanden. Für Palästina sind die sogenannten Höhenheiligtümer charakteristisch. Die persönliche Frömmigkeit schließlich war im Wohnhaus der Familie den persönlichen Göttern oder Ahnen gewidmet. Die auf diese Weise theoretisch getrennten Ebenen kannten im Alltag durchaus fließende Übergänge, so verbanden Wallfahrten persönliche Frömmigkeit mit dem offiziellen Kult.

Eine weitere Unterscheidung betrifft den Alltags- und den Festkult. Inner- Festkult
halb des Festkults bilden die familiären Anlässe wie Beschneidung, Hochzeiten oder Bestattungen [WENNING F.6.c] eine große Rolle. Für solche einmaligen Anlässe, die regelrecht inszeniert wurden, wird gelegentlich der Be-

griff „Fete" verwendet [BERLEJUNG, Zeiten F.6.c]. Dieses Bild des kultischen Lebens entspricht demjenigen der Nachbarn der Hebräer. Es gab anthropomorphe Darstellungen verschiedener Göttinnen und Götter, wie Jahwe und seiner Aschera, die auch inschriftlich bezeugt sind. Das Nimrud-Prisma König Sargons II. (TUAT 1,4,382) berichtet von „Göttern, auf die sie vertrauten", welche die Assyrer aus Israel verschleppt haben [UEHLINGER E.2.c und TIMM F.6.c]. Ferner existierten theriomorphe (Stiere), symbolische (Mondsichel) und bildlose Objekte wie Steinstelen, Masseben [AVNER F.6.c]. Der Prophet Jeremia kritisiert später diejenigen, die zum Stein sagen: „Du hast mich geboren!" (2,27) ZWICKEL betont, dass die Kultpraxis der Hebräer keineswegs so konservativ war, wie sie gelegentlich vorgestellt wird [ZWICKEL, Tempelkult F.6.c]. Der lokale und persönliche Kult erlebte in beiden Monarchien nach dem jeweiligen Ende der staatlichen Existenz eine neue Blüte [BARSTAD E.4].

Jahwe   Inschriftlich ist das Tetragramm יהוה (yhwy = JHWH) seit der Inschrift des Moabiters Mesa aus dem 9. Jh. bezeugt, allerdings kennen wir die Vokalisierung nicht. Auch Kurzformen wie JHW (Jaho), JW (Jo), JH (Ja) oder JHH (Jaho) sind bekannt; sie tauchen vor allem in Personennamen wie Jesaja, Joschi-ja (Josia) oder Jo-natan auf [dazu WEIPPERT F.6.a]. Die Bedeutung des Gottesnamens, „er ist, er weht, er schafft", behandelt TROPPER [F.6.a]. Wie Isra-el, dessen Name aus El entstanden ist, zur Jahwe-Verehrung kam, ist umstritten. Die These einer frühen Identifizierung von Jahwe mit El diskutiert NIEHR [NIEHR, Gott F.6.a: 4–6]. FROLOV/OREL gehen davon aus, dass es in der Zeit der beginnenden Monarchie zwei zentrale Gottesvorstellungen gab: der hebräische Jahwe und der kanaanäische Elohim [F.6.c]. Beide waren einander so ähnlich, dass die Verschmelzung leicht fiel. Politisch und soziologisch diente diese Maßnahme der Stabilisierung der Monarchie.

Aschera   Eine Verbindung zwischen beiden männlichen Gottheiten stellte ihre jeweilige Partnerin dar, die in der Region seit Langem heimische Aschera. Eine Inschrift aus Kuntillet Ajrud im Süden Judas [SMELIK A.4: 138–141] legt es nahe, dass Jahwe eine weibliche Gottheit, Aschera [ACKROYD F.6.c], an die Seite gestellt war: „Uriyahu... schrieb: Ein Gesegneter ist Uriyahu, denn Jahwe befreite ihn von seinen Übeln durch Aschera." Dies deutet darauf hin, dass viele der im Alten Testament genannten „fremden" Götter in Wahrheit Erscheinungsformen genuin hebräischer Religiosität waren. HADLEY [F.6.a] geht ebenfalls auf die Rolle der Aschera ein: Sie weist neben der Bedeutung des Kultes nach, wie die Kenntnis der Gottheit verloren ging. DAY [F.6.a] behandelt das Verhältnis Jahwes zu El, Aschera, Baal, Astarte, Anat, zu den solaren, lunaren und astralen Gottheiten, zu den Unterweltgottheiten Mot, Reschef, Molech und zu den Rephaim. Während das Alte Testament mit Aschera in der Regel ein hölzernes Kultobjekt bezeichnet, scheinen Jahwe und Aschera in beiden Königreichen das führende Götterpaar gewesen zu sein, wenngleich damit nicht gesagt werden kann, inwieweit sie zum offiziellen Kult gehörten. WINTER [F.6.a] setzt dieses weibliche Gottesbild des Alten Testaments in

Beziehung zu dessen Umwelt. Das Schweigen der vorexilischen Propheten deutet nach FREVEL [F.6.a: 251–254 und 514–517] darauf hin, dass die Gegenwart der Göttin erst den Theologen der Exilszeit Probleme bereitete.

Die außenpolitischen Kontakte, die beide Monarchien aufbauten, vermittelten jeweils auch neue Kulterfahrungen. Ein Beispiel für diese zunehmende religiöse Differenzierung bietet der Gott von Ekron, Baal Sebul – „Baal der Fürst". Dieser Gott war in der Zeit Ahasjas von Israel (853–852), eines Enkels Omris, ein so berühmter Heilgott, dass sich der König bei ihm nach dem Verlauf einer gefährlichen Krankheit erkundigte (2 Kön 1,2). Kreise, die gegen die Hinwendung zu fremden Gottheiten polemisierten, verballhornten den Namen des Baal Sebul zu Belzebub – „Herr des Ungeziefers". Zur Alternative Jahwe – Baal ist anzumerken, dass Jahwe durchaus auch der lokale „Herr" (Baal) gewesen sein kann. Jahwe und Baal besaßen als Wettergötter ähnliche Kompetenzen. — Baal

ZWICKEL legt dar, dass das Brandopfer, das „im Baalskult schon gelegentlich als regelmäßiges Opfer praktiziert" wurde [C.2: 161], als Opfer für Jahwe in Jerusalem im 8. Jh. eingeführt wurde – ohne assyrischen Druck. Auf einen weiteren gemeinsamen Aspekt hat NIEHR hingewiesen: Sowohl der phönizische und der aramäische Baal/Hadad als auch der israelitische Jahwe nahmen himmlisch-sonnenhafte Züge an und Jahwe ist in Samaria als *Baal-šamēm*, als Himmelsherr, vorgestellt worden [NIEHR, JHWH F.6.a]. Die ikonographisch nachweisbare Sonnensymbolik ist aus Ägypten kommend von den Phöniziern an Israel vermittelt worden. In Juda trug Jahwe als Gott der Königsfamilie, wie KEEL/UEHLINGER [F.6.a] vermuten, Züge einer Sonnengottheit. Im Jerusalemer Tempel wurde die Sonnenverehrung durch König Josia abgeschafft. Es handelte sich dabei nach 2 Kön 23,11 um die Aufhebung kultischer Prozessionen für den Sonnengott [PIETSCH A.3: 51–53]. — Sonnenverehrung

Den Stierkult in Israel, vom Alten Testament als Bilder- und Fremdgötterkult sowie „Sünde Jerobeams" gegeißelt, behandelt BERLEJUNG [BERLEJUNG, Theologie F.6.c: 325–344]. KOENEN hat darauf hingewiesen, dass König Jerobeam mit der Aufstellung eines Stierbilds in Bethel an alte Kulttraditionen anknüpft und so den Ort vom lokalen Heiligtum in den Status eines königlichen Staatstempels erhoben habe [KOENEN, Bethel D.1: 42–48]. Auch NIEMANN rechnet mit religionspolitischen Maßnahmen der Könige Israels in Bethel und Dan [B.4]. Die Stiere galten nach Ausweis der Exodusformel in 1 Kön 12,28 als Repräsentanten Jahwes und nicht nur als seine Trägertiere; zur Diskussion BERLEJUNG [BERLEJUNG, Theologie F.6.c: 328]. PFEIFFER legt dar, dass „mit dem Stier (der Wettergott) Jahwe sein kongeniales Präsenzsymbol gefunden" hat [F.6.b: 62]. Solche Züge eines vorderorientalischen Wettergottes nahm Jahwe vor allem im Rahmen von Strafvorstellungen an [GRÄTZ F.6.a]. Unstrittig ist, wie PREUSS [F.6.c: 120–129] feststellt, dass vor dem Propheten Hosea (um 750) die Verehrung Jahwes in Gestalt eines Stieres oder einer Massebe unproblematisch war. Während die Jerusalemer Theologie stärker die Unsichtbarkeit Gottes betonte, vertrat in Bethel die Stierstatue — Stierkult

Jahwe, der in seinem Tempel wohnte. Das Alte Testament verbindet Wallfahrten und Prophetenschulen mit dem Ort.

Höhenkult Bei dem von Hosea bekämpften Höhenkult handelt es sich nach BALZ-COCHOIS um die von der Landbevölkerung an den örtlichen Heiligtümern betriebene Verehrung eines Baal, einer Aschera als Numen der Fruchtbarkeit und einer Astarte, der zu Ehren „im Rahmen einer allgemeinen Festpromiskuität Sexualität als Selbstzweck erlebt, als Orgie gefeiert und als Opfer vergeudet und genossen wird." [F.6.c: 155] Manche kultischen Vorgänge reduzierten die Propheten später in ihrer Kritik auf profane Dimensionen wie der Prophet Jesaja, der das „Ergebnis" kultischen Handelns beschrieb: „Priester und Prophet schwanken vom Rauschtrank, sind verwirrt vom Wein; sie taumeln vom Rauschtrank, schwanken beim Weissagen, wanken beim Urteilsspruch. Wahrlich, alle Tische sind voll stinkender Kotze." (Jes 28,7–8) STOLZ zeigt auf, dass es im Kultbetrieb üblich war, den Kultdienst unter Einfluss berauschender Getränke auszuüben [F.6.c].

Menschenopfer Die Menschenopfer bei den Hebräern behandeln RÖMER [F.6.c] und KOCH [F.6.c]. Manche alttestamentlichen Texte beschreiben dabei Opfer von Kindern: „Du nahmst deine Söhne und deine Töchter, die du mir geboren hattest, schlachtetest sie ihnen als Speise." (Ez 16,20) „Sie schlachteten ihre Söhne und ihre Töchter für die Dämonen." (Ps 106,37). Ob es sich dabei um einen Ritus der Kinderweihe für den Wettergott Baal/Hadad gehandelt hat, ist ebenso wenig auszuschließen wie die Vermutung FINSTERBUSCHS [F.6.c], dass Menschenopfer auch als Erstgeburtsopfer vorkamen. Eine besondere Art von Menschenopfern ist aus Israel bezeugt. Im Zusammenhang mit den Auseinandersetzungen Israels und Moabs unter den Omriden steht der Ausbau Jerichos unter König Ahab. Die Bauarbeiten, so berichtet das Alte Testament, kosteten Hiel, den Beamten, der das Unternehmen leitete, seinen Erstgeborenen und seinen Jüngsten (1 Kön 16,34). Die Formulierung des Textes lässt eher an ein Bauopfer als an Unglücksfälle denken. Ein eigens getöteter oder lebendig eingemauerter Mensch sollte das Gebäude beleben und ihm Kraft geben. Die Reichsannalen der Omriden dürften diese Bauopfer als Ausdruck des Pflichteifers eines hohen Beamten festgehalten haben.

Totenbefragung CRYER beschäftigt sich mit Phänomenen wie Träumen, Losorakel und Lade und stellt fest „that ancient Israel was a ‚magic society'" – wie die Gesellschaften der Umgebung [F.6.c: 324]. PODELLA [F.6.c] bietet einen Überblick über das Phänomen der Totenbefragung. Nach KLEINER [F.6.c] war der Ausgangspunkt der Überlieferung zum Retter Saul eine mündlich tradierte Erzählung, wonach Saul bei einer Frau ein Orakel einholte und diese ihre Inspiration von einem Totengeist erfuhr. In der späteren Ausgestaltung wird die Wahrsagerin zur Totenbeschwörerin. TROPPER [F.6.c: 161–350] hat herausgearbeitet, dass es in beiden Monarchien durchaus üblich war, die Toten in nekromantischen Ritualen herbeizurufen und um Rat oder Hilfe zu bitten. Im gesamten Vorderen Orient herrschte die Überzeugung, dass die Toten über außergewöhnliche Kenntnisse verfügten.

Bereits seit König Josia im 7. Jh. ließen sich die verschiedenen Orakel kaum Orakel
mehr mit der sich immer stärker durchsetzenden Jahwe-Theologie verein-
baren [LORETZ F.6.c; VAN DAM F.6.c]. Traumdeutung oder Leberschau wurden in Juda zwar weiterhin vollzogen, aber nur noch im familiären Rahmen
abseits vom Tempel [ALBERTZ F.6.c: 291]. Ausgehend von den „kosmologi-
schen Grundlagen", welche die entscheidenden Voraussetzungen zum Verständnis magischen Denkens im Alten Orient bildeten, geht SCHMITT [F.6.c]
den Spuren von Schadenszauber, den professionellen Beschwörern sowie dem
„magischen Medienapparat" nach, wobei er die alttestamentlichen Texte mit
dem epigraphischen und archäologischen Material verbindet.

KEEL [F.6.a] weist auf das Aufblühen von Astralkulten in Juda hin und Propheten
analysiert die Spuren einer Mondverehrung im Alten Testament. Da Gestirne
überall sichtbar und ansprechbar sind, war ihr Kult auch unabhängig von
Heiligtümern zu vollziehen. Eine Inschrift des Königs Zakir von Hamath
berichtet von der göttlichen Hilfe, die der Herrscher durch prophetische
Verkündigung in Krisenzeiten erfahren hat [LAYTON A.5; dazu II. E.1]. Sie
zeigt, dass die prophetische Unterstützung der Politik im ganzen Vorderen
Orient verbreitet war [NISSINEN F.6.b]. PARPOLA [F.6.b] liefert hervorragende
Beispiele und Übersetzungen assyrischer Prophetie, ist aber, was die Interpretation der assyrischen Prophetie betrifft, wie WEIPPERT betont, problematisch [WEIPPERT, König F.6.b]. Einen Überblick über das prophetische Wirken bietet BLENKINSOPP [F.6.b], dessen politische Implikationen hat GOTT-
WALD [A.1] behandelt. MALAMAT [E.1] hat folgende prophetische Verheißung
auf einem Ostrakon besprochen: „Ich regiere über alle Berge Judas. Sei stark
und sammle deine Kräfte gegen den König von Ägypten, um Krieg gegen ihn
zu führen." JEREMIAS [F.6.b] skizziert die Linien der Auseinandersetzung
zwischen „wahrer" und „falscher" Prophetie im Alten Testament von Micha
bis Jeremia [GROSS F.6.b].

Die Abgrenzung des Propheten vom Tempel und dessen Personal belegen Prophet und Tempel
Aussagen zu Amos [WEIPPERT, Amos F.6.b]. Im ersten Teil der zweigliedri-
gen Einleitung [LANG F.6.b: 17] zum Amosbuch wird er als vermögender
Herdenbesitzer vorgestellt. In die gleiche Richtung zielt die Antwort Amos'
auf eine Frage des Königs Amazja: „Und es antwortete Amos, und er sprach
zu Amazja: ‚Nicht Prophet bin ich, noch ein Prophetensohn bin ich, sondern
Rinderzüchter bin ich und Maulbeerfeigenzüchter. Aber es hat mich Jahwe
von der Herde weggenommen, und gesagt hat zu mir Jahwe: Geh, prophezeie
zu meinem Volk Israel!'" Amos weist also jegliche Zugehörigkeit zu einer
kultischen Zunft und damit auch die Nähe zum Tempel zurück.

Zu den Symbolhandlungen der Propheten gehörte die Heirat Hoseas mit Symbolhandlungen
einer Prostituierten (Hos 1,2–3), um die Treulosigkeit der Hebräer ihrem Gott
gegenüber darzustellen. WOLFF fragt: War Gomer, die Frau des Propheten
Hosea, „eine jener heiratsfähigen jungen Frauen, die sich dem bei den Hebräern eingedrungenen bräutlichen Initiationsritus unterwarfen, ... bei dem
der Gottheit die Jungfrauschaft geopfert und damit Fruchtbarkeit erwartet

wird?" [F.6.b: 15] Jesaja ging eine Zeitlang unbekleidet umher, wie es bei Kriegsgefangenen üblich war, um auf eine drohende Gefahr aufmerksam zu machen. Jeremia legte sich ein Joch um den Hals (Jer 27,2). Ezechiel, der auch in seinen Reden eine drastische Sprache bevorzugte, buk sein Brot auf einem Kuhfladen und auf Menschenkot [Ez 4,12.15; hierzu SHERWOOD F.6.b].

G. AUSBLICK

Zur Exils- und Nachexilszeit insgesamt vergleiche man den kurzen Abriss bei CLAUSS [G] und die ausführlichen Darstellungen von GALLING [G] und vor allem BRINGMANN [G], zu Juda speziell CARTER [G]. BARSTAD zeigt, dass die Zerstörung Jerusalems weder eine weitgehende Entvölkerung Judas noch einen tief greifenden kulturellen, geistigen und wirtschaftlichen Abbruch mit sich brachte. Nach wie vor war Mesopotamien an der beträchtlichen Öl- und Weinproduktion aus der Region interessiert [E.4: 70–74]. Bei ALBERTZ [G] wird die Literatur der Zeit behandelt, seine Darstellung ist auch für die Geschichte der Monarchien von Bedeutung. Den Übergang des politischen Begriffs „Israel" in einen theologischen stellt KRATZ [G] dar.

III. Quellen und Literatur

Einen Überblick über die Monographien und Aufsätze zum Alten Testament bieten seit 1978 jährlich die *Old Testament Abstracts*. In den letzten Bänden wurden pro Jahr etwa 1 500 Titel nach Sachgebieten geordnet mit einer kurzen Inhaltsangabe aufgeführt. Die *Zeitschrift für die Alttestamentliche Wissenschaft* (ZAW), die seit Band 113 (2001) auch im Internet zur Verfügung steht, bietet dreimal jährlich eine Zeitschriften- und Bücherschau. Die Zeitschriftenschau umfasst die wichtigsten alttestamentlichen Zeitschriften sowie Aufsätze zu entsprechenden Themen aus weiteren Zeitschriften, oft mit kurzen Inhaltsangaben; solche bietet auch die Bücherschau, wobei die Zusammenfassung mitunter den Charakter einer kurzen Rezension hat.

A. EINLEITUNG

1. Darstellungen der „Geschichte Isreals"

G.W. AHLSTRÖM, The history of ancient Palestine from the paleolithic period to Alexander's conquest, Sheffield 1993

J. BRIGHT, A history of Israel, Louisville/Kentucky [4]2000 (= Geschichte Israels. Von den Anfängen bis zur Schwelle des Neuen Bundes, Düsseldorf 1966)

M. CLAUSS, Geschichte Israels von der Frühzeit bis zur Zerstörung Jerusalems (587 v. Chr.), München 1986

H. DONNER, Geschichte des Volkes Israel und seiner Nachbarn in Grundzügen. Teil 1: Von den Anfängen bis zur Staatenbildungszeit, Göttingen [3]2000; Teil 2: Von der Königszeit bis zu Alexander dem Großen, Göttingen [3]2001

G. FOHRER, Geschichte Israels. Von den Anfängen bis zur Gegenwart, Heidelberg [6]1995

G. GARBINI, Storia e ideologia nell'Israele antico, Brescia 1986 (= History and ideology in ancient Israel, London 1988)

N.K. GOTTWALD, The politics of ancient Israel, Louisville 2001

A.H.J. GUNNEWEG, Geschichte Israels bis Bar Kochba und von Theodor Herzl bis zur Gegenwart, Stuttgart [6]1989

S. Herrmann, Die Geschichte Israels. Von Abraham bis Bar Kochba, Stuttgart ²2003

B.S.J. Isserlin, The Israelites, London 1998

M. Liverani, Oltre la Bibbia. Storia antica di Israele, Rom 2003 (= Israel's history and the history of Israel, London 2005).

M. Metzger, Grundriß der Geschichte Israels, Neukirchen-Vluyn ⁸1990

J.M. Miller/J.H. Hayes, History of ancient Israel and Judah, London 1986

M. Noth, Geschichte Israels, Göttingen ⁹1981

J.A. Soggin, Storia d'Israele, delle origini alla rivolta di Bar-Kochba, 135 d.C., Brescia 1985 (= Einführung in die Geschichte Israels und Judas. Von den Ursprüngen bis zum Aufstand Bar Kochbas, Darmstadt 1991)

J.A. Soggin, Storia d'Israele. Introduzione alla storia d'Israele e Guida dalle origini alla rivolta di Bar Kochbà, Brescia ²2002

J. Wellhausen, Prolegomena zur Geschichte Israels, Berlin ⁶1905

K.W. Whitelam, The invention of ancient Israel. The silencing of Palestinian history, London/New York 1996

2. Einführungen in das Alte Testament

U. Becker, Exegese des Alten Testaments. Ein Methoden- und Arbeitsbuch, Tübingen 2005

J.C. Gertz (Hrsg.), Grundinformationen Altes Testament, Göttingen 2006

H. Gunkel, Die israelitische Literatur, Leipzig 1925 (ND Darmstadt 1963)

O. Kaiser, Grundriß der Einleitung in die kanonischen und die deuterokanonischen Schriften des Alten Testaments, Bd. 1: Die erzählenden Werke, Gütersloh 1992

E.A. Knauf, Die Umwelt des Alten Testaments, Stuttgart 1994

J. Maxwell Miller, The old testament and the historian, London 1976

H.H. Rowley, The growth of the Old Testament, London ³1967

W.H. Schmidt, Einführung in das Alte Testament, Berlin/New York ⁵1995

H.-C. Schmitt, Arbeitsbuch zum Alten Testament. Grundzüge der Geschichte Israels und der alttestamentlichen Schriften, Göttingen 2005

W.M. Schniedewind, How the bible became a book. The textualization of ancient Israel, Cambridge 2004

R. Smend, Die Entstehung des Alten Testaments, Stuttgart ⁵2000

T. Thompson, Das Alte Testament als theologische Disziplin, JBTh 10 (1995), 157–173

E. Würthwein, Der Text des Alten Testaments. Eine Einführung in die Biblia Hebraica, Stuttgart ⁵1988

E. Zenger u. a., Einleitung in das Alte Testament, Stuttgart u. a. ⁵2004

3. Einzelne Bücher des Alten Testaments

U. Becker, Richterzeit und Königtum. Redaktionsgeschichtliche Studien zum Richterbuch, Berlin/New York 1990
K. Berge, Die Zeit des Jahwisten. Ein Beitrag zur neuesten Pentateuchkritik, Berlin/New York 1990
J. Blenkinsopp, An assessment of the alleged pre-exile date of the priestly material in the Pentateuch, ZAW 108 (1996), 495–518
W. Dietrich/T. Naumann, Die Samuelbücher, Darmstadt 1995
T.B. Dozeman/K. Schmid (Hrsg.), A farewell to the Yahwist? The composition of the Pentateuch in recent European interpretation, Leiden u. a. 2006
V. Fritz, Das erste Buch der Könige, Zürich 1996
V. Fritz, Das zweite Buch der Könige, Zürich 1998
J.C. Gertz/K. Schmid/M. Witte (Hrsg.), Abschied vom Jahwisten. Die Komposition des Hexateuch in der jüngsten Diskussion, Berlin/New York 2002
R.K. Gnuse, Redefining the Elohist, JBL 199 (2000), 201–220
K.H. Graf, Die geschichtlichen Bücher des Alten Testaments. Zwei historisch-kritische Untersuchungen, Leipzig 1866
M.P. Graham/S.L. McKenzie (Hrsg.), The chronicler as author. Studies in text and texture, Sheffield 1999
A. Graupner, Der Elohist. Gegenwart und Wirksamkeit des transzendenten Gottes in der Geschichte, Neukirchen-Vluyn 2002
A.H.J. Gunneweg, Mündliche und schriftliche Tradition der vorexilischen Prophetenbücher als Problem der neueren Prophetenforschung, Göttingen 1959
P.G. Kirkpatrick, The Old Testament and folklore studies, Sheffield 1988
C. Levin, Der Jahwist, Göttingen 1993
C. Levin, Abschied vom Jahwisten?, ThR 69 (2004), 329–344
M. Noth, Überlieferungsgeschichte des Pentateuch, Stuttgart ³1948 (ND Darmstadt 2001)
M. Oeming, Das wahre Israel. Die „genealogische Vorhalle" 1 Chronik 1–9, Stuttgart 1990
A. Olrik, Epische Gesetze der Volksdichtung, Zeitschrift für deutsches Altertum 51 (1909), 1–12
E. Otto, Perspektiven der neueren Deuteronomiumsforschung, ZAW 119 (2007), 319–340
M. Pietsch, Von Königen und Königtümern. Eine Untersuchung zur Textgeschichte der Königsbücher, ZAW 119 (2007), 59–38
T. Römer, Das doppelte Ende des Josuabuches. Einige Anmerkungen zur aktuellen Diskussion um „deuteronomistisches Geschichtswerk" und „Hexateuch", ZAW 118 (2006), 523–548
E. Scheffler, Debating the late dating of the old testament, JOTS 11 (1998), 522–533

H.H. Schmid, Der sogenannte Jahwist. Beobachtungen und Fragen zur Pentateuchforschung, Zürich 1976

W.H. Schmidt, Studien zur Priesterschrift, Berlin/New York 1993

H.-C. Schmitt, Die nichtpriesterliche Josephsgeschichte. Ein Beitrag zur neuesten Pentateuchkritik, Berlin 1980

G. Steins, Die Chronik als kanonisches Abschlußphänomen. Studien zur Entstehung und Theologie von 1/2 Chronik, Weinheim 1995

F. Stolz, Das erste und zweite Buch Samuel, Zürich 1991

H.M. Wahl, Die Jakobserzählungen. Studien zu ihrer mündlichen Überlieferung, Verschriftung und Historizität, Berlin/New York 1997

T. Willi, Die Chronik als Auslegung. Untersuchungen zur literarischen Gestaltung der historischen Überlieferung Israels, Göttingen 1972

E. Würthwein, Das erste Buch der Könige, Bd. 1, Göttingen ²1985; Bd. 2, Göttingen 1984

4. Ausserbiblische Hebräische Texte

G.I. Davies, Ancient Hebrew inscriptions. Corpus and concordance, 2 Bde., Cambridge/Mass. u. a. 1991/2004

A. Lemaire, Inscriptions hébraïques 1: Les ostraca, Paris 1977

A.R. Millard, Israelite and Aramaen history in the light of inscriptions, Tyndale Bulletin 41 (1990), 261–275

J. Renz/W. Röllig, Handbuch der althebräischen Epigraphik, 3 Bde., Darmstadt 1995–2003

K.A.D. Smelik, Historische Dokumente aus dem alten Israel, Göttingen 1987

F. Vattioni, I sigilli ebraici 1: Biblica 50 (1969), 357–388; 2: Augustinianum 11 (1971), 447–454; 3: Annale dell'Istituto universitario orientale di Napoli 38 (1978), 227–254

5. Texte aus der Umwelt des Alten Testaments

N. Avigad/B. Sass, Corpus of west semitic stamp seals, Jerusalem 1997

H. Donner/W. Röllig, Kanaanäische und aramäische Inschriften, Bd. 1: Wiesbaden ²2002, Bd. 2 u. 3, Wiesbaden 1964

K. Galling, Textbuch zur Geschichte Israels, Tübingen ³1979

J.C.L. Gibson, Textbook of Syrian semitic inscriptions, Bd. 1: Hebrew and Moabite Inscriptions, Oxford 1971; Bd. 2: Aramaic Inscriptions, Oxford, 1975; Bd. 3: Phoenician Inscriptions, Oxford 1982

A.K. Grayson, Assyrian and Babylonian chronicles, New York 1975 (ND Winona Lake 2000)

C. Hardmeier (Hrsg.), Steine – Bilder – Texte. Historische Evidenz außerbiblischer und biblischer Quellen, Leipzig 2001

B. Janowski/G. Wilhelm (Hrsg.), Texte aus der Umwelt des Alten Testaments. Neue Folge (TUAT-NF), Gütersloh 2004 ff.
O. Kaiser (Hrsg.), Texte aus der Umwelt des Alten Testaments, Gütersloh 1982–2001
J.A. Knudtzon, Die El-Amarna-Tafeln, 2 Bde., Leipzig 1915 (ND Aalen ^{10}1964)
I. Kottsieper, Aramäische und phönizische Texte, in: Kaiser [A.5], Ergänzungslieferung, Gütersloh 2001, 176–202
S.C. Layton, Old Aramaic inscriptions, BA 51 (1988), 172–189
J.B. Pritchard (Hrsg.), Ancient Near Eastern Texts Relating to the Old Testament, Princeton ^{3}1969
A.F. Rainey, El-Amarna-Tablets 359–379. Supplements to J.A. Knudtzon, Die El-Amarna-Tafeln, Kevelaer/Neukirchen-Vluyn ^{2}1978
S. Schroer/O. Keel, Die Ikonographie Palästinas/Israels und der Alte Orient. Eine Religionsgeschichte in Bildern, Bd. 1: Vom ausgehenden Mesolithikum bis zur Frühbronzezeit, Fribourg 2005

6. Archäologische Quellen

W.F. Albright, Archaeology of Palestine, Harmondsworth1960 (= Archäologie in Palästina, Zürich/Köln 1962)
A. Ben-Tor (Hrsg.), The archaeology of ancient Israel, London/New Haven 1992
A. Ben-Tor, Hazor and the chronology of northern Israel. A reply to Israel Finkelstein, BASOR 317 (2000), 9–15
W.G. Dever, Archaeology, ideology, and the quest for an „Ancient" or „Biblical Israel", NEA 61 (1998), 39–52
I. Finkelstein, The archaeology of the Israelite settlement, Jerusalem 1988
I. Finkelstein/N.A. Silberman, David und Salomo. Archäologen entschlüsseln einen Mythos, München 2006
L.G. Herr, The iron age II period. Emerging nations, BA 60 (1997), 114–183
Z. Herzog, The fortress mound at Tel Arad. An interim report, Tel Aviv 29 (2002), 3–109
D.M. Jacobson, Palestine and Israel, BASOR 313 (1999), 65–74
K.M. Kenyon, The bible and recent archaeology, London ^{2}1987
A. Knauf, Low and lower? New data on early iron age chronology from Beth Shean, Tel Rehov and Dor, BN 112 (2002), 21–27
A. Mazar, Iron age chronology. A response to I. Finkelstein, Levant 29 (1997), 157–167
A. Mazar (Hrsg.), Archaeology of the land of the bible, Bd. 2: E. Stern, The Assyrian, Babylonian and Persian periods 732–332 BCE, New York u. a. 2001
A. Raban, Anchorages and harbours on the coast of Israel during the bronze age, Qadmoniot 31 (1998), 91–108

H.B. TRISTAM, Bible places. Or the topography of the holy land, London ⁴1877 (ND Piscataway 2005)
D. VIEWEGER, Archäologie der biblischen Welt, Göttingen ²2006
H. WEIPPERT, Palästina in vorhellenistischer Zeit, München 1988

7. BIBLISCHE LANDESKUNDE

Y. AHARONI, Das Land der Bibel. Eine historische Geographie, Neukirchen-Vluyn 1984
H. DONNER, Einführung in die biblische Landes- und Altertumskunde, Darmstadt 1976
O. KEEL/M. KÜCHLER, Orte und Landschaften der Bibel. Ein Handbuch und Studien-Reiseführer zum Heiligen Land, Zürich u. a. 1982/84
J. NEUMANN/S. PARPOLA, Climatic change and the eleventh-tenth-century eclipse of Assyria and Babylonia, JNES 46 (1987), 161–182
W. ZWICKEL, Einführung in die biblische Landes- und Altertumskunde, Darmstadt 2002

8. METHODENDISKUSSION

K. BIEBERSTEIN, Geschichten sind immer fiktiv – mehr oder minder. Warum das Alte Testament fiktional erzählt und erzählen muß, BuL 75 (2002), 4–13
S. BUNIMOVITZ/A. FAUST, Chronological separation, geographical segregation, or ethnic demarcation? Ethnography and the iron age low chronology, BASOR 322 (2001), 1–10
P. DAVIES, In search of „Ancient Israel", Sheffield 1992
J. DAY (Hrsg.), In search of pre-exilic Israel. Proceedings of the Oxford old testament seminar, London u. a. 2004
W.G. DEVER, Excavating the Hebrew bible, or burying it again?, BASOR 322 (2001), 67–77
I. FINKELSTEIN, State formation in Israel and Judah. A contrast in context, a contrast in trajectory, NEA 62 (1999), 35–52
I. FINKELSTEIN/N.A. SILBERMAN, Keine Posaunen vor Jericho. Die archäologische Wahrheit über die Bibel, München 2003
C. FREVEL, „Dies ist der Ort, von dem geschrieben steht...". Zum Verhältnis von Bibelwissenschaft und Palästinaarchäologie, in: A. LEINHÄUPL-WILKE u. a. (Hrsg.), Texte und Steine, Münster 2000, 11–29
H.-W. GOETZ, Die ‚Geschichte' im Wissenschaftssystem des Mittelalters, in: F.-J. SCHMALE, Funktion und Formen mittelalterlicher Geschichtsschreibung. Eine Einführung, Darmstadt ²1993, 165–213
L.L. GRABBE, Hat die Bibel doch Recht? A review of T.L. Thompson's *The bible in history*, SJOT 14 (2000), 117–139

B. HERR, Hat das Alte Testament als Quelle der Geschichte Israels ausgedient? Die Probe aufs Exempel 2 Reg. XII 5–17, VT 51 (2001), 42–54
S. HERRMANN, Das Werden Israels, ThLZ 87 (1962), 561–574
K.A. KITCHEN, On the reliability of the old testament, Cambridge u. a. 2003
E.A. KNAUF, From history to interpretation, in: D.V. EDELMAN (Hrsg.), The fabric of history. Text, artefact and Israel's past, Sheffield 1991, 26–64
R.G. KRATZ, Israel als Staat und als Volk, ZThK 97 (2000), 1–17
N.P. LEMCHE, Is it still possible to write a history of ancient Israel? JSOT 8 (1994), 165–190
N.P. LEMCHE, Warum die Theologie des Alten Testaments einen Irrweg darstellt, JBTh 10 (1995), 79–92
H.-P. MÜLLER, „Tod" des alttestamentlichen Geschichtsgottes? Notizen zu einem Paradigmenwechsel, Neue Zeitschrift für Systematische Theologie und Religionsphilosophie 41 (1999), 1–21
S.M. ORTIZ, Methodological comments on the *low chronology*. A reply to Ernst Axel Knauf, BN 111 (2002), 34–39
T. POLA, Was bleibt von der älteren Geschichte Israels? Methodische und sachliche Bemerkungen zu neueren minimalistischen Positionen, ThB 34 (2003), 238–255
I.W. PROVAN, Ideologies, literary and critical. Reflections on recent writing on the history of Israel, JBL 114 (1995), 585–606
I. PROVAN, The end of (Israel's) history? K.W. Whitelam's *The invention of ancient Israel*, Journal of Semitic Studies 42 (1997), 283–300
A.F. RAINEY, Stones for bread. Archaeology versus history, NEA 64 (2001), 140–149
K. SALIBI, Die Bibel kam aus dem Lande Asir. Eine neue These über die Ursprünge Israels, Hamburg 1985
J. SCHAPER, Auf der Suche nach dem alten Israel? Text, Artefakt und „Geschichte Israels" in der alttestamentlichen Wissenschaft vor dem Hintergrund der Methodendiskussion in den Historischen Kulturwissenschaften, ZAW 118 (2006), 1–21; 181–196
Z. TALSHIR, Textual and literary criticism of the bible in post-modern times. The untimely demise of classical biblical philology, Henoch 21 (1999), 235–252
T.L. THOMPSON, The mythic past. Biblical archaeology and the myth of Israel, New York 1999
M. WEIPPERT, Geschichte Israels am Scheideweg, ThR 58 (1993), 71–103

9. CHRONOLOGIE

J.v. BECKERATH, Chronologie des pharaonischen Ägypten. Die Zeitbestimmung der ägyptischen Geschichte von der Vorzeit bis 332 v. Chr., Mainz 1997

J. BEGRICH, Die Chronologie der Könige von Israel und Juda und die Quellen des Rahmens der Königsbücher, Tübingen 1966

G. GALIL, The chronology of the kings of Israel and Judah, Leiden u. a. 1996

A. JEPSEN, Zeittafel, in: H.J. STOEBE, Das zweite Buch Samuelis, Gütersloh 1994, 551–565

G. LARSSON, The chronology of the kings of Israel and Judah as a system, ZAW 114 (2002), 224–235

10. Lexika

M. BAUKS/K. KOENEN (Hrsg.), Das wissenschaftliche Bibellexikon im Internet (WiBiLex), Stuttgart 2007–

M. GÖRG (Hrsg.), Neues Bibel-Lexikon, Zürich 1991/2001

B. REICKE/L. ROST (Hrsg.), Biblisch-Historisches Handwörterbuch. Landeskunde, Geschichte, Religion, Kultur, Literatur, Göttingen 1962–79; Studienausgabe Göttingen 1994; CD-ROM Berlin 2004

K. VAN DER TOORN/B. BECKING/P.W. VAN DER HORST (Hrsg.), Dictionary of deities and demons in the Bible, Leiden u. a. ^{2}1999

11. Atlanten

S. MITTMANN/G. SCHMITT (Hrsg.), Tübinger Bibelatlas. Auf der Grundlage des Tübinger Atlas des Vorderen Orients (TAVO), Stuttgart 2001

J.B. PRITCHARD (Hrsg.), Herders großer Bibelatlas, Freiburg u. a. ^{2}2002

A.-M. WITTKE/E. OLSHAUSEN/R. SZYDLAK, Historischer Atlas der antiken Welt, Stuttgart/Weimar 2007

W. ZWICKEL, Calwer Bibelatlas, Stuttgart ^{2}2007

B. FRÜHGESCHICHTE DER HEBRÄER

1. Der Alte Orient im 2. Jahrtausend

S. Ahituv, Economic factors in the Egyptian conquest of Canaan, IEJ 28 (1978), 93–105

G.W. Ahlström, Who were the Israelites?, Winona Lake 1986

G.W. Ahlström/D. Edelman, Merneptah's Israel, JNES 44 (1985), 59–61

P.S. Ash, David, Solomon and Egypt. A reassessment, Sheffield 1999

T.J. Barajo, The Philistine settlements as mercantile phenomenon?, AJA 104 (2000), 513–530

J.F. Brug, A literary and archaeological study of the Philistines, Oxford 1985

T. Dothan, The Philistines and their material culture, New Haven u. a. 1982

T. Dothan/M. Dothan, People of the sea. The search for the Philistines, New York 1992 (= Die Philister. Zivilisation und Kultur eines Seevolkes, München 1995)

C.S. Ehrlich, The Philistines in Transition. A history from ca. 1000–730 B.C.E., Leiden u. a. 1996

H. Engel, Die Siegesstele des Merenptah. Kritischer Überblick über die verschiedenen Versuche historischer Auswertung des Schlüsselabschnitts, Biblica 60 (1979), 373–399

G. Fecht, Die Israelstele, in: M. Görg (Hrsg.), Fontes atque pontes. Eine Festgabe für H. Brunner, Wiesbaden 1983, 106–238

V. Fritz, Die Entstehung Israels im 12. und 11. Jahrhundert v. Chr., Stuttgart u. a. 1996

S. Gibson, Agricultural terraces and settlement expansion in the highlands of early iron age Palestine, in: A. Mazar (Hrsg.), Studies in the archaeology of the iron age in Israel and Jordan, Sheffield 2001, 113–146

M.G. Hasel, Domination and resistance. Egyptian military activity in the southern Levant, ca. 1300–1185 B.C., Leiden u. a. 1998

E. Hornung, Die Israelstele des Merenptah, in: M. Görg (Hrsg.), Fontes atque pontes. Eine Festgabe für H. Brunner, Wiesbaden 1983, 224–239

E. Jans, Abimelech und sein Königtum. Diachrone und synchrone Untersuchungen zu Ri 9, Sankt Ottilien 2001

A. Kuhrt, The ancient near east c. 3000–300 BC, 2 Bde., London/New York 1995

G.A. Lehmann, Die „Seevölker"-Herrschaften an der Levanteküste, Jahresbericht des Instituts für Vorgeschichte der Universität Frankfurt a. M. 1976, 78–111

N.P. Lemche, Die Vorgeschichte Israels. Von den Anfängen bis zum Ausgang des 13. Jahrhunderts v.Chr., Stuttgart u. a. 1996

E. Noort, Die Seevölker in Palästina, Kampen 1994

E.D. OREN, The sea peoples and their world. A reassessment, Philadelphia 2000

A.F. RAINEY/F.J. YURCO, Scholars disagree. Can you name the panel with the Israelites?, BAR 17,6 (1991), 54–61; 93

B. SASS, Studia alphabetica. On the origins and early history of the northwest semitic, south semitic and Greek alphabets, Fribourg/Göttingen 1991

H. TADMOR, The decline of empires in western Asia ca. 1200 B.C.E., in: F.M. CROSS (Hrsg.), Symposia celebrating the seventy-fifth anniversary of the founding of the American Schools of Oriental Research (1900–1975), Cambridge/Mass. 1979, 1–14

K.W. WHITELAM, ‚Israel is laid waste, his seed is no more'. What if Merneptah's scribes were telling the truth?, BI 8 (2000), 8–22

2. URSPRÜNGE DER HEBRÄER

a) Nomadenleben

R. GIVÉON, Les bédouins Shosou des documents égyptiens, Leiden 1971

E.J. HOBSBAWM, Die Banditen. Räuber als Sozialrebellen, München 2007

H. KLENGEL, Zwischen Zelt und Palast. Die Begegnung von Nomaden und Seßhaften im alten Vorderasien, Wien 1972

R. LEONHARD, Die Transhumanz im Mittelmeergebiet. Eine wirtschaftsgeographische Studie über den Seminomadismus, in: Festschrift L. Brentano, München 1916, 327–349

A. PHILLIPS, The laws of slavery. Exodus 21.2–11, JSOT 30 (1984), 51–66

L. ROST, Weidewechsel und altisraelitischer Festkalender, ZDPV 66 (1943), 205–216 (= DERS., Das kleine Credo und andere Studien zum Alten Testament, Heidelberg 1965, 101–112)

T. STAUBLI, Das Image der Nomaden im Alten Israel und in der Ikonographie seiner sesshaften Nachbarn, Fribourg/Göttingen 1991

G. WALLIS, Die Stadt in den Überlieferungen der Genesis, ZAW 78 (1966), 133–148

M. WEIPPERT, Die Landnahme der israelitischen Stämme in der neueren wissenschaftlichen Diskussion. Ein kritischer Bericht, Göttingen 1967

M. WEIPPERT, Semitische Nomaden des zweiten Jahrtausends. Über die Schasu der ägyptischen Quellen, Biblica 55 (1974), 265–280, 427–433

U. ZWINGENBERGER, Dorfkultur der frühen Eisenzeit in Mittelpalästina, Fribourg/Göttingen 2001

b) Hebräer in Ägypten – „Auszug"

I. CARDELLINI, Esodo ...! Quando, come?, Rivista Biblica 45 (1997), 129–142

H. ENGEL, Die Vorfahren Israels in Ägypten. Forschungsgeschichtlicher

Überblick über die Darstellungen seit Richard Lepsius (1849), Frankfurt/Main 1979
W. Fauth, Das Kasion-Gebirge und Zeus Kasios. Die antike Tradition und ihre vorderorientalischen Grundlagen, UF 22 (1990), 105–118
G. Fischer, Das Schilfmeerlied Exodus 15 in seinem Kontext, Biblica 77 (1996), 32–47
G. Fischer, Wenn Geschichte zum Gebet wird. Zur Aufnahme des Auszugs aus Ägypten in den Asaf-Psalmen (Ps 77; 78; 81), in: R. Rollinger/B. Truschnegg (Hrsg.), Altertum und Mittelmeerraum: Die antike Welt diesseits und jenseits der Levante, Stuttgart 2006, 473–483
M. Görg, Die Beziehungen zwischen dem alten Israel und Ägypten. Von den Anfängen bis zum Exil, Darmstadt 1997
S. Herrmann, Israels Aufenthalt in Ägypten, Stuttgart 1970
J.K. Hoffmeier, Israel in Egypt. The evidence for the authenticity of the Exodus tradition, New York/Oxford 1997
J.K. Hoffmeier, Ancient Israel in Sinai. The evidence for the authenticity of the wilderness tradition, Oxford 2005
S.E. Loewenstamm, The evolution of the Exodus tradition, Jerusalem 1992
A. Malamat, Let my people GO and GO and GO and GO, BAR 24,1 (1998), 62–66, 85
D.B. Redford, Egypt, Canaan and Israel in ancient times, Princeton 1992
W.A. Ward, Summary and conclusions, in: E.S. Frerichs/L.H. Lesko (Hrsg.), Exodus. The Egyptian evidence, Winona Lake 1997, 105–112

3. Ansiedlung

W. Albright, The Israelite conquest of Canaan in the light of archaeology, BASOR 74 (1939), 11–23
A. Alt, Die Landnahme der Israeliten in Palästina (1925), in: Ders., Kleine Schriften zur Geschichte des Volkes Israel, Bd. 1, München ⁴1968, 89–125
A. Alt, Erwägungen über die Landnahme der Israeliten in Palästina, (1939), in: Ders., Kleine Schriften zur Geschichte des Volkes Israel, Bd. 1, München ⁴1968, 126–175
A. Ben-Tor/M.T. Rubinato, Excavating Hazor, Part 2: Did the Israelites destroy the Canaanite city?, BAR 25,3 (1999), 22–39
J.J. Bimson, Redating the exodus and conquest, Sheffield ²1981
W. Brueggemann, The land. Place as gift, promise, and challenge in biblical faith, Minneapolis ²2002
A. Faust, Ethnic complexity in northern Israel during iron age II, PEQ 132 (2000), 2–27
V. Fritz, Conquest or settlement? The early iron age in Palestine, BA 50 (1987), 84–100
Z. Gal, Lower Galilee during the iron age, Winona Lake 1992

J. und J.B.E. GARSTANG, The story of Jericho, London ²1948
F.W. GOLKA, Die aetiologies in the old testament, VT 26 (1976), 410–428; 27 (1977), 36–47
R. GONEN, Urban Canaan in the late bronze period, BASOR 253 (1984), 61–73
R. GONEN, The late bronze age, in: BEN-TOR [A.6, Archaeology], 211–257
N.K. GOTTWALD, The Israelite settlement as a social revolutionary movement, in: J. AMITAI, Biblical archaeology today. Proceedings of the international congress on biblical archaeology, Jerusalem 1985, 34–46
N.K. GOTTWALD, The tribes of Yahweh. A sociology of the religion of liberated Israel 1250–1050 B.C.E., Sheffield ²1999
Y. HOFFMAN, The deuteronomistic concept of the herem, ZAW 111 (1999), 196–210
U. HÜBNER, Geschichte und Identität. Historische Argumentationen am Beispiel des frühen Israel, in: S. CONERMANN (Hrsg.), Mythen, Geschichte(n), Identitäten. Der Kampf um die Vergangenheit, Hamburg 1999, 33–54
D. JERICKE, Die Landnahme im Negev. Protoisraelitische Gruppen im Süden Palästinas. Eine archäologische und exegetische Studie, Wiesbaden 1997
J. KAMLAH, Der Zeraqōn-survey 1989–1994. Mit Beträgen zur Methodik und geschichtlichen Auswertung archäologischer Oberflächenuntersuchungen in Palästina, Wiesbaden 2000
A.E. KILLEBREW, Biblical peoples and ethnicity. An archaeological study of Egyptians, Canaanites, Philistines and early Israel, Atlanta 2005
K. KOCH, Die Hebräer vom Auszug aus Ägypten bis zum Großreich Davids, VT 19 (1969), 37–81
N.P. LEMCHE, Early Israel. Anthropological and historical studies on the Israelite society before the monarchy, Leiden 1985
O. LORETZ, Habiru-Hebräer. Eine sozio-linguistische Studie über die Herkunft des Gentiliziums 'ibrî vom Apellativum habiru, Berlin 1984
A. MALAMAT, How inferior Israelite forces conquered fortidied Canaanite cities, BAR 8,2 (1982) 24–35
A. MALAMAT, Die Frühgeschichte Israels – eine methodologische Studie, ThZ 39 (1983), 1–16
G.E. MENDENHALL, The Hebrew conquest of Palestine, BA 25 (1962), 66–87
C. MEYERS, Discovering Eve. Ancient Israelite women in context, Oxford 1988
S. MITTMANN, Beiträge zur Siedlungs- und Territorialgeschichte des nördlichen Ostjordanlandes, Wiesbaden 1970
W.L. MORAN, Join the 'apiru or become one? in: D.M. GOLOMB (Hrsg.), Working with no data. Semitic and Egyptian studies presented to Thomas O. Lambdin, Winona Lake, 1987, 209–212
H.M. NIEMANN, Kern-Israel im samarischen Bergland und seine zeitweilige Peripherie. Megiddo, die Jezreel-Ebene und Galiläa im 11.–8. Jh. v. Chr. Archäologische Grundlegung, biblische Spiegelung und historische Konsequenzen, UF 35 (2003), 421–485

A.S. RAINEY, Whence came the Israelites and their language?, IEJ 57 (2007) 41-64

H.N. RÖSEL, Israel in Kanaan. Zum Problem der Entstehung Israels, Frankfurt/Main 1992

L.E. STAGER, The archaeology of the family in ancient Israel, BASOR 260 (1985), 1-35

W.H. STIEBING, Out of the desert? Archaeology and the exodus. Conquest narratives, Buffalo 1989

S. TALMON, Har and midbar: an antithetical pair of biblical motifs, in: M. MINDLIN u. a. (Hrsg.), Figurative language in the ancient near east, London 1987, 117-142

J. VAN SETERS, Abraham in history and tradition, New Haven 1975

J. WEINSTEIN, The Egyptian empire in Palestine. A Reassessment, BASOR 241 (1981), 1-28

Y. YADIN, Is the biblical account of the Israelite conquest of Canaan historically reliable?, BAR 8,2 (1982), 16-23

Z. ZEVIT, The religions of ancient Israel. A synthesis of parallactic approaches, London/New York 2001

4. „RICHTERZEIT"

M.L. CHANEY, Ancient Palestinian peasant movements and the formation of premonarchic Israel, in: FREEDMAN/GRAF [B.4], 39-90

M. CLAUSS, Die Entstehung der Monarchie in Juda und Israel, Chiron 10 (1980), 1-33

R.B. COOTE/K.W. WHITELAM, The emergence of Israel. Social transformation and state formation following the decline in late bronze age trade, in: N.K. GOTTWALD (Hrsg.), Social scientific criticism of the Hebrew bible and its social world. The Israelite monarchy, Atlanta 1986, 104-147

R.B. COOTE/K.W. WHITELAM, The emergence of early Israel in historical perspective, Sheffield 1987

J.D. DE MOOR, The twelve tribes in the song of Deborah, VT 43 (1993), 483-494

W. DIETRICH, David, Saul und die Propheten. Das Verhältnis von Religion und Politik nach den prophetischen Überlieferungen vom frühesten Königtum in Israel, Stuttgart ²1992

W. DIETRICH/S. MÜNGER, Die Herrschaft Sauls und der Norden Israels, in: C.G. DEN HERTOG u. a. (Hrsg.), Saxa loquentur. Studien zur Archäologie Palästinas/Israels, Festschrift V. Fritz, Münster 2003, 39-59

C.S. EHRLICH/M.C. WHITE (Hrsg.), Saul in story and tradition, Tübingen 2006

I. FINKELSTEIN, The emergence of the monarchy in Israel. The environmental and socio-economic aspects, JSOT 44 (1989), 43-74

J.W. FLANAGAN, Chiefs in Israel, JSOT 20 (1981), 47–73

D.N. FREEDMAN/D.F. GRAF (Hrsg.), Palestine in transition. The emergence of ancient Israel, Sheffield 1983

F.S. FRICK, Social science methods and theories of significance for the study of the Israelite monarchy. A critical review essay, in: N.K. GOTTWALD (Hrsg.), Social scientific criticism of the Hebrew bible and its social world. The Israelite monarchy, Atlanta 1986, 9–52

F.S. FRICK, The formation of the state in ancient Israel. A survey of models and theories, Sheffield 1985

V. FRITZ, Die Deutungen des Königtums Sauls in den Überlieferungen von seiner Entstehung I Sam 9–11, ZAW 88 (1976), 346–362

G. GARBINI, I Filistei. Gli antagonisti di Israele, Mailand 1997

S. KREUZER, „Saul war noch zwei Jahre König...". Textgeschichtliche, literarische und historische Beobachtungen zu 1 Sam 13,1, BibZ 40 (1996), 263–270

S. KREUZER, „War Saul auch unter den Philistern?" Die Anfänge des Königtums in Israel, ZAW 113 (2001), 57–73

A.D.H. MAYES, Israel in the period of the judges, London 1974

H.-D. NEEF, Deboraerzählung und Deboralied. Studien zu Jdc 4,1–5,31, Neukirchen-Vluyn 2002

H.M. NIEMANN, Herrschaft, Königtum und Staat. Skizzen zur soziokulturellen Entwicklung im monarchischen Israel, Tübingen 1993

W. RICHTER, Die Bearbeitungen des „Retterbuches" in der deuteronomischen Epoche, Bonn 1964

W. RICHTER, Zu den „Richtern Israels", ZAW 77 (1965), 40–72

W. RICHTER, Traditionsgeschichtliche Untersuchungen zum Richterbuch, Bonn ²1966

W. RICHTER, Die Überlieferungen um Jephtah. Ri 10,17–12,6, Biblica 47 (1966), 485–556

C. SCHÄFER-LICHTENBERGER, Stadt und Eidgenossenschaft im Alten Testament. Eine Auseinandersetzung mit Max Webers Studie „Das antike Judentum", Berlin/New York 1983

C. SCHÄFER-LICHTENBERGER, Sociological and biblical views of the early state, in: V. FRITZ/P.R. DAVIES (Hrsg.), The Origins of the Ancient Israelite States, Sheffield 1996, 78–105

A. SCHERER, Überlieferungen von Religion und Krieg. Exegetische und religionsgeschichtliche Untersuchungen zu Richter 3–8 und verwandten Texten, Neukirchen-Vluyn 2005

A. SCHERER, Die „kleinen" Richter und ihre Funktion, ZAW 119 (2007) 190–200 51 (2007), 1–22

L. SCHMIDT, Menschlicher Erfolg und Jahwes Initiative. Studien zu Tradition, Interpretation und Historie in Überlieferungen von Gideon, Saul und David, Neukirchen-Vluyn 1970

H.-C. SCHMITT, Das sogenannte vorprophetische Berufungsschema. Zur „geistigen Heimat" des Berufungsformulars von Ex 3,9–12; Jdc 6,11–24 und I Sam 9,1–10,16, ZAW 104 (1992), 202–216

K.-D. SCHUNCK, König Saul – Etappen seines Weges zum Aufbau eines israelitischen Staates, BibZ 36 (1992), 195–206

E.R. SERVICE, Ursprünge des Staates und der Zivilisation. Der Prozeß der kulturellen Evolution, Frankfurt/Main 1977

J.A. SOGGIN, Bemerkungen zum Deboralied, Richter Kap. 5. Versuch einer neuen Übersetzung und eines Vorstoßes in die älteste Geschichte Israels, ThLZ 106 (1981), 625–639

S.M. WARNER, The dating of the period of the judges, VT 28 (1978), 455–463

G.T.K. WONG, Song of Deborah as polemic, Biblica 88 (2007), 1–22

5. LEBEN IN VORSTAATLICHER ZEIT

a) Familie – Sippe – Stamm

G.W. AHLSTRÖM, Ancient Palestine. A historical introduction, Minneapolis 2002

R. ALBERTZ, Hintergrund und Bedeutung des Elterngebots im Dekalog, ZAW 90 (1978), 348–374

O. BÄCHLI, Amphiktyonie im Alten Testament. Forschungsgeschichtliche Studie zur Hypothese von Martin Noth, Basel 1977

R. BARTELMUS, Forschungen zum Richterbuch seit Martin Noth, ThR 56 (1991), 221–259

E. BLUM, Studien zur Komposition der Vätergeschichte, Neukirchen-Vluyn 1984

O. BOROWSKI, Daily life in biblical times, Atlanta 2003

J. BUCHHOLZ, Die Ältesten Israels im Deuteronomium, Göttingen 1988

R. DE VAUX, Das Alte Testament und seine Lebensordnungen, Freiburg ^{2}1964/1966

A. FAUST, Differences in family structure between cities and villages in iron age II, Tel Aviv 26 (1999), 233–252

A. FAUST, The rural community in ancient Israel during iron age II, BASOR 317 (2000), 17–39

G. FOHRER, Altes Testament – „Amphiktyonie" und „Bund"?, in: DERS., Studien zur alttestamentlichen Theologie und Geschichte, Berlin 1969, 84–119

C. FRIEDL, Polygynie in Mesopotamien und Israel. Sozialgeschichtliche Analyse polygyner Beziehungen anhand rechtlicher Texte aus dem 2. und 1. Jahrtausend v. Chr., Münster 2000

E.S. GERSTENBERGER/W. SCHRAGE, Frau und Mann, Stuttgart u. a. 1980

W.H. IRWIN, Le sanctuaire central israélite avant l'établissement de la monarchie, RB 72 (1965), 161–184

T. Jacobsen, Primitive democracy in ancient Mesopotamia, JNES 2 (1943), 159–172

H. Jungbauer, „Ehre Vater und Mutter". Der Weg des Elterngebots in der biblischen Tradition, Göttingen 2002

J. Kegler, Debora – Erwägungen zur politischen Funktion einer Frau in einer patriarchalischen Gesellschaft, in: W. Schottroff/W. Stegemann (Hrsg.), Traditionen der Befreiung. Sozialgeschichtliche Bibelauslegungen, Bd. 2: Frauen in der Bibel, München u. a. 1980, 37–59

R. Kessler, Sozialgeschichte des Alten Israel. Eine Einführung, Darmstadt 2006

A. Kunz, Die Vorstellung von Zeugung und Schwangerschaft im antiken Israel, ZAW 111 (1999), 561–582

N.P. Lemche, The Greek „Amphictyony" – could it be a prototype for the Israelite society in the period of the judges?, JSOT 4 (1977), 48–59

B. Luther, Die israelitischen Stämme, ZAW 21 (1901), 1–76

P.M. McNutt, Reconstructing the society of ancient Israel, London 1999

E. Merz, Die Blutrache bei den Israeliten, Leipzig 1916

J. und M.-C. Nicole, Sara, sœur et femme d'Abraham, ZAW 112 (2000), 5–23

M. Noth, Das System der zwölf Stämme Israels, Stuttgart 1930 (ND Darmstadt 1966)

L. Perlitt, Bundestheologie im Alten Testament, Neukirchen-Vluyn 1969

H. Reviv, The elders in ancient Israel. A study of a biblical institution, Jerusalem 1989

U. Schorn, Ruben und das System der zwölf Stämme Israels. Redaktionsgeschichtliche Untersuchungen zur Bedeutung des Erstgeborenen Jakobs, Berlin/New York 1987

H. Seebass, Erwägungen zum altisraelitischen System der zwölf Stämme, ZAW 90 (1978), 196–220

C. Sigrist, Regulierte Anarchie. Untersuchungen zum Fehlen und zur Entstehung politischer Herrschaft in segmentären Gesellschaften Afrikas, Olten u. a. 1967 (ND Frankfurt/Main 1979)

R. Smend, Jahwekrieg und Stämmebund. Erwägungen zur ältesten Geschichte Israels, Göttingen ²1966

J.A. Soggin, Probleme einer Vor- und Frühgeschichte Israels, ZAW 100 (1988 Supplement), 255–267

K. Sparks, Genesis 49 and the tribal list tradition in ancient Israel, ZAW 115 (2003), 327–347

T.L. Thompson, The historicity of the patriarchical narratives. The quest for the historical Abraham, Berlin/New York 1974

C. Ulf, Anlässe und Formen von Festen mit überlokaler Reichweite in vor- und früharchaischer Zeit. Wozu dient der Blick in ethnologisch-anthropologische Literatur? in: K. Freitag/P. Funke/M. Haake (Hrsg.), Kult – Politik – Ethnos. Überregionale Heiligtümer im Spannungsfeld von Kult und Politik, Stuttgart 2006, 14–41

C. UMHAU WOLF, Traces of primitive democracy in ancient Israel, JNES 6 (1947), 98–108
H. UTZSCHNEIDER, Patrilinearität im alten Israel. Eine Studie zur Familie und ihrer Religion, BN 56 (1991), 60–97
V. WAGNER, Beobachtungen am Amt der Ältesten im alttestamentlichen Israel. 1. Teil: Der Ort der Ältesten in den Epochen der Geschichte und in der Gliederung der Gesellschaft, ZAW 114 (2002), 391–411; 2. Teil: Die Kompetenzen und Aufgaben der Ältesten im Rechtsleben und im Kult, ZAW 114 (2002) 560–576
T.M. WILLIS, The elders of the city. A study of the elders-laws in Deuteronomy, Atlanta 2001

b) *Gesellschaftsordnung (vgl. F.4)*

S. BENDÔR, The social structure of ancient Israel. The institution of the family (beit 'ab) from the settlement to the end of the monarchy, Jerusalem 1996
F. CRÜSEMANN, Der Widerstand gegen das Königtum. Die antiköniglichen Texte des Alten Testamentes und der Kampf um den frühen israelitischen Staat, Neukirchen-Vluyn 1978
E. KISTLER/C. ULF, Athenische ‚big men' – ein ‚chief' in Lefkandi? Zum Verhältnis von historischen und archäologischen Aussagen vor dem Hintergrund der Bedeutung anthropologischer Modelle, in: Synergia. Festschrift für F. Krinzinger, Wien 2005, 271–277
A. MALAMAT, Tribal societies. Biblical genealogies and African lineage systems, Archives Européennes de Sociologie 14 (1973), 126–136
R. NEU, Von der Anarchie zum Staat. Entwicklungsgeschichte Israels vom Nomadentum zur Monarchie im Spiegel der Ethnosoziologie, Neukirchen-Vluyn 1992
W. THIEL, Die soziale Entwicklung Israels in vorstaatlicher Zeit, Neukirchen-Vluyn ²1985

c) *Religiosität (vgl. F.6)*

A. ALT, Der Gott der Väter (1929), in: DERS., Kleine Schriften zur Geschichte des Volkes Israel, Bd. 1, München ⁴1968, 1–78
M.C. ASTOUR, Yahweh in Egyptian topographic lists, in: M. GÖRG/E. PUSCH (Hrsg.), Festschrift E. Edel, Bamberg 1979, 17–34
A.M. COOPER/B.R. GOLDSTEIN, At the entrance to the tent. More cultic resonances in biblical narrative, JBL 116 (1997), 201–215
C. FREVEL, Eisenzeitliche Kultständer als Medien in Israel/Palästina, in: H. VON HESBERG/W. THIEL (Hrsg.), Medien in der Antike. Kommunikative Qualität und normative Wirkung, Köln 2003, 147–202
R. GIVEON, Les bédouins Shosou des documents égyptiens, Leiden 1971

J. JEREMIAS, Theophanie. Die Geschichte einer alttestamentlichen Gattung, Neukirchen-Vluyn ²1977

O. KEEL/C. UEHLINGER, Göttinnen, Götter und Gottessymbole. Neue Erkenntnisse zur Religionsgeschichte Kanaans und Israels aufgrund bislang unerschlossener ikonographischer Quellen, Freiburg ²1993

E.A. KNAUF, Midian. Untersuchungen zur Geschichte Palästinas und Nordarabiens am Ende des 2. Jahrtausends v. Chr., Wiesbaden 1988

M. KÖCKERT, Vätergott und Väterverheißungen. Eine Auseinandersetzung mit Albrecht Alt und seinen Erben, Göttingen 1988

L. ROST, Die Gottesverehrung der Patriarchen im Lichte der Pentateuchquellen, VT(S) 7 (1960), 346–359

C. DIE ENTSTEHUNG DER MONARCHIE

1. David

A.G. AULD/C. HO, The making of David and Goliath, JSOT 56 (1992), 19–39
H. BARDTKE, Erwägungen zur Rolle Judas im Aufstand des Absalom, in: H. GESE/H.P. RÜGER, Wort und Geschichte. Festschrift K. Elliger, Kevelaer u. a. 1973, 1–8
G. BARKAY, Iron II-III, in: BEN-TOR [A.6], 302–373
A. BEN-TOR/D. BEN-AMI, Hazor & the archaeology of the tenth century BCE, IEJ 48 (1998), 1–37
B.W. CUSHMAN, The politics of the royal harem and the case of Bat-Sheba, JSOT 30 (2005), 327–343
A. DE PURY/T. RÖMER (Hrsg.), Die sogenannte Thronfolgegeschichte Davids. Neue Einsichten und Anfragen, Fribourg/Göttingen 2000
W.G. DEVER, What did the biblical writers know, and when did they know it? What archaeology can tell us about the reality of ancient Israel, Grand Rapids 2001
W. DIETRICH, Die frühe Königszeit in Israel. 10. Jahrhundert v. Chr., Stuttgart u. a. 1997
A. FAUST, The Sharon and the Yarkon basin in the tenth century BCE. Ecology, settlement patterns and political involvement, IEJ 57 (2007), 65–82
I. FINKELSTEIN, The iron age „fortresses" of the Negev. Sedentarization of desert nomads, Tel Aviv 11 (1989), 189–207
A.A. FISCHER, Von Hebron nach Jerusalem. Eine redaktionsgeschichtliche Studie zur Erzählung von König David in II Sam 1–5, Berlin 2004
M.K. GEORGE, Constructing identity in 1 Samuel 17, BI 7 (1999), 389–412
F.W. GOLKA/W. WEISS (Hrsg.), Joseph. Bibel und Literatur, Oldenburg 2000
L.L. GRABBE, Writing Israel's history at the end of the twentieth century, in: LEMAIRE/SÆBØ [C.2], 203–218
S.J. ISSER, The sword of Goliath. David in heroic literature, Leiden u. a. 2003
J. KLEIN, David versus Saul. Ein Beitrag zum Erzählsystem der Samuelbücher, Stuttgart 2002
A. KUNZ, Ägypten in der Perspektive Israels am Beispiel der Josephsgeschichte (Gen 37–50), BZ 47 (2003) 206–229
M. LEUCHTER, A king like all the nations. The composition of 1 Sam 8,11–18, ZAW 117 (2005), 543–558
Y. LEVIN, Joseph, Judah and the „Benjamin Conundrum", ZAW 116 (2004), 223–241
B.A. MASTIN, The *miqneh* of 1 Samuel XXIII 5, VT 53 (2003), 379–396
W. MAYER, Die historische Einordnung der ‚Autobiographie' des Idrimi von Alalah, UF 27 (1995), 333–350

S.L. McKenzie, Kind David. A biography, Oxford 2000 (= König David. Eine Biographie, Berlin/New York 2002)

A. Moenikes, Die grundsätzliche Ablehnung des Königtums in der hebräischen Bibel. Ein Beitrag zur Religionsgeschichte des alten Israel, Weinheim 1995

R. Müller, Königtum und Gottesherrschaft. Untersuchungen zur alttestamentlichen Monarchiekritik, Tübingen 2004

N. Na'aman, The contribution of the Amarna letters to the debate on Jerusalem's political position in the tenth century B.C.E., BASOR 304 (1996), 17–27

N. Na'aman, In search of reality behind the account of Davids wars with Israels neighbours, IEJ 52 (2002), 200–224

M. Oeming, Die Eroberung Jerusalems durch David in deuteronomistischer und chronistischer Darstellung (II Sam 5,6–9 und I Chr 11,4–8), in: Ders., Verstehen und Glauben. Exegetische Bausteine zu einer Theologie des Alten Testaments, Berlin/Wien 2003, 165–180

W.T. Pitard, Ancient Damascus. A historical study of the Syrian city-state from earliest times until its fall to the Assyrians in 732 BCE, Winona Lake 1987

K. Pomykala, The Davidic dynasty tradition in early Judaism. Its history and significance for Messianism, Atlanta 1995

L. Rost, Die Überlieferung von der Thronnachfolge Davids, Stuttgart 1926 (= Ders., Das kleine Credo und andere Studien zum Alten Testament, Heidelberg 1965, 119–253)

K.-D. Schunck, Davids „Schlupfwinkel" in Juda, VT 33 (1983), 110–113

Y. Shemesh, David in the service of king Achish of Gath. Renegade to his people or a fifth column in the Philistine army, VT 57 (2007), 73–90

Y. Shiloh, Excavations at the city of David, Bd. 1, 1978–1982, Jerusalem 1984

J.C. VanderKam, Dividic complicity in the deaths of Abner and Eshbaaal. A historical and redactional study, JBL 99 (1980), 521–539

J. Vermeylen, David a-t-il été assassiné?, RB 107 (2000), 481–494

L.-H. Vincent, Le *sinnor* dans la prise de Jérusalem (II Sam V, 8), RB 33 (1924), 357–370

J. Weingreen, The rebellion of Absalom, VT 19 (1969), 263–266

K.W. Whitelam, The symbols of power. Aspects of royal propaganda in the united monarchy, BA 49 (1986), 166–173

W. Zwickel, Der Beitrag der *Habiru* zur Entstehung des Königtums, UF 28 (1996), 751–766

2. Salomo

A. Alt, Die Weisheit Salomos, in: Ders., Kleine Schriften zur Geschichte des Volkes Israel, Bd. 2, München ⁴1978, 90–99
P.S. Ash, Solomon's? district? list, JSOT 67 (1995), 67–86
E. Ball, The co-regency of David and Salomon (1 Kings I), VT 27 (1977), 268–279
J.A. Blakely, Reconciling two maps. Archaeological evidence for the kingdoms of David and Solomon, BASOR 327 (2002), 49–54
H. Donner, Israel and Tyrus im Zeitalter Davids und Salomos. Zur gegenseitigen Abhängigkeit von Innen- und Außenpolitik, JNSL 10 (1982), 43–52
V. Fritz, Die Verwaltungsgebiete Salomos nach 1 Kön. 4,7–19, in: M. Weippert/S. Timm (Hrsg.), Meilenstein. Festgabe für H. Donner, Wiesbaden 1995, 19–26
P. Galpaz-Feller, Silver and gold, Exodus 3:22, RB 109 (2002), 197–209
B. Halpern, The gate of Megiddo and the debate on the 10th century, in: Lemaire/Sæbø [C.2], 79–121
L.K. Handy, The age of Solomon. Sholarship at the turn of the millennium, Leiden u. a. 1997
K. Jansen-Winkeln, Anmerkungen zu ‚Pharaos Tochter', BN 103 (2000), 23–29
J. Kamlah, Die Liste der Regionalfürsten in 1 Kön 4,7–19 als historische Quelle für die Zeit Salomos, BN 106 (2001), 57–78
R. Kletter, Chronology and united monarchy. A methodological review, ZDPV 120 (2004), 13–54
G.N. Knoppers, The vanishing Solomon. The disappearence of the united monarchy from recent histories of ancient Israel, JBL 116 (1997), 19–44
M. Kochavi, Divided structures divide scholars, BAR 25,3 (1999), 44–50
J. Lasine, The riddle of Solomon's judgement and the riddle of human nature in the Hebrew bible, JSOT 45 (1989), 61–86
A. Lemaire/M. Sæbø (Hrsg.), International Organization for the Study of the Old Testament. Congress volume Oslo 1998, Leiden u. a., 2000
N. Na'aman, Solomon's district list (1 Kings 4:7–19) and the Assyrian province system in Palestine, UF 33 (2001), 419–436
H. Niehr, The constitutive principles of establishing justice and order in northwest semitic societies with special reference to ancient Israel and Judah, ZAR 3 (1997), 112–130
H.M. Niemann, Megiddo and Solomon. A biblical investigation in relation to archaeology, Tel Aviv 27 (2000), 61–74
H.M. Niemann, Taanach und Megiddo. Überlegungen zur strukturell-historischen Situation zwischen Saul und Salomo, VT 52 (2002), 93–102
J.B. Pritchard (Hrsg.), Solomon and Sheba, London 1974

K. Rupprecht, Der Tempel von Jerusalem. Gründung Salomos oder jebusitisches Erbe?, Berlin/New York 1977

P. Särkiö, Die Weisheit und Macht Salomos in der israelitischen Historiographie. Eine traditions- und redaktionskritische Untersuchung über 1 Kön 3–5 und 9–11, Göttingen/Helsinki 1994

B.U. Schipper, Israel und Ägypten in der Königszeit. Die kulturellen Kontakte von Salomo bis zum Fall Jerusalems, Fribourg/Göttingen 1999

B.U. Schipper, Salomo und die Pharaonentochter – zum historischen Kern von 1 Kön 7,8, BN 102 (2000), 84–94

B.U. Schipper, Noch einmal zur Pharaonentochter – ein Gespräch mit Karl Jansen-Winkeln, BN 111 (2002), 90–98

S. Seiler, Die Geschichte von der Thronfolge Davids (2 Sam 9–20; 1 Kön 1–2). Untersuchungen zur Literarkritik und Tendenz, Berlin/New York 1998

N.A. Silberman/I. Finkelstein/D. Ussishkin/B. Halpern, Digging at Amargeddon, Archaeology 52 (1999), 32–39

W. Thiel, Soziale Auswirkungen der Herrschaft Salomos, in: Ders., Gelebte Geschichte. Studien zur Sozialgeschichte und zur frühen prophetischen Geschichtsdeutung Israels, Neukirchen-Vluyn 2000, 92–109

A.G. Vaughn, Is biblical archaeology theologically useful today?, in: Ders./A.E. Killebrew (Hrsg.), Jerusalem in bible and archaeology. The first temple period, Atlanta 2003, 407–430

T. Veijola, Das Königtum in der Beurteilung der deuteronomistischen Historiographie. Eine redaktionsgeschichtliche Untersuchung, Helsinki 1977

S. Wälchli, Der weise König Salomo. Eine Studie zu den Erzählungen von der Weisheit Salomos in ihrem alttestamentlichen und altorientalischen Kontext, Stuttgart u. a. 1999

W. Zwickel, Der salomonische Tempel, Mainz 1999

3. Ende der Doppelmonarchie

U. Becker, Die Reichsteilung nach I Reg 12, ZAW 112 (2000), 210–229

I. Finkelstein, The campaign of Shoshenq I to Palestine. A guide to the 10th century BCE polity, ZDPV 118 (2002), 109–135

V. Fritz, The list of Rehoboam's fortresses in 2 Chr 11,5–12. A document from the time of Josiah, Eretz Israel 15 (1981), 46–53

S. Herrmann, Autonome Entwicklungen in den Königreichen Israel und Juda, VT(S) 17 (1968), 139–158

M.M. Homan, To your tents, o Israel! The terminology, function, form and symbolism of tents in the Hebrew bible and the ancient near east, Leiden u. a. 2002

T.C.G. Thornton, Charismatic kingship in Israel and Judah, Journal of Theological Studies 14 (1963), 1–11

H. Seebass, Zur Königserhebung Jerobeams I, VT 17 (1967), 325–333

D. ISRAEL

1. Konstituierung Israels

A. Alt, Das Königtum in den Reichen Israel und Juda, in: Ders., Kleine Schriften zur Geschichte des Volkes Israel, Bd. 2, München ⁴1978, 116–134

J.N. Carreira, Charisma und Institution. Zur Verfassung des Königtums in Israel und Juda, in: R. Liwak/S. Wagner (Hrsg.), Prophetie und geschichtliche Wirklichkeit im Alten Israel, Festschrift S. Herrmann, Stuttgart u. a. 1991, 39–51

J. Debus, Die Sünde Jerobeams. Studien zur Darstellung Jerobeams und der Geschichte des Nordreiches in der deuteronomistischen Geschichtsschreibung, Göttingen 1967

B. Herr, Welches war die Sünde Jerobeams? Erwägungen zu 1. Kön 12,26–33, BN 74 (1994), 57–65

T. Ishida, The royal dynasties in ancient Israel. A study on the formation and development of royal-dynastic ideology, Berlin 1977

K. Koenen, Eherne Schlange und goldenes Kalb. Ein Vergleich der Überlieferung, ZAW 111 (1999), 353–372

K. Koenen, Bethel. Geschichte, Kult und Theologie, Fribourg/Göttingen 2003

M. Leuchter, Jerobeam the Ephratite, JBL 125 (2006), 51–72

W.I. Toews, Monarchy and religious institutions under Jerobeam I, Atlanta 1993

D. Ussishkin, Notes on Megiddo, Gezer, Ashdod, and Tel Batash in the tenth to ninth centuries B.C., BASOR 277/78 (1990), 71–91

2. Dynastie Omri

A. Brenner, Jezebel, Shnaton 5/6 (1981/82), 27–39

A. Dearman (Hrsg.), Studies in the Mesha inscription and Moab, Atlanta 1989

P.E. Dion, Syro-Palestinian resistance to Shalmaneser III in the light of new documents, ZAW 107 (1995), 482–489

J.A. Emerton, The value of the Moabite stone as an historical source, VT 52 (2002), 483–492

I. Finkelstein, Omride architecture, ZDPV 116 (2000), 114–138

N. Franklin, The tombs of the kings of Israel. Two recently identified 9th-century tombs from Omride Samaria, ZDPV 119 (2003), 1–11

N. Franklin, Samaria. From the bedrock to the Omride palace, Levant 36 (2004), 189–202

G. Galil, Shalmaneser in the west, RB 109 (2002), 40–56

R. Kessler, Gott und König, Grundeigentum und Fruchtbarkeit, ZAW 108 (1996), 214–232

J.K. Kuan, Was Omri a Phoenician?, in: M.P. Graham, History and interpretation. Festschrift J.H. Hayes, Sheffield 1993, 231–244

A. Kunz-Lübcke, Auf dem Stein und zwischen den Zeilen. Überlegungen zu einer kontrafaktischen Geschichte Israels am Beispiel von 2 Kön 3 und der Mescha-Inschrift, BibZ 51 (2007), 1–22

L.E. Lager, Shemer's estate, BASOR 277/78 (1990), 93–107

E. Lipiński, The Aramaeans. Their ancient history, culture, religion, Leuven u. a. 2000

S. Mittmann, Zwei „Rätsel" der *Mēšaʿ*-Inschrift. Mit einem Beitrag zur aramäischen Steleninschrift von Dan (*Tell el Qādī*), ZDPV 118 (2001), 33–65

B. Routledge, The politics of Mesha. Segmented identities and state formation in iron age Moab, JESHO 43 (2000), 221–256

J.A. Soggin, Tibni, re d'Israele nella prima metà del IX sec. A.C., Rivista degli Studi Orientali 47 (1972), 171–176 (= Tibnî, king of Israel in the first half of the 9th century B.C., in: Ders., Old Testament and Oriental Studies, Rom 1975, 50–55)

R.E. Tappy, The archaeology of Israelite Samaria, Bd. 1: Early iron age through the ninth century BCE, Atlanta 1992; Bd. 2: The eight century BCE, Atlanta 2001

S. Timm, Die Dynastie Omri. Quellen und Untersuchungen zur Geschichte Israels im 9. Jahrhundert vor Christus, Göttingen 1982

C. Uehlinger, The seal of Ahab, king of Israel?, Michmanim 11 (1997), 39–52

G.W. Vera Chamaza, Die Rolle Moabs in der neuassyrischen Expansionspolitik, Münster 2005

H.G.M. Williamson, Tel Jezreel and the dynasty of Omri, PEQ 128 (1996), 41–51

S. Yamada, The construction of the Assyrian empire. A historical study of the inscriptions of Shalmanesar III (859–824 B.C.) relating to his campaigns to the west, Leiden 2000

3. Dynastie Jehu

G. Athas, The Tel Dan inscription. A reappraisal and a new interpreation, London 2005

B. Becking, Did Jehu write the Tel Dan inscription?, SJOT 13 (1999), 187–201

A. Biran, J. Naveh, The Tel Dan Inscription: A New Fragment, IEJ 45 (1995), 1–18

W. Dietrich, Jehus Kampf gegen den Baal von Samaria, ThZ 57 (2001), 115–134

W. Dietrich, Der Name ‚David' und seine inschriftliche Bezeugung, in: Ders., Von David zu den Deuteronomisten. Studien zu den Geschichtsüberlieferungen des Alten Testaments, Stuttgart 2002, 74–87

R. Gmirkin, Tools slippage and the Tel Dan inscription, SJOT 16 (2002), 293–302

W. Gugler, Jehu und seine Revolution. Voraussetzungen, Verlauf, Folgen, Kampen 1996

H. Hagelia, The Tell Dan inscription. A critical investigation of recent research on its palaeography and philosophy, Uppsala 2006

B. Halpern, The construction of the Davidic state. An exercise in historiography, in: V. Fritz/P.R. Davies (Hrsg.), The origins of the ancient Israelite states, Sheffield 1996, 44–72

M. Haran, The rise and decline of the empire of Jeroboam ben Joash, VT 17 (1967), 266–297

O. Keel/C. Uehlinger, Der Assyrerkönig Salmanassar III. und Jehu von Israel auf dem Schwarzen Obelisken aus Nimrud, ZThK 116 (1994), 391–420

B. Lehnart, Prophet und König im Nordreich Israel. Studien zur sogenannten vorklassischen Prophetie im Nordreich Israel anhand der Samuel-, Elija- und Elischa-Überlieferungen, Leiden u. a. 2003

A. Lemaire, Joas de Samarie, Barhadad de Damas, Zakkur de Hamat. La Syrie-Palestine vers 800 avant J.-C., in: S. Ahituv (Hrsg.), Festschrift A. Malamat, Jerusalem 1993, 148–157

A. Lemaire, The Tel Dan stela as a piece of royal historiography, JSOT 81 (1998), 3–14

B. Levin, Die Entstehung der Rechabiter, in: Ders., Fortschreibungen. Gesammelte Studien zum Alten Testament, Berlin/New York, 2003, 242–255

Y. Minokami, Die Revolution des Jehu, Göttingen 1989

H.-P. Müller, Die aramäische Inschrift von Tel Dan, Zeitschrift für Althebraistik 8 (1995), 121–139

N. Na'aman, The story of Jehu's rebellion. Hazael's inscription and the biblical narrative, IEJ 56 (2006), 160–166

S. Otto, Jehu, Elia und Elisa. Die Erzählung von der Jehu-Revolution und die Komposition der Elia-Elisa-Erzählungen, Stuttgart 2001

É. Puech, La stèle araméenne de Dan. Bar Hadad II et la coalition des Omrides et de la maison de David, RB 101 (1994), 214–241

G. Reinhold, Die Beziehungen Altisraels zu den aramäischen Staaten in der israelitisch-judäischen Königszeit, Frankfurt/Main u. a. 1989

T.J. Schneider, Rethinking Jehu, Biblica 77 (1996), 100–107

W.M. Schniedewind, Tel Dan stela. New light on Aramaic and Jehu's revolt, BASOR 302 (1996), 75–90

A. Schoors, Die Königreiche Israel und Juda im 8. und 7. Jahrhundert v. Chr. Die assyrische Krise, Stuttgart u. a. 1998

J.-W. Wesselius, The first royal incription from ancient Israel. The Tel Dan inscription reconsidered, SJOT 13 (1999), 163–186

4. Untergang

B. Becking, The fall of Samaria. An historical and archaeological study, Leiden u. a. 1992

R. Borger/H. Tadmor, Zwei Beiträge zur alttestamentlichen Wissenschaft aufgrund der Inschriften Tiglatpilesers III, ZAW 94 (1982), 244–251

S. Dalley, Foreign chariotry and cavalry in the armies of Tiglath-pileser III and Sargon II, Iraq 47 (1985), 31–48

P. Dubrovský, Tiglath-pileser III's campaigns in 734–732 B.C. Historical background of Isa 7; 2 Kgs 15–16 and 2 Chr 27–28, Biblica 87 (2006) 153–170

G. Galil, The last years of the kingdon of Israel and the fall of Samaria, CBQ 57 (1995), 52–65

J.K. Kuan, Neo-Assyrian historical inscriptions and Syria-Palestine. Israelite/Judean-Tyrian-Damascene political and commercial relations in the ninth-eighth century B.C.E., Hong Kong 1995

A. Laato, Assyrian propaganda and the falsification of history in the royal inscriptions of Sennacherib, VT 45 (1995), 198–226

R. Lamprichs, Die Westexpansion des neuassyrischen Reiches. Eine Strukturanalyse, Kevelaer 1995

K. Lawson Younger, The deportations of the Israelites, JBL 117 (1998), 201–227

K. Lawson Younger, The fall of Samaria in light of recent research, CBQ 61 (1999), 461–482

B. Otzen, Israel under the Assyrians, in: M.T. Larsen (Hrsg.), Power and propaganda. A symposium on ancient empires, Kopenhagen 1979, 251–261

M.C. Tetley, The date of Samaria's fall as a reason for rejecting the hypothesis of two conquests, CBQ 64 (2002), 59–77

E. JUDA

1. Im Schatten Israels

R. Achenbach, Jabâ und Atalja – zwei jüdische Königstöchter am assyrischen Königshof? Zu einer These von Stephanie Dalley, BN 113 (2002), 29–38

A. Alt, Festungen und Levitenorte im Lande Juda, in: Ders., Kleine Schriften zur Geschichte des Volkes Israel, Bd. 2, München ⁴1978, 306–315

W.B. Barrick, Another shaking of Jehoshaphat's family tree. Jehoram and Ahaziah once again, VT 51 (2001), 9–25

H. Donner, Art und Herkunft des Amts der Königinmutter im Alten Testament (1985), in: Ders., Aufsätze zum Alten Testament aus vier Jahrzehnten, Berlin/New York 1994, 1–24

A. Faust, The settlement of Jerusalem's western hill and the city's status in iron age II revisited, ZDPV 121 (2005), 97–118

Y. Goren/A. Ayalon/M. Bar-Matthews/B. Shilman, Authenticity examination of the Jehoash inscription, Tel Aviv 31 (2004), 3–16

S. Herrmann, Operationen Pharao Schoschenks I. im östlichen Ephraim, ZDPV 80 (1964), 55–79

R. Kletter, Pots and politics. Material remains of late iron age Judah in relation to its political borders, BASOR 314 (1999), 19–54

G.N. Knoppers, Reform and regression. The Chronicler's presentation of Jehoshaphat, Biblica 72 (1991), 500–524

C. Levin, Der Sturz der Königin Atalja. Ein Kapitel zur Geschichte Judas im 9. Jahrhundert v. Chr., Stuttgart 1982

M. Liverani, L'histoire de Joas, VT 24 (1974), 438–453

A.M. Maeir, The historical background and dating of Amos VI 2. An archaeological perspective from Tell es-Safi/Gath, VT 54 (2004) 319–334

A. Malamat, Das Königreich Juda zwischen Ägypten und Babylon. Ein Kleinstaat im Spannungsfeld der Großmächte, AAWW 137 (2002), 41–54

S. Norin, Die sogenannte Joaschinschrift – echt oder falsch?, VT 55 (2005), 61–74

H. Schulte, Die Rettung des Prinzen Joaš. Zur Exegese von II Reg 11,1–3, ZAW 109 (1997), 549–556

J. Strange, Joram, king of Israel and Judah, VT 25 (1975), 191–201

S. Talmon, Der judäische מַּה צְרָאָה in historischer Perspektive, in: Ders., Gesellschaft und Literatur in der hebräischen Bibel, Neukirchen-Vluyn 1988, 80–91

K.A. Wilson, The campaign of Pharao Shoshenq I into Palestine, Tübingen 2005

E. Würthwein, Der 'amm ha'aræz im alten Testament, Stuttgart 1936

T. YAMAGA, König Joschafat und seine Außenpolitik in den Chronikbüchern, Annual of the Japanese Biblical Institute 27 (2001), 59–154

I. YEZERSKI, Burial cave distribution and the borders of the kingdon of Judah toward the end of the iron age, Tel Aviv 26 (1999), 253–270

2. VORHERRSCHAFT ASSURS

a) Allgemeine Probleme

J. BEGRICH, Der syrisch-ephraimitische Krieg und seine weltpolitischen Zusammenhänge, in: DERS., Gesammelte Studien zum Alten Testament, München 1964, 99–120

S. DALLEY, Recent evidence from Assyrian sources for Judaean history from Uzziah to Manasseh, JSOT 28 (2004), 387–401

W.R. GALLAGHER, Sennacherib's campaign to Judah. New Studies, Leiden u. a. 1999

S.H. HOLLOWAY, Aššur is king! Aššur is king! Religion in the exercise of power in the neo-Assyrian empire, Leiden u. a. 2002

R. KILIAN, Jesaja 1–12, Würzburg 1986

H. MOMMSEN/I. PERLMAN/J. YELLIN, The provenience of the lmlk jars, IEJ 34 (1984), 89–113

B. ODED, The historical background of the Syro-Ephraimite war reconsidered, CBQ 34 (1972), 153–165

S.J. PARKER, Appeals for military intervention. Stories from Zinjirli and the bible, BA 59 (1996), 213–224

K.A.D. SMELIK, The new altar of king Ahaz (2Kings 16). Deuteronomistic reinterpretation of a cult reform, in: M. VERVENNE/J. LUST, Deuteronomy and deuteronomic literature, Leuven 1997, 263–278

H. SPIECKERMANN, Juda unter Assur in der Sargonidenzeit, Göttingen 1982

M.A. SWEENEY, Sargon's threat against Jerusalem in Isaiah 10:27–32, Biblica 75 (1994), 457–470

T.L. THOMPSON, Early history of the Israelite people. From the written and archaeological sources, Leiden u. a. 1992

D. USSISHKIN, The ‚Lachish reliefs' and the city of Lachish, IEJ 30 (1980), 174–195

b) Hiskia

M. ARNETH, Die Hiskiareform in 2 Reg 18,3–8, ZAR 12 (2006), 169–215

G. BARKAY/A.G. VAUGHN, New readings of Hezekian official seal impressions, BASOR 304 (1996), 29–54

J.M. CAHILL, A rejoinder to „Was the Siloam tunnel built by Hezekiah?", BA 60 (1997), 184–185

A. Faust, A note on Hezekiah's tunnel and the Siloam inscription, JSOT 90 (2003), 3–11
I. Finkelstein/N.A. Silberman, Temple and dynasty. Hezekiah, the remaking of Judah and the rise of pan-Israelite ideology, JSOT 30 (2005), 259–285
J. Goldberg, Two Assyrian campaigns against Hezekiah and later eight century biblical chronology, Biblica 80 (1999), 360–390
L.L. Grabbe (Hrsg.), „Like a bird in a cage". The invasion of Sennacherib in 701 BCE, Sheffield 2003
H. Hagelia, Debatten om Siloa-innskriften, Tidsskrift for Teologi og Kirke 73 (2002), 261–288
M. Hutter, Hiskija. König von Juda. Ein Beitrag zur judäischen Geschichte in assyrischer Zeit, Graz 1982
A.K. Jenkins, Hezekiah's fourteenth year. A new interpretation of 2 Kings XVIII 13–XIX 37, VT 26 (1976), 284–298
S.P. Lancaster/G.A. Long, Where they met. Separations in the rock mass near the Siloam tunnels's meeting point, BASOR 315 (1999), 15–26
S. Mittmann, Hiskia und die Philister, JNSL 16 (1990), 91–106
N. Na'aman, The debated historicity of Hezekiah's reform in the light of historical and archaeological research, ZAW 107 (1995), 179–195
J. Rogerson/P.R. Davies, Was the Siloam tunnel built by Hezekiah?, BA 59 (1996), 138–149
H.H. Rowley, Hezekiah's reform and rebellion, in: ders., Men of God. Studies in Old Testament history and prophecy, London u. a. 1963, 98–132
M. Shaheen, The Siloam end of Hezekiah's Tunnel, PEQ 109 (1977), 107–112
K.A. Swanson, A reassessment of Hezekiah's reform in light of jar handles and iconographic evidence, CBQ 64 (2002), 460–469
A.G. Vaughn, Theology, history, and archaeology in the Chronicler's account of Hezekiah, Atlanta 1999

c) Manasse

E. Ben Zvi, Prelude to a reconstruction of the *historical* Manassic Judah, BN 81 (1996), 31–44
B. Halpern, Why Manasseh is blamed for the Babylonian exile. The evolution of a biblical tradition, VT 48 (1998), 473–514
P.S.F. van Keulen, Manasseh through the eyes of the Deuteronomists. The Manasseh account (2 Kings 21:1–18) and the final chapters of the Deuteronomistic history, Leiden u. a. 1996
E.A. Knauf, Hezekiah or Manasseh? A reconsideration of the Siloam tunnel and inscription, Tel Aviv 28 (2001), 281–287
K. Schmid, Manasse und der Untergang Judas. „Golaorientierte" Theologie in den Königsbüchern?, Biblica 78 (1997), 87–99

F. STAVRAKOPOULOU, King Manasseh and child sacrifice. Biblical distortions of historical realities, Berlin/New York 2004

C. UEHLINGER, „... und wo sind die Götter von Samarien?" Die Wegführung syrisch-palästinischer Kultstatuen auf einem Relief Sargons II. in Horṣābād/Dūr-Šarrukīn, in: M. DIETRICH/I. KOTTSIEPER (Hrsg.), „Und Mose schrieb dieses Lied auf...". Studien zum Alten Testament und zum alten Orient, Festschrift O. Loretz, Münster 1998, 739–776

3. RESTAURATIONSPROGRAMM JOSIAS

a) „Reform"

R. ALBERTZ, Why a reform like Josiah's must have happened, in L.L. GRABBE (Hrsg.), Good kings and bad kings, London u. a. 2005, 27–46

M. ARNETH, Die antiassyrische Reform Josias von Juda. Überlegungen zur Komposition und Intension von 2 Reg 23,4–15, ZAR 7 (2001), 189–216

W.B. BARRICK, The king and the cemeteries. Toward a new understanding of Josiah's reform, Leiden 2002

W.G. DEVER, The silence of the text. An archaeological commentary on 2 Kings 23, in: M.D. COOGAN u. a. (Hrsg.), Scripture and other artifacts. Essays on the bible and archaeology in honor of P.J. King, Louisville 1994, 143–168

E. EYNIKEL, The reform of king Josiah and the composition of the deuteronomistic history, Leiden u. a. 1996

B. GIESELMANN, Die sogenannte josianische Reform in der gegenwärtigen Forschung, ZAW 106 (1994), 223–242

C. HARDMEIER, König Joschija in der Klimax des DtrG (2Reg 22 f.) und das vordtr Dokument einer Kultreform am Residenzort (23,4–15*). Quellenkritik, Vorstufenrekonstruktion und Geschichtstheologie in 2Reg 22 f., in: R. LUX (Hrsg.), Erzählte Geschichte. Beiträge zur narrativen Kultur im alten Israel, Neukirchen-Vluyn 2000, 81–145

H.-D. HOFFMANN, Reform und Reformen. Untersuchungen zu einem Grundthema der deuteronomistischen Geschichtsschreibung, Zürich 1980

L. LEPORE, La storicità del ‚manifesto' di Giosia, BeO 45 (2003), 3–33

V. LOPASSO, La riforma di Giosia nel Nord, BeO 41 (1999), 29–40

H. NIEHR, Die Reform des Joschija. Methodische, historische und religionsgeschichtliche Aspekte, in: GROSS [F.6.b], 33–55

T.C. RÖMER, Transformations in deuteronomistic and biblical historiography. On „book-finding" and other literary strategies, ZAW 109 (1997), 1–11

C. UEHLINGER, Gab es eine joschijanische Kultreform? Plädoyer für ein begründetes Minimum, in: GROSS [F.6.b], 57–89

E. WÜRTHWEIN, Die Josianische Reform und das Deuteronomium, in: DERS., Studien zum Deuteronomistischen Geschichtswerk, Berlin/New York, 1994, 188–216

b) Einzelprobleme

W.B. BARRICK, Dynastic politics, priestly succession, and Josiah's eight year, ZAW 112 (2000), 564–582

J. BOEHMER, König Josias Tod, ARW 30 (1933), 199–203

S.B. FROST, The death of Josiah. A conspiracy of silence, JBL 87 (1968), 369–382

J.C. GERTZ, Mose und die Anfänge der jüdischen Religion, ZThK 99 (2002), 3–20

M. HELTZER, Some questions concerning the economic policy of Josiah, king of Judah, IEJ 50 (2000), 105–108

A. MALAMAT, Josiah's bid for Armaggedon. The background of the Judean-Egyptian encounter in 609 B.C., JANES 5 (1973), 267–279

N. NA'AMAN, The kingdom of Judah under Josiah, Tel Aviv 18 (1991), 3–71

E. NICHOLSON, Josiah and the priests of the high places (II Reg 23,8a.9), ZAW 119 (2007), 499–513

R. NORTH, Perspective of the Exodus author(s), ZAW 113 (2001), 481–504

E. OTTO, Mose und das Gesetz. Die Mose-Figur als Gegenentwurf politischer Theologie zur neuassyrischen Königsideologie im 7. Jh. v. Chr., in: DERS. (Hrsg.), Mose, Ägypten und das Alte Testament, Stuttgart 2000, 43–83

J. PAKKALA, Intolerant monolatry in the Deuteronomistic history, Helsinki/Göttingen 1999

G. PFEIFER, Die Begegnung zwischen Pharao Necho und König Josia bei Megiddo, Mitteilungen des Instituts für Orientforschung 15 (1969), 297–307

M. ROSE, Bemerkungen zum historischen Fundament des Josia-Bildes in II Reg 22 f., ZAW 89 (1977), 50–63

R. SMEND, Mose als geschichtliche Gestalt, HZ 260 (1995), 1–19

Z. TALSHIR, The three deaths of Josiah and the strata of biblical historiography (2 Kings XXIII 29–30; 2 Chronicles XXXV 20–5; 1 Esdras I 23–31), VT 46 (1996), 213–236

4. UNTERGANG

J. APPLEGATE, The fate of Zedekiah. Redactional debate in the book of Jeremiah, VT 48 (1998), 137–160, 301–308

H.M. BARSTAD, The myth of the empty land. A study in the history and archaeology of Judah during the ‚exilic' period, Oslo 1996

Z.B. BEGIN, Does Lachish letter 4 contradict Jeremiah XXXIV 7?, VT 52 (2002), 166–174

J. BLENKINSOPP, The Bible, archaeology and politics or: the empty land revisited, JSOT 27 (2002), 169–187

J. BLENKINSOPP/E. STERN, The Babylonian gap revides, BAR 28,3 (2002), 36–39, 55, 59

F.J. Conçalves, Exílio babilónico de ‚Israel'. Realidade histórica e propaganda, Cadmo 10 (2000), 167–196

M. Goulder, „Behold my servant Jehoiachin", VT 52 (2002), 175–190

C. Hardmeier, Prophetie im Streit vor dem Untergang Judas. Erzählkommunikative Studien zur Entstehungssituation der Jesaja- und Jeremiaerzählungen in II Reg 18–20 und Jer 37–40, Berlin/New York 1990

F.L. Hossfeld/I. Meyer, Prophet gegen Prophet. Eine Analyse der alttestamentlichen Texte zum Thema: wahre und falsche Propheten, Fribourg 1973

E. Kutsch, Das Jahr der Katastrophe: 587 v. Chr. Kritische Erwägungen zu neueren chronologischen Versuchen, Biblica 55 (1974), 520–545

J. Lindsay, The Babylonian kings and Edom, 650–550 B.C., PEQ 108 (1976), 23–39

O. Lipschits, The history of the Benjamin region under Babylonian rule, Tel Aviv 26 (1999), 155–190

O. Lipschits, The fall and rise of Jerusalem. Judah under Babylonian rule, Winona Lake 2005

A. Malamat, Caught between the great powers. Judah picks a side ... and loses, BAR 25,4 (1999), 34–41, 64

S. Mowinckel, Studien zu dem Buch Ezra-Nehemia, 2 Bde., Stockholm 1964/65

A.J. Nevins, When was the Solomon's temple burned down? Reassessing the evidence, JSOT 31 (2006), 3–25

J. Pakkala, Zedekiah's fate and the dynastic succession, JBL 125 (2006), 443–452

B. Seidel, Freunde und Feinde Jeremias unter den Beamten Judas der spätvorexilischen Zeit, BibZ 41 (1997), 28–53

H.-J. Stipp, Jeremia im Parteienstreit. Studien zur Textentwicklung von Jer 26, 36–43 und 45 als Beitrag zur Geschichte Jeremias, seines Buches und jüdischer Parteien im 6. Jahrhundert, Frankfurt/Main 1992

H.-J. Stipp, Zedekiah in the book of Jeremiah. On the formation of a biblical character, CBQ 58 (1996), 627–648

E.F. Weidner, Jojachin, der König von Juda, in babylonischen Keilschrifttexten, in: Mélanges Syriens offert à Monsieur R. Dussaud, Bd. 2, Paris 1939, 923–935

J.P. Weinberg, Demographische Notizen zur Geschichte der nachexilischen Gemeinde in Juda, Klio 54 (1972), 45–59

J.P. Weinberg, The citizen-temple community, Sheffield 1992

J.P. Weinberg, The Babylonian conquest of Judah: some additional remarks to a scientific consensus, ZAW 118 (2006), 597–610

J.R. Zorn, Tell en-Nasbeh and the problem of the material culture of the sixth century, in: O. Lipschits/J. Blenkinsopp, Judah and the Judeans in the neo-Babylonian period, Winona Lake 2003, 413–447

F. STRUKTUR DER HEBRÄISCHEN MONARCHIEN

1. König – Hof – Beamte

N. Avigad, Jerahmeel & Baruch, king's son & scribe, BA 42 (1979), 114–118

F. Crüsemann, Der Zehnte in der israelitischen Königszeit, WuD 18 (1985), 21–47

N.S. Fox, In the service of the king. Officialdom in ancient Israel und Judah, Cincinnati 2000

J. Gray, Canaanite kingship in theory and practice, VT 2 (1952), 193–220

R.S. Hess, Writing about writing. Abecedaries and evidence for literacy in ancient Israel, VT 56 (2006), 342–346

Ihromi, Die Königinmutter und der ʿamm haʾarez im Reich Juda, VT 24 (1975), 421–429

D.W. Jamieson-Drake, Scribes and schools in monarchic Judah. A socio-archeological approach, Sheffield 1991

I. Jaruzelska, Amos and the officialdom in the kingdom of Israel. The socio-economic position of the officials in the light of the biblical, the epigraphic and archaological evidence, Posen 1998

A. Lemaire, Note sur le titre BN HMLK dans l'ancien Israël, Semitica 29 (1979), 59–65

N. Lohfink, Die Gattung der „Historischen Kurzgeschichte" in den letzten Jahren von Juda und in der Zeit des Babylonischen Exils, ZAW 90 (1978), 319–347

T.N.D. Mettinger, Salomonic state officials. A study of the civil government officials of the Israelite monarchy, Lund 1971

A. Moenikes, Psalm 2,7b und die Göttlichkeit des israelitischen Königs, ZAW 111 (1999), 619–621

N. Naʾaman, The distribution of messages in the kingdom of Judah in the light of the Lachish octraca, VT 53 (2003), 169–180

H.M. Niemann, Choosing brides for the crown-prince. Matrimonial politics in the Davidic dynasty, VT 56 (2006), 225–238

J. Renz, Schrift und Schreibertradition. Eine paläographische Studie zum kulturgeschichtlichen Verhältnis von israelitischem Nordreich und Südreich, Wiesbaden 1997

C.A. Rollston, Scribal education in ancient Israel. The old Hebrew epigraphic evidence, BASOR 344 (2006), 47–74

U. Rüterswörden, Die Beamten der israelitischen Königszeit. Eine Studie zu śr und vergleichbaren Begriffen, Stuttgart u.a. 1985

R. Schmitt, Der König sitzt im Tor. Überlegungen zum Stadttor als Ort herrschaftlicher Repräsentation im Alten Testament, UF 32 (2000), 475–485

R.E. TAPPY u. a., An abecedary of the mid-tenth century B.C.E. from the Judean Shepelah, BASOR 344 (2006) 5–46

E. VAN WOLDE, In words and pictures. The sun in 2 Samuel 12:7–12, BI 11 (2003), 259–278

J. WEINBERG, Gedaliah, the son of Ahikam in Mizpah. His status and role, supporters and opponents, ZAW 119 (2007), 356–368

2. HEERWESEN

S.K. BIETENHARD, Des Königs General. Die Heerführertradition in der vorstaatlichen und frühen staatlichen Zeit und die Joabgestalt in 2 Sam 2–20; 1 Kön 1–2, Fribourg/Göttingen 1998

M. BROSHI, The expansion of Jerusalem in the reigns of Hezekiah and Manasseh, IEJ 24, 1974, 21–26

E. JUNGE, Der Wiederaufbau des Heerwesens des Reiches Juda unter Josia, Stuttgart 1937

B. MAZAR, The military élite of king David, VT 13 (1963), 310–320

M. WEIPPERT, „Heiliger Krieg" in Israel und Assyrien. Kritische Anmerkungen zu Gerhard von Rads Konzept des „Heiligen Krieges im alten Israel", ZAW 84 (1972), 460–493

P. WELTEN, Die Königs-Stempel. Ein Beitrag zur Militärpolitik Judas unter Hiskia und Josia, Wiesbaden 1969

3. WIRTSCHAFT – HANDEL – FINANZEN

R.D. BALLARD u. a., Iron age shipwrecks in deep water off Ashkelon, Israel, AJA 105 (2001), 151–168

J.P.J. OLIVIER, Money matters. Some remarks on the economic situation in the kingdom of Judah during the seventh century B.C., BN 73 (1994), 90–100

J. SCHAPER, Priester und Leviten im achämenidischen Juda. Studien zur Kult- und Sozialgeschichte Judas in persischer Zeit, Tübingen 2000

J. SCHAPER, Geld und Kult im Deuteronomium, Jahrbuch für Biblische Theologie 21 (2006), 45–54

W. SCHOTTROFF, Der Zugriff des Königs auf die Töchter. Zur Fronarbeit von Frauen im alten Israel, in: F. CRÜSEMANN (Hrsg.), Gerechtigkeit lernen. Beiträge zur biblischen Sozialgeschichte, Gütersloh 1999, 94–114

J.A. SOGGIN, Compulsory labor under David and Salomon, in: T. ISHIDA (Hrsg.), Studies in old Testament history and prophecy, Winona Lake 1982, 259–267

W. ZWICKEL, Die Wirtschaftsreform des Hiskia und die Sozialkritik der Propheten des 8. Jahrhunderts, EvTh 59 (1999), 356–377

4. Gesellschaft – Sozialgefüge (vgl. B.5.b)

R. Bohlen, Der Fall Nabot. Form, Hintergrund und Werdegang einer alttestamentlichen Erzählung (1 Kön 21), Trier 1978

M.L. Chaney, Systematic study of the Israelite monarchy, in: N.K. Gottwald (Hrsg.), Social scientific criticism of the Hebrew bible and its social world. The Israelite monarchy, Atlanta 1986, 53–76

M. Clauss, Gesellschaft und Staat in Juda und Israel, München 1985

C.H.J. de Geus, Die Gesellschaftskritik der Propheten und die Archäologie, ZDPV 98 (1982), 50–57

H. Donner, Die soziale Botschaft der Propheten im Lichte der Gesellschaftsordnung in Israel, OrAnt 2 (1963), 229–245 (= P.H.A. Neumann (Hrsg.), Das Prophetenverständnis in der deutschsprachigen Forschung seit Heinrich Ewald, Darmstadt 1979, 493–514)

M. Finley, Die Schuldknechtschaft, in: H.G. Kippenberg (Hrsg.), Seminar: Die Entstehung der antiken Klassengesellschaft, Frankfurt/Main 1977, 173–204

G. Fleischer, Von Menschenverkäufern, Baschankühen und Rechtsverkehrern. Die Sozialkritik des Amos-Buches in historisch-kritischer, sozialgeschichtlicher und archäologischer Perspektive, Frankfurt/Main 1989

V. Fritz, Die Stadt in alten Israel, München 1990

A.H.J. Gunneweg, עם הארץ a semantic revolution, ZAW 95(1983), 437–440

A.C. Hagedorn, Gortyn. Utilising an archaic Greek law code for Biblical research, ZAR 7 (2001), 217–242

R. Kessler, Die angeblichen Kornhändler von Amos VIII 4–7, VT 39 (1989), 13–22

R. Kessler, Staat und Gesellschaft im vorexilischen Juda (vom 8. Jahrhundert bis zum Exil), Leiden u. a.1992

R. Kessler, Frühkapitalismus, Rentenkapitalismus, Tributarismus, antike Klassengesellschaft. Theorien zur Gesellschaft des alten Israel, EvTh 54 (1994), 413–427

H.G. Kippenberg, Religion und Klassenbildung in antiken Judäa. Eine religionssoziologische Studie zum Verhältnis von Tradition und gesellschaftlicher Entwicklung, Göttingen 1978

F. Lambert, The tribe/state paradox in the Old Testament, SJOT 8 (1994), 20–44

O. Loretz, Die prophetische Kritik des Rentenkapitalismus. Grundlagen-Probleme der Prophetenforschung, UF 7 (1975), 271–278

J.J. Nurmi, Die Ethik unter dem Druck des Alltags. Die Impulse der gesellschaftlichen Änderungen und Situation zu der sozialkritischen Prophetie in Juda im 8. Jh. v. Chr., Abo 2004

A. Oppenheimer, The 'am ha-aretz. A study in the social history of the Jewish people in the Hellenistic-Roman period, Leiden 1977

5. Recht – Justizwesen

A. Alt, Die Ursprünge des israelitischen Rechts (1934), in: Ders., Kleine Schriften zur Geschichte des Volkes Israel, Bd. 1, München ⁴1968, 278–332

T.H. Blomquist, Gates and gods. Cults in the city gates of iron age Palestine. An investigation of the archaeological and biblical sources, Stockholm 1999

H.J. Boecker, Recht und Gesetz im Alten Testament und im alten Orient, Neukirchen-Vluyn ²1984

F. Crüsemann, Das Gericht im Tor – eine staatliche Rechtsinstanz, in: J. Hausmann/H.-J. Zobel (Hrsg.), Alttestamentlicher Glaube und Biblische Theologie, Festschrift H.D. Preuß, Stuttgart u. a. 1992, 69–79

F. Crüsemann, Die Tora. Theologie und Sozialgeschichte des alttestamentlichen Gesetzes, München ²1997

K. Grünwaldt, Auge um Auge, Zahn um Zahn? Das Recht im Alten Testament, Mainz 2002

M. Köckert, Leben in Gottes Gegenwart. Studien zum Verständnis des Gesetzes im Alten Textament, Tübingen 2004

G. Liedke, Gestalt und Bezeichnung alttestamentlicher Rechstssätze. Eine formgeschichtliche-terminologische Studie, Neukirchen-Vluyn 1971

G.C. Macholz, Die Stellung des Königs in der israelitischen Gerichtsverfassung, ZAW 84 (1972), 157–182

G.C. Macholz, Zur Geschichte der Justizorganisation in Juda, ZAW 84 (1972), 314–340

H. Niehr, Rechtsprechung in Israel. Untersuchungen zur Geschichte der Gerichtsorganisation im Alten Testament, Stuttgart 1987

E. Otto, Theologische Ethik des Alten Testaments, Stuttgart u. a. 1994

C. Schäfer-Lichtenberger, Beobachtungen zur Rechtsstellung der Frau in den alttestamentlichen Überlieferungen, WuD 24 (1997), 95–120

W. Warning, Terminological patterns and the decalogue, ZAW 118 (2006), 513–522

6. Religion – Kultus (vgl. B.5.c)

a) Jahwe und Aschera

J. Day, Yahweh and the gods and goddesses of Canaan, Sheffield 2000

M. Delcor, Le trésor de la maison de Yahweh des origins à l'exil, VT 12 (1962), 353–377

W. Dietrich/M.A. Klopfenstein (Hrsg.), Ein Gott allein? JHWH-Verehrung und biblischer Monotheismus im Kontext der israelitischen und altorientalischen Religionsgeschichte, Fribourg/Göttingen 1994

H. Donner, „Höre Israel: Unser Gott Jahwe ist ein Jahwe", Leqach 2 (2002), 12–21

C. Frevel, Aschera und der Ausschließlichkeitsanspruch YHWHs. Beiträge zu literarischen, religionsgeschichtlichen und ikonographischen Aspekten der Ascheradiskussion, Weinheim 1995

S. Grätz, Der strafende Wettergott. Erwägungen zur Traditionsgeschichte des Adad-Fluchs im Alten Orient und im Alten Testament, Bodenheim 1998

J.M. Hadley, The cult of Ashera in ancient Israel und Judah. Evidence for a Hebrew goddess, Cambridge 2000

O. Keel, Goddesses and trees, new moon and Yahweh. Ancient near eastern art and the hebrew bible, Sheffield 1998

O. Keel/C. Uehlinger, Jahwe und die Sonnengottheit von Jerusalem, in: Dietrich/Klopfenstein [F.6.a], 269–306

T.N.D. Mettinger, JHWE-Statue oder Anikonismus im ersten Tempel? Gespräch mit meinen Gegnern, ZAW 117 (2005) 485–508

H. Niehr, JHWH in der Rolle des Baalšamem, in: Dietrich/Klopfenstein [F.6.a], 307–326

H. Niehr, Der höchste Gott. Alttestamentlicher JHWH-Glaube im Kontext syrisch-kanaanäischer Religion des 1. Jahrtausends v. Chr., Berlin/New York 1990

H. Niehr, In search of YHWH's cult statue in the first temple, in: K. van der Toorn (Hrsg.), The image and the book. Iconic cults, aniconism, and the rise of the book religion in Israel and the ancient near east, Leuven 1997, 73–95

J. Tropper, Der Gottesname *Yahwa, VT 51 (2001), 81–106

C. Uehlinger, Anthropomorphic cult statuary in iron age Palestine and the search for Yahweh's cult image, in: K. van der Toorn (Hrsg.), The image and the book. Iconic cults, aniconism, and the rise of the book religion in Israel and the ancient near east, Leuven 1997, 97–155

M. Weippert, Jahwe, in: Ders., Jahwe und die anderen Götter. Studien zur Religionsgeschichte des antiken Israel in ihrem syrisch-palästinischen Kontext, Tübingen 1997, 34–44

U. Winter, Frau und Göttin. Exegetische und ikonographische Studien zum weiblichen Gottesbild im Alten Israel und in dessen Umwelt, Fribourg/Göttingen ²1987

b) Prophetie

M. Beck, Elia und die Monolatrie. Ein Beitrag zur religionsgeschichtlichen Rückfrage nach dem vorschriftprophetischen Jahwe-Glauben, Berlin/New York 1999

J. Blenkinsopp, A history of prophecy in Israel, Louisville ²1996 (= Geschichte der Prophetie in Israel. Von den Anfängen bis zum hellenistischen Zeitalter, Berlin/Köln 1998)

W. Gross (Hrsg.), Jeremia und die „deuteronomistische Bewegung", Weinheim 1995

J. Jeremias, „Wahre" und „falsche" Prophetie im Alten Testament. Entwicklungslinien eines Grundsatzkonfliktes, ThB 28 (1997), 343–349

M. Lang, Gott und Gewalt in der Amosschrift, Würzburg 2004

M. Nissinen, References to prophecy in neo-Assyrian sources, Helsinki 1998

S. Parpola, Assyrian prophecies, Helsinki 1997

H. Pfeiffer, Das Heiligtum von Bethel im Spiegel des Hoseabuches, Göttingen 1999

Y.M. Sherwood, Prophetic scatology. Prophecy and the art of sensation, in: S.D. Moore (Hrsg.), In search of the present: The bible through cultural studies, Atlanta 1998, 183–224

H. Weippert, Amos. Seine Bilder und ihr Milieu. in: Ders. (Hrsg.), Beiträge zur prophetischen Bildsprache in Israel und Assyrien, Fribourg/Göttingen 1985, 1–29

M. Weippert, „König fürchte dich nicht!" Assyrische Prophetie im 7. Jahrhundert v. Chr., Orientalia 71 (2002), 1–54

H.W. Wolff, Die Hochzeit der Hure. Hosea heute, München 1979

c) *Einzelfragen*

P. Ackroyd, Goddesses, women and Jezebel, in: A. Cameron/A. Kuhrt (Hrsg.), Images of women in antiquity, London u. a. ²1993, 245–259

G.W. Ahlström, An archaeological picture of iron age religions in ancient Palestine, Studia Orientalia 55 (1984), 115–145

R. Albertz, Religionsgeschichte Israels in alttestamentlicher Zeit, Teil 1: Von den Anfängen bis zum Ende der Königszeit, Göttingen ²1996

U. Avner, Sacred stones in the desert, BAR 27,3 (2001), 30–41

H. Balz-Cochois, Gomer. Der Höhenkult Israels im Selbstverständnis der Volksfrömmigkeit. Untersuchungen zu Hosea 4,1–5,7, Frankfurt/Main u. a. 1982

A. Berlejung, Die Theologie der Bilder. Herstellung und Einweihung von Kultbildern in Mesopotamien und die alttestamentliche Bilderpolemik, Fribourg/Göttingen 1998

A. Berlejung, Heilige Zeiten. Ein Forschungsbericht, JBTh 18 (2003), 3–61

F.H. Cryer, Divination in ancient Israel and ist near eastern environment. A socio-historical investigation, Sheffield 1994

H. Donner, Hier sind deine Götter, Israel, in: H. Gese/H.P. Rüger (Hrsg.), Wort und Geschichte. Festschrift K. Elliger, Kevelaer u. a. 1973, 45–50

K. Finsterbusch, Vom Opfer zur Auslösung. Analyse ausgewählter Texte zum Thema Erstgeburt im Alten Testament, VT 56 (2006), 21–45

S. Frolov/V. Orel, Gods of Israel. The religious pluralism in the times of Saul and David, BeO 39 (1997), 21–39

M. Godelier, Das Rätsel der Gabe. Geld, Geschenke, heilige Objekte, München 1999

D. Human, Aspects of monotheism. A continued debate, JOTS 12 (1999), 491–505

R. Kessler, Die Ägyptenbilder der hebräischen Bibel. Ein Beitrag zur neueren Monotheismusdebatte, Stuttgart 2002

M. Kleiner, Saul in En-Dor. Wahrsagung oder Totenbeschwörung? Eine synchrone und diachrone Analyse von I Sam 28,3–25, Leipzig 1995

K. Koch, Molek astral, in: A. Lange/H. Lichtenberger/F. Römheld (Hrsg.), Mythos im Alten Testament und seiner Umwelt. Feschrift H.-P. Müller, Berlin/New York, 1999, 29–50

O. Loretz, Ugarit und die Bibel. Kanaanäische Götter und Religion im Alten Testament, Darmstadt 1990

H. Niehr, Religionen in Israels Umwelt. Einführung in die nordwestsemitische Religion Syrien-Palästinas, Würzburg 1998

T. Podella, Nekromantie, ThQ 177 (1997), 121–133

H.D. Preuss, Verspottung fremder Religionen im Alten Testament, Stuttgart u. a. 1971

T. Römer, La sacrifice humain en Juda et Israël au premier millénaire avant notre ère, Archiv für Religionsgeschichte 1 (1999), 16–26

B. Rosenstock, David's play. Fertility rituals and the glory of god in 2 Samuel 6, JSOT 31 (2006), 63–80

B. Sass, Arabs and Greeks in late first temple Jerusalem, PEQ 122 (1990), 59–61

R. Schmitt, Magie im Alten Testament, Münster 2004

F. Stolz, Rausch, Religion und Realität in Israel und seiner Umwelt, VT 26 (1976), 170–186

S. Timm, Ein assyrisch bezeugter Tempel in Samaria? in: U. Hübner/E.A. Knauf (Hrsg.), Kein Land für sich allein. Studien zum Kulturkontakt in Kanaan, Israel/Palästina und Ebirnâri. Festschrift M. Weippert, Fribourg/Göttingen 2002, 126–133

J. Tropper, Nekromantie. Totenbefragung im Alten Orient und im Alten Testament, Kevelaer u. a. 1989

C. van Dam, The Urim and Thummim. A study of an old testament means of revelation, Winona Lake 1997

K. van der Toorn, Israelite figurines. A view from the texts, in: B.M. Gittlen (Hrsg.), Sacred time, sacred place. Archaeology and the religion of Israel, Winona Lake 2002, 45–62

G.W. Vera Chamaza, Die Omnipotenz Aššurs. Entwicklungen in der Aššur-Theologie unter den Sargoniden Sargon II., Sanherib und Asarhaddon, Münster 2002

R. Wenning, Bestattungen im königszeitlichen Juda, ThQ 177 (1997), 82–93

W. Zwickel, Der Tempelkult in Kanaan und Israel. Studien zur Kultgeschichte Palästinas von der Mittelbronzezeit bis zum Untergang Judas, Tübingen 1994

W. ZWICKEL, Religionsgeschichte Israels. Einführung in den gegenwärtigen Forschungsstand in den deutschsprachigen Ländern, in: B. JANOWSKI/M. KÖCKERT (Hrsg.), Religionsgeschichte Israels. Formale und materiale Aspekte, Gütersloh 1999, 9–56

G. AUSBLICK

P.R. ACKROYD, The history of Israel in the exilic and post-exilic periods, in: G.W. ANDERSON (Hrsg.), Tradition and interpretation, Oxford 1979, 320–350

R. ALBERTZ, Die Exilszeit. 6. Jahrhundert v. Chr., Stuttgart u. a. 2001

J. BLENKINSOPP, The age of the exile, in: J. BARTON (Hrsg.), The Biblical World, Bd. 1, London 2002, 416–439

K. BRINGMANN, Geschichte der Juden im Altertum. Vom babylonischen Exil bis zur arabischen Eroberung, Stuttgart 2005

C.E. CARTER, The emergence of Yehud in the Persian period, Sheffield 1999

M. CLAUSS, Das Alte Israel. Geschichte, Gesellschaft, Kultur, München ^{3}2008

K. GALLING, Studien zur Geschichte Israels im persischen Zeitalter, Tübingen 1964

R.G. KRATZ, Israel in the book of Isaiah, JSOT 31 (2006), 103–128

O. LIPSCHITS/J. BLENKINSOPP (Hrsg.), Judah and the Judeans in the neo-Babylonian period, Winona Lake 2003

E. MEYER, Die Entstehung des Judentums. Eine historische Untersuchung, Halle 1896 (ND Hildesheim 1965)

D.S. VANDERHOOFT, The neo-Babylonian empire and Babylon in the latter prophets, Atlanta 1999

Anhang

ABKÜRZUNGEN

Zeitschriften

AAWW	Anzeiger der Österreichischen Akademie der Wissenschaften in Wien
AJA	American Journal of Archaeology
ANET	Ancient Near Eastern Texts Relating to the Old Testament
ARW	Archiv für Religionswissenschaft
BA	The Biblical Archaeologist
BAR	Biblical Archaeology Review
BASOR	Bulletin of the American Schools of Oriental Research
BeO	Bibbia e Oriente
BI	Biblical Interpretation
BibZ	Biblische Zeitschrift
BN	Biblische Notizen
BuL	Bibel und Liturgie
CBQ	Catholic Biblical Quarterly
EvTh	Evangelische Theologie
HZ	Historische Zeitschrift
IEJ	Israel Exploration Journal
JANES	Journal of the Ancient Near Eastern Society of Columbia University
JBL	Journal of Biblical Literature
JESHO	Journal of the Economic and Social History of the Orient
JNES	Journal of Near Eastern Studies
JNSL	Journal of Northwest Semitic Languages
JOTS	Journal of the Old Testament Society of South Africa
JSOT	Journal for the Study of the Old Testament
NEA	New Eastern Archaeology
PEQ	The Palestine Exploration Quarterly
RB	Revue Biblique
SJOT	Scandinavian Journal of the Old Testament
TGI	Textbuch zur Geschichte Israels
ThB	Theologische Beiträge

ThLZ	Theologische Literaturzeitung
ThQ	Theologische Quartalsschrift
ThR	Theologische Rundschau
ThZ	Theologische Zeitschrift
TUAT	Texte aus der Umwelt des Alten Testaments
UF	Ugarit-Forschungen
VT(S)	Vetus Testamentum (Supplemente)
WuD	Wort und Dienst
ZAR	Zeitschrift für Altorientalische und Biblische Rechtsgeschichte
ZAW	Zeitschrift für die Alttestamentliche Wissenschaft
ZDPV	Zeitschrift des Deutschen Palästina-Vereins
ZThK	Zeitschrift für Theologie und Kirche

Bibelstellen

Gen	Das Buch Genesis (1. Buch Mose)
Ex	Das Buch Exodus (2. Buch Mose)
Lev	Das Buch Leviticus (3. Buch Mose)
Num	Das Buch Numeri (4. Buch Mose)
Dtn	Das Buch Deuteronomium (5. Buch Mose)
Jos	Das Buch Josua
Ri	Das Buch der Richter
1 Sam	1. Buch Samuel
2 Sam	2. Buch Samuel
1 Kön	1. Buch der Könige
2 Kön	2. Buch der Könige
1 Chr	1. Buch der Chronik
2 Chr	2. Buch der Chronik
Ps	Die Psalmen
Hld	Das Hohelied
Jes	Das Buch Jesaja
Jer	Das Buch Jeremia
Ez	Das Buch Ezechiel
Hos	Das Buch Hosea
Am	Das Buch Amos
Mi	Das Buch Micha
Zeph	Das Buch Zephania

Zitierweise

1 Kön 12,16–17	1. Buch der Könige, Kapitel 12, Vers 16 bis 17
2 Kön 11,4.9.19	2. Buch der Könige, Kapitel 11, Verse 4, 9 und 19

ZEITTAFEL

2040–1785	Mittleres Reich in Ägypten
ab 2000	Entstehung der kanaanäischen Kultur
1650–1540	Hyksosherrschaft
1540–1070	Neues Reich in Ägypten
1540–1295	18. Dynastie in Ägypten
1515–1494	Pharao Amenophis I. dringt nach Kanaan vor.
1500–1200	späte Bronzezeit wechselnde ägyptische Einflussnahme in Syrien/Palästina
1479–1425	Pharao Thutmosis III. besetzt Kanaan und behauptet es gegen das Reich von Mitanni.
1457	Sieg Thutmosis III. bei Megiddo bringt die Kontrolle über Palästina.
1450–1200	Hettitisches Reich
1427–1401	Amenophis II. Pharao
14./13. Jh.	späte Bronzezeit
1391–1353	Unter Pharao Amenophis III. verringert sich zeitweise die ägyptische Präsenz in Syrien/Palästina.
1360–1048	Mittel-Assyrisches Reich
1353–1336	Unter Pharao Amenophis IV. (Echnaton) nimmt der Einfluss der Hettiter in Kanaan zu.
1350–1290	Vorherrschaft der Hettiter über Syrien/Palästina Seevölkereinfälle im östlichen Mittelmeergebiet
1295–1188	19. Dynastie in Ägypten Pharao Sethos I. bereitet dem Vordringen der Hettiter nach Südsyrien ein Ende.
1279–1213	Ramses II. Pharao
1274	Schlacht bei Kadesch am Orontes zwischen Ägyptern und Hettitern
1259	Friedensvertrag zwischen Ägyptern und Hettitern belässt Palästina unter ägyptischer Kontrolle.
1213–1203	unter Pharao Mernephtah wiederholte ägyptische Feldzüge nach Palästina
1200–1000	Eisenzeit I
um 1200	Höhepunkt des Seevölkeransturms auf Ägypten, Syrien, Palästina
ab 1200	Landnahme der Philister und der Hebräer
1186–1070	20. Dynastie in Ägypten
1184–1153	Pharao Ramses III. siegt über Libyer und Seevölker, muss allerdings die Ansiedlung der Philister zulassen.
ab 1100	Hegemonie der Philister in Palästina – Fünfstädtebund Aramäer gründen Staaten in Syrien.

Ende 11. Jh. Erfolg Baraks über die Philister.
Gegenschlag der Philister; Niederlage Sauls
1000–900 Eisenzeit IIa
ca. 990–965 David von Juda
Eroberung Jerusalems; Siege über die Philister; König von Israel
969–936 Hiram von Tyros
ca. 965–932 Salomo von Juda und Israel
Ausgestaltung des Beamtenapparates; Ausbau der Hauptstadt
Resan begründet ein neues aramäisches Königtum in Damaskus.
935–915 Mit Pharao Schoschenk I. beginnt in Ägypten die 22. (libysche) Dynastie.
932–916 Rehabeam von Juda
Verhandlungen zur Übernahme der Herrschaft über Israel scheitern.
932–911 Jerobeam I. von Israel
Residenz in Pnuel und Thirza
Schaffung neuer kultischer Zentren in Bethel und Dan
926 Beutezug Pharao Schoschenks I. durch Palästina
916–914 Abia von Juda
914–874 Asa von Juda
911–910 Nadab von Israel
910–887 Baesa von Israel stürzt Nadab.
Angriffe gegen Juda
900–700 Eisenzeit IIb
ca. 900 Benhadad I. von Damaskus
887–886 Ela von Israel
886 Simri von Israel stürzt Ela und wird seinerseits nach wenigen Tagen von Omri beseitigt.
886–882 Thibni von Israel und
886–871 Omri von Israel herrschen jeweils über Teilreiche.
Nach dem Tod Thibnis wird Omri Alleinherrscher.
Omri gründet die Hauptstadt Samaria.
Moab wird Israel tributpflichtig.
884–859 Assurnassirpal II. von Assur geht gegen die Aramäer am mittleren Euphrat vor.
874–850 Josaphat von Juda
871–853 Ahab von Israel
Religiöse Polarisierung in Israel nimmt zu.
Baal-Anhänger von dem Propheten Elia hingeschlachtet
ca. 870 Hadadeser von Damaskus
Israel und Damaskus räumen sich gegenseitig Handelsniederlassungen ein.
859–824 Salmanassar III. von Assur dringt immer stärker nach Westen vor.

853	unentschiedene Schlacht einer aramäischen Koalition unter Beteiligung Israels gegen Salmanassar III. bei Karkar
853–852	Ahasja von Israel stirbt nach wenigen Monaten in Folge eines Unfalls.
852–841	Joram von Israel
850–843	Joram von Juda heiratet Athalja, die Tochter Ahabs von Israel. Joram muss Truppen für israelitische Feldzüge stellen.
843–841	Ahasja von Juda
842	Grenzkrieg Israels gegen die Aramäer
841	Ahasja von Juda in Israel getötet
841–837	Athalja Regentin in Juda
841–815	Jehu von Israel stürzt Joram. Baal-Priester und -Gläubige in Samaria ermordet
841–800	Hasael von Damaskus
841	Syrienfeldzug Salmanassars Jehu leistet dem Assyrerkönig Tribut.
seit 838	Die Aramäer erringen eine Vormachtstellung gegenüber Israel. Belagerung von Samaria Angriffe der Philister und Ammoniter gegen Israel
837	Athalja gestürzt
837–797	Joas von Juda
815–799	Joahas von Israel weitere Verluste Israels gegenüber Damaskus
ca. 810	Hasael von Damaskus greift auch Juda an. Durch hohe Tributzahlungen kann König Joas die Hauptstadt retten.
809–782	Adadnirari III. von Assur
800	Adadnirari unterwirft Damaskus.
799–784	Joas von Israel stellt die Kontrolle Israels im Westjordanland wieder her.
797	Ermordung Joas' von Juda
797–769	Amazja von Juda Krieg gegen Israel; Einnahme von Jerusalem durch die Israeliten; Plünderung von Palast und Tempel
784–753	Jerobeam II. von Israel Weitere Konsolidierung Israels auch im Ostjordangebiet Auftreten des Propheten Amos
772–754	Assurdan III. von Assur
769	Amazja von Juda wird ermordet.
769–741	Asarja von Juda Juda erlebt einen wirtschaftlichen Aufschwung. Jerusalem wird neu befestigt.
756–734	Jotham wird zunächst Mitregent von Juda, als sein Vater erkrankt.
753	Sacharja von Israel

752	Sallum von Israel stürzt Sacharja.
752–738	Menachem von Israel stürzt Sallum.
	Auftreten des Propheten Hosea
745–727	Tiglatpilesar III. von Assur
	Phase der großen Westeroberungen Assurs
738–737	Pekachja von Israel
737–730	Pekach von Israel stürzt Pekachja.
	Auftreten der Propheten Jesaja und Micha
	Der innere Zerfall Israels schreitet rasch fort.
734–715	Ahas von Juda
734	Zug Tiglatpilesars nach Palästina; er erreicht den ‚Bach Ägyptens'
733	Aufstand in Israel und Damaskus gegen Assur
	Ahas von Juda ruft Tiglatpilesar zu Hilfe und wird assyrischer Vasall.
	Der Assyrerkönig reduziert Israel auf einen Rumpfstaat.
	Die übrigen Gebiete werden zu den assyrischen Provinzen Megiddo, Dor und Gilead umgewandelt.
	Das Reich von Damaskus verschwindet.
730–721	Hosea von Israel stürzt Pekach.
726–722	Salmanassar V. von Assur
722–721	Aufstand Hoseas von Israel
	Salmanassar V. belagert Samaria.
722–705	Sargon II. von Assur
721	Eroberung Samarias; Ende des Staates Israel
715–697	Hiskia von Juda
715	Ansiedlung von neuen Bevölkerungsgruppen auf dem Gebiet des ehemaligen Israel
713	Die Stadt Asdod stellt die Tributzahlungen an Assur ein.
712–698	Mit dem Pharao Schabaka beginnt die
712–664	25. (äthiopische) Dynastie in Ägypten
711	Sargon II. schlägt in Asdod den Aufstand nieder.
705–681	Sanherib von Assur
	Hiskia und der König von Askalon vereinen sich in einer antiassyrischen Koalition.
701	Kriegsvorbereitungen in Juda
	Zug Sanheribs nach Palästina; weite Teile Judas verwüstet (Lachis); Hiskia verhindert durch neue Tributzahlungen die Zerstörung Jerusalems.
700–587	Eisenzeit IIc
697–642	Manasse von Juda
	Juda bleibt assyrischer Vasallenstaat.
681–669	Assarhaddon von Assur
	Das inzwischen unruhige assyrische Reich kann nochmals stabilisiert werden.

669–626	Assurbanipal von Assur
	Manasse stellt Truppen für einen Ägyptenfeldzug der Assyrer
664	Zerstörung Thebens durch die Assyrer
642–640	Amon von Juda
640–609	Josia von Juda löst eine Unabhängigkeits- und Restaurationsbewegung aus.
	Auftreten der Propheten Jeremia und Zephanja
625–538	Neu-Babylonisches Reich
625–605	Nabopolassar von Babylonien macht sich von Assur unabhängig.
622	Kultreform Josias
612	Fall Ninives
611–606	Mit Aschuruballit II. von Babylon hört das assyrische Reich zu bestehen auf.
610–595	Pharao Necho II.
609	Joahas von Juda von Pharao Necho abgesetzt und durch
609–598	Jojakim von Juda ersetzt
604–562	Nebukadnezar II. von Babylon dehnt seinen Einfluss über ganz Syrien/Palästina aus.
	Juda wird babylonischer Vasallenstaat.
	Schlacht bei Karkemisch
601	Erfolge Ägyptens über babylonische Truppen in Palästina
600	Pharao Necho erobert Gaza. Jojakim stellt die Tributzahlungen an Babylon ein.
598–597	Jojachin von Juda
	Aufstand gegen Babylon
597	Jerusalem fällt; erste Deportationen
597–587	Zedekia von Juda
595–589	Pharao Psammetich II. fällt von Babylon ab.
589	Nebukadnezar rückt gegen Juda vor.
	Belagerung Jerusalems
587	Eroberung und Zerstörung Jerusalems; weitere Deportationen
	Zedekia abgesetzt
	Ende der davidischen Dynastie und des Staates Juda

KARTEN

Alle Karten wurden von Hubert Hillmann und Karl-Heinz Schatz aus Eichstätt gezeichnet.

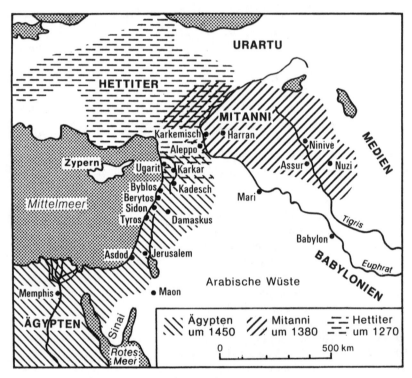

Karte 1: Der Vordere Orient im 2. Jahrtausend

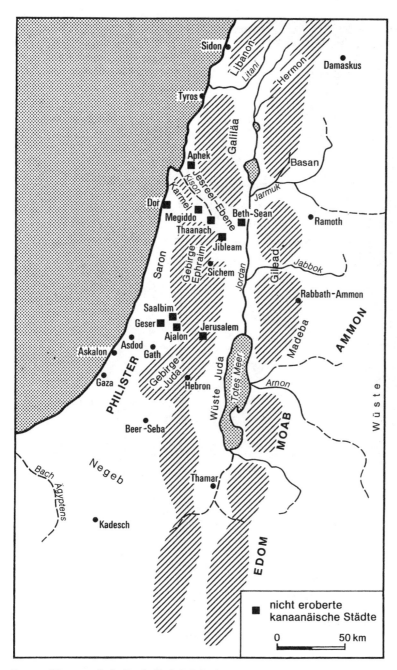

Karte 2: Die geografische Beschaffenheit Palästinas

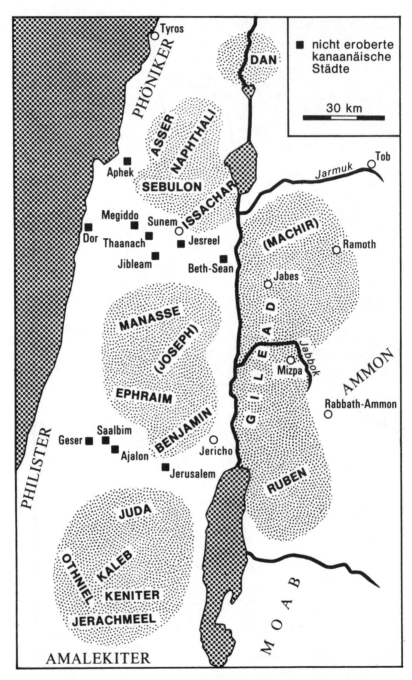

Karte 3: Die Siedlungsgebiete der hebräischen Stämme

Karten 247

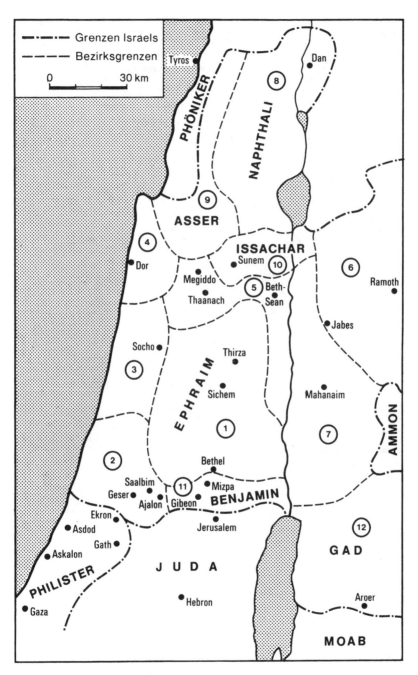

Karte 4: Bezirkseinteilung Israels

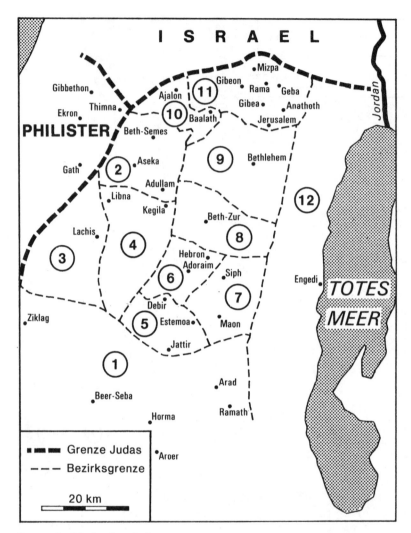

Karte 5: Bezirkseinteilung Judas

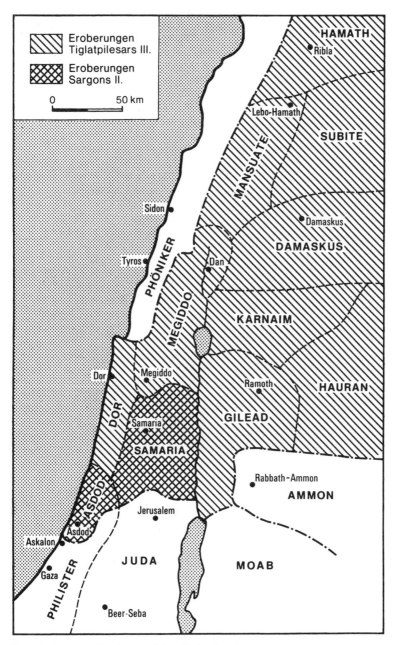

Karte 6: Assyrische Provinzen auf dem Boden Israels

ORTS-, PERSONEN- UND SACHREGISTER

Abel, biblische Sagengestalt 26
Abgaben s. Tribut
Abia, 916–914 König von Juda 60, 75
Abigail, Frau Davids 36
Abimelech, Kanaanäer 9, 121
Abisag, Frau Davids 41
Abner, Hauptmann Sauls 22, 37
Abraham, biblische Sagengestalt 13, 32, 137
Absalom, Sohn Davids 25, 38–40, 43 f., 78, 144
Achis, philistäischer Stadtfürst 36, 141
Ackerbau 17, 30, 126, vgl. Bauer
Adadnirari III., 809–782 König von Assur 55
Administration s. Verwaltung
Adonija, Sohn Davids 41 f., 89
Adoraim, Ort in Juda 248
Adullam, Ort in Juda 248
Ägäis 7, 10
Ägypten, Ägypter 7–11, 18, 42 f., 49, 58 f., 64–67, 70 f., 73, 76–79, 82, 84, 86 f., 96, 105, 112, 117, 119 f., 124, 127, 142, 146, 148 f., 152, 155, 164, 168, 170 f., 174, 244, vgl. Auszug, Pharao
Ahab, 871–853 König von Israel 51–54, 61, 67, 80, 83 f., 86, 145, 153 f., 156, 190
Ahas, 734–715 König von Juda 58, 63, 98, 118, 164
Ahasja, 853–852 König von Israel 53 f., 154, 156, 189
Ahasja, 843–841 König von Juda 54, 61, 156, 163
Ahikam, Beamter 177
Ai, Ort in der Sage 17 f., 125
Aitiologie 17, 125, 152, 169
Ajalon, Ort in Juda 34, 245–248
Aleppo, Ort in Nordsyrien 7, 244
Alter Orient 7–11, 26, 44, 48, 53, 70, 76, 87, 120 f., 135, 154, 175, 244
Ältester 20, 29, 39 f., 45, 80, 86, 88, 90 f., 134, 136, 177, 180–183, 185, 191
Amalekiter, Volk im Süden Judas 34–36, 131, 246
Amarna-Texte 18, 120
Amazja, 797–769 König von Juda 61 f., 112, 191
Amenophis I., 1515–1494 Pharao 7
Amenophis II., 1427–1401 Pharao 8
Amenophis III., 1391–1353 Pharao 137
Amenophis IV./Echnaton, 1353–1336 Pharao 7

Ammon, Ammoniter, Volk im Osten Judas 10, 15, 20 f., 34, 55, 65, 82, 130, 142, 186, 245–247, 249
Amnon, Sohn Davids 25, 144
Amon, 642–640 König von Juda 67 f.
Amos, um 750 Prophet 10, 56, 89–91, 101 f., 158, 168, 181, 184 f., 191
Amphiktyonie 134 f.
Amt s. Beamter, Bezirkseinteilung, Eunuch, Freund des Königs, Herold, Palastvorsteher, Sekretär, Stallmeister, Statthalter, Verwaltung
Anat, Gottheit 188
Anathoth, Ort in Juda 248
Ansiedlung 15–19, 25, 111, 117, 125–129, 183
Aphek, Ort in der Jesreel-Ebene 22 f., 36, 245 f.
Apiru 8 f., 122, 127 f., 141
Araber, Arabien 84, 159 f., 184
Arabische Wüste 244
Arad, Ort in Juda 43, 72, 111–113, 248
Aram, Aramäer 9–11, 15, 20, 42, 48, 51 f., 54–56, 61–63, 82, 84, 118, 142, 154 f., 158, 176, 178, 189
Archäologie 2 f., 85, 92, 107–112, 125–127, 130, 133, 136, 139–141, 143, 145–147, 154, 158, 161, 165, 167, 172, 178, 180 f., 187, 191
Aristokratie s. Oberschicht
Armut 182
Arnon, Fluss ins Tote Meer 51, 158, 245
Aroer, Ort in Gad 21, 158, 247
Aroer, Ort im Negeb 26, 34, 248
Aruma, Ort bei Sichem 9
Asa, 914–874 König von Juda 3, 47, 60, 77, 98, 179
Asarhaddon, 681–669 König von Assur 66
Asarja, 769–741 König von Juda 62, 79
Aschera 32, 69, 98, 100, 111, 155, 162, 187–189, 190
Asdod, Ort der Philister 10, 64 f., 244 f., 247, 249
Aseka, Ort in Juda 73 f., 248
Askalon, Ort der Philister 10, 65, 68, 245, 247, 249
Asser, Stamm 176, 246 f.
Assur, Assyrer, Assyrien 1, 9–11, 14, 48, 52–59, 61–68, 71, 83 f., 86 f., 99, 104, 107, 112, 118, 144, 147, 150, 154, 157–160, 162–170, 176, 178, 188, 191, 244, 249 vgl. Adadnirari, Asarhaddon, Assurbanipal,

Assurdan, Assurnassirpal, Heerwesen, Salmanassar, Sanherib, Sargon, Tiglatpilesar
Assurbanipal, 669–626 König von Assur 66–68, 70
Assurnassirpal II., 884–859 König von Assur 52
Astralkult 99, 101, 191
Astarte, Gottheit 23, 155, 188, 190
Athalja, 841–837 Regentin in Juda 51, 61, 77, 82, 161–163
Audienz 79
Außenhandel s. Handel
Auszug aus Ägypten 13–16, 21–49, 117, 123 f., 128, 149, 151, 170

Baal, Gottheit 52, 54 f., 69, 96, 137, 155 f., 162, 170, 187–190
Baal-Kult 32, 53, 102
Baal-Sebul, Gottheit 189
Baalath, Ort in Juda 178, 248
Babylon, Babylonien, Babylonier 1, 4, 10–12, 14, 33, 48, 67, 71–74, 80, 84, 87, 104, 107, 113, 118, 159, 163, 171 f., 177, 244, vgl. Hammurabi, Nebukadnezar
Bach Ägyptens, Fluss in Palästina 245
Baesa, 910–887 König von Israel 47, 50, 75
Bamot 162
Barak, Rettergestalt 21 f., 130
Basan, Ebene nördlich des Jarmuk 158, 245
Bauer 29, 88, vgl. Ackerbau
Baumaßnahmen 87
Bauopfer 190
Beamte 9, 36 f., 39, 43, 75, 77 f., 85, 87–91, 95, 97, 100, 104, 132, 159, 174–177, 183, 190, vgl. Amt
Beer-Seba, Ort in Juda 5, 43, 47, 112, 128, 138, 245, 248 f.
Bekaim, Tal bei Jerusalem 38
Belagerung 57, 66, 72, 166
Benhadad, um 900 König von Damaskus 47, 84
Benjamin, Stamm 28, 46 f., 130 f., 142, 144, 171 f., 176, 247
Berufssoldaten s. Söldner
Berytos, Ort in Syrien 244
Beschneidung 105, 187
Besitzverzeichnis, negatives 18
Bestattung s. Grab
Beth-Sean, Ort in Israel 10, 18, 23, 150, 175, 245–247
Beth-Semes, Ort in Juda 62 f., 139, 248
Beth-Zur, Ort in Juda 248
Bethel, Ort in Israel 17, 49, 68 f., 89, 97, 138, 152, 168, 170, 189, 247

Bethlehem, Ort in Juda 35, 38, 248
Bezirkseinteilung 80, 147, 155, 175
Bigamie s. Polygynie
Binnenhandel s. Handel
Blutrache 11, 37, 134
Brandopfer s. Opfer
Brautpreis 27 f.
Bronzezeit 3, 18, 82, 116, 121, 125 f., 128
Bund 75, 183
Byblos, Ort in Syrien 34, 65, 244

Christentum 27, 98, 105, 126
Chronist 85, 116, 140, vgl. Geschichtsschreibung
Chronologie 3

Damaskus, Ort in Syrien 42, 48, 55 f., 59, 63, 84, 142, 153, 156–158, 164, 244 f., 249, vgl. Benhadad, Hadadeser, Hasael, Resan, Rezin
Dämonen 13
Dan, Ort in Israel/Stamm 5, 49, 97, 139, 156, 175, 189, 246 f., 249
David, um 990–965 König von Juda und Israel, davidisch 1 f., 5, 9, 11 f., 20 f., 23, 25 f., 34–46, 48 f., 60, 62, 64, 67 f., 74–77, 79, 81 f., 85–87, 89, 96 f., 108–110, 115, 117, 130, 139–147, 149, 154, 156, 168, 172, 174, 177, 179 f., 187
David-Stadt 43, vgl. Jerusalem
Debir, Ort in Juda 248
Debora, Richterin 24, 126, 130, 134
Dekalog 93, 183
Deportation 58 f., 72, 74, 104, 120, 158–160, 172 f.
Deuteronomium, deuteronomistisches Geschichtswerk 63, 65, 67, 114–116, 125, 129, 131, 140, 145–147, 152, 162, 164, 167, 169 f., 176, 183, 187
Dienstleistungen 14, 40, 43, 45, 49, 60, 78, 85, 88, 91, 95, 124, 147, 151, 179
Dina, biblische Sagengestalt 28
Domäne 39, 83, 85 f., 88 f., 165, 176
Doppelmonarchie 37 f., 45, 49, 60, 84, 86, 97, 105, 109, 131, 139, 144 f., 149 f., 176, 179
Dor, Ort in Israel 18, 58, 175, 245–247, 249
Dromedar 4, 121

Ebjathar, Priester 42, 89
Echnaton s. Amenophis IV.
Edelmetall s. Gold, Silber
Edom, Edomiter, Gebiet/Volk im Osten Judas 10, 15, 34, 51, 62–65, 72, 112 f., 142, 155, 178, 186, 245

Orts-, Personen- und Sachregister 253

Ehe 94, 134, 174
Eisenzeit 3, 82, 121, 127 f., 137, 143, 150, 161, 187
Ekron, Ort der Philister 10, 65 f., 68, 189, 247 f.
El, Gottheit 188
Ela, 887–886 König von Israel 3, 50, 75, 83
Elath, Ort am Roten Meer 72, 112, 178
Eleasar, Gesandter 177
Elfenbein 92, 154
Elia, um 850 Prophet 24, 33, 53, 156
Eljakim, König s. Jojakim
Eljakim, Palastvorsteher 79
Elohim, Gottheit 76, 114, 188
Elohist 114
endogam 25
Engedi, Ort in Juda 36, 179, 248
Enneateuch 114
Ephraim, Gebirge/Stamm 5, 10, 50, 57, 128, 130, 132, 142, 175, 245, 247
ephraimitisch-syrischer Krieg 112, 164
Epigraphik 107, 110, 116, 118, 139, 168, 186–188, 191, vgl. Ostrakon
Erbteilung 30
Erstgeburt 190
Erzvater 32, 96, 100, 117, 122, 125, 133, 137
Esbaal, Sohn Sauls 37
Esel 11, 86
Estemoa, Ort in Juda 37, 248
Eunuch 77
Euphrat 4, 7, 10, 59, 84, 142, 244
Exil, Exilszeit 1, 26, 69, 96, 101, 104 f., 108 f., 114, 117, 162, 169, 172, 183, 185 f., 193
Exodus s. Auszug
Ezechiel, um 590 Prophet 85, 99, 116, 192

Fabel 117
Familie 24–29, 133–135
Familienoberhaupt 134, 161
Feldzug s. Krieg
Felsengrab 92
Festung 65, 83, 87, 112, 139, 178
Finanzen s. Geld
Frau 94, 133 f., 179, 181, 185, 188 f.
Freund des Königs 79
Fron s. Dienstleistungen
Fruchtbarkeit 37, 76
Fruchtbarkeitsgott 162
Fünfstädtebund 10

Gad, Stamm 158, 176, 247
Galiläa, Landschaft in Israel 5, 47, 58, 128, 158, 178, 245
Garde s. Leibwache

Garnison s. Festung
Gath, Ort der Philister 10, 36, 61, 163, 245, 247 f.
Gaza, Ort der Philister 5, 8, 10, 66, 72, 120, 245, 247, 249
Geba, Ort in Juda 10, 47, 179, 248
Gedalja, Beamter 79, 172. 177
Geld 85, 87, 179, 185
Gemarja, Beamter 177
Genezareth, See in Israel 47, 176
Geographie 110
Gerichtsbarkeit s. Rechtswesen
Geschichtsschreibung 79, vgl. Chronist
Gesellschaftsordnung 104, 135 f., 181, vgl. Großgrundbesitz, Oberschicht, Schuldner, Sklave
Geser, Ort in Israel 10, 34, 118, 145, 150, 178, 245–247
Getreide 84
Gibbethon, Ort der Philister 50, 248
Gibea, Ort in Juda 10, 28, 33, 131, 248
Gibeon, Ort in Juda 38, 72, 150, 247 f.
Gideon, Rettergestalt 19 f., 29, 129
Gilead, Provinz/Stamm 20, 22, 34, 54 f., 58, 68, 81, 142, 158, 245 f., 249
Gleichheitsbewusstsein 31, 92 f.
Goliath, biblische Sagengestalt 111, 140
Gott, Gottheit 7, 24, 28, 137, 159, 174, vgl. Astarte, Baal, El, Hadad, Ischtar, Jahwe, Kamosch, Milkom, Molech, Mondgott, Mot, Nationalgott, Qaus, Reschef, Schamasch, Tammus, Zeus
Gottesberg s. Sinai
Gottessohnschaft des Königs 76, 174
Götzendienst 102
Grab 134, 161, 187, vgl. Felsengrab
Griechenland 68, 113, 136, 168, 180 f.
Großfamilie 26, 30, 94, 133, vgl. Familie, Sippe
Großgrundbesitz(er) 85, 88, 90–93, 104, 136

Hadad, Gottheit 153, 156 f., 189 f.
Hadadeser, um 1000 König von Zoba 142
Hadadeser, um 870 König von Damaskus 52, 55
Häuptling 23, 129–131
ham haaretz s. Landadel
Hamath, assyrische Provinz 160, 249, vgl. Zakir
Hammurabi, 1792–1750 König von Babylon 43, 174
Hananja, um 590 Prophet 72
Handel 35, 42, 56, 84 f., 87, 118, 131 f., 148, 155, 178 f.
Handwerk 72, 155

Harem 27, 76 f., 145
Harran, Ort in Nordsyrien 67, 71, 244
Hasael, um 841–800 König von Damaskus 55, 61 f., 156–158, 163
Hauptmann s. Abner, Joab
Hauran, assyrische Provinz 249
Hazor, Ort in Israel 58, 111, 126, 140, 145, 178
Hebron, Ort in Juda 34–37, 39, 78, 128, 139, 141, 165, 245, 247 f.
Heerbann 38, 40, 43, 50, 82–84, 88, 177 f.
Heerwesen
– assyrisches 57
– hebräisches 81–84, 87, 118, 132, 151, 159, 177 f.
– kanaanäisches 81
– vgl. Belagerung, Festung, Hauptmann, Heerbann, Krieg, Leibwache, Offizier, Rammbock, Söldner, Streitwagen, Wurfgeschoss
Heiligtum 49, 68, vgl. Höhenheiligtum, Tempel
Heiligkeitsgesetz 183
Heirat s. Ehe
Hellenismus 108, 116, 124, 162
Henotheismus 185
Hermon, Gebirge im Norden Israels 4, 20, 245
Herold 78 f.
Hettiter 7–9, 11, 82, 162, 244
Heuschrecke 30
Hexe 98
Hilkija, Oberpriester 168
Himmelsheer 187
Hiram, 969–936 König von Tyros 43, 84, 148, 179
Hiskia, 715–697 König von Juda 63–66, 108, 112, 118, 146, 162, 165, 167, 178
Hochzeit 187
Hof 38, 44, 53 f., 56, 60, 64, 72, 76–79, 90, 155, 159, 171, 174–177, 181
Höhenheiligtum 68 f., 98, 167, 170, 187, 190
Holz 84
Horma, Ort in Juda 32, 248
Hosea, 730–721 König von Israel 58, 159 f.
Hosea, um 750 Prophet 55 f., 98, 101, 144, 158, 168, 189–191
Hyksos 7

Ilias 20
Inschrift s. Epigraphik
Isaak, biblische Sagengestalt 13, 28, 32, 137
Isai, Vater Davids 40
Ischtar, Gottheit 157

Isebel, Gattin Ahabs 51, 53, 77, 84, 153
Israel, Nordreich 1, 3–6, 8, 21, 34, 38, 40–60, 62 f., 69, 75 f., 78, 83 f., 86 f., 89, 96–98, 100, 102, 104, 110, 112, 115, 118–120, 130, 135, 141 f., 145, 147, 149–164, 168, 171, 175–177, 183, 186, 188, 190, 247–249
Issachar, Stamm 50, 176, 246 f.
Ittobaal, um 880 König von Sidon 51, 153

Jabbok, linker Nebenfluss des Jordan 51, 55, 245 f.
Jabes, Ort in Israel 246 f.
Jahwe, Gottheit 2, 13, 15 f., 23, 27, 46, 49, 51 f., 54 f., 57, 61, 69, 71 f., 96, 98 f., 105, 111, 137, 146, 152 f., 155, 162, 183, 186–189, 191
Jahwe, Land 137
Jahwe-Kult 31, 50, 53, 64, 96, 98, 101 f., 114, 127, 137, 147, 152, 164, 168, 171, 174
Jahwist 114
Jakob, biblische Sagengestalt 13, 28, 32, 135, 137
Jarmuk, linker Nebenfluss des Jordan 20, 245 f.
Jattir, Ort in Juda 34, 248
Jebusiter 97, 147
Jedidja s. Salomo
Jehu, 841–815 König von Israel 54–56, 61, 75, 102, 151, 154–159
Jephthah, Rettergestalt 19–22, 35, 42, 81, 130, 141
Jerachmeel, Stamm 34 f., 246
Jeremia, um 620 Prophet 71–73, 102, 116, 171 f., 177, 181, 188, 191 f.
Jericho, Ort in Israel 5, 125, 190, 246
Jerobeam I., 932–911 König von Israel 46, 48–50, 75, 97, 145, 149, 151–153, 189
Jerobeam II., 784–753 König von Israel 56 f., 155, 158, 176
Jerusalem 2, 4 f., 34, 37, 39–47, 59, 54, 58, 60–66, 68–72, 74, 76, 78–80, 89, 97, 99 f., 104, 119, 128, 143 f., 146, 149 f., 154, 161, 164–166, 169, 175 f., 178, 182 f., 186, 244–249
Jesaja, um 740 Prophet 57, 63–65, 67, 79, 83, 90, 93, 99, 101 f., 104, 116, 159, 163 f., 185, 190, 192
Jesreel, Ort in Israel 5, 54, 153, 246
Jesreel-Ebene 18 f., 21 f., 49, 58, 71, 128, 150, 175, 178, 245
Jesse s. Isai
Jibleam, Ort in Israel 18, 245 f.
Joab, Hauptmann Davids 37, 42
Joahas, 815–799 König von Israel 61
Joahas, 609 König von Juda 71, 171

Joas, 799–784 König von Israel 56, 62, 158
Joas, 837–797 König von Juda 3, 61, 82, 161, 163
Jojachin, 598–597 König von Juda 72–74, 77, 172
Jojada, Priester 61
Jojakim, 609–598 König von Juda 70–72, 87, 113, 177, 180
Jonathan, Sohn Sauls 22
Joram, 852–841 König von Israel 51, 53 f., 156
Joram, 850–843 König von Juda 51, 61, 163
Jordan 4 f., 18, 20, 36, 42, 47, 50, 56, 58, 71, 125, 127, 158, 176, 178, 245, 248
Josaphat, 874–850 König von Juda 61, 98, 112, 162
Josia, 640–609 König von Juda 67–71, 96, 98, 100, 112, 115, 144, 149, 165, 167–171, 177–180, 182 f., 187, 189
Josua, biblische Sagengestalt 16 f.
Jotham, 741–734 König von Juda 62, 79
Juda, Gebirge 245
Juda, Südreich 1, 3 f., 6, 34–37, 40, 42–48, 50 f., 53, 56, 58, 60–76, 78, 86 f., 89, 96–98, 100, 103 f., 110–112, 114, 118 f., 122, 130, 135, 139, 141–143, 145, 149, 151, 154–156, 158, 161–173, 176–179, 183 f., 186, 189, 191, 193, 246–249
Judentum 1, 27, 105

Kadesch, Ort im Negeb 43, 245
Kadesch, Ort in Nordsyrien 244
Kain, biblische Sagengestalt 26
Kaleb, Kalibbiter, Stamm 35, 246
Kalender 49, 118
Kamel 19, 86, 102, 121 f.
Kamosch, Gottheit 51 f., 162, 186
Kanaan, Kanaanäer 6–8, 17 f., 29, 32 f., 36, 38, 43, 46, 48 f., 51–53, 67, 69, 75, 78, 80, 82, 85, 88 f., 95–97, 99–101, 118 f., 126–128, 137 f., 142 f., 150 f., 153, 157, 159, 170, 174 f., 178, 181, 246, vgl. Heerwesen, Jebusiter
Karawane 42, 84, 87, 146
Karkar, Ort in Nordsyrien 52, 244
Karkemisch, Ort in Nordsyrien 7, 71, 244
Karmel, Gebirge in Israel 5, 21, 48, 53, 58, 157, 175, 178, 245
Karnaim, assyrische Provinz 249
Kegila, Ort in Juda 36, 248
Keniter, Stamm 34 f., 246
Kereti s. Leibwache
Kison, Fluss in Israel 21, 245
Klassengesellschaft 180 f.
Kleinasien 9

Kleine Richter s. Richter der Richterzeit
Kleinvieh 11, 35, 39, 86, 133, 166
Kleinviehzüchter 122
Klima 4, 119, 121
König 8 f., 34, 36 f., 39 f., 64, 72, 75 f., 83, 85, 87 f., 90, 92–94, 131, 134, 136 f., 143 f., 149, 165, 170, 174–177, 180, 183, 186 f., vgl. Monarchie
Königinmutter 7, 174
Kosmologie 33
Kreditwesen 181
Kreta 10
Krongut s. Domäne
Kult 52, 96–103, 111, 165, 167, vgl. Astralkult, Baal-Kult, Jahwe-Kult, Sonnenkult
Kulthöhe s. Höhenheiligtum
Kultpolitik 54
Kultreform 65, 168
Kultständer 138, 187
Kultzentralisation 169
Kyros, 559–529 König der Perser 104, 176

Lachis, Ort in Juda 62, 65, 73 f., 112, 139, 165 f., 172, 177, 248
Lade 97, 99, 187, 190
Lamech, biblische Sagengestalt 12
Landadel 161, 171, 174, 180
Landesausbau 17, 126
Landnahme s. Ansiedlung
Landwirtschaft s. Ackerbau
Leberschau 191
Lebo-Hamath, Ort in Israel 56, 249
Leibwache 38, 78, 82, 163
Libanon, Gebirge im Norden Israels 4, 120, 179, 245
Libanonwaldhaus 43
Libna, Ort in Juda 248
Libyen, Libyer 11, 46
Litani, Fluss im Norden Israels 245
Luxus 56, 76, 92

Machir, Stamm 246
Madeba, Landschaft östlich des Toten Meeres 51, 245
Magazine 65
Magie, Magier 13 f., 100, 191
Mahanaim, Ort in Israel 176, 247
Manasse, Stamm 57, 158, 176, 246
Manasse, 697–642, König von Juda 66 f., 97 f., 110, 112, 165–168, 175, 187
Mansuate, assyrische Provinz 249
Maon, Ort in Juda 244, 248
Märchen 117
Mari, Ort am Euphrat 244
Massebe 32, 69, 98, 100, 138, 162, 188 f.

Mathanja s. Zedekia
Medien, Meder 59, 67, 244
Meerfeindlichkeit 4
Megiddo, Ort in Israel 5, 7, 10, 18, 46, 58, 68, 71, 110, 140, 145, 152, 154, 170, 178, 245–247, 249
Memphis, Ort in Ägypten 244
Menachem, 752–738 König von Israel 57f., 87, 118
Menschenopfer 69, 98, 167, 190
Mernephta, 1213–1203 Pharao 8, 14, 120
Mesa, um 850 König von Moab 51, 153f., 162
Mesopotamien 3f., 8f., 33, 82, 86, 96, 99, 146, 152, 163
Messias 35, 64, 68, 75
Micha, Hofbeamter 177
Micha, um 720 Prophet 35, 91, 104, 119, 182, 191
Midianiter, Volk im Osten der Hebräer 19f., 22, 137
Militär s. Heerwesen
Milkom, Gottheit 186
Mitanni, Reich in Mesopotamien 7, 244
Mittelmeer 4, 48, 68, 178, 244
Mizpa, Ort in Juda 47, 172, 179, 247f.
Moab, Moabiter, Volk im Osten Judas 10, 15, 20, 34, 51, 54, 64f., 142, 154, 186, 245–247, 249
Molech, Gottheit 188
Monarchie 31f., 93–96, 101, 114, 130f., 135, vgl. Doppelmonarchie
Mondgott 187f., 191
Monolatrie 153, 185
Monotheismus 185
Mose, biblische Sagengestalt 14, 16, 32, 70, 117, 152, 170
Mot, Gottheit 188

Nabal, Bauer 136, 144
Nabopolassar, 625–605 König von Babylon 67
Naboth, Grundbesitzer 86, 89, 181
Nadab, 911–910 König von Israel 50, 75
Nahor, biblische Sagengestalt 13
Naphthali, Stamm 47, 176, 246f.
Nathan, Prophet zur Zeit Davids 23, 174
Nationalgott 49, 61, 68f., 96f., 162, 186f.
Nebukadnezar, 604–562 König von Babylon 6, 70, 71, 73f., 77, 79, 104, 172
Necho II., 610–595 Pharao 67, 70f., 87
Negeb, Landschaft im Süden Judas 35, 43, 63, 72, 128, 140, 178, 245
Nehuschtan s. Schlange
Nekromantie s. Totenbefragung

Nil 7, 65
Ninive, Ort am Tigris 65–68, 244
Nomade 2, 11–14, 16, 31f., 81, 120–122, 126–128, 133, 140, 157
Nordreich s. Israel

Obadja, Priester 53
Oberpriester 89, 97, 168
Oberschicht 53, 58, 88, 90, 119, 161
Obstanbau 129
Offizier 39
Öl, Ölbaum 39, 84, 86, 88, 129, 154f., 193
Omri, 886–875 König von Israel, Omriden 48, 50–54, 58, 61, 67, 75, 84, 96f., 102, 110, 145, 151, 153–157, 159, 189f.
Opfer 7, 30, 32f., 87, 97f., 100, 102, 138, 157, 164, 179, 189f., vgl. Bauopfer, Menschenopfer, Rauchopfer
Orakel 98, 187, 190f.
Ostjordanland s. Jordan
Ostrakon 86, 113, 155, 191, vgl. Epigraphik
Othniel, biblische Sagengestalt 19
Othniel, Stamm 35, 246

Palast 67, 71f., 76, 87, 96f., 180
Palästina 4f., 7–9, 11, 15f., 18, 29, 42, 46, 48, 52f., 55, 60, 65, 68, 71f., 77, 82, 108, 119, 125–128, 132, 142, 149, 152, 158, 161, 187, 245, vgl. Philister
Palastvorsteher 50, 78f., 177, 181
Parfum 179
Passah-Fest 13f.
Patriarch s. Erzvater
patriarchal 12, 26, 121
patrilinear 27, 134
patrilokal 26
Pekach, 737–730 König von Israel 58f., 62f., 82
Pekachja, 738–737 König von Israel 58, 82, 118
Pentateuch 1, 113f., 116
Perser 104, 123f., 133, 147, 168, 176
Pfandwesen 90–92, 183
Pfeilerhäuser 145
Pharao s. Amenophis, Mernephta, Necho, Psammetich, Ramses, Schabaka, Schoschenk, Thutmosis
Philister 10, 15, 21–23, 25, 28, 34, 36, 38, 40, 55, 58, 61, 63, 65, 81f., 84, 92, 110, 121, 131f., 142, 148, 165, 175, 245–249, vgl. Achis, Palästina
Phöniker, Phönikien 43, 51f., 84, 142, 153, 176f., 189, 246f., 249
Pilger s. Wallfahrt
Pnuel, Ort in Israel 46, 50

Polygynie 27, 38, 76, 134
Polyjahwismus 186
Polytheismus 185 f.
Priester 53, 61, 69, 72, 75, 100, 115, 163, 187, 190, vgl. Ebjathar, Jojada, Obadja, Urija
Priesterkodex 183
Prophet, Prophezeiung 2, 32, 50, 53, 63 f., 73, 75, 80 f., 85, 89 f., 92 f., 95, 100–104, 114, 116, 151, 161, 164, 171, 174, 176, 178, 181 f., 189–191, vgl. Amos, Elia, Ezechiel, Hosea, Jeremia, Jesaja, Micha, Zephanja
Provinzen 52, 56, 68, 158, 167
Psammetich II., 595–589 Pharao 73

Qaus, Gottheit 186

Rabbath-Ammon, Ort in Ammon 21, 249
Rama, Ort in Juda 47, 248
Ramath, Ort in Juda 34, 72, 248
Rammbock 66
Ramoth, Ort in Israel 54, 176, 245 f., 249
Ramses II., 1279–1213 Pharao 120
Ramses III., 1184–1153 Pharao 10, 121
Ratgeber 79 f.
Räuberwesen 30, 36, 122, 139
Rauchopfer 112, 167, vgl. Opfer
Rebekka, biblische Sagengestalt 28
Rechabiter, religiöse Gemeinschaft 157
Rechtswesen 90 f., 93–95, 136, 180, 182–185, vgl. Gerichtsbarkeit, Richter, Stadttor
Rehabeam, 932–916 König von Juda 34, 41, 45, 48, 60 f., 75, 88, 112, 161 f.
Reinheitsvorschriften 105
Reiterei 57
Rekrutierung 95
Religion, Religiosität 13 f., 31–33, 137 f., 185–192, vgl. Aschera, Bamot, Fruchtbarkeitsgott, Gott, Götzendienst, Heiligtum, Höhenheiligtum, Kult, Lade, Magie, Massebe, Menschenopfer, Nationalkult, Orakel, Priester, Prophet, Rauchopfer, Seher, Stierbilder, Synkretismus, Tempel, Vegetationsriten, Wunder
Rentenkapitalismus 180
Resan, um 930 König von Damaskus 42
Reschef, Gottheit 188
Revolte s. Aufstand
Rezin, um 735 König von Damaskus 58, 62 f.
Ribla, Ort in Syrien 71, 249
Richter der Richterzeit 23 f., 109, 129–132, 137
Richter im Rechtswesen 90, 93 f., 184 f.
Rind 86, 191

Rotes Meer 244
Ruben, Stamm 158, 246

Saalbim, Ort in Israel 34, 245–247
Sabbath 105
Sacharja, 753 König von Israel 57
Sage 117
Salbung 75, 130
Sallum, 752 König von Israel 57
Salmanassar III., 859–824 König von Assur 52, 55, 61,154, 156 f.
Salmanassar V., 726–722 König von Assur 59, 159
Salomo, um 965–932 König von Juda und Israel 2, 6, 12, 25, 34, 41–44, 46, 48–50, 53, 58, 60 f., 75–78, 80, 84, 87, 89, 95 f., 108, 110, 112, 115, 117, 139–141, 143, 145–149, 155, 174 f., 178 f., 187
Samaria, Ort in Israel 52 f., 55 f., 58 f., 63, 68, 80, 86, 97, 152, 154, 157–160, 164, 175, 180, 186, 249
Samuel, Seher 98, 131, 139
Sanherib, 705–681 König von Assur 62, 65–67, 73, 79, 150, 166
Saphan, Schreiber 168, 171 f.
Sargon II., 722–705 König von Assur 59, 64 f., 155, 159 f., 166, 188, 249
Saron, Ebene an der Mittelmeerküste 86, 175, 245
Saul, Rettergestalt 21–23, 33, 35, 37, 81, 98, 130 f., 139, 144, 190
Schabaka, 712–698 Pharao 64, 70
Schadenszauber 191
Scheba, Israelit 40 f., 43, 45, 149
Schlange 152, 167, 187
Schoschenk, 935–915 Pharao 46, 48, 50, 60, 62, 111 f., 130, 149, 152, 161, 178
Schreiber s. Sekretär
Schuldner 30
Schuldsklaverei 35, 90–92, 181
Sebulon, Stamm 246
Seevölker 9–11, 121
segmentäre Gesellschaft 135 f., 143, 180
Seher 33
Sekretär 78 f., 176
Sexualität 27 f., 98, 190
Sichem, biblische Sagengestalt 28
Sichem, Ort in Israel 9, 45 f., 121, 128, 134, 138, 142, 149, 245, 247
Sidon, Ort in Syrien 34, 51, 148, 244 f., 249
Siegel 155, 165, 175, 187
Silber 166, 179
Silo, Ort in Israel 97
Siloa-Tunnel 65, 165 f.
Simei, Gegner Davids 12, 42
Simri, 886 König von Israel 50, 83

Simson, biblische Sagengestalt 25
Sinai 4, 32, 117, 123 f., 170, 244
Siph, Ort in Juda 248
Sippe 24–29, 31, 44, 89, 120, 131–135, 137
Sippenordnung 81, 90, 95
Sklaven, Sklaverei 9, 39, 55, 74, 94, 133, 151, 174, 181, 183, vgl. Schuldsklaverei
Socho, Ort in Israel 247
Söldner 11, 22, 30, 35 f., 38, 40, 57, 62, 81–83, 89, 113, 143, 177 f.
Sonnenkult 100, 157, 163, 174, 187–189
Staatsreligion s. Nationalgott
Stadt 3, 5, 12, 85, 93, 111, 118, 120, 123, 128, 153 f., 184 f.
Stadtkultur 180
Stadtmauer 65 f., 74, 143
Stadttor 66, 90, 94 f., 183 f.
Stallmeister 82
Stallungen 65
Stamm 24–29, 45, 49, 117, 133–135, vgl. Asser, Benjamin, Dan, Ephraim, Gad, Gilead, Issachar, Jerachmeel, Kaleb, Keniter, Machir, Manasse, Naphthali, Othniel, Ruben, Sebulon
Stammesrivalitäten 75, 151
Statthalter 177
Steinigung 94
Steuer 45, 57, 71, 80, 86, 88, 168
Stierbilder 49, 53, 152 f., 188 f.
Streitwagen 9, 14, 21, 23, 38, 43, 50, 81–83, 146, 159 f., 163
Subite, assyrische Provinz 249
Südreich s. Juda
Sumer 70, 99
Sunem, Ort in Israel 150, 246 f.
Synkretismus 67, 96, 137, 156
Syrer, Syrien 4, 7 f., 15, 48, 52 f., 55, 65, 68, 71, 82, 96, 152, 158, 164, vgl. ephraimitisch-syrischer Krieg

Tamar, Tochter Davids 25
Tammus, Gottheit 187
Teilungszwang 30
Tempel 42, 112, 128, 137 f.
Tempel in Jerusalem 43 f., 49, 61–63, 66, 69 f., 72, 74, 87, 96, 99, 104, 109, 111, 115, 124, 147, 187, 191
Tempelannalen 46
Tempelprostitution 98
Tempelschatz 61, 87, 186
Tetrateuch 114
Thaanach, Ort in Israel 18, 150, 245–247
Thamar, Ort in Juda 178, 245
Thappuah, Ort in Israel 57
Theben, Ort in Ägypten 67
Thebez, Ort bei Sichem 9

Thibni, 886–882 König von Israel 50 f., 153
Thimna, Ort in Juda 248
Thirza, Ort in Israel 50, 52, 92, 152, 247
Thutmosis III., 1479–1425 Pharao 7
Tierkreiszeichen 100
Tiglatpilesar III., 745–727 König von Assur 57–59, 63, 87, 158–160, 164, 249
Tigris 4, 7, 244
Tob, Ort im Ostjordanland 246
Tobias, biblische Sagengestalt 25
Torgerichtsbarkeit s. Stadttor
Totenbefragung 98, 190
Totes Meer 4 f., 178, 245, 248
Traum 33, 190 f.
Tribut 9, 31, 40, 51, 55, 59 f., 63–66, 68, 71, 80, 86 f., 91, 95, 112, 132, 158–161, 172, 176
Truppen s. Heerwesen
Turmbau von Babel 12
Tyros, Ort in Syrien 25, 34, 65, 148, 153, 155, 244–246, 249, vgl. Hiram, Isebel

Ugarit, Ort in Syrien 7, 86, 162, 244
Urartu 158, 244
Urija, Priester 164
Ussia s. Asarja

Vasallen 58, 63, 65, 68, 162, 167
Vegetationsriten 32
Verbannung s. Deportation
Vergewaltigung 25
Verwaltung 60, 165
Vorratsgefäß 165

Wagenkämpfer s. Streitwagen
Wald 86
Wallfahrt 190
Wasserversorgung 65, 143, 166
Wein, Weinberg 39, 84, 86, 88, 92, 98, 129, 154 f., 157, 190, 913
Weissagung 190
Westjordanland s. Jordan
Widerstand – gegen die Monarchie 38 f., 41, 58, 87 f., 176
Wirtschaft 84, 118, 131, 186
Wunder 66, 123
Wurfgeschoss 66
Wüste 5, 11, 117, 141, 152

Zakir, um 780 König von Hamat 162, 191
Zedekia, 597–587 König von Juda 72–74, 172, 177
Zentralinstanz 24, 30 f., 88, 90, 135, 180
Zephanja, um 620 Prophet 166

Zeus, Gottheit 124
Ziklag, Ort in Juda 36, 141, 248
Zoba, Landschaft im Norden Israels 42
Zwangsapparat 90, 136
Zweistromland s. Mesopotamien

OLDENBOURG GRUNDRISS DER GESCHICHTE

Herausgegeben von Lothar Gall, Karl-Joachim Hölkeskamp und Hermann Jakobs

Band 1a: *Wolfgang Schuller*
Griechische Geschichte
6., akt. Aufl. 2008. 275 S., 4 Karten
ISBN 978-3-486-58715-9

Band 1b: *Hans-Joachim Gehrke*
Geschichte des Hellenismus
4. durchges. Aufl. 2008. 328 S.
ISBN 978-3-486-58785-2

Band 2: *Jochen Bleicken*
Geschichte der Römischen Republik
6. Aufl. 2004. 342 S.
ISBN 978-3-486-49666-6

Band 3: *Werner Dahlheim*
Geschichte der Römischen Kaiserzeit
3., überarb. und erw. Aufl. 2003. 452 S.,
3 Karten
ISBN 978-3-486-49673-4

Band 4: *Jochen Martin*
Spätantike und Völkerwanderung
4. Aufl. 2001. 336 S.
ISBN 978-3-486-49684-0

Band 5: *Reinhard Schneider*
Das Frankenreich
4., überarb. und erw. Aufl. 2001. 224 S.,
2 Karten
ISBN 978-3-486-49694-9

Band 6: *Johannes Fried*
Die Formierung Europas 840–1046
3., überarb. Aufl. 2008. 359 S.
ISBN 978-3-486-49703-8

Band 7: *Hermann Jakobs*
Kirchenreform und Hochmittelalter
1046–1215
4. Aufl. 1999. 380 S.
ISBN 978-3-486-49714-4

Band 8: *Ulf Dirlmeier/Gerhard Fouquet/ Bernd Fuhrmann*
Europa im Spätmittelalter 1215–1378
2003. 390 S.
ISBN 978-3-486-49721-2

Band 9: *Erich Meuthen*
Das 15. Jahrhundert
4. Aufl., überarb. v. Claudia Märtl 2006.
343 S.
ISBN 978-3-486-49734-2

Band 10: *Heinrich Lutz*
Reformation und Gegenreformation
5. Aufl., durchges. und erg.
v. Alfred Kohler. 2002. 288 S.
ISBN 978-3-486-49585-0

Band 11: *Heinz Duchhardt*
Barock und Aufklärung
4., überarb. u. erw. Aufl. des Bandes
„Das Zeitalter des Absolutismus" 2007.
302 S.
ISBN 978-3-486-49744-1

Band 12: *Elisabeth Fehrenbach*
Vom Ancien Régime zum Wiener Kongreß
5. Aufl. 2008. 323 S., 1 Karte
ISBN 978-3-486-58587-2

Band 13: *Dieter Langewiesche*
Europa zwischen Restauration
und Revolution 1815–1849
5. Aufl. 2007. 260 S., 3 Karten
ISBN 978-3-486-49765-6

Band 14: *Lothar Gall*
Europa auf dem Weg in die Moderne
1850–1890
5. Aufl. 2009. 332 S., 4 Karten
ISBN 978-3-486-58718-0

Band 15: *Gregor Schöllgen, Friedrich Kießling*
Das Zeitalter des Imperialismus
5., überarb. u. erw. Aufl. 2009. 277 S.
ISBN 978-3-486-58868-2

Band 16: *Eberhard Kolb*
Die Weimarer Republik
7., durchges. u. erw. Aufl. 2009. 343 S.,
1 Karte
ISBN 978-3-486-58870-5

Band 17: *Klaus Hildebrand*
Das Dritte Reich
6., neubearb. Aufl. 2003. 474 S., 1 Karte
ISBN 978-3-486-49096-1

Band 18: *Jost Dülffer*
Europa im Ost-West-Konflikt
1945–1991
2004. 304 S., 2 Karten
ISBN 978-3-486-49105-0

Band 19: *Rudolf Morsey*
Die Bundesrepublik Deutschland
Entstehung und Entwicklung bis 1969
5., durchges. Aufl. 2007. 343 S.
ISBN 978-3-486-58319-9

Band 19a: *Andreas Rödder*
Die Bundesrepublik Deutschland 1969–1990
2003. XV, 330 S., 2 Karten
ISBN 978-3-486-56697-0

Band 20: *Hermann Weber*
Die DDR 1945–1990
4., durchges. Aufl. 2006. 355 S.
ISBN 978-3-486-57928-4

Band 21: *Horst Möller*
Europa zwischen den Weltkriegen
1998. 278 S.
ISBN 978-3-486-52321-8

Band 22: *Peter Schreiner*
Byzanz
3., völlig überarb. Aufl. 2008.
340 S., 2 Karten
ISBN 978-3-486-57750-1

Band 23: *Hanns J. Prem*
Geschichte Altamerikas
2., völlig überarb. Aufl. 2008.
386 S., 5 Karten
ISBN 978-3-486-53032-2

Band 24: *Tilman Nagel*
Die islamische Welt bis 1500
1998. 312 S.
ISBN 978-3-486-53011-7

Band 25: *Hans J. Nissen*
Geschichte Alt-Vorderasiens
1999. 276 S., 4 Karten
ISBN 978-3-486-56373-3

Band 26: *Helwig Schmidt-Glintzer*
Geschichte Chinas bis zur mongolischen
Eroberung 250 v. Chr.–1279 n. Chr.
1999. 235 S., 7 Karten
ISBN 978-3-486-56402-0

Band 27: *Leonhard Harding*
Geschichte Afrikas im 19. und
20. Jahrhundert
2., durchges. Aufl. 2006. 272 S., 4 Karten
ISBN 978-3-486-57746-4

Band 28: *Willi Paul Adams*
Die USA vor 1900
2. Aufl. 2009. 294 S.
ISBN 978-3-486-58940-5

Band 29: *Willi Paul Adams*
Die USA im 20. Jahrhundert
2. Aufl., aktual. u. erg. v. Manfred Berg
2008. 302 S.
ISBN 978-3-486-56466-0

Band 30: *Klaus Kreiser*
Der Osmanische Staat 1300–1922
2., aktual. Aufl. 2008. 262 S., 4 Karten
ISBN 978-3-486-58588-9

Band 31: *Manfred Hildermeier*
Die Sowjetunion 1917–1991
2. Aufl. 2007. 238 S., 2 Karten
ISBN 978-3-486-58327-4

Band 32: *Peter Wende*
Großbritannien 1500–2000
2001. 234 S., 1 Karte
ISBN 978-3-486-56180-7

Band 33: *Christoph Schmidt*
Russische Geschichte 1547–1917
2003. 261 S., 1 Karte
ISBN 978-3-486-56704-5

Band 34: *Hermann Kulke*
Indische Geschichte bis 1750
2005. 275 S., 12 Karten
ISBN 978-3-486-55741-1

Band 35: *Sabine Dabringhaus*
Geschichte Chinas 1279–1949
2006. 282 S., 1 Karte
ISBN 978-3-486-55761-9

Band 36: *Gerhard Krebs*
Das moderne Japan 1868–1952
2009. Ca. 236 S.
ISBN 978-3-486-55894-4

Band 37: *Manfred Clauss*
Geschichte des alten Israel
2009. 259 S., 6 Karten
ISBN 978-3-486-55927-9